パラオの心にふれて
思い出の中の「日本」

山本 悠子

カトリック信徒宣教者として活動中の著者

㊤ **カトリックコロール教会「初聖体」儀式において聖歌を指導**
　マリス・ステラ小学校の子どもたちに

㊦ **コロール島アラバケツ地区にあった熱帯生物研究所の跡地を訪問**
　ヴェロニカおばあちゃんの案内で

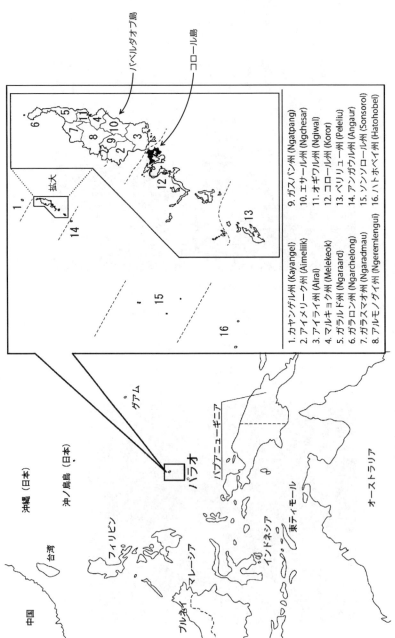

パラオの全図と現在の行政区分 (紺屋 2015: p.132 に基づいて作成)

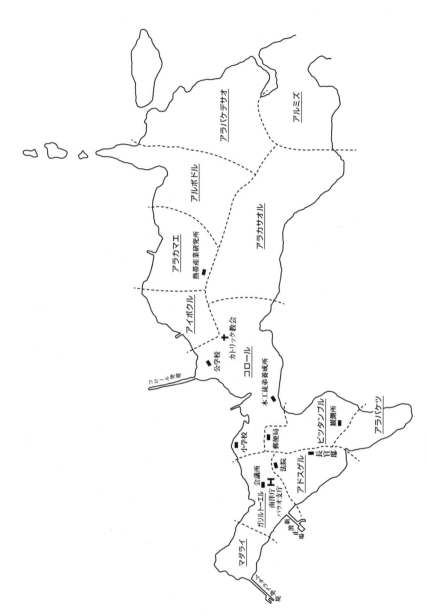

コロール島拡大図 —— 1935年（南洋庁長官官房文書課 1937：第十図に基づいて作成）

まえがき —— 本書の成り立ち

　カトリック教会で「大聖年」と呼ばれた2000年のこと。筆者は、長患いの夫を看取って一年ほどしたのち、カトリック信徒宣教者会（JLMM）の信徒宣教者に応募した。すでに一人娘が嫁いでいたこともあって、家族の世話や介護とは異なった形で、生きる道、可能ならば神に仕える道を探したいと思ったからであった。筆者は幼児洗礼を受けた、いわば「根っからのクリスチャン」である。小・中・高の教員経験があるが、海外を訪れたのはただ一度の巡礼のみであった。「一般信徒」ながら「宣教者」として派遣されることについて、いったい何ができるのか、心もとなくも感じていた。

　JLMMでの養成を受け、中国での研修も終え、いよいよ、派遣先の発表を待った。申し渡された派遣先は、太平洋に浮かぶ島嶼国、パラオ。かつて「南洋群島」の一部として日本の支配下にあったらしいということは、ひとまず知っていた。ダイバーたちの憧れの海、というイメージもあった。しかし、それ以上の具体的な事柄は、ほとんど思い浮かばなかった。

　JLMMからの派遣に際し、現地パラオで身元引受人となってくださったのは、パラオ人のカトリック司祭、フェリックス・ヤオ神父（Fr. Felix K. Yaoch）である。フェリックス神父は筆者に対して、次のことを「任務」として話された。「パラオの年輩の人びと、特に人前で話す機会をもたない人、書き残すという習慣もあまりもたない人びとから、日本統治時代のさまざまな体験を、聞き取ってほしい。そして書き留めてほしい」。しかしながら筆者は、インタビュー自体も素人で、戸惑うことばかり。「何を？　どのように？」としばしば問うた。答えは、いつも決まって、「できるだけ」「できるだけでよい」であった。

　フェリックス神父ご自身、乞われて、戦時下の証言者として発言台に立ったことがある。「『私たちパラオ人は、三等国民でした』と言ったとき、会場の

婦人がすすり泣いていたよ」と、司祭館での食事の折、筆者に話されたことがあった。

フェリックス神父は、当初こそ、お話を伺うべき人物として何人かを紹介してくださったが、その後はご多忙のため、まとまった会話をすることさえも難しかった。筆者は放り出されたような思いであった。そんな中、筆者は、カトリックコロール教会で毎夕行われるパラオ語のミサ（礼拝）に毎日参加し、それをきっかけとして、おじいちゃん、おばあちゃんたちと顔見知りになり、言葉を交わし、徐々に親交を深めていった。そうした経験を積み重ねる中で、自分に与えられた「任務」の重大さに、少しずつ気づくことになった。

JLMMの任期2年半を終えるに際して、インタビュー記録の一部をまとめ、私家版の報告書を作成した。当事者の方々にもできれば読んでいただきたいという思いで、「私家版のパラオ版」なるもの（すべての漢字に振り仮名をつけ、一部については英訳・パラオ語訳したもの）も作成した。筆者なりに努力はしたが、それでも、「十分ではない」「まだ、緒についたばかり」という思いが強かった。そこで筆者は、縁あって始めた「パラオ日本語補習学校」の教員・運営者を続けるかたちで、さらに2年間パラオに滞在した。本務のほかに、カトリック系のマリス・ステラ小学校における日本語、音楽の課外授業の担当も継続、そのかたわら、筆者自身の思いに従ってインタビューを続けた。

2005年、日本に帰国。筆者が聞き取ったお一人おひとりの、時にほほえましく、時に悲しくもあるお話を、なんとかして出版したい、日本の人びとに伝えたい、という思いを抱いてきた。しかし、素人なりに国会図書館などを訪ね、関連する資料を探索する中で、アッと言う間に10年が過ぎてしまった。今ここにようやく、パラオでお話を聞かせていただいたおじいちゃん、おばあちゃんたちへの感謝とともに出版させていただくこととなった[1]。

本書のカバー（裏）と内表紙の写真に示した「イバウおばあちゃん」は、良

き導き手となってくださった方のお一人である。イバウは、日本時代の「オモイデ」の数々を大学ノートに書き綴(つづ)ってくださった。日本時代に習い覚えたカタカナで、20頁余り、びっしりと。年齢を重ねたために、否、戦後アメリカ統治となって書く機会が乏しかったために、震えているカタカナ文字。それは、イバウならではの書き物である。しかし、そのイバウの「オモイデ」ノートは、日本統治時代を経験したパラオの少年少女たち（現在のおじいちゃん、おばあちゃんたち）が、その経験を日本人に伝えたいと願ってきたことのシンボルであるようにも思えた。実のところ、本書の隠れた「書き手」は、お話を聞かせてくださったパラオのお一人おひとりである。筆者はただ、それぞれの方の「オモイデ」に耳を傾け、その真の心、パラオの心にふれたい、と思い続けてきたにすぎない。

　筆者のインタビューの過程では、実に多くの方々から貴重な助力をいただいた。パラオ側の方としては、筆者の寄寓した司祭館・修道院・諸施設・小学校教員宿舎の方々、カトリック教会に日々集(つど)ってこられたパラオのお年寄りの方々、その親族・友人・知人の方々、小学校の児童や保護者の方々などである。また日本側の方としては、パラオ滞在の契機を与えてくださったJLMMの方々、パラオの手引きをしてくださった方々、また日本統治時代にパラオで在職・在学であった方々などである。その方々のお名前をすべて書きとめることはできないが、さしあたって写真や文書の提供面でお世話になったパラオの方として、特に3人の方のお名前を挙げ、謝意を示したい。
　エリコ・ルディム・シゲオさん。彼女は、本書第1章に登場するインダレシ

---

1) パラオでのインタビュー調査に基づく研究はいくつもあり、たとえば、三尾裕子・遠藤央・植野弘子編（2016）所収の三田牧論文など、インタビュー対象者が本書と重なっている場合もある。こうした学術的論文の常として、個々の発言を元に感情を推測し紡ぎ合わせることは、控えがちである。本書では、的外れな点もあるかもしれないが、あえて筆者自身の推測を多く織り込みつつ、当地のおじいちゃん、おばあちゃんたちの痛み・戸惑いを含む複雑な心のありように迫ろうと試みた。

オ・ルディムの三女で、ルディム家の当主である。一家の貴重なアルバムを、複写を望む筆者に対して貸し出してくださった。

　エルシー・キタロン・テレイさん。彼女は、本書第2章で詳述するオイカワサンの姻戚にあたる。自宅に所蔵するオイカワサンの褒状・任命書などを筆者に示し、一部は提供もしてくださった。

　タケオ・ヤノさん。彼は、すでにこの世になかったが、生前、日本統治時代の写真や文書を親友であるフェリックス神父に託しておられた。

　本書をまとめるにあたっては、文化人類学を学んできた娘直美から、文章作法について手取り足取り助けてもらった。植民地史研究者である娘婿(むこ)からも、歴史的な資料の用い方について示唆を受けた。出版にあたっては、パウロ会の鈴木信一神父に取り次いでいただき、編集部の方々には細部にわたってご尽力いただいた。そしてすべての過程で、多くの方々から、物心両面の、また祈りによる支えをいただいた。

　今改めて、霊の働きを感じ、感謝している。

　復活祭を間近に控えて
　　　　　　　　　　　　　　2018年3月3日　　山本悠子

〈表記について〉

1）パラオ社会を記述する際の用語に関して

　日本統治時代の文書では、「酋長」「島民」などの言葉が見受けられる。これらの言葉は、現地の社会システムを理解しないままの偏見を含んでいたり、差別的なニュアンスを含んでいたりする。本書では、文脈に応じ、「首長」「現地住民」などの言葉を用いた。

　パラオの地名については、本書4頁のパラオ全図と、86頁の地図2-1を参照していただきたい。このうちマルキヨクとペリリューについては、日本時代の表記は「マルキヨク」「ペリリユウ」というように全角カタカナであるので、本来は固有名詞において「マルキヨク公学校」「ペリリユウ公学校」などと記すべきである。しかし本書では、混乱を避けるため、「マルキョク」「マルキョク公学校」「ペリリュー」「ペリリュー公学校」というように現代の表記に統一した。

2）筆者がインタビューした方の個人名に関して

　筆者は、日本統治時代のお話を伺うにあたり、インタビューの目的を明示するように心がけてきた。すなわち、当時子どもあるいは青年であったパラオの人びとの経験や思いを、日本の人に、またパラオの若い人に伝えたいこと、そのために本として出版したいことを、折に触れて明言してきた。そして、お名前を記してもよいかを伺ってきた。結果として、パラオの人のほとんどが、実名を記すことを快諾してくださった。

　パラオ社会では、本来個人名のみで、姓という観念は存在しなかった。現在では、父や夫の名前などを後ろに付けて、姓名という形をとっている（遠藤

央 2002：p.288)。また、洗礼名としてのヨーロッパ的な名前、日本時代以降に用いた日本的な名前などもある。本書では原則として、筆者の聞き取り調査で得られた名前を記した。

　他方で日本人については、原則として「A男さん」「B子さん」などと記した。

3) パラオの方の発話の表記に関して

　筆者は、パラオのお年寄りの方々に対して、日本語で問い、日本語で答えていただいた。その発言を記載するにあたっては、原則として漢字とカタカナで表記した。それというのも、母語でなく日本語で語ってくださったことを明示するためであり、同時に、読者の読みやすさにも資するためである。ただし、語りが長く続く場合は、さらなる読みやすさを考慮し、途中から漢字とひらがなの表記にした。

　パラオの方の発話は、できるだけ話されたとおりに表記した。[　]内は筆者による注釈である。

目　次

まえがき ── 本書の成り立ち ……………………………………… 7
〈表記について〉 …………………………………………………… 11

序章　パラオの心にふれて …………………………………… 21

第 1 節　戦後 70 年となる今、パラオ側の片思い？ ………… 22

「懐カシイ」日本語との出会い　／　カトリック信徒としての交わり　／　日本への思い：パラオの「江戸っ子」の目から　／　若者とお年寄りの温度差

コラム 1　国立パラオ病院リハビリ室に通うお年寄りと日本語 …… 25
コラム 2　日本への熱い思いと苦い思い ── 石畳の道をめぐって …… 35

第 2 節　孫はアメリカ兵としてイラクへ ……………………… 36

パラオ・アメリカ・イラク　／　パウリヌスの「息子」の場合

第 3 節　気品あるおばあちゃん
　　　　── イバウ・ジョセファ・デメイ・オイテロン ……… 40

イバウとの出会い　／　感受性豊かな子ども時代　／　疎開の体験談　／　孫娘はアメリカ兵としてイラクへ　／　本書の構成

第 1 章　日本統治時代のパラオ ……………………………… 51

第 1 節　キリスト教の伝道史から ……………………………… 53

（1）スペイン時代（1885 年〜）・ドイツ時代（1899 年〜） …… 55
（2）日本時代（1914 年〜） ……………………………………… 58
コラム 3　パラオから日本への少年神学生 …………………… 61
（3）アメリカ時代（1945 年〜） ………………………………… 63

第 2 節　「内地観光団」に参加した首長たち 66
　（1）　「観光団」という制度 66
　（2）　イバウの語る「『第 1 回』観光団」（1916 年） 69

第 3 節　南洋の神社と子どもたち 71
　（1）　官幣大社「南洋神社」の鎮座祭 71
　（2）　クリスチャン公学校生の悩みと宣教師の対応 73

第 2 章　警察 ── 現地住民エリートのありよう　77

第 1 節　オイカワサンという人物 80
　（1）　遺された褒状・任命書など 80
　　日本統治時代のルクライ（フルートソー・テレイ）　／　オイカワサン（ジョセフ・テレイ）
　（2）　総村長と巡警 84
　　総村長・村長の制度　／　巡警の制度　／　巡警への報酬：警察官吏の加俸から
　　コラム 4 　理不尽な法のもとでの取り締まりの苦悩 91

第 2 節　オイカワサンの「活躍」 93
　（1）　学業時代 93
　（2）　エリートコース 95
　　ジュンケイとして　／　ジュンケイ長として
　（3）　横田郷助元南洋庁長官の胸像建設における拠金集め 99
　　オイカワサンの遺品の中の拠金者芳名録　／　胸像建設の意図と実際　／　胸像建設における拠金の実際　／　オイカワサンと拠金集め
　　コラム 5 　パラオ国立博物館主宰ヒストリアンの会と、横田元南洋庁長官胸像 113

第 3 節　オイカワサンの「逃亡」をめぐって 117
　（1）　オイカワサン「逃亡」の話を聞くまで 117
　　対峙するアイバドルのひ孫、パウリヌスの話
　（2）　オイカワサンの身内から 119
　　まだ子ども（11 歳）だった姪、ミカエラの話　／　多感な娘（17 歳）だった姪、

アデニナの話

　(3)　「そういうことなら話しましょうか……」………………………………… 124
　　　元ジュンケイの妻、イバウの話　／　元憲兵隊巡警補、サントスの話

　(4)　オイカワサンという人 ……………………………………………………… 128
　　　威圧的な人：日本人の子どもの視点から　／　現地住民の子どもの視点から　／
　　　うまく立ち回る人：戦後の日本人との友好関係　／　終戦前後の土地取得と蓄財
　　　コラム6　修道女ミカエラが話してくれた子どもの頃の思い出 …………… 135

　第4節　警察職についた兄弟を通して
　　　　　　――ダニエルとサントス ……………………………………………… 137
　(1)　「超秀才」の兄と「秀才」の弟 …………………………………………… 137
　　　兄、ダニエルと筆者の出会い　／　弟、サントスと筆者の出会い　／　兄弟にとっ
　　　ての戦中・戦後

　(2)　「ジュンケイ」と「ポリス」のあいだ――3人の警察職者から … 144
　　　オイカワサンの場合　／　ダニエルの場合　／　サントスの場合　／　3人から
　　　見える日本統治時代

第3章　教育――少年少女らの夢と現実 ……………………… 153

第1節　日本統治時代の学校 ……………………………………………… 155

　(1)　現地住民向け「公学校」の情景 …………………………………………… 155
　　　はるか遠方の公学校　／　寄宿舎、公学校の日常　／　規律訓練の空間　／
　　　公学校における「実習」

　(2)　日本人向け「小学校」との対比で ………………………………………… 162
　　　公学校の教員の転勤：ナルオの回想　／　公学校の場所の明け渡し：マチアスの
　　　回想　／　日本人と現地住民の間の子の場合
　　　コラム7　心に残るハットリ先生 …………………………………………… 165

　(3)　公学校補習科と練習生の慣行 ……………………………………………… 171
　　　補習科のありよう　／　練習生の楽しさと苦々しさ

第2節　向学心に燃えた女子たち ………………………………………… 178

(1) ミシンという生計の手段を得て──トシコ・イケヤ……………… 178
　　　女子の「最高学府」としての「ミシン講習生」制度　／　与えられた教育、与えられなかった教育

　(2) さらなる日本語習得の場を求めて──ヴェロニカ・レメリン・カズマ 183
　　　幼少期の「熱帯生物研究所」との関わり　／　子ども時代の遊び・学びと、母の教え　／　学びたい思いのやり場

　(3) パラオ語辞書の編纂に至るまで──アウグスタ・ラマルイ…………189
　　　取り付く島もなく　／　パラオ語辞書の編纂者　／　コロールの補習科に学んで　／　戦後、向学心に燃えて：41歳で高校生に

第3節　エリート男子たち、それぞれの歩み……………195

　(1) 南洋庁島民工員養成所第1期生の2人 ……………………………… 196
　　　アウグスト・ジョセフ・センゲバウの場合　／　イチロウ・ディンギリウス・マツタロウの場合　／　南洋庁島民工員養成所入学、卒業、そして戦場へ　／　サドネ隊における「戦陣訓」奉唱　／　「臨時傭人」から「工員」へ、または「肉攻斬り込み隊員」の危機へ　／　戦争の最中(さなか)の魚捕り　／　それぞれの「戦後」

　(2) 人生の指針を得て──ウィルヘルム・レンギール ……………… 205
　　　日本人教師が示した「お手本」　／　家庭での父の姿　／　アメリカ式教育と日本式教育
　　　コラム8　日本帰りの先生、アルフォンソ・オイテロン ………………… 212

第4節　日本留学という夢とその結末……………213

　(1) 別なる世界を見聞して──セバスチャン・コウイチ・オイカング 214
　　　公学校での思い出　／　日本への留学　／　三島家　／　東京府立農芸学校に学んで　／　帰島後の仕事　／　ジャングルへの疎開　／　戦後の仕事　／　コウイチと日本留学経験

　(2) 頼りの日本人に逝かれて──パウリヌス・イチカワ ……………… 228
　　　パウリヌスの人物像　／　パラオ支庁長からの嘱望と、彼の死去　／　南洋庁の給仕、そして空襲　／　戦後、米軍コックに　／　聡明さと家柄にもかかわらず

第4章　スポーツ──パラオ野球ブームの光と影　241

第1節　慶應大学応援歌を歌うパラオのおばあちゃんたち　245
- (1) ある誕生会の席上で　245
- (2) その歌詞は正しいの？　247
- (3) 慶大野球チームは本当にパラオに来たの？　247
- (4) 慶大野球チームのパラオ訪問時の写真　250
- (5) 「体育デー」の応援歌として　252

第2節　「オール・パラオチーム」の盛りあがり　256
- (1) コウノさんの存在と「オール・パラオチーム」の結成　256
- (2) 1920年代のエース、イディップ　259
- (3) イディップ時代のメンバーたち　263
- (4) ホームラン王レキョクと早稲田大学野球チーム　264
- コラム9　パラオ在住日本人の野球熱と日本人『オール・パラオチーム』　267

第3節　「慶大チーム 21-0 全パラオチーム」の謎に迫る　269
- (1) 江崎検事の野球指導（1920～1930年代）　269
- (2) 消えた対戦とパラオ人の思い、日本人の思い　272

第4節　戦後にも引き継がれた野球熱　277
- (1) アンガウル出身のマチアスの場合　277
- (2) マルキョク出身のダミアンの場合　279
- (3) 船舶機関士のアウグストの場合　280

第5章　恋愛──パラオ人女性と日本人男性の関係　285

第1節　南洋庁による結婚の禁止　289
- (1) 日本人官吏の話から　289
- (2) 日本人官吏と現地女性の間に生まれた子らの話から　290

第 2 節　ロサンと実業家・杉山隼人の家庭（1920 年代）
　　　　──「二世」ミチエ・スギヤマの目から ································ 295
　（1）　ミチエとの出会い ··· 295
　（2）　隼人とロサン ··· 295
　　隼人来訪、私学「講道館」の開設　/　教え子ロサンとの結婚、代書人・実業家として
　（3）　子どもたちへの教育方針 ··· 298
　（4）　戦後の苦渋 ··· 301
　　退去命令、嘆願、パラオ再渡航　/　再入植の許可を得られずに　/　娘ミチエにとっての父：戦前の華やかさと戦後の苦しさ

第 3 節　カトゥーナと研究所員・島津久健の思慕（1930 年代） 306
　（1）　パラオ熱帯生物研究所の側から ·· 306
　（2）　カトゥーナの語りから ·· 308

第 6 章　戦争 ── 軍属として、民間人として ························ 315

第 1 節　「二世」男子の戦争経験 ·· 318
　（1）　各村選抜の軍属として ── コウイチロウ・ワタナベ ··············· 318
　　農業実習という名の食糧増産　/　各村選抜者は日本兵のための食糧輸送班員に　/　ヤドカリのヤシミルク煮　/　戻ってきた姉トモミと焼け跡のコロール
　（2）　疎開地で召集された軍属として ── シゲオ・テオン ··············· 324
　　南洋庁の給仕では飽き足らずに　/　疎開地での召集
　（3）　疎開できずに取り残されて ── マチアス・トシオ・アキタヤ ······ 327
　　マチアスの身の振り方　/　燐鉱開発と、村人の苦しさ、出稼ぎ作業員の苦しさ　/　戦局の悪化と疎開命令　/　アンガウル戦の中で　/　投降の呼びかけの下で
　　コラム 10　疎開時の「友情」の証 ── アンガウルとガラルド ······· 338

第 2 節　女性の戦争経験 ··· 339
　（1）　海軍病院看護婦に選ばれて ── チヨコ・オオサワ ··················· 339
　　チヨコの生い立ち　/　バスの車掌として：真珠採りの日本人ダイバーたちとの掛

け合い ／ 海軍病院で：負傷兵たちとの掛け合い ／ チヨコから日本人へのメッセージ

(2) 　女子の憲兵隊傭人として ── ラモナ・バイエイ 350
日パの社交界のスター ／ ラモナの少女時代 ／ 憲兵隊傭人として見たもの・できたこと ／ 重たい口の裏にあった思いとは

(3) 　「日本の兵隊さん」との交流 ── エリザベス・トキエ・モレイ 357
ペリリュー島に来た「日本の兵隊さん」 ／ コロール訪問中の空襲 ／ ペリリュー島からバベルダオブ島へ、4度の移動 ／ 5度目の移動先での出産 ／ 「骨と皮の兵隊さん」

第3節　挺身隊員となって 366

(1) 　「日本人ノ心ニナッテ働キマシタ」──「二世」トシオ・キョータ 367
父、清田利三郎の入植と生活 ／ 息子、トシオ・キョータの戦場経験 ／ 一家の戦後：父はパラオ永住の許可、息子は戦後補償の不在

(2) 　挺身隊の行程を記録 ── ウバル・テレイ 382
「ニューギニア→シンガポール→日本→台湾」という行程の記録 ／ 不条理と「恵み」のエピソード ／ セレベス島で山口司教に出会う ／ 憲兵隊による持ち物検査をクリアする ／ 銀の延べ板のゆくえ ／ 終戦後の高雄でスペイン人神父に出会う ／ マラリアにかからない理由

(3) 　挺身隊の名簿を携えて日本へ ── カトーサン・リミルウ 393
その人柄と略歴 ／ 名簿を携え、補償を願って日本へ ／ 筆者に名簿を託したカトーサンの胸の内とは

結びに代えて ── パラオからの「呼び声」 409

文　献 417
写真提供者 422
人名索引 423

序章

パラオの心にふれて

筆者主催「感謝のつどい」——2006年、お世話になったパラオのおじいちゃん、おばあちゃんたちと

着席者の左から、トモミ、イバウ、トキエ、カタリナ、イチロウ、シゲオ。後列左から、博物館研究員三田牧、筆者、ヨシコの姉、ヨシコ、ケティ、イバウの娘むこの母、イバウの息子、サントス、マチアス、イバウの知人、大使館職員三田貴（敬称略）。

序章　パラオの心にふれて

第1節　戦後70年となる今、パラオ側の片思い？

◊「懐カシイ」日本語との出会い◊

「私ノ　一番　好キナノワ、日本語デス」。

人なつっこく話しかけてくれるパラオのおばあちゃん。そのことの心地よさと戸惑いを出発点として、本書は生まれた。

日本時代に教育を受けたパラオの人びと（筆者の滞在当時、おおむね70歳以上のお年寄りたち）は、日本語を聞くのが「大好き」だという。日本人と見るや笑顔で挨拶をしてくれる。そして「長イ間、使ワナイノデ、忘レマシタ」と言いながらも、彼らの口からは、次々ときれいな日本語が飛び出してくる。

「言葉ワ　忘レマシタガ、懐カシイデス！」。

「話シタイデス！」。

「悠子サンノ　言ウコトワ、ミンナ、ワカリマス」。

「聞クト　思イ出シマス」。

「嬉シイデス！」。

「オ大切ニ！」。

パラオでは、選挙の際、お年寄りのために日本語の表記（カタカナ表記）が使われるというほどである。筆者のパラオ滞在中、州議会議員選挙、大統領選挙など、何度か選挙が行われた（ちなみに、「センキョ」はパラオ語の語彙になっている）。投票用紙には、候補者の名前が、アルファベットの印字と同時にカタカナの手書きでも示されている。アルファベット表記では読めない人びとと、カタカナなら読めるという人びとのための対応なのである。他方で、戦後英語で教育を受けた選挙事務局の局員たちは、カタカナは読めず、書けない。筆者は、パラオの副大統領も務めたカムセック（Camsek Elias Chin）

さんの妻ミリアムさんから、所定の用紙に「カムセック エリアス チン」と彼の氏名をカタカナ書きすることを依頼された経験がある。

このようにパラオでは、お年寄りたちの日本語使用というかたちで、戦前・戦中の日本統治の足跡がある。それはパラオの人びとが、特に太平洋戦争に突入して以降、つらく苦しい体験を余儀なくされたことでもあるはずなのだが、彼らは言う。

「ソレワ、ソウユウ 時ダッタカラネ！」。

「モシ、反対［の立場］デアッタナラバ、私タチモ ソウ シテイタカモ シレマセン」。

「一番 可哀ソウダッタノワ、 日本ノ 兵隊サンヨ！」。

少しでもお詫びの気持ちを示さねばと構える筆者に対して、パラオのお年寄りたちの対応は、大変温かいものにも感じられる。

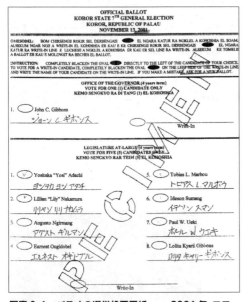

写真0-1　パラオの選挙投票用紙──2001年、コロール州知事・州議会議員選挙

読者はご存じだろうか。パラオは、かつて日本が統治し「南洋群島」と呼んだ地域の西南端に位置する。日本は、第一次世界大戦を契機にパラオを含むミクロネシア地域のドイツ領を占領（1914年）、第一次大戦後、この地域は国際連盟によって日本の委任統治領となった（1920年）。南洋群島全体は、現在の国名・地域名で言えば、「パラオ共和国」、「マリアナ諸島」（アメリカの自治領）、「ミクロネシア連邦」、および「マーシャル諸島共和国」の範

序章　パラオの心にふれて

囲にあたる。1922年、南洋群島の全域を管轄する官庁として、パラオのコロール島[1]に、南洋庁が置かれた。南洋群島は、パラオ支庁のほか、ヤップ支庁、サイパン支庁、トラック支庁、ポナペ支庁、ヤルート支庁の6支庁に分けて統治が行われた。

当時のパラオ支庁管内について言えば、コロール島は、たいへん小さいながらも、南洋庁の本庁庁舎・パラオ支庁庁舎が置かれ、「中心地」として扱われた。他方、コロール島の北方のバベルダオブ島は、パラオ支庁最大の島（370平方キロメートル。日本の種子島が445平方キロメートル）であるものの、ジャングルも多くあることから、「田舎」として扱われた。

筆者が2000年の着任以来インタビューさせていただいた、60人以上に及ぶお年寄りたち。その多くは、かつて南洋庁の存在したコロール島に暮らす人びとであり、日本や日本人に対して強い愛着をもっているように感じられた。

写真 0-2　リハビリ室のアデニナと筆者

---

1) コロールは、戦後のアメリカ時代も、1994年のパラオ独立以後も、パラオの首都であった。しかし2006年10月、バベルダオブ島マルキョクへの遷都が行われた。

国立パラオ病院リハビリ室に通う お年寄りと日本語

リハビリ治療の前後の日本語

　筆者は、国立パラオ病院に勤務するJICAシニア海外ボランティアの隊員から、「リハビリによく来るおばあちゃんが、日本語を話したがっている。会ってみないか?」との紹介を受けた。2002年1月のことである。当病院リハビリ室に赴くと、治療室責任者であるパラオ人の理学療法師、ジョーン・マーク（John Mark）さんは、すでに事情を理解しておられ、快諾してくださった。ジョーンさんは、英語で教育を受けた世代である。いわく、「リハビリに通うお年寄りたちは、日本語で話すことを好む。彼らが日本語で語る時、患者が患者でなくなる。遠慮なく来てほしい」とのこと。その直後、車椅子でリハビリ室に入ってきた80代男性に対して、筆者は早速、初のインタビューをさせていただくことになった。それが、ダニエル・ミネルさん（第2章）であった。突然のことにもかかわらず、用意したカセットテープが終わっても、彼は話し続けてくださった。

アデニナおばあちゃんと筆者

　お話の発端の「おばあちゃん」は、名をアデニナ・ポロイ（Adenina Polloi）と言った。後日リハビリ室で面会。初対面のときから筆者を大歓迎してくださった。「家ニ　遊ビニ　来テ！　ユックリ　話シマショウ！」とのこと。筆者は自宅への訪問を重ねることになった。実は、初

回の訪問でオイカワサン（第2章）の姪(めい)であることが分かり、貴重なお話を聞かせていただいた。

　アデニナは、体格の良い人が多いパラオにおいて、非常に痩せていて、たいそう年を取っているように見えた。他方で、子ども時代のことを日本語で語るとき、顔が輝いていた。あるとき、アデニナは、お経のようなものにメロディをつけて唱えた。

　「悠子サン、コレヲ　知ッテイマスカ？『ガーザダ　バッパ、ギージヂ　ビッピ、グーズヅ　ブップ……』」。

　「え？　もう一度お願いします！」「え？　何語ですか、これは？」。

　「日本語デス。日本語ヨ！」とアデニナ。

　日本時代、公学校で、これを毎日のように皆で唱えて覚えたという。なるほど、ガ行、ザ行、ダ行、バ行、そしてパ行が規則的に入っている。おそらく、当時の公学校の教師たちが、パラオ語とは異なる日本語の音に馴れるようにと考案したものなのだろう。アデニナは言った。

　「掛ケ算ノ　九九モ、毎日　朝礼ガ　終ワッテ、校庭カラ　キチント　並ンデ　教室ニ　入ルマデ、皆デ　唱エマシタ。言イナガラ　教室ニ　入ッテイッタンデス」。

　このお話の数カ月後のこと、筆者は、アデニナから電話を受けた。何用か？　と耳を澄ますと、別に用事はないとのこと。

　「日本語デ　イロイロト　話ガ　デキテ、トテモ　楽シカッタ。アリガトウ！」。

　なんとその数日後、彼女は持病の心臓病のために世を去った。最期の時を察していたのだろう。彼女にとって、日本語での語らいが大変重要なものだったということの意味を、改めて考えさせられる。

ケティおばあちゃんとM子さん

　筆者自身はその後、カトリック教会を通した交友関係の深まりと多忙の中で、リハビリ室に対して足が遠のいた。そんな中、別の日本人（JICAの青年隊員M子さん）と、パラオ人のリハビリ室利用者との間で、交流が続いたようである。

　たとえば、ケティおばあちゃん（1927年生まれ）。筆者の印象の中の彼女は、気むずかしい性格であった。筆者は、まだ浅い付き合いの中で、「私、日本時代ワ、嫌デシタ。日本人家庭ノ　手伝イヲサセラレテ、苦シカッタ！　辛カッタデス！」と言われた経験がある。心地よい言葉を向けられることが多い中で、筆者は面食らった。コロール村落の第1位首長（アイバドル）の家柄の出身とのこと。気位が高いように見受けられた。そのケティが、リハビリ室にしばしば顔を出すという。

　「日本語ヲ　話シタイカラ、私ワ　アナタニ　会イニクルノヨ！」。

　ケティからそのように言われたとM子隊員から聞いた。「あのケティさんが…？！」。という思いであった。日本時代について必ずしも良い印象を抱いていないケティ。その彼女でさえ、日本語で話すことについては、懐かしさを覚え、楽しみとする一人だということが分かったのである。

　日常生活に英語が欠かせなくなりつつある現代パラオにおいて、おじいちゃん、おばあちゃんたちが味わわざるをえない孤独。その一端をかいま見る思いがした。

♪ カトリック信徒としての交わり ♪

　筆者は、2000年12月から2003年6月まで、カトリックのNGO・NPO的組織であるカトリック信徒宣教者会（JLMM）[2]を通して、パラオに派遣された（パラオの正式名称は、Beluu er a Belau。英語表記は Republic of Palau。通称 Palau、または Belau。日本語では「パラオ共和国」）。与えられた任務の中心は、パラオと日本の関係史の一端として、パラオのお年寄りにインタビューを行い、まとめることであった。

　筆者は、日本人の中では珍しく、深く厳しいカトリックの信仰に裏打ちされたと言える家庭で生まれ育った。そして、決して豊かとは言えない経済状況のもと、ほとんど常に家族に病人を含みながら家庭生活を営んできた。特に結婚直後から32年間は、難病と失明の苦しみを抱える夫のそばで、仕事、子育て、義父母と価値観をすり合わせつつの介護の日々を送ってきた。周囲から不幸と見える場面においても、神と向き合って生きるように促されてきた。そうした筆者の経験は、パラオのお年寄りたちとの間で、予期した以上の豊かなコミュニケーションを可能にしてくれたと感じる。

　パラオの中心地のひとつ、コロールの目抜き通りに連なって建つカトリックコロール教会。その教会にほとんど毎夕集い、ミサに参加し、感謝の祈りをささげるパラオのお年寄りたち。筆者は、そのお年寄りたちと毎日顔を合わせては、言葉を交わし、徐々に立ち入った話もするようになった。筆者が最初の1年間、教会と同じ敷地にある司祭館に、その後の3年間、修道院に寄寓させていただいたことも、それに続く1年間、カトリック系マリス・ステ

---

[2] JLMMは、Japan Lay Missionary Movement の略。会の日本語名称は、2002年4月から「一般社団法人 日本カトリック信徒宣教者会」となった。信徒宣教者（Lay Missionary）とは、司祭、修道士、修道女などの独身の宗教者ではなく、一般信徒でありながら、宣教活動に携わる人のこと。本会の活動趣旨は、平たく言えば「現地の人びとと共に生きること」、つまり金銭的・物質的援助ではなく、人が現地に赴いて理解し合いながら生きることである。筆者の場合は、日本による統治という歴史的経緯を踏まえ、ゆるしと和解の意味を含めての派遣であった。

ラ小学校の教員住宅に居住したことも、信仰に基づく付き合いの背景となった。カトリックの典礼を基準とした暦の中に身を置き、教会という空間において語らうことは、筆者にとってなじみ深く、居心地よかった。語り合いにおいては、筆者の生来の話し好きも幸いした、と思えた。

　こうして開始し展開した筆者のインタビューは、いくらか偏った面があることも否めない。在パラオ日本国大使館（2009：p.7）によると、パラオ人の18歳以上の人口9,258人のうち、69％がキリスト教（カトリック43％、プロテスタント14％、新興のセブンスデー・アドベンティスト派（SDA）7％）、13％が地域宗教の「モデクゲイ」である（2005年国勢調査より）。カトリックは確かに多いが、半数弱である。

　パラオの宗教については、青柳真智子（1985：p.62-107）が、外国勢力との関係で詳しく記述している。1885年からのスペイン統治時代、1899年からのドイツ統治時代、1914年からの日本統治時代を通して、主にカトリックの宣教師による伝道が行われた。また戦後のアメリカ統治時代には、加えてプロテスタント、さらに新興の教派による伝道活動が活発化した。この点からすれば、筆者が主に接したカトリックの人びとは、宗教面で、戦後よりも戦前の影響下にある人と言えるかもしれない。また青柳によれば、日本時代の開始とともに生まれた地域宗教モデクゲイは、一時はパラオ全土にいきわたるほどの勢いだったこともあり、「排日」運動と見なされ、取り締まりを受けたという（青柳1985:p.204-220）。このモデクゲイを視野に入れるならば、筆者が接したカトリックの人びとは、体制への順応の傾向が相対的に強い人びとと言えるかもしれない。ただし、たとえそうであったとしても、日本統治時代、カトリックの人びとの胸中も決して単純ではなかったことが、本書全体を通して浮かび上がるはずである。

日本への思い：パラオの「江戸っ子」の目から

　「私ノ　一番　好キナノワ、日本語デス。悠子サン、私ワ、日本語ガ　話

序章　パラオの心にふれて

シタイノデス。日本語ヲ、モット　勉強シタイノデス。イツデモ　イイカラ、オ願イシマス。毎日、待ッテイルカラ」。

イバウおばあちゃんは、一度ならず、筆者に真顔で頼んだ。

イバウ・ジョセファ・デメイ・オイテロンは、1917年生まれ。2005年、米寿を迎えた。コロール生まれのコロール育ち。日本統治時代コロールに南洋庁が置かれた頃を懐かしむ人びととの間では、「江戸っ子」と呼ばれる一人である。他方で、ジャングルに多くを覆われたバベルダオブ島の人びととは、日本時代、「田舎っぺ」と呼ばれた。

かつての「江戸っ子」、イバウは語る。

「私ノ　家　隣モ、近所モ、皆、日本人デシタ。……学校から帰ると、毎日、日本人と一緒に遊んでいました。日本の歌も、たくさん歌いました」。

当時、現地住民の子どもは「公学校」、日本人の子どもは「小学校」と別々の学校に通ったが（第3章参照）、イバウの記憶によれば、学校が終わると互いに仲良く遊んだという。イバウの家庭では、日本人の家庭と同様、毎年お正月には門松を立てていた。それだけではない。イバウの父アドネイ（Adonei）は、「内地観光団」の一員として日本を訪ねた時、羽織、袴（はかま）、げたをトランクに詰めて戻ってきた。その後、お正月をはじめ大切な節目の時、父は必ずそれを身に着けたという。日本びいきとも言える様子であったことが分かる。

イバウの家は、コロールの中心部の近くだったこと、コロール村落を構成するアラカマエ小村の第1位首長というタイトル（現地語でドゥイ dui）を有する家柄だったことから、幾らか特別な点はあったろう。しかし、日本統治時代をいかにも懐かしく語るという様子は、パラオのお年寄りとして例外的というよりは、むしろ典型的とも言える。

「ドゥイ dui」とは何か。実はイバウの話を聞いていたとき、筆者はその重要さについてほんやりとイメージするだけだったが、日本に戻ってから本をひもといてみて、次のようなことが分かった。

日本による植民地統治以前のパラオでは、政治的単位は村落レベルであっ

た。村落には原則として 10 の小村があり、各小村（各氏族）の第 1 位首長という意味の称号名をもつ 10 人の男子長老（首長）がいる。村落では、その 10 人の順位は不動のものである。この村落の第 1 位から第 10 位までの首長（男性）は、バイ bai と呼ばれる村落の会議場で、会議を行い、村落の司法・立法・行政を執り行ってきた。10 の小村（10 の氏族）はそれぞれ女性の代表も選任し、彼女たちも称号名をもつ。たとえば、コロール村落の第 1 位首長（男性）の称号名はアイバドル Ibudul であり、それに対応する女性の称号名はビルン Bilung である。また、マルキョク村落の第 1 位首長の称号名はルクライ Reklai であり、それに対応する女性の称号名はエビルクライ Ebil Reklai である。

　イバウの家は、コロール村落を構成するアラカマエ小村の代表として、コロール村落の村落会議に出席していたということらしい。アラカマエ代表がコロール村落の第何位首長に位置するのか、筆者は聞きそびれた。

　日本は、パラオの統治にあたり、原則として、各村落の第 1 位首長を「村長」に任命した。またコロール村落とマルキョク村落の第 1 位首長（アイバドルとルクライ）を、それぞれ「南部総村長」「北部総村長」に任命した[3]。

若者とお年寄りの温度差

　若者もまた、お年寄りとはやや異なる意味で、日本や日本人に対して好感をもっていると思われる。たとえば、パラオを訪れる日本人観光客に対する

---

3) 日本統治時代には、村長に任じられた第 1 位首長をはじめ、首長たちを、俗に「酋長」と呼ぶことがあった。また南部総村長、北部総村長に任じられた 2 人のことを「南部大酋長」「北部大酋長」と呼ぶことがあった。しかし、こうした呼び名から連想されるような突出した単純なリーダーシップは、現地の社会において存在してきたわけではない。これらの呼び名は不適切である。

　本書では、可能な限り、「○○村落の第○位首長」という言い方を用いる。またコロール村落とマルキョク村落については、アイバドルとルクライという称号名も、必要に応じて用いる。「酋長」「大酋長」という表現は用いない。

序章　パラオの心にふれて

好感である。2007年のデータ（在パラオ日本国大使館 2009：p.10）によれば、パラオに入国する外国人数は年間88,175人、そのうち33％に当たる29,198人が日本人である。しかもその日本人は、パラオ人には桁違いとも思えるお金を落としていくようである。たいそう羽振りが良く、格好良く見えるらしい。

　日本による経済援助も魅力だ。次のものは、いずれも日本からの無償資金協力によって完成した（在パラオ日本国大使館 2009：p.9-10, 在パラオ日本国大使館 2015）。「パラオの水族館」とも言われる「パラオ国際珊瑚礁センター」（2001年）。中心地コロール島と隣のバベルダオブ島とを結ぶ重要な橋、その名も「日本とパラオ友好の橋」（1996年の旧橋崩落を受け、2002年完成）。パラオ国際空港ターミナルビル（2003年）。コロール島とバベルダオブ島およびアラカベサン島を結ぶ湾岸の連絡道路（2005年）。コロール島とマラカル島を結ぶ道路（2007年）。空港と市内を結ぶ幹線道路（2008年）などである。さらに、無償資金協力によって改修もなされている。2012年までに、日本は、約202億円の無償資金協力、約57億円の技術協力を行ってきた。パラオ人にとって、日本人は、さしずめ「お金持ち」「先進的」「寛大」といったイメー

写真0-3　「日本とパラオ友好の橋」──接合直前、筆者撮影

ジで捉えられていると思われる。

　その上で、パラオの青年・壮年層が英語を通して状況把握するのに対して、パラオのお年寄りたちは日本語を通して日本を見るという点で、格別の思い入れをもっていると思われる。お年寄りたちは、日本時代に日本語で学び、日本語で遊び、日本語で思い出を紡いできた。戦後のアメリカ統治時代を経験する中で、その自由な気風についてひとまず理解しながらも、日本時代に示されたお行儀、しつけ、ものの見方・考え方などを、今なお懐かしむ。そのまなざしはいつも日本の方を向いている、と筆者は、パラオ滞在中あらゆる場面で痛感した。

　筆者は、パラオ滞在中、ささいな用を足すにも英語が不可欠な状況で、緊張と戸惑いを繰り返していた。そんな時パラオのおじいちゃん、おばあちゃんたちは、筆者に対して喜んで日本語で手助けを申し出てくれた。今思えばそれは、彼ら、彼女ら自身が英語主流の現代パラオにおいて、疎外感を抱いていることの裏返しであったのだろう。日本によるパラオ統治は、彼らの「心」に、今なお強く深い跡を残している。

　筆者は、JLMMの任期終了に伴い、私家版の報告書（日本語）を作成した。さらに、インタビューに応えてくださった当事者と子・孫の方々にもできれば読んでいただきたいと考え、「私家版のパラオ版」（振り仮名付きの日本語で、一部英訳・パラオ語訳したもの）も作成した。お渡ししたとき、当事者の方々が想像以上に感極まった様子を見せてくださったのが、大変印象的であった。たとえばエリザベス・トキエ・モレイさんは、こう語った。

　「私タチ、自分ノ　気持チヲ　表スノニ、日本語ガ　一番　ピッタリ　ナンデス。ソノ　キレイナ　日本語デ、私ノ　言イタイ　コトガ、ソノママ、書イテアリマス。涙ガ　出テキマシタ。本当ニ　ドウモ　有難ウ！」。

　パラオのお年寄りの方々は、日々、日本語そして日本のことを思い起こしていると言っていい。これに対して日本人の側は、どうであろうか。ダイビング

序章　パラオの心にふれて

やフィッシング（釣り）を趣味とする人を除けば、いったいどのくらいの人が、パラオという国のことを知っているだろうか。あるいはダイバーやフィッシャーであっても、いったいどのくらいの人が、このお年寄りたちの熱いまなざしを意識しているだろうか。「パラオ側の片思い」とも思われる彼ら、彼女らの声が響く。しかも、よく聞けば、さまざまなバリエーションを含んでいる。すぐに聞き取れる声。他方で、なかなか聞き取れない、心の内からの声。本書では、特に後者の声について、注意深く耳をそばだて、聞き取り、取り上げていきたい。

写真0-4　マングローブの沼地へと続く石畳の道

日本への熱い思いと苦い思い──
石畳の道をめぐって

　パラオのお年寄りたちは、日本・日本人に対してたいそう憧れをもってくださっているように見えた。しかし、付き合いが深まるにつれて、日本時代に経験した理不尽と思われる状況についても話が及ぶことになった。

　たとえば、パラオのある地域で、日本時代に、伝統的集落特有の「石畳の道」を撤去させられたという話がある。この石畳の道を進むと、マングローブまで出て、すぐさまボートに乗ることができる(マングローブとは、熱帯の泥土質の海岸に密生する植物群のこと。実態としては、ヒルギ科の高木の根がカーブしつつ無尽に伸び、ぬかるんでいる状態)。また逆方向に進むと、ジャングルの奥まで行くことができる。履物を持たなかった現地の人びとにとって、この石畳の道は、濡れを自然乾燥させ、熱さを凌がせ、さらには爪や皮膚からばい菌が侵入するのを防ぐという工夫だったようである。

　ところが日本時代、ある地域でこの石畳の道を撤去させた。おそらく、日本の官吏は靴履きだったので、石畳の道を歩きづらいと判断しての撤去だったろう。この地域では、その後の雨降りにおいて大変なことになった。現地の雨は、スコールと言われるように、一時的にひどく降る。道は、水浸しの上にドロドロにぬかるんで、地元の人は皆、非常に困ったという。

　筆者はこの話を、パウリヌス・イチカワさんから、彼と一緒に石畳の道を歩いているときに、聞いた。

序章　パラオの心にふれて

第2節　孫はアメリカ兵としてイラクへ

〔 パラオ・アメリカ・イラク 〕

　筆者がパラオでのJLMM任期満了月を控え、個人資格での滞在延長を考え始めていた2003年3月、イラク戦争が勃発した。フセイン政権は程なく崩壊したが、イラク各地において戦闘は継続・激化、泥沼化の様相を呈した。
　少なからぬパラオの若者が、アメリカ兵として、イラクに渡っている。筆者がこの事実に気づき、背後事情を理解するには、かなりの時間がかかった。

　パラオを含む旧南洋群島（ミクロネシア）は、日本の敗戦後、国連の委託によりアメリカの信託統治領とされた。そのアメリカの政策とは、核実験を含む自国の軍事活動を最優先する中で、信託統治領の人びとをアメリカの援助に依存させるものであった。若者は、アメリカの準備する奨学金制度のもとでグアム、ハワイへ、さらにはカリフォルニア、アメリカ東海岸へと留学することが珍しくなくなり、そのまま就職や結婚を通してアメリカに留まることを望む傾向も強まった（松島泰勝 2007: p.112-119、青柳 1985: p.101-105）。
　アメリカの信託統治下にあって、パラオの人びとは、非核条項を備えた憲法を1981年に制定した。太平洋上の島々を核の実験場としてきたアメリカは、これを快く思わなかった。その上で、双方の駆け引きの結果パラオの住民投票は、憲法内の非核条項をアメリカとの関係においてのみ凍結することを決め、「自由連合協定」（財政援助を受ける一方で、安全保障に関わる軍事的権限を移譲するもの）を承認し、結果パラオは1994年独立に至った（松島 2007: p.135-158 など）。
　パラオは、今日でも、外交・軍事に関してアメリカの支配下にある。そして、政治的・経済的な自立が困難な状況のもとで、アメリカ兵に志願するこ

とに自分の将来を賭けようとする若者もいるのである。

　パラオの青年・壮年がアメリカ兵となることについての筆者の最初の経験は、次のことであった。筆者がカトリック系マリス・ステラ小学校でボランティア講師を務める中でのこと。児童を車で送迎する若い父親の中に、純白の、さっそうとした（?）ネイビー（アメリカ海軍）の制服姿の人が、何人かいた。誇らしく思って着ているらしかった。他方で、インタビューに応じてくれるお年寄りたちは、折に触れて繰り返していた。
　「戦争ワ、モウ　嫌デス」。
　「［このつらく苦しい体験を］子ヤ　孫ニ　話シタイノデス。デモ、聞イテクレマセン！」。
　若い世代は、なかなか聞く耳を持たない。しかしそれだけの問題ではなかった。両者とも日常生活でパラオ語を使うとはいえ、日本語世代と英語世代という言葉の壁がある。さらには言語による情報量の落差に影響される中で、価値観の壁が、相当大きなものとなっている。
　以後、少し気をつけて見てみると、筆者がインタビューをさせてもらうお年寄りの家のほとんどで、飾り棚や壁に、アメリカ兵の制服に身を包んだ若者の写真があった。「孫たちの誰かはアメリカ兵になっている」という事実を知り、唖然(あぜん)とした。
　パラオの新聞紙上でも、アメリカ軍への入隊をめぐる記事がしばしば見受けられる。たとえば、*Tia Belau* 紙（パラオの週刊新聞）の2004年11月5-12日号では、「3人のパラオ人、アメリカ海軍で快適生活（3 Palauans enjoy life in U.S. Navy）」との大見出し、さらに「若いパラオ人、11月9-11日に（入隊）テストが待つ（Other young Palauans invited to take test on Nov.9-11）」との小見出しで、大きな記事が掲載されている。制服姿の3人の上半身写真とともに、軍に入隊した場合の利点などが細かく記され、応募方法と連絡先の電話番号も付記してある。これが、広告ではなく記事として、大き

序章　パラオの心にふれて

く報道されているのだ。

　パラオ人のアメリカ兵については、日本のメディアでも、紹介された。東京新聞の特集「こちら特報部」の「パラオ大統領に聞く」(2004年11月17日付)の記事では、次のようなトミー・レメンゲサウ大統領(当時)の発言が掲載されている。「パラオの人口約二万人のうち千人以上、約一割が米軍に入っている」「相当数がイラクへ行っているだろう。私自身二人のいとこがアフガニスタン、おいがイラクへ行っている」。

　女性が入隊することも珍しくない。筆者がボランティア講師を務めたマリス・ステラ小学校でも、児童の母親がアメリカ兵として従軍しており、祖父母が親代わりになっているという例があった。

パウリヌスの「息子」の場合

　このようにパラオでは、日本語世代と英語世代の間で、戦争・軍隊をめぐる考え方のギャップが、埋めがたいものとして横たわっている様子である。かつて日米激戦の惨状に巻き込まれたパラオのお年寄りたち。しかも、アメリカを「敵国」と教えられ、日本軍の指揮下で行動した経験のあるお年寄りたち。彼らは、ほかならぬ自分の子や孫がアメリカ兵となって「活躍」する現実を、どのように受けとめているのだろうか。次のパウリヌス・イチカワさんの話を聞くと、お年寄りたちの胸中の複雑さは、想像以上のものであると思われる。

　パウリヌスは、2003年頃、「実の息子と思って育てた孫が、今イラクで戦っている」と話してくれた。その「息子」(パウリヌスにとって長女の長男であるものの、養子として育てた)は、筆者自身、幾度となく会って話をしたことのある人物で、ミッション・スクール在学中も学業に、部活に、課外活動にと活躍し、大変好感の持てる生徒だった。「息子」は、イラクに行く前日、アメリカから電話をかけてきたという。いわく、「他の若者は、軍の規則を『厳しすぎる』『堪えられない』『自由がない』として、不平を言ったり辞めていったり

している。でも僕は、パパ［パウリヌスのこと］のおかげで、全然そんなふうには感じなかった。パパ、いろいろ教えてくれて、しつけてくれて、ありがとう！」。

　パウリヌスは、「息子」をイラクに行かせたくはない。危険だからだ。「息子」が兵士となることにも賛成しかねる。戦争そのものが破壊だからだ。しかもパウリヌスは、日本統治下の教育を受け、日本語を話し、日本の礼儀や作法に共感を覚える人物である。英語はあまり話せず、アメリカ式の自由の気風に今ひとつなじめないと感じている人物である。

　パウリヌスも「息子」も、ほかならぬパラオ人のはずである。しかし現代のパラオ社会では、本人が決めて本人が行動するという文脈の中で、「息子」がアメリカ兵としてイラクに行く現実を受け入れざるを得ない。このようなやりきれなさのただなかで、パウリヌスとしては、わずかにうれしいこともある。それは、「息子」が、単に自分が決めて自分が行動するという方法をとっているだけではないことだ。

　「息子」は、他の若者との対比で、「自分の思いで自分のために生きる」だけではなく、「集団の中で生きる」ことが可能なしつけを祖父から受けたとして、感謝している。パウリヌスにとってそれは、まさに自分の伝えた生き方（規則に従い、時には自分を抑え、集団に溶け込み、ひいては集団のために尽くすという「日本式」の生き方）である。「息子」が、「日本式」の生き方やしつけを、価値あるものと見なし評価してくれた。この一点において、パウリヌスは喜びを感じている。「自分の『息子』に対する養育は間違っていなかった」とパウリヌスは筆者に語った。しかし、それは、いかに譲歩を重ねた上での、わずかな喜びであることか。

　パラオのお年寄りが日々抱く疎外感について、また日本・日本人に寄せる繊細な共感について、その先にある本当の望みについて、日本に暮らす私たちは、深く思いめぐらす必要があると言えるだろう。

第3節　気品あるおばあちゃん ──
　　　　イバウ・ジョセファ・デメイ・オイテロン

🎵 イバウとの出会い 🎵

　筆者は、パラオでミサに欠かさず出席し、ミサ後、オシャウル（ochaur,「集会所」の意）に集まってくつろぐお年寄りたちにお話を伺うことを常としていた。その中で、ひときわ目立つおばあちゃんが居た。大きな体格とほほ笑み、いつもにこやかで気品がある。彼女がベンチに腰掛けると、次々と握手の手が伸びる。

　初めは、年長者ゆえの敬意かとも思っていたが、それだけではなかった。かなり経ってから分かったことだが、彼女は温厚で謙遜である一方で、相当才に長け、また彼女自身も彼女の夫も家柄が良い、つまり小村の首長のドゥイ（タイトル）をもつ人物なのであった。パラオ人だけでなく、家政婦として出稼ぎに来ているフィリピン人の女子たちまでが、尊敬のまなざしで、「ママ！」と手を差し出す。彼女は優しい笑顔で挨拶を返す。

　筆者のパラオ赴任後、半年を経た 2001 年 5 月 20 日のこと。知り合いのパラオ人が、「アノ　オバアチャンニ　オ話ヲ　聞クト　イイヨ！」と声をかけてくれた。その方が、イバウ (Ibau Josepha Demei Oiterong) だった。その日、彼女は、オシャウルの中の長椅子に腰かけておられた。勇気を持って話しかけ、インタビューの趣旨を伝えると、「ソレデワ、第一回目ノ　空襲［1944 年 3 月 30 〜 31 日のパラオ大空襲］ニツイテ　オ話ヲ　シマショウ」と語り始めてくださった。

　パラオ滞在の後半には、お付き合いの量も質も、どんどん増した。毎日曜日のミサ後、澤地久枝著『ベラウの生と死』（1990 年刊行）を通して語り合う時を持った。イバウの息子が車で迎えに来るまでの時間を利用して、まず筆者

が読み、次にイバウが関連する事柄を話した。双方が大切と感じる時間となった。筆者が勤めたパラオ日本語補習学校[4]でも、作文の指導と発表会の際、話し手の一人としてイバウに登場していただいた。丁寧にお話しいただき、主に仕事上の理由でパラオに滞在中の日本人親子たちにとって、何よりの機会になったと思う。

筆者は、日本帰国（2005年）の後、イバウからもっともっとお話をお聞きしたかったという思いに駆られた。折しも、パラオを訪ねる日本人がいることを知り、罫の広めの大学ノートとペンを用意してもらい、イバウに対して、「子どもの頃の思い出を、何でもいいから、できるだけたくさん、思い出すままに、書いてほしい」と頼んだ。翌年筆者がパラオを訪ねたとき、イバウは、その大学ノートにびっしりと、ほとんどカタカナで、書きためてくれていた。第1頁には、自分の若い日のことを書く予定であること、「ゆう子ト　イバウノ　オモイデノ　モノニ　シテクダサイ［原文のまま］」とのことが記してあった。前述のとおり、イバウは、「私ノ　一番　好キナノワ、日本語デス」と繰り返した。ノートは、その言葉の背後にあるひとかたならぬ複雑な思いについて、雄弁に語っていた。

まずは、本書全体の導入にあたり、この気品を備えたおばあちゃんについて記すことにしたい。

感受性豊かな子ども時代

イバウは、筆者とだいぶん親しくなってからようやく、自分の出身について

---

[4] この補習学校は、パラオ在住の日本人児童のための学校で、文部科学省の援助も得て、2001年4月開校（当時、生徒9人）。設立母体はパラオ日本人会。筆者は開校の時点から関わった。場所は、筆者がボランティアとして出向くマリス・ステラ小学校の教室をお借りし、毎週土曜日、日本の教科書を用い、国語、算数を中心に、適宜日本の行事・文化に関わる特別企画も織り込みながら、授業を行ってきた。2004年11月時点では、15人在籍。同補習学校は、この年、在パラオ日本国大使館・日本語教師会共催で行った日本語学習者交流会というイベントにメインメンバーとして参加、同交流会は盛況となった。

序章　パラオの心にふれて

明かしてくれた。母は、コロール村落を構成するアラカマエ小村（本書5頁の地図参照）の第1位首長の家柄、父は、同じくアラカマエ小村の第2位首長の家柄とのことであった。パラオの最高クラスの伝統的家屋は、4つの入り口を持つとのこと。イバウの父アドネイは、身分的にも技術的にも、それを建てることができた。父は、日本に先立つドイツ統治時代に大工の技を身に付け、自分自身の大工道具を持っていた。集落の重要な会議場であるバイも建てたという。

　イバウは、1917年生まれ。幼少時から感受性豊かで、思考力も記憶力も、また日本語力も、抜群だったようだ。南洋庁立コロール公学校の本科3年を卒業後、補習科に進学した。

　補習科1年（イバウ13歳）のときのこと。「ツヅリカタ（綴り方）」において、南洋群島で最高の優等賞に選ばれたという。イバウは、筆者にそっと明かしてくれた。前述の「オモイデ」ノートにも、そのことを記してある。当時の文章の題は、「テゴロナ　イシ（手ごろな石）」。筆者は、その日本語の使い方に、今更ながら舌を巻く。ノートには、父親に褒められたことが書かれ、「……イマ、トシヨリニ　ナッタケレドモ、コノコトヲ　オモエバ　ウレシイデス」と結んでいる。

　1931年、14歳のイバウは、女子ながら日本留学が決定していた。それは、前年のコウイチとブランスの日本留学（第3章）に続くものであった。残念ながら、当年猛威をふるった風土病であるアメーバ赤痢にかかり、彼女の日本行きは中止となった。イバウは、「オモイデ」ノートの中に、「日本リュウガク」と題し、3頁、50行にわたって事の顛末を書いている。イバウが晩年まで無念さを抱き続けたことが分かる。

　イバウは、当時祝祭日であったという紀元節（2月11日）、天長節（4月29日）、明治節（11月3日）についても話してくれた。学校の授業はないが、必ず登校し「君が代」を歌った。イバウは言う。

　「コウユウ　国ノ　大キナ　オ祝イノ　時ニワ、テントヲ　張ッテ、エプロ

ンヲ　カケタ　日本人ノ　オバサンタチガ、オ赤飯ヤ　オデンヲ　配ッテクレマシタ」。

「私ワ、オ赤飯ガ　一番　好キデス」。

「［お赤飯は］竹ノ　皮ニ　包ンデ　アリマシタ」。

「オデンワ、5ツ　グライ　刺サッテイテ、大根ヤ　肉モ　アリマシタ」。

よく聞いてみると、イバウの場合は、親戚の青年が巡警 (第2章) として役所 (南洋庁パラオ支庁) に勤務しており、その関係で特別に屋台のチケットを手にできたとのことであった。

イバウは、1936年19歳の頃に、結婚。当時の社会では珍しい恋愛結婚、それも一目惚れであった、と彼女は打ち明けてくれた。夫ギライガス (Ngiraingas) は、名高いオイテロン家族 (Oiterong Family)[5]の1人であり、幼い時からカトリック司祭の手伝いをするなど信仰心の篤い人であった。「トテモ　ヤサシイ、ヒトヨシ、キヨイ人」と、イバウは「オモイデ」ノートに記している。ギライガス自身も、巡警として勤務した。

イバウは、夫との間に、14人の子をもうけた。そして、パラオでよくある養子養女に出すという方法をとらず、すべて自分一人で育てた。とはいえ、医療も人の目も行き届きにくい時期のこと、わが子との死別を何度か経験している (第1子は1938年、第2子は1941年、第4子は終戦直後に病死。第8子は、溺死)。次項で示す第1回目の空襲の話とは、2歳たらずの子 (第3子) と、生まれて間もない赤子 (第4子) とを連れ、バベルダオブ島のジャングル内へと疎開した体験談である。

疎開の体験談

ある夜中 (1944年3月29日の夜半)、日本人の軍人から伝令があった。「明日の朝、アメリカの機動部隊が来ますから、早く逃げなさい」とのこと。

---

[5] 本書に登場するオイテロン家族としては、アルフォンソ・オイテロンさん、ヨシコ・オイテロン・ギラトムランさん、メレスバング・オイテロンさん、ミノル・ウエキさんがいる。

序章　パラオの心にふれて

イバウは次のように思い起こす。

「私ワ、胸ガ　ドキドキ。……子ども2人を、1人は子守バンド［おんぶ紐のこと］で背負って、4カ月になる赤ちゃんは抱いて、家族と一緒に、家を出ました」。

つまり、体の前と後ろには子ども、手には必要なものを詰め込んだバスケット（ヤシの葉で編んだ手提げ袋）を持つという姿で、盲目の舅（しゅうと）と共に、家を出たという。イバウの夫は巡警としての任についており、イバウたちと一緒ではなかった。

村の長い石畳の道。坂道もあり、山に入るまでに2、3時間はかかった。夜中である。ジャングルの川のそばで一休みしたものの、眠るような余裕はなかった。ジャングルのただ中で、夜明けを迎えた。午前5時、アイライの飛行場にアメリカの飛行機が降り、空襲が始まった。

日中をなんとかやり過ごした後、30日の夕方から夜中にかけても、ジャングル内での移動を続けた。先頭にはリーダー役の人。後に地域の皆が続き、一列になって、ジャングルの奥へ奥へと進んで行く。迷わないように、遅れないようにと、それはもう必死だった。夜中はいっそう大変だったが、実は、舅が助けになってくれた。

「オ父サン（舅）ワ　目ガ　見エマセンカラ、夜デモ　昼デモ　同ジ、真ッ暗デス。……だから、夜道を歩くときは、お父さんが先に歩いてくれて、私たちはその後を歩きました。苦しかった。もう必死でした。今では考えられないくらい、つらい疎開でした」。

暗闇の中では、怖さと不安にもかかわらず、ちょっとの休憩の間に眠り込んでしまうこともあった。ハッと目を覚ますと朝になっており、空にはたくさんの戦闘機が飛んでいる。怖くて怖くて、何をしたらいいのか分からないほどだったという。

話すうちに、イバウの目には涙がにじみ、言葉が途切れた。筆者も涙なしでは聞けなかった。こんな移動続きの生活が、その後も続いたのである。そ

の上で、イバウは言う。

「デモ、一番　可哀ソウ　ダッタノワ、日本ノ　兵隊サン　ナンデス」。

「ジャングルデ、パラオ人ワ　2人死ンダ　ダケダッタ[6]ノニ、日本ノ　兵隊サンワ　タクサン　死ンダンデス」と。

日本兵は、戦闘能力を失い、退路を断たれ、ジャングル内で自活し潜んでいた。イバウたちは、その日本兵に対して、野草の見分け方・食べ方を伝えたり、少ない食べ物を分けたり、傷の手当てをしたりしたという。あるパラオ人の母親は、痩せ細った日本兵を見ると、ニューギニアに行っている自分の息子（第6章第3節参照）も同様ではないかと思い、「カワイソウデ　タマラナイ……」と小声でつぶやいては、そうした日本兵に親切にしていたという。

「困ッタ　時ワ、オ互イ　助ケ合ワナイトネ」と、イバウは話した。

驚くべきことは、こうした状況において（あるいは、こうした状況だからこそ）、ジャングル内で、誓いの言葉が唱和されたことである。日本の兵隊、または頼まれたパラオ人リーダーが、先唱した。

「ヒトツ、ワタクシドモワ、天皇ノ　赤子デ　アリマス！」。

「ヒトツ、ワタクシドモワ、……」。

皆、後から繰り返す形で唱和していた、とイバウは語った（同様の話を、筆者は複数の人びとから聞いた）。

---

[6] 1944年秋のアンガウル島・ペリリュー島の日米激戦に際し、パラオ人がバベルダオブ島に疎開した状況においても、パラオ人の死者は「出なかった」と聞くことがある。しかしそれは、あくまでも、日本の民間人や日本兵の無残なありさまと対比した場合の物言いだと言うべきだろう。

　当時同島では、軍か民か、日本人かパラオ人かを問わず飢餓状態に置かれた。4万数千人と言われる日本人居留者のうち、約4千人が飢餓で死亡したと言われる（井上亮 2015: p.156）。パラオ人もかなりの人数が飢餓で死亡したと考えられる（松島泰勝 2007: p.92）。

　その上でパラオ人の場合は、ジャングル内の毒抜きさえすれば食べられる植物などをうまく食用にしたのに対して、日本人の場合は、その知識がなく、毒抜きせずに食べてひどく体をこわしたり、やむなくカタツムリ、トカゲなど口に入るものは何でも食べたりする状況に陥っていたという（井上 2015: p.156, 荒井利子 2015: p.184, 187）。

序章　パラオの心にふれて

　1945年8月、苦しかった戦争は終わった。
　しかし、その後もイバウの無念は続く。同年10月、イバウは、ジャングル内を抱いて逃げ惑い、守ってきた第4子を亡くした。
　「食ベルモノガ　ナイ時ニ、ヤットノ　思イデ　生キサセタ　子ヲ、戦争ガ終ワリ、食ベルモノガ　タクサンニ　ナッタ時ニ、死ナセテ　シマイマシタ。残念デ　ナリマセンデシタ」。
　食糧事情の急激な変化が原因だったらしい。食糧の提供時に知識の提供も行われていれば、と考えると、戦争と一続きの被害であるとも思われる。

孫娘はアメリカ兵としてイラクへ

　皮肉なことに、戦後パラオの人びとは、かつての「敵国」アメリカの軍に対して協力を迫られることになった。
　2004年9月14日（フセイン政権崩壊から1年半後）、イラクで任務につくパラオ人のアメリカ兵において、初の戦死者が出た。筆者がイバウにこの話題をもちかけると、「実ワ、私ノ　親戚デス。今朝、オ香典ヲ　持ッテイキマシタ」とのことで、仰天した（「オコーデン」という言葉がスラリと出てきたことにも、筆者は非常に驚いた）。さらに、イバウの孫娘のうちの2人は、志願兵としてアメリカに渡っており、そのうちの1人ジャスミンは、やはりイラクで任務についているという。
　筆者は後日、ジャスミンの一時帰国の際、親族のパーティーに招待され、直接話を聞くことができた。ジャスミンは、アメリカ兵となると高額の給与が得られる上に勉学も可能なことを知り、弟妹のことも考え、両親には内緒で、入隊の手続きをしたとのことであった。ちなみに彼女の父は、パラオの国会の上院議員である。彼女のイラクでの任務は、2人1組で袋を持って死体を集めることが含まれているという。初めはとても怖かったが、次第に慣れ、心は動かなくなってきた、とジャスミンは語った。
　イバウは、この孫娘をはじめとして、何人もの親戚の若者を戦場へと送り

出してきた。彼らは、アメリカ兵としてイラクなどの前線に配属され、一定の給与を得ている。イバウの口から、また、前述の言葉が漏れる。

「戦争ワ　モウ　嫌デス」。

「［このつらく苦しい体験を］子ヤ　孫ニ　話シタイノデス。デモ、聞イテクレマセン！」。

本書の構成

パラオのお年寄りたちにとって、日本統治時代はいかにも懐かしいもののようである。日本語、日本の歌。学校の思い出、遊びの思い出。イバウの父の羽織・袴(はかま)姿が示すような特定の作法や考え方。それらは実は、現在、英語・アメリカ文化が主流となっているパラオ社会の中で、お年寄りたちの抱く疎外感と密接に関わっている。

写真 0-5　パラオ人米兵の一人となったイバウの孫娘ジャスミン　隊の写真を飾った客間で、筆者と共に。

日本文化からアメリカ文化への転換を強いたのは、ほかならぬ、先の大戦である。その大戦において、現地の人びとは、戦渦に巻き込まれ、大変な苦痛を強いられた。「戦争ワ　モウ　嫌デス」と漏れ出る言葉の意味をかみしめたい。

さらに言うならば、日本による統治の平時と戦時とをまたいで、現地の人びとは、日本人移住者と同じではない、理不尽とも言える扱いを受けてきた。それらは、筆者がお年寄りたちと親しくなるにつれて徐々に語ってくれるようになった事柄である。本書では、現地の人びととの語りに改めて耳を澄まし、

序章　パラオの心にふれて

考察を深めていくことにしたい。

　第1章では、導入として、文献資料も交えながら、パラオの歴史を振り返る。もちろん、概説的な歴史を書くことは不必要だろうし、その能力も備えていない。ただ、筆者自身も深い関わりをもったカトリック教会について、なぜ、いかにして、パラオ社会で重要な位置を占めるに至ったかを確認しておく。その上で第1章では、統治者たる日本人が現地で示した構えに関して、具体的には、統治序盤に開始した「内地観光団」事業、統治終盤に顕著となった神社を通した感化に関して、パラオの人びとの受けとめ方を含めて、叙述を行う。

　第2章以降は、パラオのお年寄りたちへのインタビューに基づくものだが、幾つかのトピックを立てる形で構成する。第2章は警察、第3章は教育、第4章はスポーツ、第5章は恋愛、第6章は戦争というトピックである。これらは、筆者がインタビューを行う際、あらかじめ考えていたものではない。60人ほどの方々から詳しくお話を伺う中で、おのずと浮かび上がってきたものであり、いわば重要テーマと言うべきものである。

　前述のイバウの経験からも明らかなように、一人ひとりの人生においては、すべてのトピックがさまざまな形で関わり合っている。とりわけ戦争体験は、すべてのパラオ人の人生において、例外なく深い影響を刻印している。そのような事情から、本書の記述の仕方は、否応なく複雑なものとなった。仮にトピックを最優先とした場合、トピックごとに各自の人生を切り刻んで登場させることになるが、それでは読みにくい上に、それぞれの方に対して申し訳ないことになる。他方で各自の人生を最優先とした場合、人物ごとに経験の連なりを示すことになるが、それでは複数の人物に共通した経験、微妙な立ち位置の違いといったものが分かりにくくなってしまう。

　そこで本書では、折衷的な案として、それぞれの人物の語りで強調されているトピックは何かを考えて分類し、配列することにした。たとえば、南洋庁パラオ支庁の巡警の職について主に語った人物のことは、警察を扱う第2章

で、また日本人の父と現地の母との間に生まれた経験について主に語った人物のことは、恋愛を扱う第5章で、という具合である。それでもなお、少なからぬ人物が、複数のトピックにおいて登場する。この人物はすでに出てきたかどうか、と思うような場合には、巻末の「人名索引」を参照していただければと思う。

　こうして第2章から第6章まで、筆者が懇意となったパラオのお年寄りたちの語りを紹介させていただく。最後に「パラオからの『呼び声』」として、今日本に生きる私たちが何を問われているのか、考える足がかりを示すことができればと願っている。

第1章

日本統治時代のパラオ

カトリックコロール教会 —— 1925年頃

南洋庁の前庭 —— 1935年頃

第1章　日本統治時代のパラオ

　本章では、パラオの日本統治時代（1914〜1945年）のあらましについて、史的事実を軸として記述する。

　第1節では、キリスト教、特にカトリックの伝道史を通して、スペイン時代とドイツ時代を経て日本時代へ、さらに戦後のアメリカ時代へという推移について記す。日本時代には、一旦はキリスト教伝道が認められながらも、戦局の進行に伴い、宣教師への冷遇があらわとなった。日本の敗戦後、アメリカ時代に入ると、パラオのキリスト教は活気づき、筆者のパラオ滞在時の経験へと連なる。

　第2節と第3節では、日本時代の序盤と終盤において、「日本的なもの」が示された出来事を取り上げ、当時のありようを描き出す。

　まず、1915年、日本側によって開始された「観光団」という事業についてである。これは、先行研究（飯高伸五 2007bなど）も指摘するように、現地の人びとにとって「日本」・「日本人」という存在が相当未知であった時期において、日本側が具体的事物を通して自らの先進性・模範性をアピールしようとした出来事であった。

　次に、1940年11月、官幣大社「南洋神社」の建立についてである。これは、統治体制の揺らぎのもとで、日本側が、内地の天皇というシンボルを持ち出すことを通して、統治体制の引き締めを図ろうとした出来事であったと考えられる。筆者の聞き取りによれば、パラオ人にとって神社をめぐる記憶は重苦しいものであり、とりわけカトリック信者にとっては、信仰をめぐる葛藤を感じさせる出来事であった。

第1節　キリスト教の伝道史から

　本節では、パラオで現在多くの人が信仰しているキリスト教、特にカトリックの伝道史を紐解きながら、日本時代の位置づけを浮かび上がらせることを意図する。本節で主に依拠するのは、ヘーゼル神父（Fr. Hezel, Francis X.）による小冊子 *The Catholic Church in Palau*（『パラオにおけるカトリック教会』A5版、全86頁）である。これは、1991年、パラオのカトリック教会で、「パラオにおける宣教100周年祭」の一環として刊行されたものである。著者は、イエズス会士[1]であると同時に、歴史研究家でもある。この小冊子は、宣教師の側からの記述であることは否めないであろう。ただし、記述の全内容がパラオ語に訳され、パラオ語版が前半部に、英語版が後半部に置かれていることから、パラオの人びととの視点をかなりの程度意識していると推測される。

　本節の記述を行うに先立ち、パラオのカトリック教会をめぐり、筆者の見聞2点を挙げておきたい。

　ひとつは、筆者の滞在時、コロール教会で見受けられた「宣教100周年祭」の記念の品々のことである。コロール教会は、市内のやや小高い場所に建つ。そして地続きに、司祭館、司祭養成の旧修練院、カトリック・メディア・センター、カトリック・ミッションの事務所、会議室などが集まっている。また教会堂に隣接して、現地の伝統的様式に則ったオシャウル（集会所）が建つ。そのオシャウルの天井には、手作りの大判パネルが幾つも掲げてあり、'Celebrating 100th Year of Christianity in Palau（パラオにおける宣教100

---

1) イエズス会の司祭および修道士をイエズス会士と言う。
　イエズス会：ロヨラのイグナチオが、後に日本に初めてキリスト教を伝えたフランシスコ・ザビエルら6人の同志と共に、1534年に創設したカトリックの男子修道会。ラテン語名 Societas Jesu（略称 S.J.）。

第 1 章　日本統治時代のパラオ

写真 1-1　カトリックコロール教会オシャウル（集会所）に掲げられた宣教 100 周年祭のパネル

写真 1-2　ウェイン師の司祭叙階後、感謝の按手――恩師フェリックス神父に対して

周年祭）April, 28, 1891-April, 28, 1991'と記されているのである。宣教の100年間のことが好意を持って受けとめられてきたことが推測される。

　今ひとつは、そのコロール教会で2002年6月に行われ、筆者も参列した新司祭の叙階式（司祭の位階を授かる儀式）の様子である。新司祭の名はウェイン・トゥケル（Wayne Tkel）。祖父インダレシオ・ルディム（本節で後述）が果たせなかった司祭職への道を、その日から歩み始めたのである。ウェインは、十数年間、パラオ人のフェリックス神父のもとで指導を受け、最後はアメリカに学んで、この日を迎えた。叙階式のただなか、筆者は、親族をはじめ参列者たちの感動が、さざ波のように打ち寄せてくるのを肌で感じた。

　筆者は、日本の地方都市で生育する中で、カトリックが極めて少数派であるが故の肩身の狭さを感じてきた。その経験からすれば、パラオでのカトリック教会の位置づけは、また教会活動を行うことの価値づけは、ことのほか高いように感じた。

　とはいえパラオにおけるカトリックは、そもそも外来の宗教である。以下、それが伝道され定着した過程について、ヘーゼル神父の小冊子（Hezel 1991）、また青柳真智子の整理（1985: p.71-107）に基づきながら記述する。それを通して、日本統治時代がどのような時代であったかを映し出すことにしたい。

(1) スペイン時代（1885年～）・ドイツ時代（1899年～）

　1885年12月、ローマ法王レオ13世の裁定により、パラオ諸島、カロリン諸島一帯の領有権がスペインに認められた（青柳1985: p.72）。そして、スペインに本部のあるカプチン会[2]の宣教師による伝道が開始された。

　スペインのカプチン会士は、初のパラオ訪問時、コロール村落の第1位首長たるアイバドル（本書31頁参照）らから親切なもてなしを受けた。その5年後の1891年、4人の人員、すなわちグラナダ神父（Fr. Luis de Granada）、

ヴァレンシア神父（Fr. Antonio de Valencia）と、2人の修道士でもって、恒久的宣教を目指して再来した。彼らはアイバドルの許可によりコロール島の一角の朽ち果てた集会所を補修して、小聖堂とし、住まいとした。それは同年4月28日のことであった（Hezel 1991: p.57-58）。そこでこの日は、パラオにおけるカトリック宣教の出発点とされる。当初はこのコロール島で、教会堂（聖心教会）を建設し、スペイン語を用いる学校を開校した。

その後、バベルダオブ島の北端アルコロンで伝道、さらにマルキョク村落の第1位首長たるルクライのもとに移動し、伝道・教育活動を行った（Hezel 1991: p.60-61）。南洋群島教育会（1938: p.54）によれば、宣教師は1895年、マルキョクに学校を開校し、生徒は25人程度で過半数は女子、学科目は聖書、算術、アルファベット、スペイン語、地理などであったという。グラナダ神父がこの地で没した1903年には（青柳 1985: p.75）、ここマルキョクにも教会堂（聖ヨセフ教会）の基礎が固められるまでになった[3]。

1899年、米西戦争に敗れたスペインは、財政逼迫のため、パラオ諸島、カロリン諸島、マリアナ諸島一帯をドイツに売却することについて同意した（青柳 1985: p.77）。このドイツ統治の開始に伴い、スペインのカプチン会士によるスペイン語を用いた伝道・教育活動は、大きな制限を受けることになった。ま

---

[2] カプチン会：イタリア、アシジのフランシスコによる「小さき兄弟会」（1209年成立）が、後に3つに独立分派したが（フランシスコ会、コンベンツァル・フランシスコ修道会、カプチン・フランシスコ会）、その中の1つ。1525年創立（1528年正式に成立）。フランシスコの会則を厳守する。頭巾（カプッチョ）をかぶる風貌から、その名で呼ばれ、それを正式名称とした。ラテン語名 Ordo Fratrum Minorum Capuccinorum（略称 O.F.M.Cap.）。

[3] 筆者は、ルクライの氏族を代表して采配を振るっているウバル・テレイさん（第6章）に何度もインタビューを行った。ウバルによれば、スペイン時代のカプチン会士4人の来島・宣教の際、バベルダオブ島で初めて洗礼を受けた人物が、当時ルクライを務めていた人物であった（フルートソー・テレイの前の代だと考えられる）。当時のルクライは、マルキョクの教会堂建設の際、自宅敷地の半分を寄付、またグラナダ神父病没の際には、自宅前庭の墓地に葬ったという。筆者は、マルキョクのウバル宅を訪ねた際、前庭に埋葬されたグラナダ神父の墓碑を確認した。

もなくスペインのカプチン会士は撤退、代わりに、ドイツのカプチン会支部から4人のカプチン会士（1人の神父と3人の信徒宣教者）が派遣された。この時点で、パラオのカトリック共同体（信徒たち）は140人（Hezel 1991: p.62）、人口4,000人強の中で、3.5%であった。

　ドイツのカプチン会士も当初はコロール島で、次いでバベルダオブ島のマルキョク、アイライ、アルコロンなどで、また南部のアンガウル島で、伝道活動にあたった。カプチン会は男子修道会であることから、女子向けの活動のためにドイツのフランシスコ会の修道女4)も招聘（しょうへい）した。こうしたドイツの宣教師たちは、ドイツの統治政策が学校の設立を予定していなかったことの穴を埋めようとして、ドイツ語を用いる学校の開校に力を入れた。コロールでは、開校（1907年頃）と同時に70人が入学したが、そのほとんどは、アイバドルをはじめ、首長級の家庭の子どもたちであった（Hezel 1991: p.62）。マルキョクでは、1910年に開校、生徒はすぐに100人を超えた。そのほか、家庭訪問による医療的対応（がんや結核）、宗教的講話、死の床での洗礼などを行い、その活動はコロールよりも盛大になった（Hezel 1991: p.63-64）。南洋群島教育会（1938: p.77-78）によれば、ドイツ時代のマルキョクの学校は、生徒数が常時男女各40人くらいだったという。オイカワサン（第2章に登場する人物）が最初に学んだのは、このマルキョクのドイツカプチン会士による学校である。

　こうしたドイツの宣教師による活動は、第1次世界大戦が勃発し日本海軍が南洋群島地域を軍事占領（1914年）するに伴い、終局を迎えた。1915年、5人のカプチン会士と5人のフランシスコ会シスターは、日本軍司令部の退去命令を受けて撤退した。このとき、パラオのカトリック共同体は400人であった（Hezel 1991: p.66-67）。

---

4) フランシスコ会の修道女：Hezel（1991）は明言していないが、現在の「アシジの聖フランシスコ宣教修道女会」（Suore Francescane Missionarie di Assisi, 略称 S.F.M.A., 1702年成立）と関連があると思われる。

第1章　日本統治時代のパラオ

(2)　日本時代（1914年～）

　日本による軍事占領以後の南洋群島地域では、カトリックおよびプロテスタントの伝道者が撤退を余儀なくされた（1915～1919年）。そして日本は、一時はキリスト教に代わる仏教の伝道を企図した。しかしほどなく、現地の統治にはキリスト教伝道が必須であると認識せざるをえなかったようである。

　高木茂樹（2003）によれば、1919年6月、海軍軍政下の南洋群島で、次の内容を含む覚え書きが編まれた。南洋群島で「出来得る限り日本人」をして、「主として耶蘇教を布教せしむる」との方針である。さらに日本人伝道者の人材不足から、海軍大佐でカトリック信徒でもある山本信次郎を通して、ローマ教皇庁との交渉が行われた。結果、第一次世界大戦時の中立国スペインの国籍をもつイエズス会の宣教師を派遣してもらうことへとこぎ着けた（高木 2003: p.21-30）。こうして1921年、スペインのイエズス会士20人（Hezelによれば22人）が、日本を経て南洋群島地域に渡航、このうち4人がパラオに着任した（高木 2003: p. 30、Hezel 1991: p.67）。

　着任したイエズス会士の役割は、派遣を依頼した日本側の意図によれば、現地住民を教化すること、カトリックの権威に服従するという「徳」を用いて、日本に服従するという概念を教えることだったようである。

　イエズス会士は、当初は私立学校の開校を意図した。しかし日本側が、現地住民向けの学校（後の公学校など）を用意したこと、私立学校でもすべての授業を日本語で行うように課したことから、私立学校の設置には至らず、課外のキリスト教講座の開講に留まった。講座は、平日の課外および日曜日に行うことになった（南洋群島教育会 1938: p.550, 651-655）。

　イエズス会士は、コロールに居住した。そして毎月、バベルダオブ島のマルキョク、アイライ、アルコロンなどへ、また南部のペリリュー島、アンガウル

島へと訪問した (Hezel 1991: p.70)。マルキョクは、村落の第 1 位首長たるルクライが、スペイン時代から引き続いてカトリック宣教に好意的であった (Hezel 1991: p.68)。ペリリュー島は、当時生じた新宗教モデクゲイの砦と見なされていたが、2〜3 年のうちに 160 人のカトリックへの改宗者を生み出した (Hezel 1991: p.70)。

　こうしたイエズス会士の感化を受け、パラオの 2 少年が、他地域の 3 人と共に、1928 年から東京の神学校で学ぶために、海を渡った。その 2 人の名前は、インデレシオ・ルディム (Indalecio Rudimch) とエマヌエル・ヨシヲ (Emmanuel Yoshiwo) であった (Hezel 1991: p.71-72、本書 61 頁のコラム参照)。

　もっともイエズス会士は、着任以来、当地の新宗教モデクゲイの勢力に直面し、また日本統治下の神道の影響力にも直面してきた。さらに世俗化の傾向にも対応してきたのだが、その上で新しいライバルとして、プロテスタントの諸派 (リーベンゼール宣教会、ドイツの福音教会など) にも対応することを迫られ始めた (Hezel 1991: p.72)。

　日本の統治機構である南洋庁が、キリスト教容認の姿勢を変更し始めたのは、1940 年頃からのことである。

　1940 年 11 月 1 日、後述する官幣大社「南洋神社」の入魂式にあたり、100 人の現地住民が踊り子として参加を要請された。この日は、カトリックにおいて「諸聖人の祝日」という重要な祝日だったが、現地の信徒たちは駆り出され、教会堂は空っぽとなり、宣教師たちは苦い思いを抱いた (Hezel 1991: p.73)。

　イエズス会士の活動は、徐々に制限を受けるようになり、活動範囲はコロールだけとなった。それでも 3 年間は、活動を継続できた。それというのも、前述のマルキョク村落第 1 位首長たるルクライ、日本の神学校で学んで帰国したインデレシオ・ルディム、さらにコロール村落第 1 位首長たるアイバドルの一家 (ポロイ家族 Polloi Family) などの献身的な援助があったからである (Hezel 1991: p.74)。

第 1 章　日本統治時代のパラオ

　1944 年夏、アメリカによる爆撃の頻度が高まると、状況は深刻化した。日本軍は、イエズス会士（当時 3 人）に立ち退きを命じ、コロールの教会堂と司祭館を軍の本営とした。そして、このパラオの 3 人と他地域の 3 人、計 6 人のイエズス会士を拘留し、バベルダオブ島の山中に隠し、同年 9 月後半には信徒との連絡を不可能にした。それに前後して、当時憲兵隊の傭人となったインダレシオ・ルディムが、コロールからイエズス会士のために食べ物と衣類を持っていった時、日本人の憲兵隊員は手短に、「神父の問題は終わった」と告げたという。6 人のイエズス会士は、おそらく 9 月中旬、トラックで不毛の地に運ばれて処刑され、大穴に放り込まれたと考えられる (Hezel 1991: p.74–75)。

　6 人のうち、パラオで宣教した 3 人のイエズス会士の名は、ホセ神父 (Fr. Marino de la Hoz)、フェルナンデス神父 (Fr. Elias Fernandez)、ビラル修道士 (Br. Emilio del Villar) である[5]。

写真 1-3　戦中パラオで宣教した 3 人のスペイン人イエズス会士――パラオ記念切手
左から、ホセ神父、ビラル修道士、フェルナンデス神父。

---

5) 関連記事として倉田洋二 (2003: p.447–450) があるが、その記述は、氏名、人数などに関して今一度精査が必要であると思われる。

第 1 節　キリスト教の伝道史から

パラオから日本への少年神学生

　1927年から28年にかけて、インデレシオ・ルディム（13歳）とエマヌエル・ヨシヲ（14歳）の2人が、南洋群島の他地域の3人と共に東京へ渡った（Hezel1991: p.71-72）。それは、日本とバチカンの交渉を経て南洋群島に派遣中のスペイン人のイエズス会士の感化を受け、将来司祭になる志を抱き、東京の小神学校（英語でminor seminary、日本でセミナリオともいう）で学ぶためであった。フィリピン到着時、マリア像の前で勢揃いした写真には8人が写っており、同地でさらに他所からの少年3人が合流したことが考えられる。少年たちの清新さが肌で感じられるような写真である（インデレシオ・ルディムの三女、エリコさん提供）。

　残念なことに、パラオ出身の2人は、いずれも健康上の理由で、その後小神学校を去ることになった。ヨシヲは若くして逝去。ルディムは、戦中

写真 1-4　南洋群島から日本へ向かう少年神学生
　　　　　── 1927年、マニラにて

第 1 章　日本統治時代のパラオ

　および戦後のパラオの教会において、司祭を助け、信者のリーダーとなったのである（本章本文参照）。
　ヨシヲの姪（ヨシヲの長兄の娘）にあたるカタリナ・カトーサンは、筆者に、親族ならではの話をしてくれた。ヨシヲとルディムはイトコであること。ヨシヲは末弟であり、小さい頃から体が弱かったため、長兄であるカタリナの父がフィリピンまで同行するつもりだったこと。しかし、ルディムが「来なくても大丈夫」と言うので、一緒に行くのを思いとどまったこと。ルディムの父は、息子が神学生になることに初めは反対していたこと。しかし、ルディム自身の気持ちがあまりにも強いので、最後には行くのを許したこと、などである。話してくれたカタリナは、当時 6 歳であった（彼女も長じてカトリック教会に尽力、大聖年と呼ばれた 2000 年、夫カトーサン・リミルウと共にオギワル教会建設の労でカトリック教会から表彰を受けた）。
　少年神学生の一行は、東京へと渡る前、フィリピンでしばし勉学に励んだそうである。エリコさん提供の写真では、裏面に「一九二七年一月十日その時 Manila につきました」と記載、ルディムによる書き込みであると思われる。また、人物の膝部分に上書きした文字から、左端がルディム、右端がヨシヲであるとわかる。
　なお、ルディムの長女の子は、筆者のパラオ滞在時に叙階されたウェイン・トゥケル神父である（本章冒頭参照）。ルディムの四女は、名をミリアムと言い、夫（カムセック・エリアス・チンさん）の選挙出馬の投票用紙において筆者がお手伝いした人物である（序章参照）。

(3) アメリカ時代（1945年〜）

　パラオ諸島では、日本の降伏後1年以上、司祭・修道士・修道女のいない状態が続いた。1946年12月になってようやく、戦時中に来日していたスペインのイエズス会士2人が、パラオに着任した。ビスカラー神父（Fr. Bizkarra, Juan）とアリセタ修道士（Br. Ariceta, Juan）である。まもなく行われたクリスマスのミサは、400人の信徒が集う盛大なものとなり、このスペインの2人と、1カ月前にトラック島からパラオに来たアメリカのイエズス会士マクマヌス神父（Fr. McManus, Edwin）[6]は、驚きと喜びを得た。その後もコロールでは、週日であってもミサに参加する信徒が常に100人ほどで、教会堂は満席の上、熱気にあふれた（Hezel 1991: p.75-76）。

　イエズス会では1947年以降、パラオ諸島を含むカロリン・マーシャル諸島の伝道は、スペイン管区ではなくアメリカ管区への委任となった。

　1948年、アメリカのメリノール会の修道女[7]3人が到来し、学校教育活動に従事し始めた。実は、彼女たちの住まいには、次のような歴史的因縁があった。1911年、ドイツのカプチン会士がフランシスコ会の修道女のために建て、1930年代、スペインのイエズス会士が改築し、第2次世界大戦中、日本軍が本営とした。メリノール会のシスターは、この建物に住みながら、米軍の余剰物資である蒲鉾型兵舎を利用してカトリック学校ミンゼンティ[8]を

---

6) マクマヌス神父は、トラック島での宣教を経て、1949年からはパラオに着任、イエズス会における当地域の長上として働いた。その上で彼の最大の業績は、晩年、先人宣教師らの努力を元にパラオ語—英語辞典を編纂したことであろう。それは彼の死後、後続者の手でハワイで出版され（Josephs, Lewis S. 1977 [1990]）、現在なお、パラオ語（日本時代以来の日本語由来のパラオ語を含む）を知るための貴重な辞典として、学校・民間機関などで信頼を持って使用されている。

7) メリノール女子修道会：1912年、マザー・メリー・ジョセフによってアメリカで創設された。ラテン語名 Societas de Maryknoll pro Missionibus Exteris（略称 M.M.）。

創設した。生徒数は、1950年に200人となったが、さらに多数の就学の希望があった。この時期、後述するアウグスタ・ラマルイ（第3章）、マリア・オブカルといったパラオ人女性が、教職員として貢献した (Hezel 1991: p.76-78)。

1950年頃、パラオ諸島のカトリック信徒は2,500人を数えたが、さらに1年に100人以上増加し、1960年には3,600人に達しようとしていた。こうして宗教熱が高まる中、司祭・修道士・修道女を志願するパラオの若者も生まれてきた。女子では、1948年にアンガウル島のエレナ・エブドが、1950年にバベルダオブ島マルキョクのヨハンナ・テレイ（ウバル・テレイの実姉）が、メルセス会[9]の修道女となるべく養成機関に入った。男子では、1951年に6人がフィリピンに出向き、4人は司祭になるべくアメリカのサン・ノゼ神学校に入学した。さらに1954年には、10人の女子と4人の男子が宗教生活に入った (Hezel 1991: p.79)。

1957年、新規のカトリック学校としてマリス・ステラ小学校が創設された[10]。学校運営は、メリノール会の校長以下6人が担当、2年後には、すでにメルセス会修道女となっていた前述のエレナとヨハンナを含む4人が、さらに運営に加わった。これに伴いミンゼンティは中等教育機関となり、1959年、パラオのカトリック教会は、パラオ全土から計550人を学ばせる複合型の教育機関（幼稚園から第9学年まで）を擁することになった。その後も入学者数は増大し、パラオ出身のメルセス会修道女も続出（1964年までに約30人）することになった (Hezel 1991: p.80-82)。

1964年、グレゴリオ・ラマルイ（アウグスタ・ラマルイの実兄）が、パラオ

---

8)「ミンゼンティ」という校名は、ハンガリーの高邁なカトリック司教、ミンゼンティ（Mindszenty, Joseph）の名を受けたもの。

9) メルセス会：元は、13世紀にスペインで創立。15世紀以来、女子観想修道院を営んできたが、1914年、一修道女マルガリタ・マリア・マトゥラナを通して、ベリス・メルセス宣教修道女会という名の宣教会として新たに創立された。ラテン語名 Mercedarias Misioneras de Berriz（略称 M.M.B.）。

10)「マリス・ステラ」という校名は、ラテン語で「海の星」の意。

人として初めて司祭に叙階された（ただし、2年後に引退）。1967年、フェリックス・ヤオが、イエズス会司祭としてアメリカで叙階され帰国、彼はその後、パラオのみならずミクロネシア地域のイエズス会の長上となった（Hezel 1991: p.82）。

筆者はパラオ滞在中、修道院寄寓の折、修道院長をすでに引退したエレナ・エブドをはじめ、1960年代の少女たちの円熟した奉仕生活に接した。また司祭館寄寓の折には、フェリックス・ヤオ神父の聡明さを伴う信仰の奥深さに心打たれた。さらに、マリス・ステラ小学校でボランティア講師として務めた。まさに、アメリカ時代に育った人びとや機関に接しつつ、過ごし、問題意識を深め、インタビューを進めたことになる。

以上、ヘーゼル神父著の小冊子を主たる出典としながら、スペイン時代・ドイツ時代、日本時代、アメリカ時代におけるカトリックの伝道に関して記述してきた。パラオのカトリック教会は、近年若者の間で教会離れの傾向が見受けられるとはいえ、なお熱気を保っていると感じる。筆者がパラオのお年寄りたちからお話を伺うということは、こうした教会の熱気の持続の中でこそ可能となった。宣教師を通してキリスト教を受け入れてきたパラオの人びとは、その上で、筆者の存在についても受け入れてくれたと感じる次第である。

第1章　日本統治時代のパラオ

第2節　「内地観光団」に参加した首長たち

　現在パラオで、「カンコーダン」と聞いて意味を解さない人はいないそうである。日本語を話さない若者たちの間でも、「旅行者」という意味内容が伝わるらしい（飯高 2007b: p.214）。ただし本節で扱うのは、日本時代、南洋群島住民を対象に行われた内地観光団のことである。それは、日本時代の序盤（1915年）に始まり、1939年までほぼ毎年行われ、のべ650人ほどの現地住民が参加した（千住一 2003, 2005a, 2005b など）。

　飯高（2007b: p.200）は、観光団について「親日感情の移植を目的に組織された日本本土への観光旅行」、「統治政策上極めて有効な機会と位置づけられた」と指摘している。南洋群島の人びとが日本の持つ文明に圧倒され、自発的な服従に向かうことが、統治上志向されたということである。その上で飯高は、第1回観光団に参加した首長 N のエピソードに焦点を絞り、観光団参加者が、単に自発的な服従に向かったのではない可能性、主体的に想像力＝創造力を発揮した可能性について、興味深い考察を行っている。

　本節では、まず、観光団の概略を記述する。次に、観光団についてのイバウおばあちゃんの認識を紹介し、当時のパラオ人にとって、観光団参加という経験はその後の言動に対してどのような意味を持ったのか、思いめぐらしてみたい。

(1)　「観光団」という制度

　ここでは、第1回の観光団（1915年）について特に記す。記述の主たる出典は、Rechebei and McPhetres 1997, *History of Palau: Heritage of an Emerging Nation*（『パラオの歴史』）である。同書は、筆者のパラオ滞在中、現地の高校や短大で歴史教科書として用いられていたものである。

第 2 節　「内地観光団」に参加した首長たち

写真 1-5　南洋群島住民を対象とした内地観光団——1915 年

　同書は、第 1 回観光団の写真を掲載している。パラオから参加の 4 人をはじめ、南洋群島の現地住民である団員 22 人（同書が掲載する写真 1-5 では 23 人）が、全員 東屋(あずまや)の前で、羽織・袴(はかま)の姿に、いわゆるカンカン帽を手にして、すなわち当時の日本の正装スタイルで、写真に収まっている。

　Rechebei and McPhetres（1997: p.166-169）によれば、日本による統治が始まった時、現地の人びとは、日本の言語、文化、近代農業、貿易などについて、必ずしも歓迎の雰囲気ではなく、むしろ抵抗する傾向があった。そこで日本海軍による軍政当局は、彼らに日本を見せることが最良の教育方法と考え、「カンコーダン」すなわち観光ツアーの制度を開始した。

　第 1 回の観光団の編成は次のとおりである（南洋群島教育会 1938: p.348-349）。ミクロネシアの各地区からほぼ 3 人ずつの代表が選ばれた。パラオからは 4 人であった。

　4 人のうち、1 人は、村落の首長。別の 1 人は、コロール村落の第 1 位首長たるアイバドルその人ではなく、その候補者であり、「頭脳明晰、規律正シク、独、英語ヲ解ス」と記されている。さらに別の 1 人は、マルキョク村落の第 1 位首長たるルクライその人ではなく、その息子である。残る 1 人は、アン

第1章　日本統治時代のパラオ

ガウル島出身であり、やはり首長その人ではなく、その弟で、「英語ヲ解スルヲ以テ、アンガウル分遣隊ノ通訳ニ使用中」という人物であった。この4人は、一様に若く、30歳、27歳、30歳、23歳である（南洋群島教育会1938:p.345）。

この観光団は、1915年7月末、日本の横浜港に到着した。彼らは、日本へ出発した時は裸足に腰巻（ふんどし）、貝の櫛で束ねた長髪姿であったが、日本から戻った時には、写真のとおり、髪は日本風に刈り込まれ、和服を着、履物を履いていた（Rechebei and McPhetres 1997: p.169）。

上記4人のうち初出の1人は、Rechebei and McPhetres によればオギワル村落の首長であり、故郷に戻って次の行動をとったとして、そのエピソードが今なお語り継がれている。彼は、東京の銀座通りにいたく感銘を受けたらしく、オギワルに中央通りを作って銀座通りになぞらえようとした。銀座の並木道にまねてヤシの並木道をつくり、それに沿うように村人の家を移転させた。さらに銀座のガス灯にまねて、並木道の両側に街灯までつけた。ただし、そのランプに灯がともることはなかった。当時パラオにはガスも石油も十分なかったからである（Rechebei and McPhetres 1997: p.169、飯高2007b: p.203-205）。

写真1-6　南洋群島住民を対象とした内地観光団——1932年
この年（昭和7年7月）、観光団は、「大日本人造肥料株式会社　王子工場」を参観したことが分かる。

観光団の参加者数は、第2回（1916年）34人、第3回（1917年）69人、第4回（1918年）88人（もしくは90人）と徐々に膨れ上がったが、その後は収束、1922年以降の民政期には、毎年20人前後となり、1939年まで継続された（千住2005a: p.54）。

(2)　イバウの語る「『第1回』観光団」（1916年）

　ここで、イバウおばあちゃんのインタビューを取り上げ、1915年の観光団が、1916年の観光団との対比で、いかなるものであったかを考えたい。

　イバウおばあちゃんは、近親に3人、観光団員となった人がいる。実の父アドネイが、1924年頃訪日した。さらに、実姉の養父と養母が、8年先立つ1916年に訪日した。イバウいわく、当時役所は、「日本へ行きたい人はいないですか？」「位（くらい）のある人が行きなさい」と言っていた。実際イバウの家は、コロール村落のアラカマイ小村の第1位首長という家柄であった。

　イバウは、父アドネイの参加した観光団に関して「オモイデ」ノートに次のように記している（原文は漢字とカタカナ）。「［父が］日本へ行って帰って来た時の服装は、シャツ、ズボン、上着でした。袴（はかま）はトランクの中にありました。［父がそれを］出した時は、ビックリしました。わたしは、初めて見たものですから。この羽織・袴はお父さんが会議に行くときだけ着る、そして履くのです」。イバウの父の時の観光団（1924年頃）でも、羽織・袴を正装と見なし、参加者が入手して持ち帰った様子である。

　その上でイバウは、実姉の養父母が参加した観光団について、詳しい話をしてくれた。その1916年の観光団は、次の人びとを団員として含んでいたという。当時、コロール村落の第1位首長アイバドルの位にあった男性その人と、その妻。マルキョク村落の女性第1位たるエビルクライの位にあった女性その人と、その夫。バベルダオブ島最北端アルコロン村落の第1位首長たる男性その人と、その妻。アイバドルの氏族でコロール在住の男性と、その妻で

ある。つまり、首長級の人物が、夫婦で4組参加していたとのことである。

千住 (2005b: p.43) は、この1916年の観光団について、参加者一覧を提示している。それによれば、パラオからの参加者は10人、アイバドル (70歳) を含み、また4組の夫婦 (夫50代が2組、夫30代が2組) を含んでいた。アイバドルの妻と思われる人物を欠いていることを別とすれば、イバウの回想とほぼ一致している。

イバウは、この1916年の観光団について、「最初の観光団として日本へ行った」と姉から聞かされており、かつ、彼女自身もそのように確信していた。前述のとおり、観光団の初年は1915年である。しかしイバウは、筆者の数度の質問に対しても、その主張を曲げようとはしなかった。イバウの発言にあえて沿うならば、次のように考察できるかもしれない。1915年の観光団は、確かに初年であるにしても、その団員の現地住民に対する影響力の点であまり重みがなく、数に入らない、という考察である。この1915年のパラオからの観光団員は、語学能力・海外滞在経験が買われた可能性があるが、なにぶんにも若年であった。しかも、村落の首長は一人だけで、その他は首長の弟や息子や「候補者」であった。

イバウの話では、他方で1916年の観光団員は、現地の人びとに対して少なからぬ影響力を及ぼしたようである。彼らの帰国後、「全島に命令が出た」とイバウは話した。その内容は、「男は皆、髪を切れ！」「褌をやめて、シャツを着よ！」「パラオでなじみのある石のお金 (エメラルドなど) をやめて、日本の硬貨とお札を使え！」というものだったそうである。

イバウの話を傾聴してまとめるならば、当時のパラオの人びとは、観光団員として訪日した人物の言動を、一定の条件のもとで、重みあるものとして受けとめたようである。その際、単に訪日の事実、また首長の家柄というだけで重みがつくわけではなかった。当地で長年首長として発言権を持った人物であってこそ、その指示は、聞くに値するものとして響いたことが考えられる。

第3節　南洋の神社と子どもたち

本節では、日本統治の終盤に現地の子どもたちが直面した日本的儀式の一端について、インタビュー記録をもとに記述する。

(1)　官幣大社「南洋神社」の鎮座祭

1940年2月11日、「紀元2600年」を祝して「南洋パラオ島に、官幣大社南洋神社御創建仰出さる」という記事が新聞に載った。南洋群島では、日本人移住者の増加に伴い、すでに26の神社が建てられていたが、それら一般神社を束ねる「総鎮守」をコロールに創建することが、拓務省告示によって決まったのである。これは、日本の植民地における官幣大社創建の政府告示として、最後のものであった。祭神は天照大神、同年11月1日に鎮座した（曽根地之2003: p.49-50, 53）。

官幣大社南洋神社奉賛会『官幣大社南洋神社鎮座祭記念帳』(1941年、全30頁) によると、御霊代(みたましろ)は、10月17日、勅使伊藤博精公爵によって捧げ持たれ、日本郵船サイパン丸にて、南洋群島へと向かった（同記念帳p.2）。11月1日から3日間にわたり、厳粛な鎮座祭。その後、祝賀ムードに湧くプログラム ── 奉祝博覧会、奉納武道、陸上・水上競技大会 ── が実施された。

筆者のインタビューによると、この南洋神社の鎮座祭は、当時の現地の子どもたちにとって相当の苦痛の体験として強く印象に残っている様子である。11月1日、現地の子どもたち（現地住民向け「公学校」の児童たち）は、日本人の子どもたちと共に、整備された沿道に並び、「日の丸」の小旗を振って、「御霊代(みたましろ)」を迎えた。いわゆる旗行列である。前述の記念帳（1941: p.4-5）においても、コロール3丁目付近、6丁目付近、南洋神社神橋付近で

第1章　日本統治時代のパラオ

奉迎する児童生徒の写真が掲載されている。

「私ワ、トテモ　暑カッタ。ソレカラ　トテモ　疲レマシタ。……とっても長い時間、待っていたのです。それでボーっとして、気分が悪くなり、隣の子にもたれかかるようになったことを覚えています」。こう言うのは、ヴェロニカ・カズマ（1928年生まれ、第3章第2節の人物）である。

「私ノ　組デモ、倒レタ　子ガ　3人　イマシタ。……他の組でもそうです。沿道で待っている時や、長い式の途中に、倒れました」。こう語るのは、やはり旗行列の中にいたバルバラ（1927年生まれ）である。

熱帯に位置するパラオのことである。日本の11月とはまったく異なる灼熱の太陽の下、児童たちは、長い間「御霊代(みたましろ)」を待ち続けた。日本人の子どもは水筒を持参、だがパラオの子どもは水筒を持つことができなかった、と語

写真1-7　官幣大社南洋神社の鎮座祭
㊤「埠頭に奉迎するパラオ在住官民代表」
㊦「勅使、御霊代及び御幣物を奉じて参進」

るお年寄りがいた。また、日本人児童は履物を履いてもよかったが、パラオの児童は裸足であった。帽子をかぶることもできなかった。このようにお年寄りたちは、当日のつらかった思い出を口々に語った。

　水筒・履物・帽子などは、おそらく全面的に禁止されたわけではなかっただろう。たとえば、ヤシの実を使った「水筒」、植物の葉で編んだ「履物」、植物の葉の「帽子」などが、「ふさわしくない」として制されたのではないかと想像する。いずれにしてもパラオの子どもたちは、「ふさわしい」姿で「御霊代を待つ」ことの意味を理解できなかったことに加え、身体を保護する対策をとることもできなかった。こうして、少なからぬ現地住民の子どもたちが、日射病や熱中症で倒れたとのことである。

　南洋神社の鎮座祭は、日本人児童に加え現地住民児童に対しても、大日本帝国の臣民に「ふさわし」く、御霊代への敬意を体得させるための儀式であったとも考えられる。しかしそれは、個々の現地の子どもたちにおいては、苦痛に満ちた体験となった。同時に、日本人よりも劣位に扱われた体験として、記憶にとどまることになったようである。

(2)　クリスチャン公学校生の悩みと宣教師の対応

　現地住民の子どもたちは、南洋庁立の「公学校」に通う中で、神社（ひいては皇室）への敬意を示す行動を迫られ、戸惑いを抱くことがあったようである。また、クリスチャン家庭に育った子どもたちの場合、そのキリスト教信仰が敬意をもって遇されない場面に直面し、違和感を抱くことがあったようである。2つの場面を挙げる。

　まず、平日の課外に教会で行われていたキリスト教講座に関してである。カトリックの宣教師（スペインのイエズス会士）は、宗教および地理、算術、アルファベットを教える私立学校の設立を望んでいたが、南洋庁とのやりとりを経て、断念。平日の課外と日曜日にキリスト教講座を開講するにとどまって

第1章　日本統治時代のパラオ

いた（南洋群島教育会1938：p.651-655）。そこでクリスチャン家庭の子どもたちは、毎朝、公学校への登校前に、教会でキリスト教講座（カテケージス）を受けることを常としていた。しかし公学校では、子どもたちに、朝の義務を課した。公学校で飼育する牛の餌のために、草刈りをして持っていくという義務であった。

「私タチ、毎朝　学校ヘ　行ク　前ニ、教会ヘ　寄ッテイキマシタ。……それは、カテケージスを聞くためでした。私たちが　パードレ［司祭］から教会の勉強を習っている間に、ブラザー［修道士］が、代わりに草刈りをやってくれました」とのことである。

スペイン人宣教師たちは、子どもたちへの伝道を重視する観点から、一計を案じたということだろう。他方でクリスチャン公学校生は、「両立」が困難であるという状況に違和感を抱いた様子である。

次に、公学校児童として神社への敬意の表明を要請される場面についてである。クリスチャン公学校生は、児童全員で神社を参拝し拝礼するとき、また神道のお祓いを受けるとき、子どもながらに悩み、不安を感じたという。筆者は、この不安について、何人ものおばあちゃんたちから聞いた。彼女たちは、宣教師に相談したという。宣教師の答えは、こうであった。「他の児童と同様に頭を下げて、心の中では、教会の祈りを唱えなさい」。「パードレ［司祭］ガ　教エテ　クレタノデ、ソノヨウニ　シテイマシタ」。こう話したのはヴェロニカ。そばにいた他のおばあちゃんたちもうなずいた（他のところでも、同様の話を聞いた）。

以上2つの場面を挙げた。子どもたちの中の少なくとも一部は、日本の植民地行政がもたらした神道よりも、日本時代のスペイン人宣教師（あるいはそれ以前のドイツ人宣教師、さらに以前のスペイン人宣教師）がもたらしたキリスト教の信仰の方に、よりなじんでいたようである。たとえば、筆者と懇意になった修道女ミカエラは、少女時代に見た神職のお祓いの様子を筆者に伝えようとした際、良い言葉を思い出せず、ジェスチャー混じりで、「モップ」「逆

サニ　スル」「振り回ス」と表現。やっとその意味が分かった時、周囲のおばあちゃんたちも筆者も、思わず噴き出してしまった。このような表現と反応を見ても、神道の儀礼は、その意味の神聖さというよりも行動の奇妙さとして、印象に残っていることが考えられる。

　日本統治の終盤において、日本側が意図した感化は、さほど浸透したとは言えないように思われる。それは、苦痛あるいは困惑の体験として、またお祭り的な珍しさの体験として、宗教上の意義とは別立てで、人びとの記憶に残っているようである。

・・・・・・・・・・・・・・・・・・・・・・・・・・・・・・

　パラオにおける日本統治時代（1914 ～ 1945 年）とは、どのような時代だったのだろうか。

　本章第 1 節では、それをキリスト教伝道という観点から概観した。スペイン・ドイツ時代と戦後のアメリカ時代との間に挟まれた日本時代の約 30 年間は、西洋的なものから一線を画した時期とも言える。それは、装い、立ち居振る舞い、文字、精神性の内容などとして表れていた。その日本時代について、序盤と終盤の特徴的出来事を取り上げる形で、本章第 2 節・第 3 節を記した。

　第 2 節で示したのは、現地のリーダー的存在を対象として含み、日本の「先進」性を見聞させるという、「観光団」という制度である。日本の正装（和装）、折り目正しい振る舞いなどは、整備された道路、近代的な製造工場などと合わせて、現地住民の敬意の対象となると想定されたようである。実際それらは、「観光団」経験後の村落首長たちからの命令という形で、人びとに影響力をもたらしたことが見いだせた。

　第 3 節で示したのは、日本統治の終盤、南洋庁（およびその下部組織たる公学校）が神道を通じて試みた感化である。立ち尽くして拝礼する、あるいは御霊代を奉迎するという行為は、その神、さらには天皇や日本国の崇高

第1章　日本統治時代のパラオ

さを教え込むための場面だったろう。しかし、少なくとも当時幼かった子どもたちにとっては、身体的・精神的な苦痛や違和感の記憶として残っているのである。

　こうした日本統治時代を通して、現地の人びとはどんな希望を抱いたのだろうか。それはどのように報われ、またどのような結果となったのだろうか。以下の章で詳しく見ていく。

第2章

警察——現地住民エリートのありよう

巡警となったオイカワサン
——実名ジョセフ・テレイ

パラオ支庁刑務所前での日本人巡査とパラオ人巡警

前列は日本人の巡査。後列は現地パラオの巡警。後列左から、ウェル、ギライガス（イバウの夫）、ビスマルク（オイカワサンの甥）、ゴリヤックル。

第 2 章　警察——現地住民エリートのありよう

　本章では、日本統治時代、警察職に就いた現地住民エリートのありようを追う。具体的には、第 1 節から第 3 節にかけて、オイカワサン（実名、ジョセフ・テレイ Joseph Tellei）について詳しく記す。第 4 節では、同時代、および後のアメリカ時代に警察職に就いたダニエルとサントスという兄弟を引き合いに出しつつ、オイカワサンの軌跡の意味を探る。

　オイカワサンは、現地住民で初めて、南洋庁の職員である「巡警」の役職に就き（1923 年）、その後「巡警長」（1934 年）となり、退官（1941 年）に至るまで警察職にあり続けた。「ジュンケイ長」「ジュンケイ」と言えば、今もパラオのお年寄りの間で、自然と敬意を求めるような語感がある（以下、現地住民の語感を示す意図で、原則としてカタカタ書きとする）。

　彼は、日本時代を生きたパラオの人びとがしばしばそうであるように、あるとき、何かの事情で知り合った日本人から、日本的な名前を得た。「オイカワ（漢字は不明。及川、老川、または追川か?）」という名前である。「さん」が敬称であることを知らずに名乗り始めたのだろうか。否、敬称付きとも敬称略ともつかぬ呼び名が、自他ともに好都合だったのではあるまいか。ともかく彼は、「オイカワサン」と呼ばれ、また名乗った（戦後のアメリカ時代にも、ジョセフ・テレイと呼ばれると同時に、オイカワサンとも呼ばれ続けたようである）。本書でも、「オイカワサン」の名で記述する。

　オイカワサンは、マルキョク村落の第 1 位首長たるルクライを務めた人物、実名フルートソー・テレイ（Brutoso Tellei）の長男として生まれた。オイカワサンは、ジュンケイ、ジュンケイ長を長年務めたが、太平洋戦争の終結直前、日本側からアメリカ側へと「逃亡」した。その後の米軍の爆撃箇所の実態から見て、ほかならぬオイカワサンが、パラオ諸島における日本軍の布陣の内情を漏らしたらしいという話もある。

　インタビューを続ける筆者にとって、オイカワサンの人物像は常に謎めいていた。パラオのお年寄りたちは、米軍の「的確」な爆撃によって被害と苦痛を受けた。しかし、それにもかかわらず、米軍側へと翻った、あるいは「裏

切った」とも見えるオイカワサンに対して、批判の言葉を向けようとはしない。

　オイカワサンは、実際どのような人物だったのか。現地の人びとの率直な思いは、どのようなものなのか。筆者は、膨らみ続ける疑問を胸に、インタビューを重ねた。一方では、オイカワサンの身内の人びとから話を聞き、他方では、日本人からも（当時南洋庁に勤めていた日本人官吏や、日本人向け「小学校」に在学していた人からも）話を聞いた。そうして、オイカワサンに関して、戦争終結当時の実情を探り当てる努力を続けた。

　以下本章では次のように筆を進める。まず、オイカワサンの生い立ちや経歴をたどり、人となりの背景に迫る（第1節）。次に、オイカワサンのジュンケイとしての「活躍」に焦点を当てる（第2節）。その上で、彼が最後にたどった予想外と見える歩みを追う（第3節）。そして、同様に警察職に就いたダニエル、サントス兄弟を引き合いに出すことで（第4節）、日本統治時代を生き抜いた一人の優秀な現地住民、またその周囲の人びとについて、その複雑な心の内に迫りたいと思うのである。

第2章　警察――現地住民エリートのありよう

第1節　オイカワサンという人物

(1)　遺された褒状・任命書など

　筆者は、パラオ滞在の最初の1年間（2001年）、カトリック・ミッションの司祭館に寄寓し、その秘書室の一隅で毎日仕事をしていた。秘書室の主、エルシー・キタロン・テレイさんは、奇しくもオイカワサンの姻戚に当たる女性であった。正確に言えば、オイカワサンの3度目の妻が戦後養子にした男性の妻であり、そのオイカワサンの3度目の妻と同居中であった（オイカワサン自身は1987年に死去）。筆者がオイカワサンに関心を抱き、さまざまな人から情報を集めていることを知った彼女は、ある日、自宅から一冊の大きなアルバムを持ってきて、見せてくれた。それには、オイカワサンの受けた褒状の現物が、びっしりと貼り付けてあった。筆者は大喜びで、許可を得て、コピーをさせていただいた。筆者の喜ぶ様子を見た彼女は、その後も次々と、土地の書類、オイカワサン自身の辞令などを持ってきてくれたのである。

　また筆者は、オイカワサンをめぐって、別の出会いも経験した。そのひとつは、マルキョクに住むウバル・テレイさんとの親交である。ウバルは、幼少時に、ルクライを務めるフルートソー・テレイの養子に、つまりオイカワサンの弟になった。彼は、現在ルクライの氏族を代表して預かり保管しているさまざまな日本時代の文書について、「役に立つなら……」と快く筆者に見せてくれ、写真も撮らせてくれた。

　樋口和佳子（2003a）や飯高伸五（2006年）の稿は、実のところ、これらの文書を用いつつ考察を行っている。筆者がこれらの褒状・任命書などを見せていただいたのは、樋口や飯高の研究の構想や成果に触れる以前のことであった。これらの文書から、何を読み取ることができるのか、途方に暮れるばか

りであったが、素人である筆者にも、これらが重要なものであるらしいことは分かった。同時に、これらを重要と考えて保管してきた人びとの熱い思いのようなものも感じた。そして、その思いに応えたい、と念じてきた。

さらに筆者にとっては、本章第3節で登場していただく5人のお年寄り、それぞれとの語らいという経験も大きい。筆者が5年の滞在を終えてパラオを離れる頃になってようやく、まるで重い腰を上げるかのようにして、彼らが口を開いてくれた事柄がある。信頼関係が成熟して初めて語ってくれたこれらの事柄は、オイカワサンの存在の核心に迫った内容であるに違いない。

筆者は本章を通して、オイカワサンの業績だけでなく、その苦悩や葛藤にも、少しでも近づきたいという思いを抱いている。

日本統治時代のルクライ（フルートソー・テレイ）

写真2-1　フルートソー・テレイ肖像画

フルートソー・テレイについては、肖像画（油絵）が残っている。どっしりと構え、物事に動じず、懐の深さがあると感じさせる風貌。単なる恰幅(かっぷく)のよさではなく、内面の豊かさも、のぞかせているように見える。

フルートソー・テレイは、マルキョク村落第1位首長たるルクライの位に就いた人物だが、実はその就任以前から、日本側によって、先代のルクライ以上に重用されていた（飯高2006: p.8）。

フルートソーは、1922年に南洋庁によって「北部総村長」に任命された。少なくともその5年前をはじめとして、日本側により、幾度も表彰を受けている。筆者の手元にある褒状を並べてみよう。

第2章 警察——現地住民エリートのありよう

　　　1917年（大正 6） 4月　　褒状「マルキョク小学校新築」：パラオ軍
　　　　　　　　　　　　　　　政庁長 宮田源八
　　　1926年（大正15）10月　　褒状「マルキョク公学校教員宿舎一棟寄
　　　　　　　　　　　　　　　付」：南洋庁長官従四位勲三等 横田卿助
　　　1927年（昭和 2）10月　　褒状「マルキョク公学校舎一棟寄付」：賞
　　　　　　　　　　　　　　　勲局総裁従四位勲二等 天岡直嘉
　　　1927年（昭和 2）10月　　褒状「ガラルド公学校舎一棟寄付」：賞勲
　　　　　　　　　　　　　　　局総裁従四位勲二等 天岡直嘉

　いずれも、日本側が設置を意図した現地住民向け初等教育機関への貢献についてのものである。フルートソーは、自らが先導し、現地の大人たちを動員し、校舎や教員宿舎の建設落成を可能にした（南洋群島教育会1938: p.536）。これを現地では「キンローホーシ（勤労奉仕）」と呼んだ（現在でも、集団のための無償の労働という意味合いで、「キンローホーシ」はパラオ語となっている）。フルートソーの現地住民への影響力の大きさが、かいま見えると同時に、次の推察が可能である。

　日本側としては、度重なる表彰を通して、フルートソーを中心とした現地住民たちの求心力を獲得しながら、学校建設事業を安上がりに実現させようとしたと思われる。他方フルートソーの側としては、学校教育の普及に関わる

写真 2-2　ルクライを務めたフルートソー・テレイとその家族——住居前にて
中央がフルートソー。後列右端が実子オイカワサン。フルートソーの脚に挟まれた女児がオイカワサンの実子ジョセファ。フルートソーの向かって右隣の男児が養子となったウバル（ミカエラ談）。

ことで、パラオの人びとの知識の向上を図るとともに、現地社会における自らの威信を高めるチャンスと捉えたとも考えられる。

飯高伸五 (2006) は、パラオ支庁を見る限り、巡警に採用された人物は伝統的首長の息子、あるいは同じ血縁集団の男子である場合が多いという点を議論している。まさにフルートソーの息子が、ジュンケイとなったオイカワサン（ジョセフ・テレイ）である。

オイカワサン（ジョセフ・テレイ）

オイカワサンは、1902年（明治35）、マルキョク村1番地で生まれた。ドイツ統治下の1911年、マルキョク村カトリック教会付属学校に入学（樋口2003a: p.413）。日本統治時代となって2年目の1916年1月、「コロール小学校マルキョク分校」が開校されると、直ちに入学した（14歳）。同校は翌年、前述のとおり父フルートソーの尽力のもとで校舎新築となった。オイカワサンは、入学した年の4月には、「学業精勤ニシテ成績優等操行善良ナルヲ賞ス」として、早速表彰されている（本書95頁、表2-1の①）。その後のオイカワサンの「活躍」については、次節に譲る。ここで言及しておきたいのは、彼が、選抜による初の巡警に任命されたことである。1922年9月「巡警採用規程」が制定されると、彼はその選抜試験を受け、合格（20歳）。筆者の手元にある任命書の写し（写真2-3）によれば、翌年1月任命を受け、彼の月給は20円であった。

父フルートソーと息子オイカワサンは、南洋庁が島勢調査を実施した際、共に調査員として任命されている。この件に関して、筆者の手元にある任命書などは次のとおりである。

写真2-3　オイカワサン巡警任命書
——1923年

第2章　警察──現地住民エリートのありよう

　　フルートソー
　　　1925年（大正14）　8月　「島勢調査員ヲ命ス」：南洋庁
　　　1926年（大正15）　2月　「島勢調査ノ慰労トシテ金二円六十銭ヲ
　　　　　　　　　　　　　　　賞与ス」：南洋庁パラオ支庁
　　　1926年（大正15）　3月　「島勢調査員ヲ免ス」：南洋庁
　　　1930年（昭和　5）　7月　「島勢調査員ヲ命ス」：南洋庁
　　　1930年（昭和　5）12月　「島勢調査慰労トシテ金二円六十銭ヲ賞
　　　　　　　　　　　　　　　与ス」：パラオ支庁
　　オイカワサン
　　　1930年（昭和　5）　7月　「島勢調査員ヲ命ス」：南洋庁

　島勢調査は、1920年に第1回の調査が行われ、その後も5年ごとに（1925、1930、1935、1940の各年に）行われた。特に1930年代には、島勢調査に平行して、産業試験場・水産試験場による試験調査や、土地調査も実施された。1930年、パラオ支庁長より島勢調査員として任命されたのは、日本人38人（他に嘱託として5人）、現地住民23人（他に嘱託として40人）である。任命された者の肩書きは、日本人の場合、南洋庁職員（巡査13人を含む）や公学校訓導が多い。現地住民の場合は、各地の村長、巡警、公学校助教員の順に多い（南洋庁1932『昭和五年 南洋群島島勢調査書 第四巻 顛末』p.43-44）。こうした調査には現地住民の協力が不可欠であり、フルートソーとオイカワサンは共に、統治者である南洋庁側に重用されていたと思われる。

(2)　総村長と巡警

　本項では、南洋庁が現地住民の統治に当たって採用した枠組みについて、文献資料およびインタビューによって補足する。ひとつは、パラオの伝統的な村落単位の政治における村落首長たちを取り込んだ点である。今ひとつは、

第 1 節　オイカワサンという人物

日本語によって教育を受けた若い世代を採用した点である。前者が総村長・村長であり、後者が巡警ということになる。

⧓ 総村長・村長の制度 ⧓

　南洋庁は、群島を 6 支庁に分けて統治するに当たり、「南洋群島島民村吏規程」（1922 年）として次のように定めた。

　南洋群島内は、民族的にはカナカ族とチャモロ族によって成り立っている。原則として、カナカ族集落には総村長および村長を置き、チャモロ族集落には区長および助役を置く。パラオの場合は、トラック、ポナペの場合と類似して両者が雑居していることから、カナカ族の村吏のみを置く。カナカ族では、これまでのしきたりにより「酋長」（各村落の首長）の資格を持つ者の中から、村吏を任命する。村吏の管轄区域も、大体これまでのしきたりのとおりとする。これらの村吏については、南洋庁の各支庁長が、南洋庁長官の認可を得て、任免する（南洋庁長官官房 1932: p.56-58）。

　以上の総村長をはじめとする村吏は、支庁長の指揮監督を受けつつ、法規または慣習にのっとって職務を実行することとなった。中でも、以下の 3 種の任務を命じられた。(1) 現地住民に対して、法やきまりを知らせる。(2) 願い出や届け出など、現地住民から官庁に向けての上申を取り次ぐ。(3) 支庁長の命令に際して、伝達や実行に関する事務を補助する（同書 p.58）。

　総村長および区長には月額 35 円以内、村長および助役には 20 円以内の手当てが支給された。南洋群島全域では、総村長 32 名、村長 66 名、区長 3 名、助役 6 名が存在した（同書 p.58-64）。

　パラオ支庁においては、しきたりを踏まえた結果として、北東部から南西部までの 13 村において村長 13 名が任命され、さらにその中の 2 名が総村長としての任命も受けることになった。北東寄りの 5 村 ── バベルダオブ島のアルコロン村、ガラルド村、オギワル村、マルキョク村、カイシャル村 ── を束ねる北部総村長としての任命を受けたのは、マルキョク村の村長に任命

第2章 警察──現地住民エリートのありよう

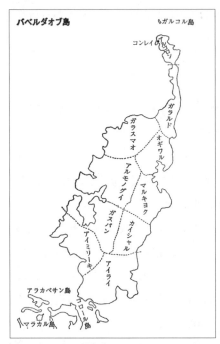

地図 2-1　日本統治時代バベルダオブ島の 10 カ村
（青柳 1985: p.284 に基づいて作成）

本書4頁のパラオ全図も参照のこと。日本統治時代、地名はしばしば原語から離れた発音で呼ばれ、また書かれた。地図中「カイシャル」は、Ngchesar（エサール）を指したもの。「アルコロン」は、Ngarchelong（ガラロン）を指したもの。

された人物であり、当地の伝統的第1位首長ルクライをまもなく務め始めたフルートソー・テレイであった。他方、南西寄りの8村──バベルダオブ島のガラスマオ村、アルモノグイ村、ガスパン村、アイミリーキ村、アイライ村、そしてコロール島を含むコロール村、さらに南西のペリリュー島ペリリュー村、アンガウル島アンガウル村──を束ねる南部総村長としての任命を受けたのは、コロール村の村長に任命された人物であり、当地の伝統的第1位首長アイバドルを務める人物であった（ただし、パラオのしきたりでは首長間の合意が重視されており、第1位首長は、必ずしも突出したリーダーシップを持ち続けてきたわけではない）。

　以上が、フルートソー・テレイの就任した北部総村長という地位についての法制上の背景である。

巡警の制度

　巡警の職は、軍政時代にすでに設けられていた。1918年（大正7）6月、軍政庁民政部内に、島民一般に対する警察、衛生および行刑の事務を補助する「傭人」の規程がつくられた。定員は、南洋群島全域で34人、パラオ

軍政庁の場合12人であった（南洋庁長官官房1932: p.174-175）。

1922年4月南洋庁が設置されると、巡警は、南洋庁内務部警務課のもとで、これらの業務を執り行うことになった（同書p.177）。同年9月南洋庁訓令第40号により「巡警採用規程」が制定され、その後の補充について、以下のように定められた（同書p.185）。

年齢は40歳未満。審査は、学術試験と身体検査。学術試験の科目は読書、作文、算術および地理で、公学校卒業程度以上の学力をもつこと。身長は5尺2寸（約157センチメートル）以上。健康で身体健全。さらに身元調査に合格した者、である。

オイカワサンは、1923年1月、この規程による初の巡警として採用された。

南洋庁各支庁における警察職の位階は、警部、警部補、巡査、巡警長、巡警という具合であった。このうち巡査までが日本人のみの職域、巡警長以下が現地住民の職域である。ジュンケイ長、ジュンケイは、警察職の位階の中では下層に位置する。しかし彼らは、場合によっては、現地住民でありながら日本人の住民を犯罪容疑で逮捕・検挙することもありうるという存在であった。日本人と現地住民の間にさまざまな差別が存在する状況の中で、現地住民のジュンケイ職は、きわめて特権的な地位と映ったようである。

筆者の手元にある『〔南洋庁〕職員録』（南洋庁1933: p.61-62）によると、1933年時点のパラオ支庁管内のジュンケイは、オイカワサンを含め8人である。オイカワサンの名前は、その筆頭に記されており、月俸も45円と8人の中で最高額である。オイカワサンは1934年にパラオ人として初めてジュンケイ長となった。オイカワサン以外にジュンケイ長となった人物としては、彼の退職後、2人の名前を確認することができる[1]。しかし筆者がお年寄りたちへのインタビューを続ける過程で、オイカワサンに対しては、人びとの間にことさらに

---

1) アショが巡警長という記載（南洋庁長官官房秘書課1941『南洋庁職員録』p.120）、アショとビスマルク（オイカワサンの甥）が巡警長という記載（南洋庁1943『南洋庁職員録』p.130）がある。

第2章 警察——現地住民エリートのありよう

強く、尊敬と畏怖の念があることを感じてきた。

　筆者がインタビューによって知り得た情報から、現地住民にとってのジュンケイ像を記してみたい。
　当時の警察官（日本人の巡査など）は、現在でも想像できるように、担当の村々を巡回し、飲酒、窃盗、暴力事件、衛生面での取り締まりなどを行った。またそれに加えて、日常のさまざまな相談事にも応じたという。出生届、就学届の代行をしたり、生まれた子どもの名付けを行ったり、という具合だった、とペリリュー島出身のエリザベス・トキエ・モレイさんは語る。
　その上で、トキエが語ることには、日本人の巡査は、現地住民の子どもたちにとって非常に恐ろしい存在であった。白い制服、腰にこん棒を下げた姿は、見ただけで緊張したという。緊張の原因は、おそらく姿だけではなかったろう。取り締まりの過程で現地住民の大人たちが抱いた理不尽さや抑圧感、それを力で制するありよう、そうした次第を子どもなりに感じ取って「恐ろしさ」を感じていたのだろうと思われる。
　現地住民の大人たちが抱いた理不尽さの最たるものとして、酒をめぐる取り締まりが挙げられる。当時、「一等国民」と称した日本人や、「二等国民」と言われた沖縄出身者の間では許されていた酒の取り扱いが、現地住民の間では禁止されていた（その禁止は、日本が国際連盟のもとで南洋群島を委任統治するに当たり、同連盟理事会から示された委任統治条項に明記された内容ではあった）。筆者に話をしてくれたパラオのお年寄りによれば、現地住民は、酒の売買、飲酒はもちろん、酒のにおいを嗅ぐことさえ禁じられていたという。現地住民と日本人とが混住する日常生活場面において、そのことの理不尽さは、いっそう強く意識されたことだろう。
　さて、現地住民エリートであるジュンケイは、実はそうした場面で実質的な取り締まりに従事するという役回りを担っていたのであった。日本人巡査のもとで、違反者を摘発したり、刑務所での拘留のために連行したりする仕事で

ある。時には、役所の命令に難色を示した村長（現地住民の首長）に対して、徹底的に殴るという体罰を行うような役割もあったという。これは、マチアス・トシオ・アキタヤさんの話による（第6章第1節）。

　現地住民にとってジュンケイとは、出世頭とも言うべき存在であり、誇りであった。しかし同時に、日本人との差別が厳然とある状況下では、取り締まりの場面次第で、著しい葛藤や痛みをひきおこす存在でもあったようである（91頁のコラム参照）。

巡警への報酬：警察官吏の加俸から

　ジュンケイの悲哀の今ひとつは、警察職の位階の最下層という位置づけにあったように思われる。この件に関して、若干の資料によって考察したい。

　今も昔も変わらずに切実な意味を持つのは、給与の額である。南洋庁に在勤する日本人官吏には、いわば、「僻地勤務手当」のような意味合いで、本俸のほかに、これに匹敵する額の加俸が支給された。それは、「朝鮮、台湾、満洲、樺太及南洋群島在勤文官加俸令」（1922年勅令第188号）による。すなわち、一般に南洋庁在勤の日本人官吏は、高等官（警察職では警部に相当）の場合は10分の12以内、判任官（警察職では警部補に相当）の場合は10分の15以内の加俸を支給するものとされた。巡査についても、「南洋庁ニ在勤スル巡査ニ関スル在勤加俸支給額」（1922年勅令第23号）により、月額100円以内の加俸を支給するものとされた。こうした勅令があったが故に、現地住民であるジュンケイは、日本人の巡査と似たような仕事をしながらも、半分以下の給与しか受け取ることができなかったというわけである。

　こうした月ごとに支給される給与の点での差異に加えて、褒賞の枠組みの点でも差異があった。南洋庁長官官房（1932: p.186-190）に、警察官吏の賞罰という節がある。そこに、1922年制定の「警部補および巡査精勤証書授与規程」が載っている。総じて、精勤者を賞し加俸するものである。制定以来、精勤証書を授与された者は127名（1931年に限ると19名）、精勤加俸を受

第2章　警察——現地住民エリートのありよう

給した者は184名（1931年に限ると33名）である。しかしそこに、ジュンケイの精勤者に対して賞したり、加俸したりする規程はない（同書p.186-189）。現地住民であるジュンケイは、警察職者の褒賞の枠組みから外されていたようである。

　この状況は、2年後の1924年、別立ての規程として「南洋庁警察賞与規程」が発布されて、若干変化する。これによれば、犯人の逮捕、犯罪の検挙、人命の救助、天災事変の防御救済、および急きょの際に警察官吏に対して行った補助など、功労のある者に対しては、「警察官吏、一般民衆とに関係なく」賞状または賞与（50円以下）もしくは特別賞与（50円以上100円以下）が支給される。ここで、現地住民のジュンケイも、一般民衆とともに、褒賞の対象となった。1931年には、日本人の巡査48名、現地住民のジュンケイ12名、その他9名が賞与を受けている（同書p.189-190）。

　改めて後述するが、オイカワサンはジュンケイおよびジュンケイ長時代に多数の褒状（賞状）を手にした。それは、彼の検挙実績の高さを物語る。とはいえ、その賞与の額が少額であることにも注目しておきたい。彼の受けた賞与は、ほとんどが1円で、上述の「50円」「100円」という上限には、ほど遠い。

　総じてジュンケイは、警察職内部での地位という観点からすると、日本の巡査とは格段の差があったようである。その地位の低さは、彼らの業務のもたらす葛藤や痛みを考えるとき、いっそう過酷なものに思われる。

理不尽な法のもとでの取り締まりの苦悩

　警察職者（日本人の巡査、パラオ人の巡警＝ジュンケイなど）は、法からの逸脱者を取り締まるのが業務である。その際、人を傷つけるような明らかな犯罪を取り締まるのはとにかくとして、パラオ人だけを対象とした禁酒法など、法そのものに理不尽さが含まれる状況下では、それを取り締まることは苦悩に満ちた行為だったようである。

　オイカワサンのようなパラオ人のジュンケイだけではない。たとえば、日本人の渡辺巡査の例を挙げよう。渡辺巡査は、パラオ人女性を妻として子どもをもうけ（トモミ・コウイチロウ姉弟、第5章参照）、それを理由に以後、遠地赴任を命じられた。トモミは、筆者のインタビュー時81歳（2006年）。幼い頃の状況を次のように話してくれた。

　「父ワ、優シイ　人デシタ。……だから、パラオ人たちを厳しくは取り締まれなかったのでしょう」「父は、母の親戚の人たちに、いつも言っていたそうです。巡査は、腰に付けたサーベルが、歩くたびに『チャリン、チャリン』と音をたてるんです。だから、『その音を聞いたら近づかないように！　私の目に触れないように離れて！』と言っていたそうです」。

　巡査があえて「私の目に触れないように離れて」と言うのは、日本人には許されることが現地住民には許されないなど、法そのものが理不尽であると見なす理性があったということだろう。そして、理不尽な法の一つの例が、パラオの人びとに示された禁酒の令であった。

　「私タチ　パラオ人ワ、飲酒ワ　モチロン、酒ノ　匂イヲ　カグコトモ、禁ジラレテ　イマシタ。……もし違反すれば、29日間、カル

第2章　警察——現地住民エリートのありよう

ブス (kelebus, 現地語で「留置所」の意) に入れられるんです」。これは、インタビューした際、多くのパラオ人からしばしば耳にした言葉である。

　禁酒の令は、実のところ、国際連盟が日本の南洋支配を委任統治という形で認めるにあたり制定した委任統治条項に基づくものである。委任統治条項第3条には「土着民ニ火酒及酒精飲料ヲ供給スルコトヲ禁止スヘシ」とある (南洋庁長官官房 1932: p.68-69, 201-202)。

　経緯がいかようであれ、現実として、パラオの人びとは酒を飲むこと、扱うことを禁止された。他方でパラオ在住の日本人は、当然ながら酒を売り (当時の写真によれば、たとえばコロールの太陽商店には、清酒・ビールなどの看板が掲げられている)、買い、飲んだ。沖縄出身者の場合、酒を造ることもあったようだ。日本人、沖縄人には許される酒が、パラオの人びとには許されなかったのである。

　民間のパラオ人については、幾らか抜け道もあったようである。日本人に頼んで、あるいは日本人の名前を借りて、酒を買い求め、飲んでいたということを、筆者と懇意になったパラオ人の何人かは話してくれた。これに対して警察職者の場合は、パラオ人のジュンケイにしても日本人の巡査にしても、法の理不尽さを認識しながらも、法を秩序として徹底することを日々迫られていたと言える。パラオの人びとへの共感が大きければ大きいほど、取り締まりの苦しさも大きかったことが容易に推測される。

第2節　オイカワサンの「活躍」

　本節では、筆者の聞き取り調査をもとに、オイカワサンの実像に迫る努力をしたい。

(1)　学業時代

　筆者が手にした幾つかの褒状・証書などをもとに、オイカワサンの学業時代を見ていきたい。
　オイカワサンは、前述のとおり、1902 年マルキョク村で生まれ、ドイツ統治下の 1911 年マルキョク村カトリック教会付属学校に入学した。そして、日本軍が当地を占領した 1914 年同校を修了し（樋口 2003a: p.413）、1916 年 1 月「コロール小学校マルキョク分校」が開校すると同時に入学、翌 1917 年 3 月、すでに独立の小学校となった同校の第 1 学年の修業証書を得ている（本書 95 頁、表 2-1 の②）。
　続いて 1918 年 3 月には第 2 学年の修業証書を (⑤)、同年 12 月には、法改正のため「パラオ第二島民学校」と改称した同校において卒業証書を(⑦)、授与されている。卒業証書に「第一号」と記されているのは、彼の優秀さを示すものである可能性がある。
　またオイカワサンの場合、第 1 年次は 15 カ月、第 2 年次は 12 カ月、第 3 年次は 9 カ月だったようだ。学校制度の初期故の特例か、あるいは彼の優秀さ故の特例か、いずれかだと思われる。併せて 3 年という期間は、彼の卒業時施行されていた「南洋群島島民学校規則」の定めのとおりである。
　これら修業・卒業の証書は、修了した児童は例外なく授与されたはずのものである。これに加えて、オイカワサンが特別に得たと思われる褒状が幾つ

第2章　警察──現地住民エリートのありよう

かある。まず、前述の1916年4月に受けた「学業精勤ニシテ成績優等操行善良」を賞したものである（表2-1の①）。また、第1学年修了時の2つの褒状（③、④）、第2学年修了時の褒状（⑥）、卒業時の褒状（⑧）である。

　これらから、オイカワサンは優秀で、教師からの評価が高かったことが推測できる。彼は、後に（1922年）北部総村長に任命されたフルートソーの長男であったから、もともと一目置かれていただろう。その上で彼は、褒状・証書から想像されるように、秀才であり、努力家であった。ドイツ語で学んだ経験がありながらも、日本語もまもなく習得、日本人統治者の好む生活態度もいち早く身につけたのだと推測される。

　年齢を考慮するならば、彼の努力はいっそう大きなものだと思われる。本人自筆の履歴書によると、彼は、1902年（明治35）4月17日生まれ（樋口2003a: p.413）。コロール小学校マルキョク分校に入学した時点で、すでに14歳。この学校は、規程では満8歳以上12歳以下の児童向けであった（南洋群島小学校規則による）。学齢期を超えて入学する場合が多かったにしても、オイカワサンは、ことのほか年長であったことが考えられる。特に語学の習得においては、さぞ苦労も大きかったに違いないと思うのである。

　なお、オイカワサンの生年については別のデータもある。証書の中に、彼の生年を明治37年と記したものがある（月日欄は空欄）。つまり、自筆履歴書よりも2歳若いのである。

　余談になるが、日本統治時代の現地住民の生年月日については、情報元によってデータが一致しないことが珍しくない。そもそも、日本側と現地住民側で同様のカレンダーが認識されていたかどうか、定かではない。生年月日は、統治者側によっても本人側によっても、状況次第で「つくられた」ことが考えられる（なお、本人の名前についても、日本人側の発音の困難さから、しばしば「つくられた」ことが分かっている）。

　筆者は、縁あって、コロール公学校補習科生などの学籍簿を閲覧させていただいたが、その中には、生年月日が空欄のものが少なくなかった。また、

第 2 節　オイカワサンの「活躍」

表 2 − 1　オイカワサン関連文書（1）── 巡警採用までの褒状・証書・通知

番号	発行年月日	分類	内容 1	内容 2	送付元
①	1916 年 4 月 3 日（大正 5）	褒状	「学業精勤ニシテ成績優等操行善良ナルヲ賞ス」	「第一号」	パラオ守備隊長 海軍少佐従六位勲四等 坂本須賀男
②	1917 年 3 月 31 日（大正 6）	修業証書	「第一学年ノ課程ヲ修了セシコトヲ證ス」	「第三号」	巴楼島丸局小学校長 吉田正久
③	1917 年 3 月 31 日（大正 6）	褒状	「学業優等操行善良ナルヲ賞ス」	「第三号」	巴楼島丸局小学校長 吉田正久
④	1917 年 3 月 31 日（大正 6）	褒状	「精勤セシコトヲ證ス」	「第一号」	巴楼島丸局小学校長 吉田正久
⑤	1918 年 3 月 9 日（大正 7）	修業証書	「第二学年ノ課程ヲ修了セシコトヲ證ス」	「第六号」	マルキョク小学校訓導兼校長 池谷伊太郎
⑥	1918 年 3 月 9 日（大正 7）	褒状	「学力優等ニ付キ褒賞ス」		マルキョク小学校
⑦	1918 年 12 月 28 日（大正 7）	卒業証書	「教科ヲ卒業セシコトヲ證ス」	「第一号」	パラオ第二島民学校長 池谷伊太郎
⑧	1918 年 12 月 28 日（大正 7）	褒状	「品行方正学力優等且ツ精勤ニ付キ賞ス」		パラオ第二島民学校長 池谷伊太郎
⑨	1921 年 5 月 31 日（大正 10）	通知	看病夫「依願解傭」		パラオ民政署

・①〜⑨すべて、筆者が原本を参照した。

「年齢の再調査を要す」との教師の付箋が多く付されていた。

(2)　エリートコース

ジュンケイとして

　オイカワサンは、現地住民向け学校（当時「小学校」から「島民学校」へと改称した）に規程どおり 3 年間在籍、卒業後はその月のうちに、パラオ民政署において「看病夫」として採用されている（1918 年 12 月、日給 17 銭。樋口 2003a: p.413）。ただし 2 年半後、依願解傭されている（表 2-1 の⑨）。1922 年 9 月、「巡警採用規程」が制定されると、オイカワサンは直ちに試験を受け、前述のとおり 1923 年 1 月、規程の制定後初のジュンケイに任命された（97 頁、表 2-2 の⑩）。

　ジュンケイ就任後の 1926 年、オイカワサンは、パラオ教育会主催の 3 カ月間の青年講習会（毎週 1 回）に参加した。そして、法制、経済、産業、衛

第2章 警察——現地住民エリートのありよう

生、警察、村治の科目を修め、修了証書を得た（表2-2の⑪）。

「当時は、学校を卒業した者は自動的に地域の青年団に所属することが義務づけられていた」とは、インタビューの中で、しばしばパラオのお年寄りたちから耳にした言葉である。その青年団とは、パラオ支庁の場合、1927年支庁長により、各公学校域を一単位として組織するように提唱され、同年および翌年設立が相次いだものである（南洋群島教育会 1938: p.340-342、今泉裕美子 2001: p.49）。オイカワサンの参加した青年講習会は、その先駆けのものであったと考えられる。

その後の彼の「活躍」は、樋口（2003a: p.414-415）の稿にも記されているとおり、彼が得た数多くの褒状から推察できる。その褒状とは、前述の1924年の「南洋庁警察賞与規程」（一般民衆にまで対象を広げた賞与規程）に基づくもので、ジュンケイであるオイカワサンの検挙を賞したものである。樋口は25件の褒状（検挙日は1929年5月から1940年11月）を挙げて作表している。そのうち6件の褒状は、筆者の手元にも写しがある（表2-2の⑫-⑭、⑯-⑱）。

褒状が示す賞与の額は、前述のとおり、少額である。そのうえで、オイカワサンの人となりをめぐって、次の2点を考察したい。

ひとつは、表彰の頻度の高さからの考察である。樋口の示す12年間で25件、ほぼ毎年複数件の表彰という頻度には、驚かされる。しかも樋口は、遺された褒状から作表しているのであり、実際の表彰はさらに数多かったとも推測される。オイカワサンは、南洋庁から、その実績を高く買われていたことが想像できる。

今ひとつは、被検挙者の邦人・島民の別からの考察である。樋口の作表では、2件は邦人、4件は島民、13件はあいにく不明である。オイカワサンは、同胞である島民を少なからず検挙していた様子である。彼は、前節で示したジュンケイの「苦悩」「痛み」（コラム参照）を、自ら経験していたことが推測される。他方でオイカワサンは、邦人をも検挙することがあった。それはオイ

表2−2　オイカワサン関連文書（2）—— 巡警採用以後の褒状・証書・任命書

番号	発行年月日	分類	内容1	検挙年月日	内容2	送付元
⑩	1923年1月6日（大正12）	任命書	「巡警ヲ命ス」		月給20円	パラオ支庁
⑪	1926年11月30日（大正15）	証書	「本会主催青年講習会ヲ修了セシコトヲ證ス　科目　法制 経済 産業 衛生 警察 村治」			パラオ教育会長 藤崎供義
⑫	1929年8月16日（昭和4）	褒状	「橋本×××外八名ノ南洋群島漁業規則違反事件ヲ検挙シタルニ付」	1929年5月31日	賞与5円	南洋庁長官 横田郷助
⑬	1930年1月29日（昭和5）	褒状	「窃盗蔵物寄蔵並南洋群島銃砲火薬類取締規則其他違反犯人△△△外七名ノ罪證ヲ検挙シタルニ付」	1929年9月12日および9月18日	賞与1円	南洋庁長官 横田郷助
⑭	1930年1月29日（昭和5）	褒状	「窃盗犯人△△△ノ罪證ヲ検挙シタルニ付」	1929年11月28日	賞与1円	南洋庁長官 横田郷助
⑮	1930年7月12日（昭和5）	任命書	「島勢調査員ヲ命ス」			南洋庁
⑯	1931年4月11日（昭和6）	褒状	「窃盗犯△△△罪證ヲ検挙シタルニ付」	1930年4月26日	賞与1円	南洋庁長官 横田郷助
⑰	1931年4月11日（昭和6）	褒状	「窃盗及詐欺犯△△△罪證ヲ検挙シタルニ付」	1930年6月11日	賞与1円	南洋庁長官 横田郷助
⑱	1931年4月11日（昭和6）	褒状	「南洋群島銃砲火薬類取締規則違反貫井×××外四名ノ罪證ヲ検挙シタルニ付」	1930年9月1日	賞与1円	南洋庁長官 横田郷助
⑲	1934年8月3日（昭和9）	任命書	「巡警長ヲ命ス」			パラオ支庁

・⑩〜⑲すべて、筆者が原本を参照した。
・検挙された人物の名前は伏せ字とした。「×××」は日本人、「△△△」は現地住民を示す。それぞれ別人である。

カワサンにこそ許された特例であったという（樋口2003a: p.413）。オイカワサンは、法令に基づいて違反者を取り締まる際、さぞかし威風に満ちていたことが推測される。

ジュンケイ長として

　1934年、オイカワサンは、2つの意味で節目を迎えたと思われる。ひとつは、父フルートソーの死に直面したこと（4月14日）、今ひとつは、パラオ支庁から巡警長に任命されたこと（8月3日）である。
　フルートソーの死に際しては、遺族代表のオイカワサンに対して、パラオ支

第2章　警察——現地住民エリートのありよう

庁長の向井昌治から「生前の労功に酬いるため」と記念品が贈られた（樋口2003a: p.413）。また、同支庁長およびマルキョク公学校長から弔辞が届いた。筆者は、それらの文面を入手している。

マルキョク公学校長からの弔辞は、かつてフルートソーが同校建設に尽力したことを謝してのものだったろう。他方で、パラオ支庁長からの弔辞と記念品は、筆者の推測であるが、息子でありジュンケイとして活躍中のオイカワサンの立場を意識してのものだったと思われる。この時期のオイカワサンは、南洋庁にとって、礼を欠くべからざる人物と見なされるほど存在感を増していたことが推測される。

筆者は、当時のオイカワサンの存在感について、日本人側の実感を伴った証言も得た。1939年から日本の敗戦まで南洋庁に勤務した日本人官吏A男さんの話である。いわく、当時南洋庁職員たちは、現地採用のパラオ人に対して、折にふれて行動を共にしたり、食事に誘ったりと「気を遣っていた」。「特に巡警長のオイカワサンに対しては、一目も二目も置いていた」という。「それは、北部総村長ルクライの長男だから、というばかりではない。言葉も生活習慣も分からない現地人たちを統治していくには、現地人の吏員、特に巡警は、影響力が大きく、微妙な存在だからだ。特に巡警長とは、良い関係にしておかないと、大変なことにもなりかねないから。ひょっとすると何

写真2-4　フルートソー・テレイ葬儀におけるパラオ支庁長からの弔辞——後半部分
パラオ支庁長からの弔辞は、全40行という長文。写真の中央部に次のように深い哀悼があらわされている。「支應長タル私ハ誠ニ気ノ毒ニ堪ヘナイト共ニテンレーノ死ガパラオノ為大キナ損失デアルコトヲ深ク悲シミマス」。

が起きるか分からない社会状況の中にあって、もし何か起こったときに、大事に至らせないための配慮でもあった」とのことである。A男さんの言葉からは、当時の日本人官吏において、統治の危うさが常に意識されていたことがうかがえる。

(3) 横田郷助元南洋庁長官の胸像建設における拠金集め

オイカワサンの遺品の中の拠金者芳名録

　オイカワサンは、「故横田長官胸像建設費醵出者芳名」なる印刷物（以下「芳名録」と呼ぶ）を遺していた。それは、黄ばんだわら半紙の半切2枚と全紙3枚に、タイプ印刷されたものであり、1枚目の末尾に、ペン書きで「オイカワサン殿」と書かれてある（本書102頁、写真2-6）。

　「故横田長官」とは、1923年から8年間にわたり、第2代南洋庁長官として務め、1931年12月25日在任中に逝去した横田郷助を指す。1932年、南洋庁は「施政十年」を記念して、次のような行事を行った。7月、「南洋庁施政十周年記念祝賀式」を挙行、同月、480頁に及ぶ南洋庁長官官房『南洋庁施政十年史』を刊行。そして12月25日、横田長官の胸像の除幕式を挙行した。この胸像建設も、施政十年の記念事業の一環であったと考えられる。

　胸像の建設に当たっては、建設費の募金が行われ、官民合わせて、また日本人・現地住民などを合わせて、1,699件（筆者の計上するところ、日本人1,546件、現地住民149件、欧米人4件）に及ぶ拠金者の名前が芳名録に記されている（104～105頁、表2-3参照）[2]。芳名録の挨拶文の日付は、1933年11月27日。胸像除幕式の1年後である。その翌年にオイカワサンは、ジュンケイからジュンケイ長へと昇進した。

　当時南洋庁側は、このような芳名録を作成し、それを拠金者（少なくともその一部）に配布したと推測される。そしてオイカワサン自身、この芳名録を重要なものと考え、戦中・戦後の混乱期にも保存し、結果として親族のもと

99

第2章　警察——現地住民エリートのありよう

に遺したと考えられる。

　この遺された芳名録には、オイカワサンのどのような思いが込められているのだろうか。以下、芳名録の細部に注目する作業を通して、ジュンケイ長となったオイカワサンの心の内に迫りたい。

胸像建設の意図と実際

　横田長官の胸像建設は、日本側にとって自らの統治体制の威信を示すという明確な意図のもとで行われたと考えられる。胸像設置の場所から、また胸像除幕式の写真から、そのことが見て取れる。

　胸像設置の場所は、コロールのまさに中心、「南洋庁本庁」庁舎と「パラオ支庁」庁舎が隣接して建つ場所であった。そこには南洋群島唯一の新聞社「南洋新報社」もあり、パラオ支庁管内で唯一の病院もあった。また、日本人だけが利用できる「昌南倶楽部」という大きな建物があり、さらに日本人の子どもだけが利用できる柔道・剣道の練習場「武徳殿」もあった。前庭では映画などが企画され、それは現地住民も鑑賞できたようだ。近くには「パラオ公園」と呼ばれる憩いの場もあった。つまり一帯は、常に大勢の老若男女で賑わい、単なる行政の中心地という以上に、文明・繁栄のシンボルとしての場所でもあった。

---

2) この内訳の数字は、あくまでも概数である。筆者が芳名録の記載から判断した。ここでいう「日本人」1,546件とは、便宜上、沖縄や、台湾・朝鮮出身と思われる個人と団体を含む。沖縄出身と思われる個人名は92件、台湾・朝鮮出身と思われる個人名は8件、両者の混合と思われる団体名は1件ある。
　また、「現地住民」149件として計上したのは、たとえば「仲上門安榮」「嘉友名山戸」に続いて「コボマル」「コバクルソン」「オオカヲ」……と記載してある場合である(103頁、写真2-7参照)。現地住民の通称であると判断した。
　さらに、「欧米人」4件として計上したのは、次のものである。「〈トラック支庁管内〉アイスター、アイノウ　1円」「〈ポナペ支庁管内〉フラウ、エトシャイト　5円」「〈ヤルート支庁管内〉アルバートカペレ　1円50銭」「〈ヤルート支庁管内〉カールヘルマン　2円65銭」。

胸像除幕式の写真を示そう（写真2-5）。イバウおばあちゃんが、筆者の関心を知って見つけ出してくれたものである。伝統的な祝祭のダンスを踊った現地の女性5人。写真中央部、スーツに蝶ネクタイの姿で収まっているのは、この日のために日本から駆けつけた長官の息子、横田貞敬である。「未開地を統治する、文明からの使者」とでも言いたげな構図が読み取れる。

他方で、横田長官の胸像建設は、そこに住む人びとにとっては、さほどのインパクトをもたらすものではなかったようである。この件は近年、パラオ国立博物館主宰ヒストリアンの会（113頁のコラム参照）で話題になったが、各地のヒストリアンとして選ばれた人びとにおいてさえ、この件の記憶は鮮明ではなかった。

筆者自身、当時コロール在住だったという人びとに対して機会あるごとにこの胸像について尋ねたが、パラオ人・日本人を問わず、像の存在は知っていても、それが元南洋庁長官の像であったと（ましてや横田という人物の像であったと）知る人はほとんどいなかった。もちろん、当時幼少だったためだろう。その上で言えることは、当時の大人たちが像に対してさして敬意を払わず、子どもたちにも伝えなかったということである。

たとえば、1925年生まれの日本人女性、B子さんの例を挙げよう。B子さんは、コロール生まれのコ

写真2-5　横田元南洋庁長官の胸像除幕式後の記念撮影——1932年
写真提供者イバウによると、横田元長官の息子の両脇は、踊ったパラオ人女性の子ども。イバウは、踊り手と子どもの名前も教えてくれた。

第2章 警察──現地住民エリートのありよう

ロール育ち、筆者のインタビュー当時もコロール市内に居住しておられた。彼女は、当時剣道着姿を見るのが好きで、「武徳殿」での練習風景を見に、よくこの場所へ行ったという。彼女の父は、当時南洋庁本庁通信課に勤務し、この胸像の拠金に参加している。しかしB子さんは、この胸像の台座の存在は承知しているが、台座の主が誰であったかについては、筆者に問われるまで気に留めたこともなく、思い出そうとしたこともなかったというのである。

胸像建設における拠金の実際

オイカワサン自身は、この胸像建設をどのように見ていたのだろうか。残念ながら、それをうかがい知るための資料はないようだ。唯一遺された印刷物、「オイカワサン殿」の宛名書きのある「故横田長官胸像建設費醵出者芳名」なる印刷物を通して、想像を膨らませてみたい。

筆者が提供を受けたこの拠金者の芳名録は、わら半紙5枚のもの。1枚目は挨拶文で、差出人は「故横田長官胸像建設実行委員総代　松野祐裔」である。松野は当時、南洋群島の高等法院およびパラオ地方法院の判事（ともに法院長）であった（南洋庁『〔南洋庁〕職員録』1933: p.95-96）。

芳名録の2枚目は決算報告書で、次の記述である。収入合計は6,271円、支出合計は4,835円50銭、差1,435円50銭。収入は、すべて拠金であることが注目される。支出は、もっとも多額なのが「胸像台石共製作費　東京塑像家藤井浩祐製作」で3,720円、その他は「東京、横浜間運賃」、「パラオ

写真2-6　胸像拠金者の芳名録──1枚目

胸像建設工事費」、「除幕挙式費」、「記念絵葉書弐千部代」などである。

芳名録の 3 ～ 5 枚目は、拠金者・拠金額の列記となっている。拠金者は、職場や地域の違いに基づく 81 の見出しのもとで配置されている（写真 2−7、表 2−3）。その 81 の見出しの背後には、拠金者を大きく 3 群として捉える仕方が見える。《南洋在住の公職者》（見出し 1 ～ 74）、《南洋在住の民間》（見出し 75 ～ 80）、《東京在住者》（見出し 81）とくくりうる 3 群である。

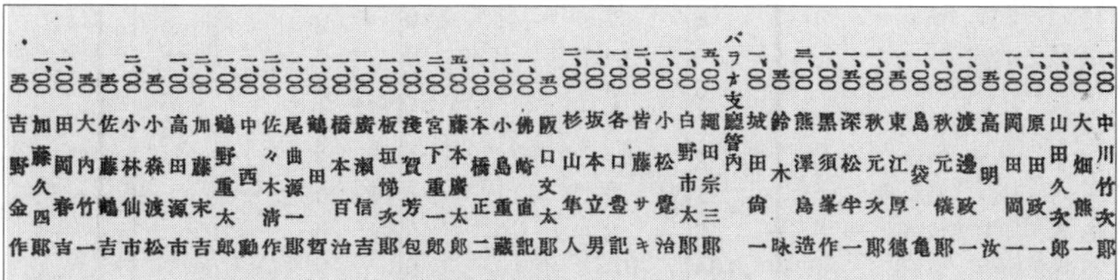

中川竹次郎	一、〇〇〇
大畑熊一	一、〇〇〇
山田久次郎	一、〇〇〇
原田政一	一、〇〇〇
岡田岡一	一、〇〇〇
高明汝	五〇〇
渡邊政一	一、〇〇〇
秋元儀郎	一、〇〇〇
島袋亀	一、〇〇〇
東江厚徳	五〇〇
秋元次郎	一、〇〇〇
深松半一	五〇〇
黒須峯作	一、〇〇〇
熊澤島造	三、〇〇〇
鈴木味	五〇〇
城田尙一	一、〇〇〇
パラオ支廳管内	
細田宗三郎	五、〇〇〇
白野市太郎	一、〇〇〇
小松覺治	一、〇〇〇
皆藤サキ	二、〇〇〇
各口豊記	一、〇〇〇
坂本立男	一、〇〇〇
杉山隼人	二、〇〇〇
阪口文太郎	五〇〇
佛崎直記	一、〇〇〇
小島重藏	一、〇〇〇
本橋正二	一、〇〇〇
藤本廣太郎	五、〇〇〇
宮下重一郎	二、〇〇〇
淺賀芳包	一、〇〇〇
板垣悌次郎	一、〇〇〇
廣瀬信吉	一、〇〇〇
橋本百治	一、〇〇〇
鶴田哲	一、〇〇〇
尾曲源一郎	一、〇〇〇
佐々木清作	二、〇〇〇
中西勳	一、〇〇〇
鶴野重太郎	一、〇〇〇
加藤末吉	二、〇〇〇
高田源市	一、〇〇〇
小森渡松	五〇〇
小林仙市	二、〇〇〇
佐藤鶴吉	五〇〇
大内竹一	五〇〇
田岡春吉	一、〇〇〇
加藤久四郎	一、〇〇〇
吉野金作	五〇〇
安田實雄	五、〇〇〇
中本勝一	五、〇〇〇
遠藤福三	三、〇〇〇
御木本眞珠養殖場	五、〇〇
料理屋組合	一五、〇〇〇
テンレイ	一、〇〇〇
オルテラックルイ	一、〇〇〇
エラッテウイズ	一、〇〇〇
エラカボー	一、〇〇〇
アルミスカン	一、〇〇〇
アツクワル	五〇〇
アラカボン	五〇〇
アラカセンゲル	五〇〇
アドメ	五〇〇
アガワックル	五〇〇
ゲツトロン	五〇〇
アムズ	五〇〇
ブレサム	五〇〇
タガデッキ	一、〇〇〇
マルゴール	五〇〇
マルフン	一、〇〇〇
アベヨーコ	五〇〇
オケレソムル	五〇〇
金城丸組合	五、〇〇〇
谷茶丸組合	五、〇〇〇
漁勝丸組合	五、〇〇〇
日勝丸組合	五、〇〇〇
寶丸組合	五、〇〇〇
仲榮眞盛章	一、〇〇〇
金城次郎	五〇〇
東江儀昌	五〇〇
平安名常次	一、〇〇〇
前田福助	五〇〇
山城嘉重	五〇〇
漁泉丸組合	五、〇〇〇
蛭子丸組合	一〇、〇〇〇
木村善	一、〇〇〇
木村貞豪	一、〇〇〇
得寶丸組合	五、〇〇〇
嘉納武信	五〇〇
大城幸久	一、〇〇〇
大城幸重	五〇〇
平安名常眞	五〇〇
南洋貿易商會	一〇、〇〇〇
比嘉善四郎	三〇〇
比嘉利榮	三〇〇
平良龜得	五〇〇
松茂良興誠	五〇〇
仲宗根堅正	五〇〇
我如古彌助	五〇〇
宗榮原宗信	五〇〇
宇良宗智	五〇〇
比嘉憲淸	五〇〇
古堅宗行	五〇〇
大峯松	五〇〇
石川銀四郎	五〇〇
棚原忠吉	五〇〇
宇良宗松	五〇〇
山内昌正	五〇〇
金城利吉	五〇〇
宇地源龜	五〇〇
備瀬知英	五〇〇
宇良宗牛	五〇〇
比嘉憲要	五〇〇
平良良助	五〇〇
仲本榮次郎	五〇〇
榮口牛	五〇〇
佐久川記重	五〇〇
新垣次郎	五〇〇
前小舍覇蒲太	五〇〇
仲峯眞作	五〇〇
玉城松四郎	三〇〇
野原松吉	三〇〇
後上門秀雄	三〇〇
仲上門安榮	三〇〇
嘉友名山戸	五〇〇
コボマル	一、〇〇〇
コバクルソン	五〇〇
オーカチ	五〇〇
ベツトウ	五〇〇
サルバドル	一〇〇
ゴバーク	四〇〇
エラトボケル	五〇〇
レレーケ	三〇〇
アルバサカ	三〇〇
アンケーヅ	一〇〇
アツテヨボコ	五〇〇
オムデツブ	四〇〇
アマオトガル	五〇〇
エクカルイ	三〇〇
ランサシ	四〇〇
アモイ	五〇〇
西角助一	五〇〇
川島岳衛	五〇〇
小山壽雄	五〇〇

写真 2-7　胸像拠金者の芳名録——5 枚目の中央上部

この部分では、〈パラオ支庁管内〉の見出しのもとに、拠金者が列記されている。その書面は、額が多いか少ないか、団体か個人か、日本人か現地住民かという分類を必ずしも行わない書式となっている。テンレイ（フルートソー・テレイ）をはじめ、現地住民と思われる個人名も並んでいる。

第2章 警察——現地住民エリートのありよう

表2-3 横田元南洋庁長官の胸像拠金者の芳名録における見出しと拠金者数

見出し	拠金者数（件）						
		個人			団体		
		日本人	現地住民	欧米人	日本人	現地住民	
1 長官官房	12	12	0	0	0	0	本庁関係
2 庶務課	50	50	0	0	0	0	
3 財務課	45	37	8	0	0	0	
4 警務課	4	4	0	0	0	0	
5 拓殖課	31	31	0	0	0	0	
6 通信課	11	11	0	0	0	0	
7 パラオ支庁	34	27	7	0	0	0	パラオ支庁関係
8 パラオ法院	9	6	3	0	0	0	
9 パラオ医院	18	13	5	0	0	0	
10 パラオ郵便局	40	39	1	0	0	0	
11 産業試験場	27	27	0	0	0	0	
12 水産試験場	26	26	0	0	0	0	
13 パラオ観測所	8	7	1	0	0	0	
14 パラオ小学校	4	4	0	0	0	0	
15 コロール公学校	6	5	1	0	0	0	
16 ガラルド公学校	2	1	1	0	0	0	
17 アンガウル公学校	2	2	0	0	0	0	
18 ペリリュー公学校	3	2	1	0	0	0	
19 木工徒弟養成所	2	2	0	0	0	0	
20 採鉱所	104	104	0	0	0	0	《南洋在住の公職者》
21 アンガウル医院	10	7	3	0	0	0	
22 アンガウル郵便局	11	7	4	0	0	0	
23 東京出張事務所	22	22	0	0	0	0	
24 サイパン支庁	48	48	0	0	0	0	サイパン支庁関係
25 サイパン小学校	11	11	0	0	0	0	
26 タナパコ小学校	3	3	0	0	0	0	
27 チャッチャ小学校	3	3	0	0	0	0	
28 アスリート小学校	3	3	0	0	0	0	
29 サイパン公学校	6	6	0	0	0	0	
30 ロタ公学校	1	1	0	0	0	0	
31 サイパン地方法院	5	5	0	0	0	0	
32 臨時サイパン港修築事務所	44	43	1	0	0	0	
33 サイパン郵便局	22	22	0	0	0	0	
34 サイパン医院	13	13	0	0	0	0	
35 産業試験場サイパン分場	14	14	0	0	0	0	
36 テニアン郵便局	7	7	0	0	0	0	
37 テニアン小学校	9	9	0	0	0	0	
38 テニアン警察官派出所	8	8	0	0	0	0	
39 ヤップ支庁	24	24	0	0	0	0	ヤップ支庁関係
40 ヤップ郵便局	26	22	4	0	0	0	
41 ヤップ小学校	1	1	0	0	0	0	
42 ニフ公学校	1	1	0	0	0	0	

見出し	拠金者数（件）	個人			団体		
		日本人	現地住民	欧米人	日本人	現地住民	
43 マキ公学校	2	2	0	0	0	0	ヤップ支庁関係
44 ヤップ公学校	5	5	0	0	0	0	
45 ヤップ医院	9	9	0	0	0	0	
46 トラック支庁	33	25	8	0	0	0	トラック支庁関係
47 トラック小学校	2	2	0	0	0	0	
48 夏島公学校	4	3	1	0	0	0	
49 水曜島公学校	3	2	1	0	0	0	
50 春島公学校	3	2	1	0	0	0	
51 冬島公学校	2	1	1	0	0	0	
52 月曜島公学校	2	1	1	0	0	0	
53 モートロック公学校	2	1	1	0	0	0	
54 モートロック巡査駐在所	1	0	1	0	0	0	
55 水曜島巡査駐在所	1	0	1	0	0	0	
56 トラック郵便局	26	16	10	0	0	0	
57 トラック医院	12	9	3	0	0	0	
58 水産試験場トラック駐在員	6	6	0	0	0	0	
59 ポナペ支庁	49	35	14	0	0	0	ポナペ支庁関係
60 ポナペ小学校	3	3	0	0	0	0	
61 キチー公学校	4	3	1	0	0	0	
62 クサイ公学校	2	2	0	0	0	0	
63 ウー公学校	3	2	1	0	0	0	
64 コロニー公学校	6	5	1	0	0	0	
65 メタラニウム公学校	2	2	0	0	0	0	
66 ポナペ地方法院	4	4	0	0	0	0	
67 ポナペ郵便局	13	13	0	0	0	0	
68 ポナペ医院	10	10	0	0	0	0	
69 産業試験場ポナペ分場	15	15	0	0	0	0	
70 観測所ポナペ出張所	2	2	0	0	0	0	
71 ヤルート支庁	28	24	4	0	0	0	ヤルート支庁関係
72 ジャポール公学校ウォッヂェ公学校	10	8	2	0	0	0	
73 ヤルート郵便局	13	13	0	0	0	0	
74 ヤルート医院	12	12	0	0	0	0	
75 サイパン支庁管内	143	142	0	0	1	0	
76 ヤップ支庁管内	33	33	0	0	0	0	
77 パラオ支庁管内	262	209	37	0	15	1	
78 トラック支庁管内	76	61	0	1	14	0	
79 ポナペ支庁管内	75	66	0	1	7	1	
80 ヤルート支庁管内	78	58	10	2	2	6	
81 東京	13	6	0	0	7	0	
計	1699	1500	141	4	46	8	

《南洋在住の公職者》 1019

《南洋在住の民間》 667

《東京在住者》 13

第2章　警察——現地住民エリートのありよう

以下では、芳名録に示された拠金者・拠金額から、拠金の実際のありようの特徴を見てみよう。

胸像拠金者の3群である《南洋在住の公職者》《南洋在住の民間》《東京在住者》それぞれが、全拠金者数、全拠金額に占める割合を見ると、偏りが浮かび上がってくる（図2-1）。《東京在住者》の群は、全拠金者数に占める割合では非常にわずかだが（13件）、全拠金額に占める割合では、実に半分以上を占めているのである（3,450円00銭）。

次に、拠金者3群をばらして、拠金額の分布（①団体の場合、②個人の場合）を見てみよう。

図2-2が示すように、拠金者が団体の場合にしろ個人の場合にしろ、拠金額の分布は、高額層と低額層とに分断されている。しかも、より低額の層ほど、より件数が多い。

図2-1　胸像拠金者の3郡別の拠金者数、拠金額

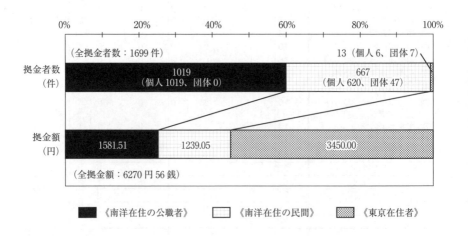

第 2 節　オイカワサンの「活躍」

図 2 − 2　胸像拠金者の拠金額の分布

①団体の場合

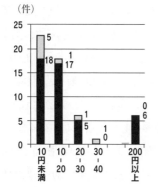

②個人の場合

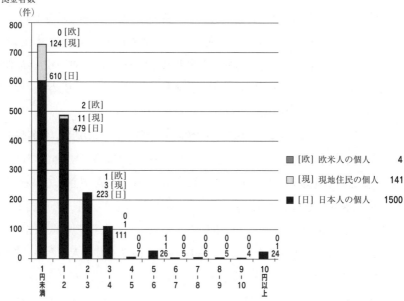

107

第2章　警察——現地住民エリートのありよう

　拠金額の高額層・低額層に位置する具体的な拠金者を挙げよう。団体の拠金者の場合（表2-4の①）、高額層に位置するのは、南洋興発株式会社、日本郵船株式会社など、〈東京〉という見出しのもとに配置されている拠金者である。すなわち、《南洋在住の公職者》でもなく《南洋在住の民間》でもなく、《東京在住者》の大企業である。これらの団体において、数百円から1,000円という拠金額は、さほどの支出にもあたらない額であろう。他方、低額層には、日本人団体として商店、風俗営業店などが、現地住民団体として地域集団が、見受けられる。全体として、団体の多様さに、驚かされる。
　次に、個人の拠金者における高額層と低額層を見てみよう（表2-4の②）。高額層には、御木本真珠店の御木本幸吉を別格とした上で、松田正之（第5代南洋庁長官）、堀口満貞（第3代南洋庁長官）、松野祐裔（胸像建設実行委員総代）など、南洋庁の高官経験者の名前が見える。それにしても、拠金額20円程度とは、それほどの多額でないことに意外性を感じる（当時、南洋庁長官の年俸は4,650円、日本人巡査の月給は40〜50円程度である。南洋庁1933『〔南洋庁〕職員録』より）。他方、拠金額の低額層には、「木田繁雄」を例外として、現地住民（の通称）と思われる名前が連なっている。最低額は9銭、その上位は1銭刻みであり、芳名録に記載するには極めて少ない額であること、また額が半端であることに驚きを感じる。
　ここで注目したいのは、高額層と低額層の分断という状況が、芳名録の書面では、あえて判然としない書式になっていることである。芳名録では、拠金者は職場や地域の違いに基づく81の見出しのもとで配置されている。その際、高額層も低額層も織り混ざり、同一の活字の大きさ、同一の形式で並列に記されている（103頁、写真2-7も参照）。これは、かなり意図的な編集ではないだろうか。拠金集めを行った南洋庁側は、南洋在住の人びとが「こぞって」拠金に参加したという印象を作り上げようとした可能性が考えられる。
　なお、現地住民の個人については、次の2つの点からも拠金の少額さや欠如が目に付く。

第2節 オイカワサンの「活躍」

表2－4　胸像拠金者のうち、高額者・低額者のリスト

①団体の場合

額の順位	名前	所属の見出し	拠金額
1位	南洋興発株式会社	東京	1000円00銭
1位	日本郵船株式会社	東京	1000円00銭
3位	大日本人造肥料株式会社	東京	500円00銭
4位	南洋貿易株式会社	東京	300円00銭
5位	三井物産株式会社	東京	250円00銭
⋮			
49位	蛸島商店	パラオ支庁管内	2円00銭
49位	風月楼代表 大湾朝幸	ポナペ支庁管内	2円00銭
49位	海月楼主 楠本とみえ	ポナペ支庁管内	2円00銭
52位	チャムチェン部落	ヤルート支庁管内	1円50銭
53位	浜市商事株式会社	サイパン支庁管内	1円00銭
54位（最下位）	メジルイルツク部落	ヤルート支庁管内	50銭

②個人の場合

額の順位	名前	所属の見出し	拠金額
1位	御木本幸吉	東京	100円00銭
2位	松田正之	長官官房	20円00銭
2位	堀口満貞	東京	20円00銭
2位	櫻井辰之助	東京	20円00銭
2位	小泉岩吉	東京	20円00銭
6位	小関信次郎	パラオ支庁管内	15円00銭
7位	栗本又五郎	サイパン医院	13円68銭
8位	松野祐裔	パラオ法院	13円60銭
⋮			
1633位	ケメドクル	パラオ医院	12銭
1633位	ロナツク	トラック支庁	12銭
1633位	サロー	ポナペ支庁	12銭
1633位	木田繁雄	ポナペ支庁	12銭
1637位	アトウ	パラオ医院	11銭
1638位	四郎	パラオ法院	10銭
1638位	グホス	ヤップ郵便局	10銭
1638位	アット	トラック医院	10銭
1638位	ウド	トラック医院	10銭
1638位	サルバドル	パラオ支庁管内	10銭
1638位	アンケーヅ	パラオ支庁管内	10銭
1638位	チェーム	ヤルート支庁管内	10銭
1645位（最下位）	エシキエン	トラック医院	9銭

第2章　警察——現地住民エリートのありよう

　まず、筆者が具体的に聞き知る人物の拠金が少額である点である。
「〈パラオ支庁管内〉　テンレイ　1円」
「〈パラオ支庁管内〉　アベヨーコ　50銭」
「〈パラオ支庁〉　オイカワサン　45銭」
「〈パラオ法院〉　アヤオカ　50銭」
「〈パラオ医院〉　ブランス　15銭」
　テンレイは、フルートソー・テレイのことで、当時の北部総村長兼マルキョク村長である。アベヨーコは、後年のアルモノグイ村長（南洋庁長官官房秘書課『南洋庁職員録』1941: p.375）であり、実は、コウイチロウ・ワタナベ（第6章など）の母方祖父である。アヤオカは、パラオ法院で通訳兼書記を務めた人物で、実は、筆者が公私ともに世話になったフェリックス・ヤオ神父の父である。ブランスは、セバスチャン・コウイチ・オイカングと共に、南洋庁の承認のもと、日本留学（1930年）を果たした人物である。こうした現地のエリート的存在の拠金額が、1円あるいは50銭以下ということは、かなり拍子抜けさせられる。オイカワサン自身、45銭という額である。
　次に、テンレイ（フルートソー・テレイ）以外でも、当時村吏として任命されていた者の拠金の少額さや欠如の点である。パラオ支庁管内では、当時村吏が13人（総村長2人、村長11人）任命されていたが（南洋庁『〔南洋庁〕職員録』1933: p.179-186）、このうち芳名録に拠金者として登場するのは5人（テンレイを含む）のみである。ポナペ支庁管内では、村吏26人のうち拠金者は1人のみ（10円）。ヤルート支庁管内では、村吏16人のうち拠金者は1人のみ（16円40銭）[3]。この2管内は、額は多めで、あたかも1人が代表として責を塞ぐかのような額である。トラック支庁管内では、村吏29人のうち拠金者は1人のみ（1円）。サイパン支庁管内では村吏8人、ヤップ支庁管内では村吏11人だが、いずれも拠金者は皆無である。

---

[3] ただし、ヤルート市庁管内の場合、「部落」名での拠金が5件（合計24円50銭）ある。それを合わせると、拠金額は合計40円90銭と、かなり多額になる。

これらを見ると、現地住民の村吏のような立場においてさえ、拠金に応じようとする者は少数であった。ましてや、そうした役職に就いていない一般の現地住民の場合は、拠金集めは、かなり困難なことであったと思われる。

　さらに、現地住民・日本人のいずれにしても、個人の拠金において、2つのタイプの奇妙さが見いだされる。《南洋在住の公職者》の個人拠金の場合、少なからぬ拠金が、中途半端な端数である（109頁、表2-4の「〈サイパン医院〉栗本又五郎 13円68銭」など）。この端数の背景は何なのか。筆者は、給与や貯蓄の額に一定の割合を掛けたものを拠金としたのかもしれない、と推測する。

　他方で、《南洋在住の民間》の個人拠金の場合、すべての額が、切りの良い数字であり（「50銭」「1円00銭」など）、極度に統一的である（103頁、写真2-7参照）。《南洋在住の民間》の拠金は、職業や背景が同じでない人びとの拠金であり、日本人もいれば現地住民もいる。それにもかかわらず、実に667件中、1銭の位がゼロでないものは1件もない。そして同額の数字が10人以上、場合によっては30人以上連なっている。こうした統一性が生じた背景は何なのか。筆者は次のように推測する。各地で拠金の呼びかけを行った人びと（いわば「呼びかけ人」）は、拠金の具体的額についても、指導を行ったという推測である。そして、拠金の呼びかけ人は、日本人に対しては警察官（巡査）、現地住民に対しては、オイカワサンのようなジュンケイや、旧慣上のリーダーだった可能性が考えられる。

オイカワサンと拠金集め

　以上の拠金集めの方法は、推測にすぎないものではあるが、次のことを想像させる。拠金額は、本人の意思というよりも、周囲によって定められたということ。さらには拠金という行為自体も、進んで行われたというよりも、規則性を示され他律的に行われたということである。すなわち、「お付き合い」「ついで」といった惰性的な性格のものだったことが想像される。こうした拠金者の立場からすれば、拠金結果の報告としての芳名録は、いささか滑稽なも

第2章 警察——現地住民エリートのありよう

表2-5 胸像拠金者のうち、〈パラオ支庁管内〉の現地住民の個人のリスト

名前 （芳名録での掲載順）	拠金額
テンレイ	1円00銭
オルテラツクル	1円00銭
エラツテウイズ	1円00銭
エラカボー	1円00銭
アルミスカン	1円00銭
アツクアル	50銭
アラカポン	50銭
アラカセンゲル	50銭
アドメ	50銭
アガワツクル	50銭
ゲツトロン	50銭
アムズ	50銭
プレサム	50銭
タガデツキ	1円00銭
マルゴール	50銭
マルフン	1円00銭
アベヨーコ	50銭
オケレソムル	50銭
コボマル	1円00銭
コバクルソン	50銭
オオカヲ	50銭
ペットウ	50銭
サルバドル	10銭
ゴバーク	40銭
エラトボケル	50銭
レレーケ	20銭
アルバサカ	20銭
アンケーヅ	10銭
アツテヨボコ	50銭
オムデップ	40銭
アマオトガル	50銭
エクカルイ	30銭
ランサシ	40銭
アモイ	50銭
チヤレー	1円00銭
オケルポーコ	1円00銭
アシオ	1円00銭

のと見えたかもしれない。

　他方で、拠金集めの労をとった人（拠金の呼びかけ人）の立場を考えてみよう。呼びかけ人は、自分自身が多額の拠金を投じることよりも、自分の管轄する範囲内でできるだけ多くの人が拠金者となることの方を、重要視したであろう。特にジュンケイであるオイカワサンにとっては、できるだけ多くの現地住民に、拠金者として名前を連ねてもらうことが、彼自身の「実績」となったのではないか。オイカワサンが芳名録を大切に保存しておいたのは、まさにそれ故だったのではないか。すなわち、横田長官への愛着ではなく、自分がいかほどの人びとを横田長官の顕彰事業へとつなげようとしたかを記録するものとして、芳名録そのものに対して愛着があったのではないか。芳名録発行の翌年、オイカワサンはジュンケイ長に任命された。もしかすると、この拠金集めにおける奔走を買われての昇進であったかもしれない、とも思われる。

　このような観点から芳名録に目を注ぐことは、意味深い。芳名録の〈パラオ支庁管内〉という見出しに続く部分を、改めて見てみよう（103頁、写真2-7）。3段にわたって262の拠金者名が並ぶ中で、現地住民の個人名と思われるものが37ある。その名前と額を、リストとして挙げた（表2-5）。このリストを、オイカワサンの関与した可能性を想像しつつ、眺めてみたい。

パラオ国立博物館主宰ヒストリアンの会と、横田元南洋庁長官胸像

パラオ国立博物館主宰ヒストリアンの会

　ヒストリアンの会（The Society of Historians）は、パラオ国立博物館がパラオ政府から委嘱されて主宰する会で、年に2、3回、民俗誌保存のための会議を開いている。各州から1名、参加可能な体力と知力を有することを条件に、最高齢に近い人物が、ヒストリアンとして選任され、会議に招聘される。会議は、高齢者が遠方から参集するため、1回につき、泊まり込みで1週間くらい継続される。そうした会議の数年にわたる成果は、まず日本語のカタカナ書きでまとめられた。その後、パラオの若者やパラオに関心を持つ各地の研究者を念頭に置いて、英語版の複数の刊行物として出版された（そのひとつが、Adams and Gibbons eds. 1997）。

ヒストリアンの会に筆者が参加を許されて

　筆者がこの会の存在を知ったのは、その翌日（2001年3月1日）から始まる会議のためにコロールに出向いてきたバベルダオブ島エサール州（日本時代のカイシャル村）代表のパウロス・スケッドさんと、教会で出会ったことがきっかけであった。会議の言語が日本語と聞いて、出席したいと思い、上記刊行物も購入したいと願い、申し出ると、博物館で依頼するとよいと教えてくれた。

　筆者は翌朝、博物館を訪問。政府の担当者と専任職員の計6人

が事務所に詰めており、奇しくも、アメリカから届いたばかりの上記英語版刊行物を、専任職員が開封しているところであった。当の会議は午後からとのこと。筆者がボランティアの信徒宣教者（Lay Missionary）であることを伝え、意向を告げると、即、参加を許され、この刊行物も無償で与えられた。

　この日の会議には、ヒストリアン14人のうち10人が出席、うち女性は1人であった。筆者は、14人のうち4人と、すでに面識があることが分かった（パウロスさんに加え、ヨシコさん―アイメリーク州代表、テオドシアさん―アンガウル州代表、イディップさん―ガラルド州代表）。

　会議の進行は、次の具合であった。まずヒストリアンたちは、本日の主題に沿って、日本語で会話を交わす。大体話がまとまったところで、ヒストリアンの代表が、その内容をパラオ語に直して話す。それを聞いて、パラオ人の専任職員は理解する。さらにこの日は、来訪のアメリカ人客員教授やパラオ人学生がいたため、専任職員が英語で話し、それを聞いて教授も含め全員がヒストリアンたちの話した内容を一通り共有する、という流れであった。

横田長官胸像をめぐるヒストリアンたちの記憶

　この日の主題は、コロール中心街に残る日本時代の胸像跡について、その胸像の主が一体誰かということであった。この主題を検討中であるパラオ短期大学（略称 P.C.C.）のアメリカ人客員教授とゼミ生が臨席し、学生の撮影した胸像台座の写真を手がかりに、ヒストリアンたちの意見を聞きながら、台座に残る不鮮明な日本語文字の検討・確定が行われた（実は筆者は、これを機に、横田長官胸像の存在を知った。その後、オイカワサンやフルートソーの遺品を管理す

るウバル・テレイさんとの交流の中で、胸像拠金者芳名録を手渡され、驚きのうちに、この件の考察を始めた）。

　ヒストリアンの中でただ一人、タケオ・テベイさんというオギワル州代表の84歳の古老だけが、それは「ヨコタ　ゴウスケ　チョウカン」であると確信をもって返答していた。この会議では、筆者も、漢字を解する人物として、台座の不鮮明な文字を見せられて意見を求められた。

　他のヒストリアンたちは、自らその名を挙げることはできず、「ヨコタ」と言われて初めてうなずいていた。その場所に長官の像があったことについては口々に発言しており、それぞれ記憶していることが分かった。

横田長官胸像をめぐる一般の人びとの認識と記憶

　その後筆者は、当時コロール在住だったという人びとに対して、機会あるごとにこの像について尋ねたが、パラオ人・日本人を問わず、像の存在は知っていても、それが元南洋庁長官の像であったことを（ましてや横田という人物の像であったことを）知る人はほとんどいなかった。上述のヒストリアンたちのうなずきが示す記憶は、例外的なものと言えるようだ。

　胸像の記憶の薄さについては、パラオの現行の中等・高等教育教科書の例も挙げることができる。歴史教科書 Rechebei and McPhetres (1997: p.152) では、'Mr. Kosuke Yokota, Governor General of the South Seas Bureau, 1930. (Belau Museum photo)' との説明付きで、肖像写真が掲載されている。まず、その説明文中、横田の名が「こ（う）すけ」となっているのが正しくない。また、掲載されている写真は、実は松田正之第5代南洋庁長官のものである。

第2章 警察——現地住民エリートのありよう

筆者が驚いて旧博物館の原本(タイプ印刷、Palau Community Action Agency 1978)を確認したところ、その原本自体が誤っており、さらに原本は記述も不正確であることが判明した。

横田長官胸像のその後

　実は1945年以降、この胸像は、存在しない。シゲオ・テオンさんによると、この像は、ブロンズ(青銅)製であったことから、戦後の物不足のとき、一部の市民によって取り壊され、換金されてしまった。日本のフジタというサルベージ会社が、銅や鉄を買いに来たことを、シゲオははっきり覚えているという。

　他方で、横田長官の胸像を支えた台座部分は、現在も、コロールの中心街に残る。その場所は、現在では国立パラオ高校の玄関前である。台座は、日本時代からあったと思われる大木のそばで、今や本体の胸像を失い、履歴を記した金属板もはがされた状態で、姿をさらしている。そして、日本時代のことをほとんど知らない現地の高校生たちが、ただ涼を求めてその大木のもとに憩い、戯れに、その台座を遊具のように扱っている様子をしばしば目にする。その情景は、日本による統治の一過性、あるいは虚しさを示しているようにも思われる。

第3節　オイカワサンの「逃亡」をめぐって

(1)　オイカワサン「逃亡」の話を聞くまで

　オイカワサンは1941年5月、巡警長を退職した（樋口2003a: p.417）。まだ39歳の働き盛りであった。この不自然に早いと思われる退職の理由については、本章の最後に推測する。

　オイカワサンは、退職後、パラオ諸島が日米の激戦地のひとつとなる中、どのように振る舞ったのか？　筆者は、インタビューの早い段階から、さまざまな人に問いを向けた。しかし人びとは、誰もが口ごもった。「ワカリマセン」「噂ワ　アルケレド……デモ、本当カドウカワ　知リマセン」。そしてその「噂」についても、口を開いてはくれなかった。筆者自身も、けげんに思いつつも、特に立ち入って聞く機会も得られないまま、日々が過ぎていた。

　そんなある日、パウリヌス・イチカワさんが、「実ワ……」と小声で語り始めてくれた。それは、パウリヌスと筆者が毎日のように顔を合わせ、語り合うようになってから6カ月を経た頃、2001年8月のことであった。

対峙するアイバドルのひ孫、パウリヌスの話

　パウリヌスは、コロール生まれのコロール育ち。「眼から鼻に抜ける」という表現がぴったりと思える聡明な人物である（159頁、写真3-1参照）。当時、やや腰が曲がり、頭髪に白いものを頂いた70歳代であったが、「凛！」とした雰囲気を感じさせた。筆者は、彼の並外れた記憶力に接し、何度も舌を巻いた。

　「実ワ　オイカワサンワ　逃亡シタンダ」と彼は言った。「逃亡」という言葉に、筆者は驚きを隠しきれず、一瞬沈黙。その筆者に対して声を潜めて、

第2章　警察——現地住民エリートのありよう

「自分ワ　目撃シタノデワ　ナイ。聞イタ　話ダガ……多分本当ダト　思ウ」と言葉を継いだ。彼の話は、こうであった。

「ソノ夜、ボートワ　スデニ　用意サレ、マングローブニ　隠サレテ　イタ。……そこには２名が待ち伏せしており、夜陰の中で連れ出されたオイカワサンを乗せて、ボートは暗闇に消えた。実際に手引きをし、連れ出した人物名は、伏せられており、いまだにはっきりしていない[4]。その後オイカワサンが、どこでどうなったのか、誰も知らない」。

「だからオイカワサンは、逃亡したと言われている。でもそれだけじゃない。コロール島やバベルダオブ島の、司令部や島民部落についての情報を、アメリカ側に伝えて、アメリカ側の作戦にとって都合のいいようにしたらしい。それは、その後のアメリカ側の動きで分かった。オイカワサンが情報を漏らしたのだろうとは、パラオ人たちは皆、感づいていた」。

パウリヌスの話は、後に記すミカエラ、アデニナ、さらにイバウ、サントスの話に比べ、オイカワサンへの批判のニュアンスが強い。それは彼が、かつてアイバドル（コロール村落の第１位首長）を務めた人物のひ孫であることと関係があったかもしれない。オイカワサンの父はルクライ（マルキョク村落の第１位首長）を務めた人物であるし、コロールを中心とする村落同盟とマルキョクを中心とする村落同盟は、歴史的に対峙することもあったからである。

筆者は、このときのパウリヌスの話しぶりから、この話がタブー視されているという気配を強く感じた。また筆者は、この話で初めて、オイカワサンが「逃亡」したことに加え、日本軍側の布陣などの情報をアメリカ側に流したと言われていることを知った。

---

4) 樋口の稿（2003a: p.418）によれば、「待ち伏せ」の末に手引きした２名は、敵というよりも、味方、すなわち先に「逃亡」した現地住民であったとして（しかも、多数派カナカ族ではなく、少数派チャモロ族であったとして）、その氏名が書かれている。パウリヌスや後述のミカエラの言を見ると、この点について、地元の人びとの認識は錯綜している可能性も考えられる。

(2) オイカワサンの身内から

　その後筆者は、オイカワサンの姪に当たるミカエラ・ウドゥイから、また同じく姪のアデニナ・ポロイ（ミカエラのイトコ）から、個別に話を聞くことができた（おふたりはそれぞれ、筆者のインタビューの意図をよくくみ取ってくださり、発言内容の公開に同意してくださったことを記しておきたい）。

♪ まだ子ども（11歳）だった姪、ミカエラの話 ♪

　ミカエラは、筆者が寄寓した修道院の修道女の1人で、母の弟がオイカワサンであった。筆者は、その関係を知ってインタビューを申し込み、彼女は快諾してくれた。しかし、当日になってインタビューを回避されてしまった。それから3年もたった2004年9月、実にふとしたきっかけから、（いや、今思うと考えあぐねた末だったのかもしれないが）次のようにインタビューは成立した。

　筆者は、最初のインタビューの約束日、準備を整えて、いそいそと指定の場所へ赴いた。しかしミカエラは言った。「実ワ……ズット　考エテ　イタンダケド。……私は、オイカワサンの姪です。でもオイカワサンの話を聞くなら、できるだけ身近な人のほうがいいと思うんです。オイカワサンの実の娘がいますから、その人を紹介しましょう」。

　後日、その女性（ジョセファ）に会ってみると、彼女はオイカワサンの実娘とはいえ、母（オイカワサンの妻）が出産後死亡したため、母方の祖父母に引き取られて育ったのであった。「ダカラ　私ワ、オイカワサンガ　オ父サンデモ、オイカワサンニ　ツイテワ、何モ　知リマセン。……ただ、洋服を買うお金などは、オイカワサンが持ってきたようです」とのことであった。

　筆者は、「ミカエラにすり抜けられてしまった！」と思い、大変残念であった。その後、ミカエラと筆者は修道院で起居を共にしたが、オイカワサンの話はしないままであった。2003年8月、本書の元となる私家版の報告書（正

第2章 警察——現地住民エリートのありよう

確には、その一部を英語・パラオ語にしたもの）を修道院にも差し上げた。修道院のリビングで、ミカエラが、時間を見つけてはそれを見ている姿があった。それからさらに1年後、ミカエラが話してくれる機会は、思いがけずやってきた。その日は、同僚のシスターたちがみな会議のためグアムに出かけ、高齢のミカエラと筆者の2人だけが留守番役であった。2人きりになった昼下がり、彼女はくつろいだ雰囲気の中で、幼い頃の思い出話、彼女の家の様子、父のこと、母のことなどを話してくれた（135頁のコラム参照）。そして最後に、オイカワサンのことも詳しく語ってくれたのである。

ミカエラによるオイカワサン「逃亡」の話は、当時11歳の子どもの目から見た、緊迫感に満ちた話であった。

ある日（1944年12月上旬頃）[5]、日本兵が、バベルダオブ島のオギワルにあるミカエラの家にやって来た。日本兵は、オイカワサンがガラルドに居なかったので（後述）、オイカワサンの姉宅であるミカエラの家に隠れているのではないかと考え、捜索に来たのである。庭で「おままごと」をして遊んでいたミカエラたちは、驚いて家に入った。ドカドカと、銃を持った日本の兵隊たちが家の中に入ってきた。「ソノ時ワ、父モ　母モ　家ニ　イタノデ　本当ニ　良カッタ。私ワ　怖クテ、母親ニ　シガミツイテイマシタ。……兵隊さんは、荒々しい声で何か言っていました。父が、『ここには居ない！　私は知らない！』と繰り返し言っても、聞きませんでした。母が、『ここには居ません！　私たちは［オイカワサンが］どこに居るか知りません！』と大声で叫びました」。

日本兵は、それでも部屋中を探し回った。ミカエラによれば、母と父はそのとき、オイカワサンの消息を本当に知らなかったのだという。兵隊たちは怒り、結局、家の中にあった日本製のミシンを接収して帰っていった。「とっても怖かった！」。ミカエラは、顔をしかめて、そのときの様子を話した。

また、ミカエラが後で聞いた話として語ったことによれば、オイカワサンは、

---

5) 樋口（2003a: p.418）は、1944年12月8日を、オイカワサンがボートで連れ去られた日と記している。その前後のことであると思われる。

少なくともガラルドにいる頃には、見張りをつけられていた。日本兵と、パラオ人の軍属とが交代で見張っていた。パラオ人の軍属が見張りの時、日系アメリカ人と思われる日本語と英語のできる人がやってきた。おそらく米軍のスパイだったのだろう。その人物は、オイカワサンに会わせてくれるように見張りに頼み、中に入って話をし、そのままオイカワサンを連れ去った。それというのもガラルドは、マングローブから直接海に通じていて、海路で移動できるのであった。当時アンガウル島・ペリリュー島はすでにアメリカ側が制圧しており、そこへ連れ去ったらしい。オイカワサンを連れ去った人物については、「秘密にされ、分かっていない」とミカエラは話した。

　筆者は、この話を聞いて、オイカワサンの消え去ったマングローブがコロールではないこと、ガラルドであるらしいことを知った。また、「逃亡」の手引きをした人物として、日系二世という話があることを知った。「逃亡」した後のオイカワサンの行為（日本軍の布陣の漏洩など）については、ミカエラは、言及しなかった。聞き及んでいないはずはなかろう。話したくなかったのではないか。日本兵が踏み込んできたときの様子は生々しく、筆者も息をのんで聴いた。

多感な娘（17歳）だった姪、アデニナの話

　アデニナ・ポロイおばあちゃんも、母の弟がオイカワサンであった。筆者はその関係を知らないまま、病院のリハビリ室などで何度かインタビューを重ねていた。2002年2月、初めて彼女の自宅を訪ねてお話を伺うにあたり、筆者は資料として一冊の本を持って行った。奇しくも、オイカワサンの写真のある頁に、しおりをはさんであった（Office of Court Counsel 1995: p.16）。その頁を開いた途端、アデニナは叫んだ。

　「悠子サン、コレ、オ母サンノ　弟、私ノ　叔父サンデス！」。ポカンとしている筆者に、彼女は続けた。

　「悠子サン、知ッテイマスカ？　私ノ　叔父サンワ、ジョゼフ・テッレイ、オ

第2章　警察――現地住民エリートのありよう

イカワサン　デス。ア……」。彼女は、にわかに泣き出した。そして少し落ち着くと、時折声を詰まらせながら、オイカワサン「逃亡」時の一族の状況について語ってくれた。

アデニナは、オイカワサンのことをとても誇りにしている様子だった。その話は、パウリヌスの話と重なりながら、ニュアンスはかなり異なっていた。

「叔父ワ　シェリフ［sheriff保安官＝ジュンケイ］デシタ。日本軍ワ　当時、オイカワサンヲ　スパイ　トシテ　疑ッテイタノデ　探シ回ッテ　イマシタ。……そこで、オイカワサンの姉である私の母は、呼び出されました。オイカワサンの兄弟姉妹と、その子どもたち、私たちも含めて、全部で50人くらいは、集められて、山［ジャングル］まで連れて行かれ、殺される準備をしていました」。

「私も、その中にいました。私は母に聞きました。『私たち、何も悪いことしていないのに、なぜ殺すの？』。また聞きました。『スパイの家族といっても、鉄砲も何も持っていないし、何も知らない。何もできない。なのに、どうして？』。すると母は言いました。『さあ、皆で神様にお祈りしましょう！』。それで、毎晩皆でお祈りをしていました」（ここまで話すと、75歳のアデニナは、それまでの涙声から、再び泣き出してしまった）。

毎晩、祈るしかない。そういう状態が2、3週間続いたそうだ。集められた50人というのは、次の人びとであった。①バベルダオブ島のアイライに住んでいた、アデニナの母・父・アデニナ・弟妹など、②マルキョクに住んでいたオイカワサンの家族（オイカワサンの母、オイカワサンの弟妹とその子どもたち、オイカワサンの養子・養女となったアデニナの兄・姉など）、③オギワルに住んでいた、オイカワサンの他の姉妹とその子どもたち（アデニナのイトコにあたる前述のミカエラなど）である。

アデニナが事態の伏線として語るのは、次のことであった。戦局悪化まもない時期、オイカワサンがガラルドの北、アルコロンの森の中で妻[6]と共に

---

[6]　最初の妻は病死、2度目の妻は出産後に死亡、この妻は3度目の妻である、と筆者はオイカワサン一家に詳しいパラオ人から聞いた。

第3節　オイカワサンの「逃亡」をめぐって

潜んでいた頃、アデニナたちの居場所に、日本語と英語の両方が分かる人物がやってきて、次のようなやりとりがあった。「『パラオのどの方が偉いですか？』『ジョセフさん！〔オイカワサンのこと〕』と私たちは言いました。『どこにいる？　どういう仕事をしていた人ですか？』『ジュンケイ長です！』と私たちは答えました」。

アデニナいわく、これは米軍による「探り」だった。その後オイカワサンは、アメリカの高等官の使者と共に、マングローブから小さなボートで米軍の軍艦に乗り移った。

つまり「逃亡」である。アデニナは、筆者が持参した地図をたどりながら、詳しくその道のりを説明してくれた。

「オイカワサンは、アルコロンから、アンガウル島まで行きました。アンガウル島にはアメリカ軍の司令部がありました。そこでアンガウル島から米軍の飛行機に乗って、上空から、パラオの人びとの部落や居所を知らせたんです。それでパラオ人は、撃たれなかった。死にませんでした。オイカワサンは、パラオの人たちを救うために、アメリカ側に教えたんです」。

「私たちは、集められて、殺されそうになっていました。でも、ちょうどその頃、アメリカ軍がコロールのマラカルに、アメリカの旗を立てました。日本軍は、もう手が出せなくなって、それで、私たちは生きることができました。だから今、ここに、こうやって、悠子さんと座って話をしています」。

以上が、アデニナの話である。オイカワサンがパラオ側の布陣や集落の情報を漏らしたという点、アメリカ側がその情報に基づいてその後の爆撃を行ったという点で、アデニナとパウリヌスの話は共通している。ただ、それは、パラオの住民に益をもたらしたのか、それとも害をもたらしたのか。致命的損壊を免れさせたのか、それとも損壊をもたらしたのか。オイカワサンは住民を守ったのか、それとも裏切ったのか。両者の見解は食い違う。アデニナは、オイカワサンの身内という立場に関係して、叔父をかばう見方をとっているとも考えられる。

第2章　警察——現地住民エリートのありよう

(3)　「そういうことなら話しましょうか……」

　筆者は、2005年春に帰国して本書の草稿にとりかかったものの、オイカワサン「逃亡」の真相に少しでも近づきたいと思い、その後何度もパラオを訪れた。そして、かねてから親しくしているイバウおばあちゃんから、またシゲオ・テオンさんの紹介で新たにサントス・ンギラセドゥイさん（本章第4節の人物）から、さらなる話を伺うことができた。

元ジュンケイの妻、イバウの話

　イバウと筆者は、本書の最初にも記したように、特に親しい仲である。博識であり、謙遜であり、包容力豊か、心から尊敬できる人。そのイバウと2006年4月に再会したとき、オイカワサンの話を聞くことができた。ひとつは、終戦直前オイカワサンが「逃亡」したことについての話である。今ひとつは、戦後オイカワサンが土地問題で狡猾にふるまったと見えることについての話である。
　イバウの夫であるギライガスは、日本時代はジュンケイ、戦後のアメリカ時代はポリスを務めた。その立場上知り得た情報もあるだろう。またイバウ自身の優れた記憶力・洞察力の影響もあるだろう。彼女の話は、細部にわたって正確であるように思われる。
　オイカワサンの「逃亡」に関しては、次のような次第であった。
　バベルダオブ島北端アルコロン村落の小島ガルコル島のガトゥメラ集落には、たくさんのサイパン人（サイパン出身のチャモロ族）が住んでいた。その場所は「サイパン人部落」と言われるくらいだった。そこに住むサイパン人の中に、アメリカと通じていると思われる人、つまりスパイのような人がいた。その人がオイカワサンを迎えに来た。
　オイカワサンは、戦局が押し詰まってからは、後妻がペリリュー島出身なの

で、ペリリュー島に避難していた。しかしその後、ガラルドに土地を持っていた関係もあり、そこへ移動した。ガラルドにいるオイカワサンを、ある親戚が訪ねて来た。その後オイカワサンは、アルコロンのサイパン人部落へ移った。さらにサイパン人部落から、スパイと思われる迎えの人に従って、妻と共にアンガウル島へ逃げた。

その後オイカワサンは、アンガウル島近海に停泊していたアメリカ軍艦の中にいた。そして、戦争が終わり、平和になった後で、パラオ社会に戻ってきた。日本時代にジュンケイだった人は、アメリカ時代には無試験でそのままポリスになる例が多かったが、オイカワサンは、長い間隠れていたこと、アメリカの軍政もすでに始動していたことから、戦後警察職に就くことはなかった。

「逃亡」の前後、ガラルドではオイカワサンの親戚一同が集められた。「殺されるためだ！」と人びとがうわさしたが、実際には殺されずに済んだ。

以上がイバウの話である。イバウは、パウリヌスのようにオイカワサンと対峙しがちな関係性にあるわけでもなく、ミカエラやアデニナのようにオイカワサンの身内というわけでもない。そのためか、彼女の語り口は淡々としている。こうして4番目の証言者を得ることによって、オイカワサンの「逃亡」に関して、徐々に事実に近づいてきたように感じられた。

元憲兵隊巡警補、サントスの話

イバウから話を聞いたのと同じ2006年4月、筆者は、かねてから懇意なシゲオの紹介で、サントスからも話を聞くことができた。実は、シゲオに話を聞きたいと申し出たところ、シゲオは、「私ノ　母ノ　クラン［氏族］ワ　オイカワサント　ツナガッテイマス。親戚デス。……だから、私は、その話をできません。どうしても聞きたければ、サントスに聞いてください」と言って、サントスを紹介してくれたのだった。

サントスは、筆者に会うと、まずインタビューの趣旨を問うた。筆者は、ミッショナリーとしてパラオに5年間いたこと、その活動をまとめる書物を企画し

第2章 警察──現地住民エリートのありよう

ていること、自分が学び考えてきた事柄を、それらを知らない多くの人や次世代の人に伝えるという使命を感じて執筆していること、内容についてさらに正確さを期すために、新たに話を聞かせてもらいたいことなどを申し出た。するとサントスは、「ソレナラ　話シマショウ」と言ってくれた。「コレワ　悪口デワ　ナイガ、身内デワ　言イニクイ　コトダカラ……」「本当ノ　コトヲ　知ッテイル　者ガ、本当ノ　コトヲ　話スコトガ、必要デショウカラ……」とも彼は言った。

　そしてサントスは、オイカワサンについて、おそらくは知る限りのことを、実に詳細に語ってくれた。84歳とはとても思えない溌剌とした様子。流暢な、しかも歯切れの良い日本語の言い回し。筆者は、その明るい人柄にホッとしつつ、語り口にも魅了された。

　サントスが戦争末期のオイカワサンについて詳しいのは、彼の当時の職業による。サントスは、パラオ高等法院の給仕（雑用係）を経て、戦争中は「巡警補」となり、憲兵隊の派遣所で勤めていたのである。彼は次のように語った。

　1944年当時、バベルダオブ島の海岸部は日本軍の兵隊によって埋め尽くされていたので、パラオ人（その多くがカナカ族）やサイパン人（その多くがチャモロ族）は、ジャングルの奥へ奥へと追いやられていた。オイカワサンの親戚の一人である女性が、サイパン人Cと結婚していた。その夫婦は、マルキョクとオギワルの中間地点にあたるジャングルの奥へと逃げ込んだ。というのは、そのあたりには、たくさんのサイパン人が住んでいる場所があったからである。その中に、スパイではないかと思われるアメリカ人がいた。その人は日系二世であったらしい。その日系二世はサイパン人に対して、「ペリリュー島も、アンガウル島も『玉砕』した。パラオはまもなく負けて、占領される。だから逃げよう！」としきりに勧めていた。そのときオイカワサン自身は、イー（Iee, 地名）に避難していた。イーは、アイライとカイシャルの間にあった。

　ある日、サイパン人Cが、イーにいるオイカワサンを訪問してきた。その後オイカワサンは、しばしば「親戚の家に行く」と言っては、Cのいる避難所に

出向いた。避難所では、スパイと思しきあの日系二世のアメリカ人が、オイカワサンと会っていたらしい。そして「オイカワサンが本当に役に立つ人物かどうかを確かめていたようだ」とサントスは言う。つまりオイカワサンは、親戚を訪問するという表向きの理由を使って、スパイらしき人と会い、打ち合わせをしていたというのである。

　当時、日本の憲兵隊は、オイカワサンをしきりに探していた。しかし、見つけることができないうちに、オイカワサンはその避難所のサイパン人家族たちと共に、アルコロンへと逃げた。「そのとき、サイパン人家族たちは、何人くらい?」との筆者の問いに、「40所帯くらい」とのサントスの答え。人数の多さに驚くとともに、紛れ込める人数であることに、得心もいく。

　オイカワサンが、アルコロンの先の、サイパン人たちが住んでいる小さな島、ガルコル島の森の中に隠れていた時、アメリカ側の高等官から、使者が来た。オイカワサンは、その使者と共に、マングローブからカヌーでアンガウル島へと移動、沖の米軍の軍艦に乗り移った。

　サントスによれば、オイカワサンの「逃亡」後、パラオの人たちは皆、「カンカンだった」。サントスの見解では、その理由は2つある。ひとつは、パラオの人たちは日本人に対してある種の好意を寄せており、それをオイカワサンが裏切ったからである。「自分たちは日本人を愛していた。日本が好きだった。なのに、なぜ?」「なぜ敵側の方へ行ったのか?」といった声が聞こえてきたという。

　今ひとつは、パラオの人たちは日本兵からすでに取り締まりを受けていたが、オイカワサンの「逃亡」によって、いっそう厳しく取り締まりを受けることになったからである。「敵(アメリカ)側に、いろいろ細かいことを知らせたので、日本軍は、パラオ人たちに対して、いっそう厳しくなってしまいました」とサントスは言う。

　総じて、サントスの耳に入ったのは、オイカワサンに対する批判めいた言葉であった。「『他人にはあんなに厳しい人だったのに!』『けしからん!』」と言っ

ていた」「オイカワサンを急に信用しなくなったパラオ人も多かった」。そして、「親戚の者たちだけは、無口になりました」と語った。

　サントスの話は、5人の証言者の中で、最も詳しく、また最も中立的であるように思われる。批判の声を拾い上げながらも、自ら批判に力を入れるわけではない。身内の心情に目配りしながらも、自ら感情移入するわけではない。そうすることで、オイカワサンの2つの姿を冷静に見ることを可能にしてくれる。ひとつは、日本時代、ジュンケイ（さらにはジュンケイ長）として活躍し、南洋庁も一目置き、現地住民は誇りと羨望の思いを抱いてきたというオイカワサンの姿である。また今ひとつは、戦争末期、アメリカ側に翻り、南洋庁も現地住民も吃驚し、あるいは怒り、失望の目を向けることになったというオイカワサンの姿である。

(4)　オイカワサンという人

　以上見てきたオイカワサンは、果たして終戦間際を境として、にわかに信頼の対象から失望の対象へと堕したのだろうか。その人物像にいっそう迫るために、オイカワサンについて、多少異なる印象も取り上げておきたい。

威圧的な人：日本人の子どもの視点から

　オイカワサンの人となりを率直に語ってくれた方の1人に、日本人のK子さんがいる。彼女はパラオ生まれ。小学6年生（12歳）となる1937年までパラオで育った。

　彼女が子ども時代に目の当たりにしたオイカワサンは、「交番に立っているのを見るだけで、震えるほど怖かった」というのである。大きな体。ずば抜けて背が高い。しかも、「よく、大声で怒鳴っていた」。羽振りが良い。日本語がペラペラ。そして威張っていて、皆怖がっていたという。

　これに関連して、1935年から日本の敗戦後まで南洋庁土木課に所属した

日本人男性、N男さんは回想する。「がっちりとした体格で、堂々としており、背丈は1メートル80センチ以上だった」。当時の写真を見ても、確かに大柄に見える。

「怖い」オイカワサン――それは、K子さんが幼少だったという理由だけではなさそうである。

現地住民の子どもの視点から

筆者がインタビューしたパラオのお年寄りたちは、異口同音に、オイカワサンへの敬意や羨望の思いを口にした。しかしそれを重ね聞くうちに、敬意の中身に幾分偏りがあると感じるようになった。

彼らは、「オイカワサンワ、トテモ　エライ人　デシタ」という。「なぜ？　どんなところが？」と聞くと、「ジュンケイ長　ダッタカラ」「位のある人の子だから（マルキョク村落第1位首長たるルクライの子）」「とても頭が良くて賢かったから」「日本語がとても上手だったから」。

「どんな性格？　人柄は？」と聞くと、「コワイ人。ソレワ　モウ、トテモ厳シカッタ」「怖かった。怖がられていたよ」。

「優しさ」「心の広さ」について問うてみたが、あまり当てはまらないらしく、「威張ッテイタ！」という答えが多かった。

もちろん、ジュンケイ長という役柄がそのような外観を示させたのだろう。また、彼ら自身、当時幼少だったという理由もあるだろう。しかしそれでも、懐の深さといったニュアンスが、ほとんど含まれていないことが注目される。

うまく立ち回る人：戦後の日本人との友好関係

終戦直前、オイカワサンは南洋庁と現地住民に背を向けアメリカに「逃亡」したが、戦後は、どのように過ごしたのだろうか。ここで興味深い事実として取り上げたいのは、旧南洋庁役人（特に警務課）とオイカワサンとの友好関係が、戦後も持続したらしいという点である。この点は、樋口 (2003a: p.418)

第2章 警察——現地住民エリートのありよう

も指摘していることである。筆者の手元に、南洋庁役人とオイカワサンとの戦後の友好関係を示す資料がある。それは、「パラオ警友会」なるものの名簿で、筆者がオイカワサンの親戚（前述のエルシーさん）から受け取ったものである。日付は記されていないが、紙面からして、戦後、日本で印刷されたものと思われる。

その印刷物は2枚綴りで、パラオ人25人と日本人16人をそれぞれの紙面に記してある。パラオ人側は、筆頭に「会長　オイカワサン」と書かれ、彼の肩書きは「元巡警長　現在各方面の顧問及評議員」となっている。そして副会長1人、幹事4人、そのほか19人のパラオ人の名前と肩書きが印刷してある。

他方日本人側は、16人について氏名と住所が（6人は電話番号も）記されている。1943年時点で警務課に所属した人物が9人見受けられるほか（南洋庁1943『南洋庁職員録』）、1938～1940年頃、パラオ支庁長を務めた高坂喜一の名前も見える。最下段には、「財団法人南洋群島協会内　パラオ警友会」と記されている。

この「パラオ警友会」の名簿から推測されることは、南洋庁に勤めた日本人の少なくとも一部が、当時を懐かしんでいること、回顧にあたり、パラオ人との交流を望んでいること、その際、オイカワサンがキーパーソンであることなどである。オイカワサンは、戦後もなお、関係を保持したいと思わせる力をもつ存在だったようである。

終戦前後の土地取得と蓄財

1987年に亡くなったオイカワサンは、パラオの各地に広大な土地を所有していた。しかも、所有の契機の少なくともひとつは、終戦前後の意図的な土地取得にあった。筆者がそのことを認識し始めたのは、オイカワサンの「逃亡」の詳細をようやくつかんだ頃のことである。

筆者は、日本時代の土地書類の原本を、何枚か入手する機会に恵まれた。

第3節　オイカワサンの「逃亡」をめぐって

そしてその中に、オイカワサンの関係する書類を見いだした。次の2つについて特に記したい。

　ひとつは、オイカワサンがコロールに土地を購入したことを示す書類である。購入年月日は、なんと 1944 年 6 月 2 日。パラオ大空襲（同年 3 月 30 〜 31 日）の 2 カ月後であり、オイカワサンの「逃亡」（同年 12 月頃）の半年前、戦局も押し詰まった時期である。売り手は福島亀一郎。少なくとも 1930 年代前半、南洋庁財務課に勤務していた人物である。購入の土地は、コロール市内 8 箇所、合計面積 4,343 坪というかなり広大なものである。合計金額は 5,655 円 78 銭。文面によると、福島は、上記の土地を南洋庁長官の許可を得て上記代金で買い受け所有していたが、今回都合により上記そのままの値段でオイカワサンに売り渡す、というものである（133 頁、写真 2-8「土地売渡證書」）。この時期、これだけの金額の買い物をしたこと自体、驚かされる。オイカワサンは、なぜ土地を欲したのか。いかにして大金を工面したのか。

　今ひとつは、オイカワサンが以前土地を賃貸ししていたことを示す書類である。借り手は高橋正雄。時期は 1942 年 11 月 1 日から 1943 年 10 月 31 日まで。土地はコロール町 5 丁目の宅地 41 坪余り。賃貸額は年額 9 円 45 銭（南洋庁長官宛て「地代届」）。この広さや額は、ほぼ常識的な範囲と思われる。こうしたレベルの土地の賃貸しをしていたオイカワサンは、戦局の終盤にあたり、なぜ、いかにして、上記の広大な土地の購入を行ったのか。

　筆者は、オイカワサンの土地取得に関して大いに関心を持ち、その後のインタビューで、ことあるごとにパラオの人びとに尋ねてみた。上記の福島からの土地購入の話については、何人ものパラオ人が知っていた。また、オイカワサンの土地はあちこちにあると聞いた。オイカワサンはさまざまな人びとから、たくさんの土地を買いとったというのである。「いったいそのお金はどこから？」「ソレワ、ジュンケイ長　ダッタカラ　デショウ」とのパラオ人の答え。しかし、金額の桁が大きすぎると思える。オイカワサンの退職（1941 年）直前の月給は 60 円、退職金は 130 円（樋口 2003a: p.417）。オイカワサンは、い

第2章　警察——現地住民エリートのありよう

かにして、土地購入に必要な大金を得たのか。また貯めたのか。そもそもなぜ、あちこちに土地を得ようとしたのか。

筆者がこだわって尋ね続けるうちに、関連する次の2つのことが浮かび上がってきた。第1に、オイカワサンは、終戦前に土地の購入取得に意欲的だったのみならず、戦後は土地の横領とも見える行為をしていたらしいことである。第2に、オイカワサンは、終戦直前の「逃亡」の最中に一財産作った可能性があることである。

まず、土地の横領と見える行為についてである。

筆者は、自分の親の土地を、伴侶の土地を、親戚の土地を、オイカワサンに「取られた」という話を、複数のパラオ人から聞いた。ある人は、その事実を裁判にしようとしたが、「賢い」オイカワサンが手を打って「裁判沙汰にさせなかった」という。「怖いから言えなかった」「オイカワサンは頭がいいし偉いから、小さな土地でも大きくした」とも聞いた。さらにオイカワサンは、自分の氏族の共有であるはずの土地も、自分個人のものにしてしまった、とも聞いた。

イバウおばあちゃんも、こうした話の当事者である。イバウは、温厚で謙遜な人柄で、人のことを悪く言うのを筆者は聞いたことがない。しかしイバウは、オイカワサンのことを聞きたがる筆者に対して、次のことを手短にそっと打ち明けた。イバウの氏族の土地は、オイカワサンによって「ずいぶん小さくされた」というのである。

オイカワサンが、土地の横領と見えることを行う可能性の背景として、次の話がある。オイカワサンの近い親戚のパラオ人としてSという代書人がいた。Sは、日本からパラオに渡り代書業を営んだ杉山隼人（第5章）の使用人で、そこで習い覚えて、代書ができた。このパラオ人Sによって、オイカワサンは、土地台帳に手を加えることができた、という話である。

オイカワサンのことを「震えるほど怖かった」と話した日本人のK子さんも、こうした話と無縁ではない。K子さんは、戦後パラオを訪問し、自分が父か

第3節　オイカワサンの「逃亡」をめぐって

写真 2-8　オイカワサンによる土地購入を示す書類——土地売渡證書
第2行に「パラオ島コロール町コロール」、第4行以降に「全所（同所）」として8箇所を挙げ、地番、面積、価格を記してある。末尾の4行に、「昭和拾九年六月二日」「売渡人福島亀一郎」「買受人オイカワサン殿」の文字が見える。

ら譲り受けたはずの土地が非常に狭くなっていることに気づき、疑いの念を持った。そのときオイカワサンが、「自分に言ってくれれば何とかなる」と、人を介して言ってきたとのことである。

　次に、「逃亡」の最中（さなか）の財産づくりについてである。筆者は次の話を聞いた。オイカワサンは、「逃亡」のときに妻を伴ったが、その妻の叔父にンギラドゥルメル（Ngiradelimel）という商売人がおり、非常に商才にたけていた。ンギラドゥルメルは、アメリカ兵や一般のアメリカ人がネックレス、ペンダントなどの手芸品を好むと知り、早速、パラオ近海産の美しい貝殻を用いてアクセサリーを作らせた。ンギラドゥルメルは、妻がアンガウル島出身であり、材料集め、人集め、製品作りも容易にできた。そして彼は、米軍艦に「逃亡」中のオイカワサンを通じて、それらを売りさばき、自らの商売を貿易のようにまで発展させた。このとき、当然オイカワサンも、大きな利益の分配を手にしただろう、というのである。筆者にこの話をしてくれたのはサントスである。

第2章　警察——現地住民エリートのありよう

　この蓄財の話にせよ、先の横領と見える話にせよ、語られていることのどこまでが事実であるのか、どこからが噂(うわさ)・作り話であるのか、筆者は断定するすべをもたない。ただ、おそらく確かだろうと思われることは、オイカワサンという人物が、こうした噂や不満が出る程度には「したたか」な面をもっていたということである。

　以上、オイカワサンの人物像として「怖い」「威圧的」な面、「したたか」「うまく立ち回る」面を記してきた。
　パラオに渡った当初、筆者の耳に入ってくるのは、「優秀」「勤勉・実直」なオイカワサン像だけであった。もちろんそれも、オイカワサンの姿に違いない。しかし、彼の戦後に関心を持ち、終戦間際の「逃亡」について粘り強くインタビューを続ける中で、筆者は、オイカワサンの別の側面にも触れることになった。
　本章は、2つの問いをめぐって構成されてきた。「オイカワサンとはどんな人物だったのか」——この問いについては、おおむね解明できた。その上で、「オイカワサンにあからさまな批判を向けない現地の人びとの心情は、どのようなものなのだろうか」——この問いについては、今後も思いめぐらしていく必要があるだろう。筆者のインタビューの過程を振り返りながら。そして、彼らの重たい口が開いたときの状況を思い起こしながら。
　第2の問いについて思いめぐらすことは、現在パラオのお年寄りたちの直面する困難な状況、彼らの葛藤に迫ることでもあると思われる。それは何なのか。現在、日本に生きる私たちは何をなすべきなのか。さらに第4節を通して、考察を続けていくことにしよう。

修道女ミカエラが話してくれた子どもの頃の思い出

　修道女ミカエラと筆者は、毎日顔を合わせていたが、心の奥のことを話してもらうにはゆったりとした時間が必要だった。それというのも彼女は、日本時代の教育を受けたのは3年間だけ、戦後も修道生活のため日本語を話す機会はほとんどなく、思い出す日本語には限りがあった。それでもある日、訪れたゆったりとした時間の中、日本語混じりの英語で、いろいろなことを話してくれた。

　まずは、公学校入学時のこと。南洋庁の係官が、次年度の入学児童の実態調査に来た。その集落には、学齢期（おおむね8歳以上）に当たる子どもは1人も居なかった。ミカエラと双生児の姉の2人は6歳。そこで2人が、1年繰り上げて特別に入学を許可されることになった。その後、戦争が激化し学校は閉鎖。周辺集落の同年齢の子どもたちは卒業できなかったが、ミカエラと姉は最後の公学校卒業生として3年間学んでから卒業できた。このことは、自分たちにだけ与えられた幸運な出来事として記憶されていた。

　筆者の知るミカエラは、とても几帳面な方である。読みづらい英字を書く人が多い中で、彼女の英字は美しく、すぐに判別できた。日常の身だしなみに対する思いや、他人に指導助言するときの内容・態度など、同年輩の日本のおばあちゃんたちと同じだなーとしばしば感じ、また驚くこともあった。彼女の父は、彼女の兄が生まれるとき、日本へ渡っていたという。内地観光団（第1章第2節参照）の一員としてだろうか。父は、生まれた男児を「サクラ（桜）」と命名した。また父は、自らの姓を「イトウ（伊藤）」と名乗った。これらを懐かしげに語るミ

第2章　警察──現地住民エリートのありよう

カエラを見る中で、筆者は彼女をたいそう「親日的」だと感じていた。

しかしミカエラは、筆者との会話が木工徒弟養成所の話に及んだとき（この養成所は、現地住民男子のうち少数の秀才のみが進学した建築・土木・機械系の教育機関であったのだが（第3章第3節参照））、いつにない厳しい口調になって次のように言った。「日本が現地住民に対して与えたのは、非常に浅い教育、一部の人への教育でしかなかった」。日ごろの優しい彼女からは想像もできない厳しい反応。彼女の心の奥には、日本時代に受けた幸運と同時に、不満や、わだかまりの思いも強くあるのだと思い知った瞬間であった。

筆者は、修道院に寄寓中、ミカエラと隣室であり、毎晩目薬をさしてあげたり、肩こり治療の湿布を貼ってあげたりする仲であった。彼女はリューマチを患って膝が悪く、荷物を持ってあげることもよくあった。筆者が帰国した後も、彼女からは毎年ていねいな文字でクリスマスカードが届いた。筆者も、近況を添えて返事を出した。2016年初頭まで届いたが、最後は、養老院へ転居と記してあった。

第4節　警察職についた兄弟を通して
　　　―― ダニエルとサントス

　本節では、戦争前後を通して兄弟で警察職についた人物に焦点を当てる。その上で、現地住民エリートならではの心中に迫るとともに、オイカワサンについて考察する際のよりどころも得たいと考える。

(1)　「超秀才」の兄と「秀才」の弟

🎵 兄、ダニエルと筆者の出会い 🎵

　ダニエル・ミネル（Daniel Miner）は、1919年10月19日、マルキョクに生まれた。頭脳、体格、風貌、性格など、すべてに恵まれていたようだ。同郷の先輩に当たるオイカワサン（1902年頃生まれ）に次いで、マルキョクの誇りとも言える存在だった様子だ。そのダニエルと筆者との出会いのエピソードから始めたい。

　筆者は、2002年1月、パラオ在任のJICAシニア海外ボランティアの隊員から、「国立病院のリハビリによく来るおばあちゃんが、日本語を話したがっている。会ってみないか？」との連絡を受けた（後に親しくなったアデニナのこと）。その際筆者は、まずはリハビリ治療室の責任者に了解を得ようと赴いた。それは、当のおばあちゃんに限らず、治療に来るお年寄りたちに、可能な限りインタビューさせてもらいたいと考えたからであった。治療室責任者のジョーン・マークさんから快諾を得た直後のこと、車椅子の80代の男性が、妻に付き添われて現れた。それがダニエルであった。早速インタビューを申し込む筆者。彼は非常に喜んだ様子に見えた。話は弾み、アッと言う間に1時間以上もテープは回っていた。妻もにこやかにほほ笑む中、最後には写真を

第2章 警察——現地住民エリートのありよう

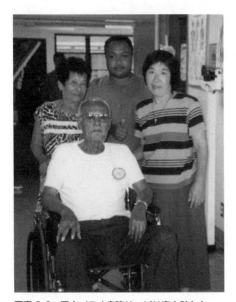

写真2-9 国立パラオ病院リハビリ室を訪れたダニエル
付き添いの妻、リハビリ治療室責任者、筆者と共に。

何枚も撮らせていただいた。これが最初の、そして最後の出会いであった。

ダニエルは、インタビュー当時、マルキョクの 'second chief' とのことであった。つまり、マルキョクの第1位首長たるルクライに次いで、第2位首長の位にあった。マルキョク州知事に対して進言する立場にあると話していた。彼は、その名刺を持参しており、筆者にも手渡してくれた。

インタビューの中で、ダニエルは、南洋庁立公学校の本科、補習科の後、木工徒弟養成所にまで進んだこと、そこで特例の研究生として1年修学したことなどを語った。第3章で改めて示すが、彼は、当時の現地住民がもち得る最高学歴の保持者であった。さらに、1940年2月、21歳でジュンケイになったこと（南洋庁 1943『南洋庁職員録』p.130 で、彼の名前を確認できる）、当時のジュンケイ長はオイカワサンであったことなどを話してくれた。

弟、サントスと筆者の出会い

筆者は、ダニエルとの出会いから4年後の2006年、知己のシゲオ・テオンからの紹介でサントスにお会いし、詳しいインタビューをさせていただいた。そしてその過程で、サントスがダニエルの弟だということを知った。サントスは84歳、ダニエルはすでに他界しておられた。

その後も筆者は、サントスにインタビューを重ねた。話題の中心は野球（第

4章）のことに移ったが、筆者はサントスおよび兄ダニエルの生きざまについて、かいま見ることになった。ここではサントスの人となりを紹介しておく。

　サントス・ンギラセドゥイ（Santos Ngirasechedui）は、1922年3月、マルキヨクに生まれた。兄ダニエルより2歳半年下である。「マルキヨク公学校」を卒業後、補習科に学ぶため首都コロールに出てきたという点までは、兄と同様である。サントスは、コロール内をあちこち出歩き、バベルダオブ島マルキヨクとは異なる都会的な雰囲気を、存分に吸収したようである。コロールのアサヒ球場にもたびたび出向き、日本人とパラオ人の野球の試合を観戦していた（第4章参照）。そしてサントスは、補習科卒業後、兄のように木工徒弟養成所に進学するということはなく、地元マルキヨクに戻った。

　筆者がサントスにインタビューした2006年当時のありようから、彼の人柄に触れておきたい。彼は当時、3年前から「寝たきり」となってしまった妻の介護に専念していた。インタビューの後、彼の強い勧めで自家用車に同乗させてもらったのだが、彼は、途中何度も下車した。それは、妻のために、お目当ての介護用品や飲料を購入するためであった。その姿には、真の夫婦愛というべきものを感じさせられた。

　翌2007年、筆者は、人づてに、サントスの妻他界の報を聞いた。3カ月後、パラオを訪問した筆者は、インタビューはさておき、悲嘆に暮れているであろうサントスを少しでも慰めたいと感じていた。ところがサントスは、もちろん悲しみの中にありながらも、自らの氏族（おそらく、マルキヨクの第2位首長の氏族）の長としての責務を果たすべく、あれこれと心を砕くリーダーの姿をしていた。氏族の共有地の管理や、共同資金の運用・活用法について、思慮をめぐらし判断を下していた。その気丈さに感服するとともに、彼の思慮深さや判断力といった力量の大きさに、改めて圧倒された。

　しかもサントスは、多忙の中にもかかわらず、筆者と個人的に話す時間をとってくださった。筆者は、執筆中であった本書の草稿の一部を、声に出して読み、聞いていただいた。その時のサントスの喜ばれたお顔が、とても印象

に残っている。「これで、話していただいた事実が、正しく書けているでしょうか?」と恐る恐る問う筆者に、「ダイジョウブ、チャント　ワカリマス。間違イナイデス!　本ガ　デキルノヲ　待ッテイマスカラ……」とのお返事。この言葉は、筆者にとって非常にありがたく響いた。

このように筆者の接したサントスは、思慮や判断力に富み、また包容力にあふれた人物である。しかしサントスいわく、「自分は、兄ダニエルに比べて劣っていた」とのことである。兄ダニエルの優秀さは、サントスをさらに上回るものだったようだ。

以下では、このダニエル、サントス兄弟が、それぞれ警察職に関わってどのように歩み、何を感じていたかについて、限られた情報からではあるが、記述していくことにしよう。

兄弟にとっての戦中・戦後

サントスによれば、ダニエルは、学業のみならず人格的にも素晴らしく、皆の羨望の的のような存在であったという。木工徒弟養成所まで進んだ後、その研究生として、勉学の場に残った。そして研究生修了後、試験を受けてすぐに合格、ジュンケイになった。1940年のことである。ダニエルは、仕事を次々とこなし、皆を引っ張るかのように生き生きとやってのけたという。

ダニエル自身、筆者に次のように語った。

「日本時代ニワ、ヤル気　十分デ　ガンバッテイマシタ」。老顔に笑みを浮かべ、力強い語り口であった。当時、ジュンケイ長のオイカワサンは、部下であるダニエルらを信頼し、何でもやらせてくれたという。ダニエルは、オイカワサンについて、人格者、まじめ、何でもできる、皆が尊敬していた、と懐かし気に、また、うれしそうに話した。ダニエルのオイカワサンに対する信頼の度合いは、非常に大きかったことがうかがわれた。

このようなダニエルにとって、時局の変化は大きな打撃だったと思われる。オイカワサンの「逃亡」、日本の敗戦を経て、アメリカ時代を迎えた。ダニエル

は話した。「アメリカ時代ニ　ナッテモ　ソノママ　ポリスニ　ナリマシタ。デモ、言葉モ　違ウシ、イロイロナ　事ガ　全部　変ワッテシマイマシタ」。言葉の違い、システムの違い、優先される価値観の違いなどであろうか。「ガッカリシテ、元気モ　無クナッテシマイマシタ」。こう語るダニエルは、日本時代を語った先ほどまでのダニエルとは別人のように、力の抜けた語り口になっていた。戦後ダニエル自身が、よりどころを失ったことが考えられる。

　ダニエルの戦前と戦後の変化については、弟サントスも次のように語る。

　兄は、戦後、「ツマラナイ。希望ワ　消エタ」と漏らしていた。生き生きとした兄の姿は消えていた。今までの人生がすべて、無し、ゼロになってしまったようだった、とのこと。優秀なダニエルのこと、人並み程度には仕事をこなしていたのだと思われる。しかし弟サントスは、兄に大きな変化を読みとっていた。「優秀ナ　人デ　アッタダケニ、気ノ毒。勿体ナイト思ウ」。サントスは、筆者にしんみりと語った。

　他方で弟サントスは、日本時代に巡警補（ジュンケイの部下）[7]となったが、それは次のような経緯で、兄のように試験を受けてのことではない。サントスは、20歳になった頃（1942年）、いわば兄の「顔」で、南洋庁の給仕（雑用係）の仕事を得た。そして2年後、巡警補となった。それらのポストを得るまで、サントスは、他の多くの現地青年と同様に「重労働」に就いていたという。まずは、その「重労働」について見ておこう。

　サントスによると、1940年当時、現地の青年は「チョウヨウ（徴用）」という名のもとに、日本兵に監視されながら作業を行っていた。作業は班単位で行った。一班は15人編成。班員のうちの1人は、食糧確保としての魚捕り係、2人は、炊事をする飯炊き係、あとの12人が、指示された労働を行うのであった。

　サントスらが指示された労働は、南洋貿易株式会社（南貿）や南洋拓殖株

---

[7]『南洋庁職員録』(1943年)において、このような職名は無い。非公式にこのような採用があったのかもしれない。

第2章　警察——現地住民エリートのありよう

式会社（南拓）からの荷を、オカ（陸、具体的にはガラスマオ村やアルモノグイ村）まで荷揚げする仕事の一端であった。サントスらは港に待機し、日本から来た貨物船の船上から、重たい石炭や雑貨を降ろした。また逆に、パラオの石灰、その他日本への移出品を船に積み込むこともした。ハシケ（小舟）1パイ分は80トン。毎日3バイ、つまり240トンの荷の積み降ろしを、日没までにはどうしてもしなければならなかった。

　サントスは、このような重労働に明け暮れる毎日だったが、ある時を境に、兄のおかげで南洋庁入りを果たすことになった。それは、次の次第であった。

　ある日、兄ダニエルが、上司の日本人とともにサントスの作業現場にやって来た。その日本人は、陸軍伍長のアズマ（東）という人であった。

　兄は「コレワ、私ノ　弟デス」と紹介した。

　アズマ伍長：「名前は？」。

　サントス　：「サントス・ンギラセドゥイ　トイイマス」。

　アズマ伍長：「この仕事はどうだ？」。

　（きつい仕事、と言うと叱られると思い、次のように答えた、とサントスは振り返る）。

　サントス　：「コウイウ、日本ノ　為ニナル　仕事ナラ　一生懸命シタイデス！」。

　他にも2、3の質問があって、「日本ノ　軍人ノ　為ニ　働キタイ」とか、「日本人ニ　ナリタイ」とか言ったような気もする、とサントスは言う。ともかく、ひどく緊張していて、「何ヲ　言ッタカ　ハッキリ　記憶ニ　残ッテイマセン」と彼は、今なお、緊張の思いを隠せない様子であった。

　その3日後、アズマ伍長から呼び出しがあった。アズマ伍長はビンタをすることで有名な人だったので、サントスは、恐れおののいた。あの会話で、何か失礼があったのか？　もしそうだったらどうしよう？「ドキドキシテ、トテモ　不安ニナッタ　事ダケワ、ハッキリ　覚エテイマス」とサントス。しかしビンタはなく、「明日、準備して、兄と一緒に役所に来なさい」とのこと。

翌日、兄に伴われて役所に行くと、「パラオ支庁、法院の給仕［雑用係］に任命する」と申し渡されたのである。

サントスの南洋庁入りは、兄ダニエルの「顔」があってこそのものであった。と同時に、サントスの機知があってこそ可能になったものでもあった。サントスは、極度の緊張のもとでも、言うべき言葉を判断でき、発することができたのである。兄ダニエルの人望の厚さや優秀さ、さらに弟サントスの兄に次ぐほどの優秀さ、その双方を示すエピソードである。

もっとも、アズマ伍長に向けたサントスの言は、媚びというよりも、むしろ本心であった。サントスは、「重労働」の徴用を課される以前に、村で２人だけの「軍の連絡員」（険しい山や谷を走り、陸軍司令本部まで連絡文書を届けるという、体力と同時に急場の知力も必要とする役割）に選ばれていた。彼はその役割のことを、「とても大変ではあったが、苦にならなかった」「日本の軍人のために働きたい、日本人になりたい、と思っていたから」と話した。サントスは、多くの現地の青年たちと同様に、日本人を理想像として思い描いていたと思われる。

青年サントスにとって、その後の南洋庁での給仕の仕事は、「ナント　ヒマ（暇）、ナント　ラク（楽）」「毎日ガ　休日ノヨウ」と感じるものだったという。その２年後、1944年の初めになって、サントスは巡警補に選ばれた。日本の憲兵隊の派遣所で、日本人の警察官、現地住民の巡警（ジュンケイ）と共に、その部下として仕事についた。

1945年、日本の敗戦、アメリカによる信託統治の時代を迎える。サントスは、アメリカ軍から最初に呼び出しを受けた人びとの１人として、ポリス（警察官）に着任した。

第2章　警察──現地住民エリートのありよう

(2)　「ジュンケイ」と「ポリス」のあいだ
──3人の警察職者から

　ここでは、本章第1節から第3節で記したオイカワサンと、本節で話題にしたダニエル、サントス兄弟とを取り上げる。この3人は、日本時代とアメリカ時代を生き抜いたパラオ人の警察職従事者である。彼らの行動と胸の内は、いかようであったのか。
　既述のように、ジュンケイは、日本時代において現地住民のエリート職の最たるものであった。他のエリート職としては、現地の子ども向けの学校の助教員、南洋庁の給仕（「お茶くみ」と呼ばれる雑用係）、通訳などが挙げられる。そしてこれらエリート職経験者の多くは、日本の敗戦後、アメリカ信託統治時代になって、やはり行政関係の職に就いた。中でもジュンケイの場合、多くがポリスになったという。警察職とは、国家における一定の枠組の下で、秩序の維持のために取り締まりを行うという職務内容をもつ。当然ながら、国家の枠組が転換した場合には、取り締まるという行為自体は同様でも、取り締まりの内容や対象は転じることになる。そうした転換のもとで、現地住民エリートたちは、何を感じ、どのように振る舞ったのか。本項では、警察職従事者の戦前と戦後を通して、被統治者の側に置かれた人びとの認識に迫りたいと考える。

♪ オイカワサンの場合 ♪
　オイカワサンは、日本時代ジュンケイ長に抜擢されたが、戦争末期アメリカ側に翻った。そして戦後のアメリカ信託統治期、ポリスにはならなかった。その社会的立場の変化に、どのような心中を読み取ることができるだろうか。
　オイカワサンは、前項のダニエルに先立つ「超秀才」だったと言えるだろう。学校時代の成績も、日本語のうまさも、抜きんでていたようである。また、そ

第4節　警察職についた兄弟を通して

うした個人的資質に加えて、フルートソー・テレイという人物（ルクライ、かつ北部総村長）の長男だったことから、「超特権的身分」の「超秀才」であったとも言えるだろう。こうして出自と能力に恵まれた彼は、「巡警採用規程」が制定されると直ちに試験を受け、規程制定後初のジュンケイに任命された。そして、積極的に南洋庁に貢献し、多くの表彰を得て、ジュンケイ長にまでなった。その活躍ぶりは、同胞の多くも尊敬するところであった。部下を務めたダニエルに加え、日本留学後南洋庁通訳を務めたセバスチャン・コウイチ・オイカングも、戦後なお、人生で最も尊敬するパラオ人としてオイカワサンの名を挙げたほどである。

しかしオイカワサンは、日本時代の最後、アメリカ側に寝返った。その際、現地の人びとの安全を（結果的あるいは部分的であったかもしれないが）脅かすような極秘情報の提供を行った。さらには「逃亡」の船中で、またアメリカ時代初期、持ち得た機会を生かして、自分自身の財を蓄えるように立ち回ったことはほぼ確かである。そして彼は、その後、40代半ばという若さでありながら、特に職業に就くことはなかったのである。

あくまでも推測だが、筆者は、次のように彼の心中を探る。彼が1941年5月、39歳で、退職に至ったことに注目したい。39歳と言えば働き盛りのはずである。この退職が、彼自身の望んだものだったかどうかは疑わしい。

日本人の側では、オイカワサンへの依存が強まるにつれ、オイカワサンへの猜疑心も強まるという面があったのだろう。元南洋庁職員A男さんの話を思い起こしたい（本書98頁）。「特に巡警長とは、良い関係にしておかないと、大変なことにもなりかねないから。ひょっとすると何が起きるか分からない社会状況の中にあって、もし何か起こったときに、大事に至らせないため」に気を遣っていた、とA男さんは述べた。米国・英国との戦争という「大事」が迫る中、オイカワサンの活躍は、頼りになると同時に不安定さを抱え込むことでもあり、南洋庁側は、あえて彼に退職を迫ったという可能性がある。

他方オイカワサンの側では、働き盛りにもかかわらず退職を迫られたとすれ

第2章　警察──現地住民エリートのありよう

ば、無力感が相当大きかったのではないか。そもそもジュンケイ・ジュンケイ長は、警察職の一部とは言え、日本人巡査ならば与えられる加俸が無いなど、日本人に比べると地位の低さが際立っていた。また、日本人巡査ならば巡査部長、警部補、警部という昇進も実力次第で可能であったが、「島民」である者において、それはまず不可能であった。実際、オイカワサンが巡査になることはなかった。それどころか、日本のための尽力を、かえって脅威と見なされ、退職を迫られる状況があったと考えられる。オイカワサンの憤慨、それを通り越した無力感の大きさは、想像して余りある。

オイカワサンにおいては、日本時代末期に無力感が膨れ上がり、それがアメリカ時代に入ってからも続いたのではないか。彼が「逃亡」中や戦後に実行したらしい蓄財は、どうしようもない無力感と、耳にする良い暮らし向きの魅力との間で、なんとかバランスを保とうとして行ったものだったのではないか。

このように考えるならば、オイカワサンの人格や行為を批判的に見ることは、意味のあることではないだろう。むしろ、オイカワサンのように有能な人物をパラオの戦後の国づくりから退かせてしまったことを、非常に残念な事態として、捉えるべきだろう。その残念な事態の原因は、日本統治時代に、ひとつ、またひとつと積み重ねられていったと思えるのである。

ダニエルの場合

ダニエルは、戦前はオイカワサンに次ぐほどに優秀な警察職者、しかし戦後は、一応警察職についたものの、気力の失せた仕事ぶりとなった人物である。その変化に、どのような心中を読み取ることができるだろうか。

彼は、弟サントスによれば、実はオイカワサンに先立ってアメリカ側のスパイから、寝返りの甘い誘いを受けた人物であるという。ダニエルは、そのスパイからの話を断った。他方オイカワサンは、（結果として）その話に乗った。それを知ったときのダニエルの思いは、いかなるものだったろうか。相当に衝

撃的な事態、しかも同時に、唸りうなずかざるを得ない事態であったと推測される。

戦後のダニエルは、「ツマラナイ。希望ワ　消エタ」と漏らしていたという。これは意味深長な言葉である。「希望」とは何か。ひとつには、オイカワサンという理想像を体現したような人物のことだろう。その上で、今ひとつには、現地住民として行政に携わることの使命感や、やり甲斐のことを指したのだろうと考えられる。ダニエルは、オイカワサンの「活躍」を通して、より大きな使命感を感じてきた。ところがオイカワサンの「造反」を通して、より深い無力感を知ることになった。自分よりもはるかにうまく日本の統治機構に適応してきたと見えたオイカワサンが、実は自分よりもはるかにひどく日本の統治機構からの疎外感を味わってきたと、知ることになった。そして同じ職場の者として、それを、もっともなことと、納得せざるを得なかったのだろうと考えられる。

ダニエルは真面目で誠実な人、他方オイカワサンは抜け目なく裏切ることもある人、と断じることは簡単である。しかし、そうした対比はほとんど意味がないだろう。オイカワサンにおいて「希望」は消え、ダニエルにおいても「希望」は消えた。優秀な人材たちから希望が消え去ったのはなぜなのか。やはり、改めて日本統治のありようが問われると思われる。

サントスの場合

サントスは、戦前は警察職の最末端（巡警補）、戦後は警察職の正規職（ポリス）となった。晩年は、氏族の中心人物として、また地域の要職者として知力・精神力を発揮してきた人物である。サントスの場合、日本時代からアメリカ時代への変化の中で、さほど大きな精神的転換を遂げたとは見えない。しかし、何も影響を受けなかったかというと、そうとは思われない。この点は、筆者がサントスの思慮深さに触れながら、常々感じてきたことである。

前述のように、筆者がオイカワサンの件でインタビューを申し込んだとき、サ

第2章　警察——現地住民エリートのありよう

ントスはまず、なぜ、何のためにインタビューするのか、と問うてきた。そして、その上で同意してくれた。彼のオイカワサン「逃亡」についての語りは、率直でありながら、批判的であることは慎重に避けたものであった。彼は、戦争中巡警補として、憲兵隊派遣所で南洋庁の警察官と共に任に就いていたので、かなりの事柄を知っていたのである。そして彼は、世間の批判の声を拾いながらも、彼自身の立場としては批判を含めるのではなく、オイカワサンの身内の心情についても目配りを示していた。

　また筆者が野球の件（第4章）でインタビューした際も、サントスの話は、ただ単に場の状況を語るものではなかった。物事の経緯や意図を考察しながら、注意深く考えをめぐらすものであった。

　筆者は、サントス自身の、年齢を感じさせない活力あふれる明るい雰囲気にホッとし、同時にその語り口に魅了された。それでもサントスは、自分のことを「兄より劣っていた」と語った。サントスは、何をするにも、「兄ならどうするだろうか」と考えて行動していたようだ。そのような心の持ち方が、大変優れていながらも謙遜な態度、思慮に思慮を重ねる態度を導いてきたと思われる。

　サントスの思慮深さを思い起こすとき、筆者は、彼自身の、また兄ダニエルの体験した「闇」について、その大きさや深さの程度に圧倒される思いがするのである。サントスは、兄が日本時代において抱いた夢に、またアメリカ時代への転換点において抱いた絶望に、思いを馳せてきたに違いない。そして、自らもそのように悲観的になりかねない面を、必死の思いでセーブしながら、追想してきたに違いない。その悲観とは、おそらくは、パラオの人びとに共通する政治的・経済的、また社会的・心理的な「出口のなさ」に関するものだと思われる。サントスは、一般のパラオ人ならば見過ごすような、あるいは自己防衛的に遠ざけるような「闇」について、あえて感じとり、見つめ続けてきたことが考えられる。

3人から見える日本統治時代

　以上3人のパラオの警察職者を通して見えてくるのは、日本統治時代が、現地住民に対して、希望の果てに無力感を与えてきたという事実である。サントスの思慮深さは、その無力感をギリギリのところで昇華させたものと言えるだろう。また一般のパラオの年配者においても、3人ほどはっきりとではないが、無力感とそれ故の思慮深さが見てとれるようにも感じるのである。

　こうしてみると、戦後、オイカワサンを責めるパラオ人がほとんどいないことにも合点がいく。戦争終盤、オイカワサンの情報によって（結果として）身の危険にさらされたと思われる人びとも、また戦後、オイカワサンによって土地を縮小されたと思われる人びとも、彼に対して、大きな不満を抱きながらも、責め上げるという態度をとらない。筆者は、ごく最近まで、こうした態度を、オイカワサンへの憧れや畏敬の念に由来するものだと考えてきた。しかし、それだけではないだろう。パラオの人びとは、オイカワサンの「我欲を追求する」と思える姿勢の中にさえ、自分たちの置かれてきた立場の悲しさ、無念さを見いだし、同情・共感を抱くのではないかと思われる。

・・・

　筆者は、5年間パラオに滞在しお年寄りたちにインタビューする中で、オイカワサンを賞賛する言葉はたびたび耳にしたが、非難する言葉はほとんど聞かなかった。非難めいた言葉をわずかに聞いたのは、筆者がお年寄りたちとの信頼関係を深めつつインタビューを続け、個別に具体的な質問を向けたときに限ってのことであった。彼らはオイカワサンをかばうかのように見えた。その真意はなんだったのだろうか。

　オイカワサンの「逃亡」について最も詳細な証言をしてくれたサントスの場合、その証言の内容と、その語り口には、大きな開きがあった。話の内容は、パラオの人びとの深い怒りや失望を伝えるものであった。しかし話の語り口は、感情をあえて抑制したような、淡々としたものであった。筆者は、怒りや

第2章　警察——現地住民エリートのありよう

失望の念と同時に、それをあえて不問にする、あるいは「ゆるす」という態度をかいま見たように感じた。

　筆者がパラオで接した次のような場面も、改めて思い浮かぶ。インタビューで、日本・日本人の身勝手と思えるありようを聞き知ったときのこと。筆者としては、思わず叫びのようなものが口をついて出た。「本当にすみません。ごめんなさいね……」。すると、応答はこうであった。「イヤ、ソレワ、ソウユウ　時ダッタカラネ」。思いがけず、同情とも取れるやさしい言葉が返ってくる。こうした経験は、幾度となくあった。

　彼らの応答に安住して良いはずはないだろう。私たちは、日本・日本軍がパラオの人びとに対してもたらした厳しい状況について、正確に認識すべきである。ただしその上で、彼らの態度、すなわち苦痛の元を不問にする、「ゆるす」かのような態度についても、注目しておきたい。

　パラオのお年寄りたちにとって、日本時代の事柄は、実は常に「美しい思い出」と絡んでいるのではないか。それ自体、つらい体験だったとしても、また裏切られたり疎外されたりする経験を含んでいたとしても、自分たちの輝いていた青春時代の一部だと言えるのではないか。しかもオイカワサンは、そうした青春時代の輝けるスターとしての存在だったのではないか。その彼を否定することは、心情的に大変困難なのではないか。それは、裏を返せば、現代の彼らが、いかに社会的に疎外感を抱いているかということでもあろう。子、孫世代との意思疎通の困難、価値観の共有の困難は、大きな問題である。パラオのお年寄りたちは、日本統治時代の悲痛さと、日本統治時代に由来する現代の悲痛さとの両方を抱え込んできたと言える。

　改めて、サントスの言葉をかみしめたい（本書126頁）。

　「コレワ　悪口デワ　ナイガ、身内デワ　言イニクイ　コトダカラ……」。

　「本当ノ　コトヲ　知ッテイル　者ガ、本当ノ　コトヲ　話スコトガ　必要デショウカラ……」。

　パラオ人の彼が、日本人の私に対してオイカワサンの「逃亡」について語る

とき、彼自身、一種の「身内」ならではの「言いにくさ」を抱えていたに違いない。しかし、それでも話してくれた。しかも、おそらくは彼自身の青春時代の誇り高い思いをも犠牲にして、話してくれた。それは、淡々とした語り口であったが、決して単純な心持ちによるものではなかっただろう。日本統治時代、希望とともに幻滅も味わった彼が、その体験を分かち合おうと、痛みをこらえつつ差し伸べてくれた手なのだと思う。この手を大切に握り返し、力強く一振り、二振りする私でありたい。この稿が、その握り返す手の一振りに、つながることを願う。

第3章

教育──少年少女らの夢と現実

南洋庁立コロール公学校での授業風景──1934年
この学級に在籍していたというトモミによれば、教えているのは、担任の鎌田専之助。最前列手前から3人目は、当時級長のウドゥイ。

第 3 章　教育——少年少女らの夢と現実

　日本はパラオを統治した際、さまざまな形で教育事業を行った。それは、現地の人びとに何をもたらしたのだろうか。何を可能にし、あるいは、何を可能にはしなかったのだろうか。本章は、1940年代初頭までの時期に焦点を当てる。それ以後、日米の激戦によりパラオの人びとに惨禍がもたらされた時期については、第 6 章に収める。

　日本統治下南洋群島の教育をめぐっては、専門家による研究が進められてきた。たとえば今泉裕美子（1996年）は、南洋庁が設置した現地の子ども向けの公学校に関して、教育方針、教科の具体的内容、各校での教授の実態などを整理している。また三田牧（2008年）は、そうした教育内容を踏まえた上で当時の児童たちからの聞き取りを集め、彼らが日本国の「皇民」としての振る舞い方や感じ方を習得していた面、同時に日本人側から「島民」と見なされて差別されると感じてきた面について、論じている。本章では、現地の具体的なお一人おひとりの生きざまに、可能な限り寄り添うという立場をとる。各人が人生において抱いてきた夢や願いの膨らみに思いを馳せ、またそれがしぼむときの無念さに、心を寄せることにしたい。

　第 1 節は、現地の子ども向けの学校という場についての彼ら自身の語りである。日本統治時代、現地住民向けに教育体制が敷かれ、それは日本人移住者向けの教育体制とは区別された。第 2 節以降で示すように、その教育事業について、益を受けたと言明する人もあれば、向学心を十分満たすことはできなかったと話す人もある。2 種類の語りは、はっきりと分かれるというよりも微妙なニュアンスの違いであると思われる。いずれの語り手も、その経験を、自分の人生における重要なものとして語ってくれた。

　第 2 節は女子たちの経験について、第 3 節はエリート男子たちの進路と戦中・戦後について、語りを収めたものである。また第 4 節は、日本留学という大きな夢が実現した人物と、それが頓挫(とんざ)した人物とを挙げたものである。日本時代の教育事業の奥行きのあり方について考察する。

第1節　日本統治時代の学校

(1)　現地住民向け「公学校」の情景

✐ はるか遠方の公学校 ✐

　日本統治時代、現地住民向けに設置された学校は、1915年の設置時点では「小学校」とされたが、1918年に「島民学校」と変えられ、1922年（南洋庁設置）以降1945年までは「公学校」と称された。以下では、主に「公学校」に通った人びとの語りを取り上げる。

　南洋群島内のパラオ支庁管内では、公学校は最終的に6校存在した。5校は1915～1918年の間に設置された「小学校」「島民学校」を前身とするものであり、中心地コロール島の「コロール公学校」、バベルダオブ島の「マルキョク公学校」・「ガラルド公学校」、南方2島の「ペリリュー公学校」と「アンガウル公学校」である。コロール島から北東へと延びるバベルダオブ島の場合、南端から北端まで40キロメートル以上あり10カ村からなるが（本書86頁の地図2-1参照）、このうち中部マルキョク、北東部ガラルドの2カ村のみに、当初公学校が設置された。北西寄りのガラスマオに「ガラスマオ公学校」が設置されたのは、かなり後年のこと（1942年頃）である[1]。こうした事情もあり、特にバベルバオブ島の子どもたちの場合、自宅から公学校に通うことはかなわない場合も多かった。入学（おおむね8歳）のときから、公学

---

1) ガラスマオ公学校の設置年は、1941年10月から1943年9月の間であることが、両年の10月1日現在の職員録から分かる（南洋庁長官官房秘書課 1941: p.8、および南洋庁 1943: p.7）。ガラスマオ公学校の存在は、その設置年の遅さからしばしば忘却され、「公学校5校」と見なされがちである。たとえば、2005年パラオ国立博物館50周年を記念して発行されたパンフレットの1つ（Mita, Maki 1995: p.1）においても、シール貼りの追記で、6校目としてガラスマオ公学校が設置されたことが記されている。

第3章 教育——少年少女らの夢と現実

校の寄宿舎に入るか、あるいは、公学校近くの親戚の家に寄寓するか、いずれにしても見知らぬ土地での生活となった。この点について、コウイチ、パウロス、ヨシコの話を紹介しておきたい。

セバスチャン・コウイチ・オイカング（1917年4月生まれ）は1925年頃、ガラルド公学校に入学した。彼は、バベルダオブ島最北端アルコロンに生まれ、公学校に通うために、親戚の家に寄寓した。その家には、同年齢の子どもはいなかった。8歳のコウイチは、大人ばかりの中で、寂しくてしょうがなかったという。病気になったとき母が世話に駆けつけてくれたが、コウイチは、回復後も母を引き留め、手こずらせた記憶があると語った。

パウロス・スケッド（1920年11月生まれ）は1929年頃、ガラルド公学校に入学した。母の村は、公学校のあるマルキョクの南隣カイシャル。父の村は、もうひとつの公学校のあるガラルドの西隣ガラスマオ。結局、ガラルドにある父の親戚の家を利用させてもらうことになった。その家には、他にも、通学目的で寄寓する子どもがいたという。

ヨシコ・オイテロン・ギラトムラン（1926年7月生まれ）は1938年頃、コロール公学校に入学した。彼女の出身他アイミリーキは、バベルダオブ島南部に位置し、同島の中部マルキョクよりもむしろコロール島の方が近い。ヨシコの場合は、寄宿舎に入ってコロール公学校に通った。週末になると、父がカヌーや筏で迎えに来てくれ、帰省した。それがとてもうれしく、また楽しみでもあったという。月曜の朝になると、1週間分の食料持参で寄宿舎に戻った（食糧持参は決まり事であったかどうか未確認だが、寮費に相当する貢ぎ物という感覚であったかもしれない）。その月曜の朝、親との別れ際は、とてもつらかった。ヨシコに限らず、「行きたくない！」と泣いて逃げまわる子がいたり、教師が子どもを寄宿舎の中へ引っ張っていく場面があったりしたという。

こうしてみると、パラオ支庁管内に5校（後に6校）という公学校の数や立地は、十分とは言えなかったことが分かる。公学校から離れた場所に自宅をもつ子どもたちにとっては（また親にとっても）、入学・通学は、少なからぬ

苦痛を伴うものだったようだ。

寄宿舎、公学校の日常

　寄宿舎での様子については、「舎生長」であったトミコ（ゲメラス・トミコ・キタロン Ngemelas Tomiko Kitalong, 1915 年、アイライ生まれ）から次のような話を聞いた。コロール公学校の寄宿舎には、3 学年それぞれにつき 1 人の先生（舎監）がいた（トミコの時期には、オカダ先生、ノモト先生、そして女性のミヤモト先生[2]）。寮生は、全部で 100 人くらい。舎生長は、その全体を仕切る役で、若干の手当が出た（トミコの場合、月 10 銭だったという）。具体的には、全員を集合・整列させたり、皿洗いなどの作業のグループ分けを決めたり、さらには勉強の指導をしたりした。寄宿舎の日課は、朝の場合、5 時半：起床と水浴び、6 時：食事。夜の場合、7 時：勉強、8 時：就寝。寮での子どもたちの様子は、けんかして、泣いて、逃げて、の繰り返しであったという。

　こうした寄宿舎生活において、日本人の先生は、子どもたちをよく叩いた。この規律訓練の一環としての軽い体罰は、現地では、なじみの薄いものであった。トミコは、「ドウシテ　叩クノカ　ワカラナカッタ」と何度も筆者に語った。親元を離れる苦痛に加え、生活全般を律するよう求められることへの違和感があったことがうかがえる。

　次に、公学校の授業のありようについて、語りを紹介しておこう。

　上述のパウロスは、ガラルド公学校の様子（1929 ～ 1931 年頃）について次のように回想する。児童数は、概して男子の方が女子よりも多かった。教科書はあった。カタカナ、ひらがなを習った。そして算術では計算を習い、ほかに図画、運動などの科目があった。唱歌の時間はなく、「君が代」だけ

---

[2]『職員録　大正十五年七月一日現在』（内閣印刷局 1926）によれば、コロール公学校の訓導として岡田興助、野元辰美、宮本フクの名前を見いだすことができる。トミコは、1926 年に在学中であったと思われる。

を習った。ノート、鉛筆、消しゴムは最初にもらった。そして、無くなると自分で買った。

　先生は、日本人1人、通訳や手伝いとしてパラオ人1人であった。日本人の先生は50歳くらい、パラオ人の先生は公学校卒業まもない青年男子で、双方とも、在学の3年間同じだったという。

　南洋庁ガラルド公学校が作成した『南洋庁ガラルド公学校一覧』(1932年)によれば、同校は、1929年度には竹野孫十郎と野元辰美という2人の日本人訓導を擁し、1930年度以降は杉浦清四郎と野元の2人であり、杉浦が第1学年を、野元が第2・第3学年を担当したことになっている。地元出身の教員補(助教員)については、記載がない。パウロスの話と重なりつつ、日本人の教員が1人であったという点などは多少のずれも見受けられる。

　パウロスは、公学校の授業に関して上のように語ってくれた。その上で、筆者がお年寄りたちのインタビューにおいて特に印象深く感じたのは、公学校が、こうした机上の勉学以外の面も色濃く持っていたという点である。それは、規律訓練という面、そして農作業の実働という面である。

⁂ 規律訓練の空間 ⁂

　まず、公学校での規律訓練さらには忠誠心の養成という面については、パウリヌスをはじめ複数の人びとから話を聞いた。

　コロール公学校に通ったパウリヌス・イチカワ(1936年頃、入学)によれば、学校は、児童に一定の緊張感を求める場であったようだ。校門のすぐ前に、校訓塔があった。それは、小さな社のような形で、中には天照大神が祀ってあり、4つの稜(かど)には、「勤労」「正直」「従順」「報恩」と書いてあった。児童は、それに一礼し、それらの文字を一読してから、校門の中へ入ったという。校庭には、二宮金次郎の銅像があった。

　パウリヌスいわく、公学校の日々の朝礼では、必ず、日本の皇居の方角に向かって深々と礼をした。日本本土でも行われた「宮城遥拝」である。そし

て、次のように唱和した。

「ヒトツ、ワタクシドモワ、天皇ノ　セキシ（赤子）デ　アリマス！」。

「ヒトツ、ワタクシドモワ、忠義ヲ　尽クシマス！」。

「ヒトツ、ワタクシドモワ、立派ナ　ニッポンジンニ　ナリマス！」。

　この誓いは、朝鮮において1937年に制定された「皇国臣民ノ誓詞」の児童版に類似している。ただ、朝鮮のものに倣って制定されたのかどうかは、分からない。

　誓詞の内容について、「本当ニ　ソウ［唱和する内容のとおりだと］思ッテイタ」と、パウリヌスは真顔で筆者に語った。後述するように、コロールからはるか南方アンガウル島のアンガウル公学校に通ったマチアス・トシオ・アキタヤも、同様の「宮城遥拝」と「誓詞唱和」の話をしてくれた。公学校とは、こうした忠誠心の養成、規律訓練の場であったようである。

　さらに公学校では、パラオ語を話してはいけないという不文律もあった。元公学校児童たちの言葉を紹介しよう。

「公学校デワ、上級生ノ　中ニ　カンゴ　トーバン［おそらく「監護当番」］トユウ、タスキヲ　カケタ　人ガ　イマシタ。……その人は、遊び時間になる

写真 3-1　インタビュー時のパウリヌス（左）とフェリックス神父
パウリヌスは、フェリックス神父の兄（戦中に死亡）と親友であった。

第3章 教育——少年少女らの夢と現実

と、みんなを見張っていて、パラオ語を話した人を見つけたら、手帳に書きます。そして、その日の授業が終わったら、誰が何回パラオ語を話したかを先生に報告します。先生はそれを見て、パラオ語を話した人を、放課後に呼びます。そして、呼ばれた子どもは、いろいろな罰をもらいます」。

「普段ワ　気ヲツケテ　イルンダガ、ケンカノ　時ニワ、モウ、カッカ　シテイルカラ。……うっかりパラオ語を使ってしまって、やられるんだよなー」。

「私ワ、立タサレマシタ！」。

「ヨク　叩カレタヨ！」。

「イヤ、ツネラレタ！」。

「長イ　棒デ　頭ヲ　叩カレタ！ トッテモ　痛カッタ」。

「僕ノ　学校デワ、手ノ　指先ヲ　集メテ、先生ニ　差シ出スンデス。……すると先生が、物差しで、パチンと叩く。痛いんだよなー。指先には神経が集まっているから……」。

「僕ワ　掃除ヲ　サセラレタヨ！」。

「教室ニ残ッテ、文字ヲ書イタリ、漢字ノ　練習ヲシタリ　シマシタ」。

　新入生である1年生の間は、パラオ語を話しても、ひとまず許された。しかし2年生からは、上のような具合であったという。地域によって、また教師によって、罰の程度や方法は異なっていたが、罰があるということは、どの公学校でも共通だったようだ。

「公学校デワ、厳シカッタ！」。

「トテモ　苦シカッタ」。

　同時に、次のようにも言い添える。

「デモ、ソノ厳シサノ　オカゲデ、今、コウヤッテ話ガ　デキルノデス」。

「使ワナイノデ、忘レタト　思ッテ　イタケレド、[筆者とたびたび会うと]ダンダン　思イ出シテキテ、話セルヨウニ　ナリマシタ」。

　こうしたお年寄りたちの言葉を、どのように受けとめればいいのだろうか。おそらく、現時点では、当時の苦しさよりも懐かしさの方が勝っていることだ

ろう。しかし、もう少し立ち止まって考えてみるべきだろう。きつい体罰を伴って習得させた日本語。それは、彼らの人生において、果たしてどんな可能性を開いたと言えるのだろうか。

公学校における「実習」

次に、公学校は農作業の実働という面も強く持っていたようである。この面については、ヴェロニカと、上述のパウロスから、具体的な話を聞いた。

コロール育ちのヴェロニカ・レメリン・カズマ（1936年頃、入学）によれば、コロール公学校には学校専用の畑があり、子どもたちが栽培を行った。ナス、キュウリ、ダイコン、カブ、その他ナッパなどを植えていた。作業を行うのは、主に、公学校の本科3年課程を卒業し、補習科に学ぶ児童（補習科生。4年生、5年生と呼んでいた）であった。午後1時から2時までを農作業の時間としていた。

南洋庁コロール公学校作成の『南洋庁コロール公学校一覧』（1933年）によれば、当時同校は「農業」の時間を、本科2年で1時間、本科3年で2時間、補習科1年で4時間設けていた。つまりこの農作業は、学科課程上の「農業」の時間という扱いだったと思われる。

2人1組で、土を耕し、畝（うね）を作り、野菜を育てて出来栄えを競った。間引きしたものは、売ったり自宅に持ち帰ったりした。サツマイモ、トラックイモ、地元の小ぶりのパイナップル（「オンゴール」と言う）など、一山10銭で売った。また、田んぼ（湿地系の畑のこと）にはタロイモを植えた。このほか寄宿舎の周りには農場があり、畑を鋤（す）くために、牡牛2頭、さらに豚3匹を飼っていた。牛の糞は肥料に利用したという。

上述のパウロス・スケッドは、バベルダオブ島ガラルド公学校時代、2、3年生が担当した午後の農作業の時間について、次のように語った。児童は、午前中の授業を終えると、いったん自宅や寄宿先に戻り、昼食を済ませる。そして午後1時、再び学校に集まる。その後は、パラオ人の先生の引率で、

第3章　教育——少年少女らの夢と現実

男子はヤシの実の収集と加工を（バベルダオブ島はココヤシの産地である）、女子は畑の野菜作りを行った。

　男子の担当するヤシの実の仕事は、次のとおりである。ヤシの実を拾い集めた後、外側の堅い殻（外殻）と次の繊維質の厚い層（中果皮）とをとりのけ、次の皮（内果皮）の中の白い部分（胚乳・コプラ）を採り出す。午後3時頃、作業を終えて下校、コプラは学校に置いておく。翌日、そのコプラを、学校の隅にある乾燥場に入れて乾かす。そして、乾燥したコプラを南京袋に詰める。そこまでが、公学校2、3年の男子の仕事だった。パウロス自身も毎日この作業を、2年間繰り返した。袋詰めにされたコプラは、南洋貿易株式会社が集荷に来て、日本へと送られた。ヤシ油を取り、日用品として（せっけん、ろうそくなど）、また工業用として（金属加工用など）用いられたようだ。

　これらを聞く限り、パウロスの通ったガラルド公学校の場合（またヴェロニカの通ったコロール公学校の場合も幾分か）、児童たちは、ていの良い労働力とされていた節がある。それは、元児童たちにとって、楽しい思い出である一方、向学心を十分に満たせなかった口惜しさの原因でもありそうである。

(2)　日本人向け「小学校」との対比で

　現地住民向け「公学校」の特徴は、近接する日本人向け「小学校」と対比した場合、より明らかとなる。公学校は、小学校との対比で、勉学上の実りを必ずしも第一義としなかった。それを如実に示すのは、公学校が本科3年と補習科2年の制度であるのに対して、日本人向け小学校が、日本内地同様に尋常小学校の6年制と、それに続く高等小学校の2年制であったという点である。修業年限の違いは、とりもなおさず、教育水準の違いを意味していた。以下で挙げるのは、この点に加えて、(a) 教員の配置の点、(b) 教場のコンディションの点で、良いものが自分たちから取り上げられ、日本人児童のために向けられたと感じている、当時の公学校児童たちの回想である。

公学校の教員の転勤：ナルオの回想

　ナルオ・マイケルは、1934年生まれ。8歳でガラスマオ公学校に入学した。ただし、公学校の3年次（1944年）は2週間しかなかった。戦争のため、軍部が校舎を使用、学校閉鎖となってしまったからである。

　ナルオの回想によると、1年次の担任は、「ノダ」という男の先生であった[3]。とても親切で良い先生であったと、何度も、彼は言う。「どのように？」と尋ねると、その先生の授業は、面白くてよく分かったという。

　「ホカノ　生徒モ　ミンナ、トテモ　ヨク　聞イテ　イマシタ。イロイロナコトヲ　話シテ　クレマシタ」。教科以外のこともあれこれと、その時に合わせて教えてくれたという。ヒョウバン（評判）の良い、皆が大好きな先生であったようだ。

　「今、思イ出スノワ　シギンヲ　教エテクレタ　コトデス」と。「シギン？」。筆者は驚いて、事細かにその時の状況を聞きただした。筆者自身が詩吟のまねをして吟じて見せたが、まさにそれだと言う。「古城」「風林火山」などの名曲を含む、あの「詩吟」である。先生が吟じてから、その意味を説明してくれたそうである。

　このことを話しながら、68歳の彼は涙ぐんだ。

　「トテモ　ヨイ　先生ダッタカラ、忘レラレマセン。デモ、次ノ　年ニワ　日本人ノ　子ドモノ　学校ノ　先生ニ　ナッテ、転勤シテシマイマシタ」。ナルオは涙を拭いた。

　ほかにも、生徒たちの大好きな先生が転勤していなくなってしまうことは、よくあったという。たとえば、運動会でクラスを良い成績に導いた先生。子どもたちは、競技会が大好きで盛り上がる。先生が、よく指導をしてくれ、練習を重ね、優勝する。そうすると、そのクラスの先生は、なぜか次の年には、

　3）『南洋庁職員録』（南洋庁 1943）によれば、ナルオが2年生であった1943年度において、ガラスマオ公学校の校長は野田政夫、このほかに教員補としてヨヘイ、嘱託として末吉タケ子がいた。野田が異動となったのは、ナルオが3年生になる時だった可能性が強い。

第3章　教育——少年少女らの夢と現実

日本人の学校の先生として転勤していってしまうというのである。

　文書史料で確認できるところでは、たとえば、ガラルド公学校の訓導だった竹野孫十郎が、1929年にテニアン尋常高等小学校に転じるというように、現地住民向け公学校から日本人向け小学校への異動の例がある（『南洋庁ガラルド公学校一覧』1932年）。筆者は、こうした一人ひとりの教員について力量と異動の関係をつかんでいるわけではない。しかし、諦めにも似たような発言を、元公学校児童の何人もから聞かされた。

　コロール公学校に通ったコウイチロウ・ワタナベは言った。「学校ワ、僕ラニ　トッテ、良カッタ。……僕は補習科にも行きました。でも日本人のほうが、勉強でも運動でもちょっと上で、僕ら島民、公学校のほうが、その下、という感じでしたね」。

　彼ら自身も用いる「島民」という言葉は、三田牧（2011: p.8-9, 21-22）も指摘しているとおり、「日本人よりも下」というニュアンスを否応なくまとった言葉だった。

　人気のある教員、指導力ありと見なされる教員は、公学校から小学校へと引き抜かれるという事態。児童と教員との心の絆ができたとき、その教員はもう去ってしまうという事態。そうしたことがしばしばあったとすれば、現地の子どもたちの心情を、また成長の可能性を、なんと無視した対応だったことだろうか。

心に残るハットリ先生

　インタビューで公学校の話になると、同級生のこと、先生のことが話題になるのが常である。その際、必ずといっていいほど名前の挙がるのが、当時若き女教師だった「ハットリ先生」である。

　ハットリ先生は、戦後何度かパラオを訪れた。最後の訪問となった1992年の場面は、1997年7月、日本の三重テレビ、および中京テレビの番組で放映された。筆者はパラオ滞在中、オケリエイ・トリビオンさん（通称ケイコさん、第8代パラオ大統領ジョンソン・トリビオンの母）のご厚意で、彼女の宝物とも言えるそのVTRを観せていただいた。87歳のハットリ先生なる人物を囲んで、再会に狂喜する地元のお年寄りたちの顔、顔、顔。ケイコをはじめ、筆者と顔なじみの地元のおばあちゃんたちが、その顔をしわくちゃになるまでほころばせ、童心にかえり、歓声を上げ、握手を求め……。最後に全員が共に歌う「仰げば尊し」の歌声とその様子は、今筆者が、日本で原稿を手に思い出すにつけても、目頭が熱くなるほどの光景だった。

　この番組は、三重県・パラオ友好提携の締結（1997年7月）に際して企画・編集されたもの。同姉妹提携の背景としては、三重県の「国際交流推進大綱」（1990年策定）があり、また当時の第5代パラオ大統領クニオ・ナカムラ（1993〜2001年）が三重県伊勢出身の日系二世だったことがある。同姉妹提携に対して、三重県漁連、三重県観光連盟、鳥羽水族館などからも期待が寄せられる中で、伊勢出身のハットリ先生と、かつての教え子であるパラオのおばあちゃんたちとの深い交わりは、シンボル的存在として映し出されたと言える。

第3章　教育——少年少女らの夢と現実

　　ケイコは、10歳で入学したコロール公学校の2年次から、ハットリ先生のコロールの居宅で、練習生（本節参照）としてお手伝いをしたという。ケイコという名も、パラオ名オケリエイに因んで、ハットリ先生が付けてくれた。練習生としてのお給金は、通常は月1円50銭程度だったが、ケイコは2円、時には2円50銭もらった。それというのも、ハットリ先生の赤ちゃんのウンチのついたおしめを洗ったり、先生の家の鶏に対して、卵をよく産むように餌を工夫して世話をしたり、その卵を自転車を使って配達したりという仕事をし、その労を買ってくださったからだという。ハットリ先生から、氷の入った冷たいお汁粉をごちそうになったという思い出もある。「静カデ　優シイ先生ダッタ」「ヨク教エテクレタカラ、私タチモ　ヨク覚エマシタ」と語る。
　　ケイコの記憶では、ハットリ先生は1935年から1943年までコロール公学校に在任、その後はトラック諸島かどこかへ転任とのことであった。南洋庁長官官房秘書課『南洋庁職員録』(1941: p.314)を見ると、「嘱託　服部小す枝」として記載されている。当時のコロール公学校の教職員中、唯一の女性である。月給70円、一般訓導の最高月額と同額である。しかし、一般訓導には給与額に匹敵する加俸があったが（「朝鮮、台湾、満洲、樺太及南洋群島在勤文官加俸令」1922年）、嘱託のためそれがなかったとすれば、一般訓導の月収の約半額であったと考えられる。南洋庁『〔南洋庁〕職員録』(1933: p.156)を見ると、前任者はやはり嘱託で、堀ヨシエ、月給50円である。
　　ハットリ先生は、「ミシン講習生」(本章第2節参照)の指導者であった。その上で、当時の生徒たちによれば、「洋裁ダケデナクテ、歌モトッテモ上手デ、音楽ノ先生モ　シテイマシタ」とのことである。歌は、実にたくさん教えてくれたようである。「ぽっぽっぽ……」に始まる「はと」、「やーまだの　なーかの」に始まる「案山子（かかし）」、日本の昔話の歌である「うさぎとかめ」「桃太郎」「浦島太郎」「一寸法師」、今の日本

でも懐かしがられる「赤い靴」「月の沙漠」「青い目の人形」、日本の歌曲である「花」「荒城の月」など。曲によっては低音も付け、二部合唱、四部合唱を行った。ガラルド公学校に通ったパウロスの場合、唱歌の時間は「君が代」を習っただけと話していたが、何という違いであろうか。戦争中は、「兵隊送りの歌」として軍歌も教わった。ヴェロニカは、「兵隊サンワ、国ノタメニ　命ヲ捧ゲル　人ダト　心デ感ジタ」と語った。ハットリ先生は、遊戯（おどり）も教えてくれた。「チュウリップ兵隊」のおどりの話は、複数のおばあちゃんから聞いた。帽子を作り、それをかぶって踊ったとのこと、印象に残る楽しい踊りだったのだろう。

「ハットリ先生ワ、パラオデ　赤チャンヲ　産ミマシタ。……戦争が終わってからは、みんなの写真を持って何度もパラオへ来てくれました。そのときはいつも、パラオで産んだ先生の子どものことを、みんなが聞いていました」。ハットリ先生は戦後、当時の各年度の卒業写真を引き伸ばし、児童の数だけ焼き増しして、パラオまで持ってきてくれたという。先生のパラオ訪問時に運悪く所用で出席できなかった人も、友人に預かってもらい、懐かしい写真を入手できた。

　ハットリ先生が慕われる理由は、彼女自身の歌や裁縫のうまさにとどまらないだろう。彼女から教わった技術や感受性が後の人生に役立ったということだけでもないだろう。戦前・戦後を通じて、教師と生徒という関係、統治者側と被統治者側という関係を織り交ぜながらも、誠実に、信頼関係を築いてきた様子が見てとれる。同時に、そうした信頼関係の醸成という事態が、実にまれな例であったことも、改めて考えずにはいられない。他にも存在した魅力的な先生方が、現地住民向けの公学校から、日本人向けの小学校へと転勤してしまったという例を幾つも耳にするからである。ハットリ先生の場合、現地女子へのミシン講習の必要性があったこと、伴侶がコロールで

第 3 章　教育——少年少女らの夢と現実

> 官職にあったこと（上記テレビ番組によれば、南洋庁建設部門に勤める服部よしのぶ氏、ただし『南洋庁職員録』(1941: p.314) では服部姓として「南洋庁拓殖部商工課技手　服部政一」の記載しか確認できない）、また彼女自身嘱託の身分であったことなどから、コロール公学校に長年とどまることが例外的に可能であった、と考えられる。

写真 3-2　公学校補習科の 1939 年卒業写真 —— ハットリ先生より、戦後パラオ訪問時の手土産として
2 列目左から、1 人目が教員補のヨヘイ、2 人目が嘱託の服部小す枝、5 人目が訓導の鎌田専之助。また 1 列目左寄りにカタリナ、3 列目右寄りにトモミ、3 人おいてラモナ、最後列右端にウドゥイが見える。

公学校の場所の明け渡し：マチアスの回想

　マチアス（第6章第1節の人物）は、アンガウル公学校に在学中（1937〜40年）、その公学校の場所が移転となったことについて話してくれた。

　新設の運動場は、広いには広いが、石だらけで、いつも石拾いをしなければならなかった。しかも、なお小石が残っているために、足裏は痛かった。同じ頃、日本人向けの「国民学校」[4]が、マチアスたちがそれまで通学していた公学校の跡地に設けられた。この跡地の運動場は、地面が砂地で柔らかだったことを、マチアスはハッキリ覚えている。

　南洋群島教育会（1938: p.527）によると、アンガウル島での日本人向けの学校は、1925年、現地住民向けの公学校に特別学級を設ける形で、非公式に開始された。特別学級とされたのは、日本人の児童だけで小学校を構成するには少数だったためだろう。1930年6月の時点で、現地住民向け公学校の在籍者50名、日本人向け特別学級の在籍者13名である（南洋庁『南洋群島現勢要覧』1930: p.110-111）。その後、日本人向けの学校は、アンガウル島の主要産業である燐鉱採鉱所の官舎を借り受ける形で継続した。1936年、アンガウル尋常小学校として独立の学校という位置を占めるに及んでも、その官舎の場所にあった。それがまもなく、アンガウル公学校のあった跡地に、すり替わる形で移ったということらしい。

　マチアスいわく、公学校跡地の近くには日本人たちが固まって住んでいた。当時、日本人は「国民」、パラオ人は「島民」と言われていた。マチアスは、父親が日本人ではあるが、日本人の子どもたちから「島民、島民！」といってはやし立てられるにつれ、次第に、バカにされているんだ、差別があるんだ、と分かってきたという。

---

[4] パラオにおける「国民学校」は、従来の日本人向け「小学校」が1941年の「南洋庁・関東州・在満洲国民学校規則」によって改称されたものである。マチアスの就学時期は1937〜1940年であり、厳密には、まだ国民学校になっていない。しかし直後に名称変更となり、それがマチアスの記憶となっていると思われる。ここでは本人の発言のように記述した。

第3章 教育——少年少女らの夢と現実

　公学校の場所の明け渡しは、幼いマチアスにとっても理不尽なこととして記憶に残っているようである。なおマチアスによれば、同時期、同じく日本人側の都合によって、現地住民側が居住地の明け渡しを強制されるという事態も生じた（第6章第1節参照）。

日本人と現地住民の間の子の場合

　このように現地住民の子どもたちは、概して、日本人向け小学校よりも待遇の悪い公学校へと通った。その上で、日本人男性と現地女性との間に生まれた子どもの場合は、日本人向け小学校に通う余地がまったくないわけでもなく、父の職種や父母の考えによって次のように多様な状況が生じた。

　たとえば、コウイチロウ・ワタナベや、シゲオ・テオン（共にコロール在住）の場合は、日本人である父は、官吏のため現地女性との結婚・同居を認められず、母子から離れた遠地の勤務となった。そこで彼ら自身は、現地住民として生育し、「コロール公学校」に通った。こうした例は珍しいことではなかったのだろう、『南洋庁コロール公学校一覧』(1933年) の記述によれば、「児童種族別」の統計において、①「チャムロ族」、②「カナカ族」のほかに③「邦人島民混血児」という枠が設けられている。1933年4月現在の数字で、本科・補習科を合わせて、①は3名、②は237名、③は17名となっている。

　他方、ミチエ・スギヤマや、ミノル・ウエキ（共にコロール在住）の場合は、日本人である父が官吏ではなかったためだろう（杉山は代書人、植木は神職で早期に他界）、現地女性との結婚は必ずしも否定的扱いを受けなかった。彼ら自身は、日本人の子として、日本人向けの「パラオ尋常高等小学校」に通った。

　これに対して、マチアス・トシオ・アキタヤ（アンガウル在住）の場合は、日本人である父は、燐鉱の従業員であり、現地女性との結婚自体を否定されたわけではなかった。そのため、公学校にも小学校にも通う可能性があった。マチアスは、一方で村の日本人からは、日本人向けの小学校に行くこと

を再三勧められた。しかし他方で自身の母からは、兵隊にとられる可能性が少しでも低いようにという考えで、現地住民向けの公学校に行くように指示を受けた。そして「アンガウル公学校」に通う中で、上記のように日本人の子どもから「島民」として見下される経験をした。マチアスが公学校本科（3年制）を卒業するとき、せめてコロールの公学校補習科（2年制）に進学するようにとの勧めがあったが、母はマチアスの遠地居住を望まず、アンガウルの地で、該当の教科書を取り寄せて自宅学習を行うことになったという。

　すなわち当時の就学は、当人の勉学意欲とは別に、民族的な出自によって、また父が日本人の場合は官吏か否かによって、制限を受けたことが分かる。またマチアスの場合に見られるように、現地住民の側で、教育程度の低さや差別的な待遇を甘受してでも、戦時下における生活の安全性を優先させるという選択肢もあったことが分かる。

(3)　公学校補習科と練習生の慣行

　すでに(1)(2)で触れたように、3年制の公学校本科であきたらない者には、2年制の補習科が用意されていた。とはいえ、それは、南洋群島6支庁のそれぞれにおいて、中心地の学校1校に限ってのことであった。パラオ支庁管内の場合、公学校5校（後に6校）のうちコロール公学校においてのみ、補習科が設置された。しかも以下で示すように、補習科をめぐる制度自体が、支庁管内の僻地からコロールに集う児童たちにとって、その向学心の高さに応えるものではなかったと思われる。

補習科のありよう

　南洋群島教育会（1938: p.533-547）に挙げられた数字を基に、1934～1935年度について、パラオ支庁管内公学校の本科と補習科の児童数、職員数、学級数を表にして示した（表3-1）。

第3章　教育——少年少女らの夢と現実

表3－1　パラオ支庁管内の公学校の児童数、職員数、学級数 —— 1934～1935年度

年度、公学校名		在学児童数			補習科		職員数			学級数	
		本科					訓導	嘱託	教員補	本科	補習科
		1年次 男|女	2年次 男|女	3年次 男|女	1年次 男|女	2年次 男|女					
1934年度	コロール公学校	38 13|25	38 14|24	48 27|21	63 51|12	61 48|13	3	1	1	3学級	2学級
	マルキョク公学校	36 22|14	29 13|16	24 14|10	－	－	2	0	1	2学級	－
	ガラルド公学校	39 15|24	35 17|18	27 15|12	－	－	2	0	1	2学級	－
	ペリリュー公学校	21 11|10	20 13|7	18 6|12	－	－	1	1	1	2学級	－
	アンガウル公学校	8 5|3	15 6|9	10 5|5	－	－	1	0	1	1学級	－
	計	**142** 66|76	**137** 63|74	**127** 67|60	**63** 51|12	**61** 48|13	9	2	5	10学級	2学級
1935年度	コロール公学校	38 14|24	37 12|25	37 15|22	59 42|17	61 49|12	3	1	1	3学級	2学級
	マルキョク公学校	33 15|18	30 19|11	29 13|16	－	－	2	0	1	2学級	－
	ガラルド公学校	40 17|23	39 17|22	31 16|15	－	－	2	0	1	2学級	－
	ペリリュー公学校	29 10|19	19 10|9	22 11|11	－	－	1	1	1	2学級	－
	アンガウル公学校	7 4|3	12 6|6	9 4|5	－	－	1	0	1	1学級	－
	計	**147** 60|87	**137** 64|73	**128** 59|69	**59** 42|17	**61** 49|12	9	2	5	10学級	2学級

（南洋群島教育会 1938: p.533-547 に基づいて作成）

　まず指摘できることは、児童の年次に合わせた学級編成に必ずしもなっていないことである。コロール公学校以外では、1～3年次がありながら、3学級ではなく、2学級、または1学級として編成されている。(1)で見たパウロスの話が思い起こされる。独立した公学校でありながら、体制も担当者も手薄さが際立っている。

　次に、補習科への進学をめぐって、児童の状況を考察しよう。

　1934年度、パラオ支庁管内の5公学校の本科3年次生は、計127人。翌1935年度、パラオ支庁管内で唯一の補習科に1年次生として在学したの

は、59 人（共に、表 3-1 のグレー部分）。単純に考えるならば、本科を卒業した児童の約半分が、補習科に進学したことになる。しかし、今少し丁寧に見るべきだろう。次に示すように、一方では地の利をめぐる条件の相違が、他方では男子か女子かという性別の相違が、進学の可能性に影響していたことが考えられるのである。

　地の利の点では、筆者のインタビューによれば、コロール公学校卒ならば大部分が補習科に進学できたが、地方の公学校卒ならば、希望者のうち教師の選んだ若干名のみ、それが可能だったとのことである。

　また性別の点では、女子の進学の困難が見いだされる。表 3-1 が示すとおり、支庁管内の 5 公学校の本科では、男女の児童数は、総じて大差ない。しかし補習科では、男子に比べ女子は圧倒的に少ない。具体的には、1934 年度の本科 3 年次生は、男子が計 67 人、女子が計 60 人で大差ない。しかし、翌 1935 年度の補習科 1 年次生は、男子が 42 人、女子が 17 人で、女子が圧倒的に少ない（共に、表 3-1 のグレー部分）。女子の場合、中でも地方出身の女子の場合、実に「狭き門」を通って補習科にやってきたことが考えられる。

　さらに、補習科の授業の様子について想像してみよう。補習科 1 ～ 2 年次について、2 学級が設定されている（表 3-1 の斜線部分）。とはいえ訓導、嘱託の数からすると、1 教員が 1 学級を受け持っていたとは必ずしも思えない。本科生に比べて手のかからない補習科生の場合、1 教員が 2 学級を受け持つこともあったと考えられる。

　その補習科の各年次（各学級）の児童数は、表 3-1 を見る限り 60 人程度である。しかし、後述のアウグスタの記憶によれば、当時（1930 年代後半と思われる）、補習科 1 学年には 92 人が在籍しており、そのうち 16 人のみが女子だったという。またヴェロニカによれば、1939 ～ 1940 年頃、補習科 1 学年には 95 人が在籍しており、先生は 1 人だったという。

　元補習科生たちの話によると、授業は、本科の時と同様、午前中のみで

あった。かけ算、わり算などを学習し、漢字も少しは習った。特に「乃木大将」については鮮明に覚えていると話す人が多い。さらに、女子の場合は裁縫、編み物、ミシンなどの授業があり、毛糸の帽子を編んだり、貝を磨いて作品を作ったりして品評会に出した。男子の場合は、ヤシの実でタバコ盆（灰皿）や花瓶などの細工物を作った。そして年に一度、それら児童たちの作品を学校で販売した。学校の経費に当てたことが考えられる。そして児童たちは、学校から学用品（鉛筆、消しゴム、下敷きなど）をもらった。

　補習科の教育科目は、実のところ「国語」「算術」のほか、「体操」のような実技科目や「農業」のような実習科目だった。理科や地理・歴史などの内容は教えられなかった。こうした授業内容は、「狭き門」を通って生徒となった地方出身者や女子にとって、満足いくものでなかったことが、容易に想像される。バベルダオブ島出身の女性であるアウグスタは、筆者のインタビューに際して、当時の授業内容を大いに不満と感じたことについて、憤然とした口調で語った。

　「日本時代、島民ニワ、チョットダケ、ホンノ　入り口ノ　勉強シカ、サセテ　クレナカッタ。……だから、日常会話はできたけど、政治や経済についての議論ができない。私は、それが悔しいよ！」。

練習生の楽しさと苦々しさ

　こうした授業レベルの低さに加えて、補習科生は、教科教育の対象とは別の存在として見なされていた節がある。『南洋庁コロール公学校一覧』（1933年）の記述では、「練習生」について、「在住邦人家庭ヨリ家事用、ボーイ用使用願出」を受けたときに派遣する、としてある。

　森岡純子（2006: p.360-364）は、当時の日本語教育が現地の子どもたちに与えた影響を論じる論文の中で、練習生の経験についての語りを集めており、悲喜こもごもの語りを紹介した上で、概して子どもたちにとって楽しく有意義な経験であったという文脈でまとめている。確かにそういう面もあるだろう。

しかし、アウグスタのような向学心に燃えた人物を念頭においた場合、それはいかに、教科教育から離れた、不本意な慣行であったことだろうか。

筆者自身のインタビューから、まずは、練習生の慣行の概要と楽しい思い出を拾ってみよう。補習科生は、午前中の授業を終えると、それぞれ指定された日本人家庭へと向かった。南洋庁の役人の家、日本企業の上層者の家、公学校・小学校の教師の家などである。実際の仕事内容は、男子の場合、薪割り、水くみ、風呂焚き、庭掃除、お使いなど。風呂の水汲みが一番骨の折れる仕事であったと、複数の元児童から聞いた。また女子の場合は、子守り、洗濯板を使っての洗濯、掃除、そしてお使いなどだった。これらの仕事は、午後2時半から、5時か6時ごろまでするように決められていた。仕事が終わる頃には、受け入れ家庭によってさまざまだが、オニギリやお菓子をもらえる場合が多かった。「コレガ　嬉シクテネー」と、何人もが語った。

この練習生の慣行には、1日5銭、1カ月で1円50銭という、ある程度のお給金も付いていた（1940年の経験者の語りでは、1日10銭、月3円。森岡（2006: p.360）はこちらの額を記している）。このお給金が楽しみだったと話す人も多い。このお金は、学校の指導でほとんど貯金したという。ただし、多少の楽しみは認められたようだ。当時は、ドーナツ2個が5銭、かき氷とドーナツ2個なら10銭。このお給金のおかげで、「カツドウ（無声映画）　モ見ラレタシ、オイシイモノモ　食ベラレタ。楽シイ　思イ出デス」。このように語られることが多い。

さらに、一部の練習生が受けた特典としては、受け入れ家庭の主が休暇で日本に一時帰国する際に、一緒に日本に連れて行ってもらった、という経験が挙げられる（177頁、写真3-3）。現地の子どもでありながらの訪日という、またとない貴重な経験に、たいそう胸躍ったのではないかと推測される。

しかしながら、次に示すように、元練習生たちの思いは決して一枚岩ではない。「キツイ　仕事デ、本当ワ、嫌デ タマラナカッタ！」と語った人、下働

第3章　教育——少年少女らの夢と現実

きをさせられて「恥ズカシカッタ」と苦々しげに語った人などがいる。後者は、コロールの第1位首長（アイバドル）の氏族出身の女性、ケティであった。また、マルキョクの上位の首長の氏族出身という女性、ニーナは、次のような心外でつらかった経験を語った。練習生として入った日本人家庭の奥さんが、意地悪な人で、お金をわざと見えるところに置いてはニーナが取ろうとするかどうかを試していたという。このニーナの経験は、森岡（2006: p.362）、愛媛新聞（2015年4月8日付）も聞き取っている [5]。またパウリヌスは、その聡明な物言いで、「［練習生は］実際ニワ、日本人家庭ノ　ヘルパーノ　役割ダッタ！」と語った。

　練習生の慣行について、補習科生の親たちはどんな思いで見ていたのだろうか。あくまでも推測だが、筆者はこの文脈で、パウロスの次のような自転車のエピソードを考えてみたい。パウロスが補習科生であった1932年のこと、彼の父は、バベルダオブ島から所用でコロールに出てきて、久しぶりに一人息子に再会した。そのとき父は、中心地コロールでさえ、まだあまり見かけなかった自転車を、パウロスに買い与えたという。このとき父は、次のような思いではなかったか。選ばれて補習科生になったにもかかわらず、練習生として毎日お使いに走り回る息子は、不憫だ。少しでも息子の負担を軽くしてやりたい、というような思いである。

　楽しい思い出として語られることの多い補習科の練習生の慣行。しかし実

5）愛媛新聞記事の表題は、「日本統治30年　忘れ得ぬ差別 ／ 天皇・皇后両陛下きょうパラオ訪問」。
　　ニーナ・アントニオ（Nina Antonio, 1930年生まれ）は、後述のヴェロニカと同様、パラオを訪れる研究者らに対して、尋常でないと思われるまでに親切に応じるのが常であった。筆者は、思わずその理由を問うたことがある。するとニーナは答えた。「私ワ、自分ガ　ドンナニ　学ビタクテモ、デキマセンデシタ。……だから、今私にできることは、そのような気持ちを持ってパラオに来る人に対して、その希望をかなえてあげることです。だから私は、その人のために、私にできることならどんなことでも、してあげたいんです」。筆者はこの言葉を聞いてようやく、彼女の自尊心が、また勉学への意思が、日本時代に満たされなかったということの無念さについて、かいま見た思いがした。

のところ、「家事用、ボーイ用」の人員を安上がりの給料でまかなおうとする、日本人側にとって都合良い仕組みであったと言える。学校教育の本来の目的という観点からして、逸脱した慣行であったというべきであろう。

写真 3-3　公学校教員に引率されて内地観光 ── カマダ先生帰国の際
右から、ウドゥイ、鎌田専之助、鎌田の後妻と子、鎌田の先妻との間の息子、そしてトモミの姉カツミ（トモミ談）。

第3章 教育——少年少女らの夢と現実

第2節　向学心に燃えた女子たち

　本節では、日本時代に教育を受けた女子、3人に注目する。
　トシコ・イケヤ（1925年生まれ）は、公学校の本科（3年）と補習科（2年）を卒業後、「ミシン講習生」となった人物である。トシコは、後の困難な生活の中でも、生計を立ててゆけるような技術を得られたことを、今なお喜んでおり、誇りに思っている。
　次に、しっかり者の母に育てられ、長女ゆえにその影響を強く受けた人物、ヴェロニカ・レメリン・カズマ（1928年生まれ）。彼女は、向学心に燃えたが、補習科卒業後は進路が無く、苦悩したという。
　最後に、アウグスタ・ラマルイ（1923年生まれ）。彼女は、筆者のパラオ滞在の初期、毎日接する人物であったが、日本人である筆者に対して常に手厳しかった。少女時代、学びたいのに学ぶ場がなかった無念さについて、筆者に対して折に触れて言い重ねた。彼女は、戦後のアメリカ時代には、41歳で高校進学、その後大学進学を果たし、学術的な仕事に就いた。
　彼女たちの経験を、「時代の波」という言葉のもとで片付けることは、正当ではないだろう。日本統治下の教育の場において、何が重視され何が軽視されていたのか。彼女らの声を聞きながら、考えてみたい。

(1)　ミシンという生計の手段を得て —— トシコ・イケヤ

女子の「最高学府」としての「ミシン講習生」制度

　パラオ滞在中、筆者は、1枚の写真を手にした（181頁、写真3-4）。
　教室らしい障子張りの室内に、ミシンが5台、それぞれ女生徒が作業している。手前には、しゃがんで下級生の採寸をしていると思われる女生徒が1

人。そして左側には、教師と思われるやや年長の女性が1人、採寸の手元を見つめている。

　筆者は、写真を手にした次の日曜日、いつものようにコロール教会のミサに参加した後、ベンチに腰掛けているおばあちゃんたちに尋ねてみた。するとおばあちゃんたちは、写真を一目見るなり、次から次へとその女生徒たちの名を言い当て、説明してくれた。そこに写っていたのは「ミシン講習生」の女生徒たちだった。しかも、「アノ人ガ、コノ　写真ノ　中ノ　コノ人、トシコサンヨ！」というわけで、その場でトシコ・イケヤ (Toshiko Ikeya) から詳しい話を聞くことができた。

　「マア、懐カシイ！　ドコデ　手ニ　入レタノデスカ？　コノ写真」「よくしまっておいてくれましたねえ。ありがとう！　ぜひコピーしてほしいので、お願いします」。トシコは、何度もそう言って私に頼んだ。

　トシコは、1925年2月6日、オギワル生まれ。トシコの母は、村落の首長の一氏族に属するという。トシコの父は日本人である。日本資本の南洋貿易株式会社の社員であったが、トシコがまだ幼い頃、日本に帰国し、間もなく病死。写真はあるが、トシコは父の顔をまったく覚えていないという。トシコの母は、その後、パラオの男性と結婚した。そのためトシコは、日本人の血をひいてはいるものの、現地住民として育ち、公学校で学んだ（トシコのイケヤという姓は、自身の結婚後のものである。夫の両親はパラオ人であり、日本時代に日本的な姓を用い始めたにすぎない）。

　トシコが通ったのは、生まれ育ったオギワルの北隣にあるガラルド公学校である。本科修了後、補習科で学ぶためにコロールに出て来た。そしてその後の1938年、さらにミシン講習生に選ばれた。

　南洋庁長官官房 (1932: p.139) によれば、「島民に対する職業教育としては、前述木工徒弟養成所の外に講習会がある」とのことで、「農業講習」「手工芸講習」「鍛冶講習」を挙げている。この「手工芸講習」の一部が定着したものがミシン講習生制度だと考えられる[6]。

第 3 章　教育——少年少女らの夢と現実

　当時ミシン講習生となれるのは、公学校補修科に入学できた一握りの女子のうち、さらにごく一部であったという。トシコの話によれば、補修科の教師によって選出される者であり、学年でわずか 6 人のみの狭き門であった。選ばれた者は、1 年間、学校のミシンを使わせてもらって教わる（初期は、右手で動力を作る「手ミシン」。トシコの時期は足踏みミシン）。もちろん、型紙の取り方や生地の裁断の仕方についても、いわゆる洋裁の基礎全般について教わった。教師は、コロール公学校の本科と補修科で教えていた女性教師、ハットリ先生であった。授業料は無料で、とても恵まれた待遇と感じたという。そのためであろう、トシコはインタビューの中で、筆者に対して、「オカゲサマデ……」と何度も繰り返した。

　トシコは、ミシン講習生を終えてから、注文を受けては洋裁の仕事をし、家計は潤ったという。洋裁は、子育てをしながら家で仕事ができる。しかも、わが子のものをはじめ、親戚のものまで縫い上げて、皆に喜ばれた。

　「学校デ　キチント　教エテモラッタ　オカゲデ、上手ニ　型紙ヲ　当テル　コツヲ　知ッテ　イマシタ。……ですから、生地を裁断しても無駄がなくて、他の人より、たくさん取れました」。トシコは、母がドイツ統治時代の奨励によりミシンを持っていたので、それを使った。他の女生徒は、講習の修了後に自分のミシンを買い、それで生活の糧を得たという。

　写真に写っている女生徒 6 人を紹介しよう。

　まず、下級生の採寸をしているのが、インタビューに応じてくれたトシコ。その手元を注視しているのがハットリ先生。トシコの後ろでミシンをかけているのは、同じくバベルダオブ島オギワル出身のヤエコ・イトウ（彼女のイトウ姓も、親が日本人との繋がりを得て用い始めたものとのこと）。

6）ミシン講習生の制度の開始年について、筆者は、明確な資料を見いだせていない。後述のように、ヴェロニカ（1928 年生まれ）の母がミシン講習生だったという話から、彼女が伴侶を得てヴェロニカを出産する前、すなわち 1920 年代前半に、開始していたことが考えられる。

第2節　向学心に燃えた女子たち

　写真中央でミシンを踏んでいるのは、カタリナ・カトーサン。筆者のパラオ滞在中、彼女とその夫（カトーサン・リミルウ）には多方面で世話になった。
　その後ろはブレンゲス・メスブッド。さらに右のミシンに移ると、手前がマルキョク出身のモテル、後ろがアヤコである。
　トシコは、「私タチガ　縫ッタ　洋服ヲ、下級生ガ　着テイマシタ」と語った。写真は、そのための採寸を行っている場面だと考えられる。
　この写真に写ったトシコたち（1938年度生）は、最後のミシン講習生であった。戦局の悪化を背景としてだろう、翌年以降はミシン講習生の制度はなくなった。「ダカラ、私タチ、トッテモ　恵マレマシタ。有リ難カッタンデス」とトシコは語った。
　以上のミシン講習生制度は、女子向けである。男子向けには、次項で記すように、講習会が格上げされる形で、1926年の時点で「木工徒弟養成所」が開設された。専門の教員と独自の校舎を擁する2年制の教育機関であった。そして、1944年3月という戦局悪化のギリギリの時期まで存続した。これに対して女子向けの場合は、独自の教育機関としての整備には至らず、1年限

写真3-4　ミシン講習生として学んだトシコたち——1938年

第3章　教育——少年少女らの夢と現実

りの講習の場にとどまった。しかも、1938年という早期に閉講となった。
　トシコの「おかげさまで」という言葉を聞きながら、当時の教育制度の限界について、考えずにはいられない。

与えられた教育、与えられなかった教育

　トシコ同様、ミシン講習生としての誇らしさを語ってくれた人物として、ヤエコ・イトウがいる。ヤエコは、筆者のインタビューの際、自信に満ちた様子でこう語った。
　「今、着テイル　コノ洋服モ、自分ガ　デザインシテ、縫ッタ　モノデス。……今でも、頼まれたら、ほかの人の洋服でも縫います」。
　80歳を間近にした彼女。その日着用のドレスも、色・柄・デザインともに素敵であり、印象に残った。
　こうした誇らしさの発言の一方で、異なる反応の人物がいたことも記述しておく必要があるだろう。その人物とは、カタリナ・カトーサンである。彼女は、先のトシコのインタビューが成立した場面に居合わせた。写真を見て、「コレガ　私デス」と証言はした。しかし、話題には乗ってこなかった。それ以上関心をもつ様子はなく、感謝するという様子でもなかった。この反応は、彼女が常日頃、筆者に対して親身になってくれる存在であっただけに、違和感として、筆者の印象に残った。
　改めて考えてみたい。トシコやヤエコの誇りは、何に由来しているのだろうか？　選ばれて教育を受けたこと、特別の技能を持てたこと、生活の糧を稼げたこと、人びとから喜ばれてきたことなどだろう。他方で、カタリナの反応は、何を示しているのだろうか？　その教育の内容が洋裁に限られ、他の内容は与えられなかったこと、またその教育の対象者がごく一部に限られ、他の子らには与えられなかったこと、などかもしれないと考えられる。
　学校入学から6年目の女子は、それが日本人ならば、全員が、尋常小学校6年生として、理科・地理・日本歴史などの授業を受けた（「南洋庁小学校

規則」1922年)。他方で、それが現地住民ならば、希望者のうちごく一部の選ばれた者のみが、ミシン講習生として、洋裁の授業のみを受けた（週あたりの授業時間数については、筆者は確認できていない）。つまり、一方で、理科・地理・歴史に目を向ける可能性を持てた日本人の女子たちがいる。他方で、そうした可能性を阻まれた上で、洋裁に特化して教育を受けていた現地住民の優秀な女子たちがいる。

トシコ・イケヤの声を聞いたが、カタリナ・カトーサンの反応も思い起こすことで、日本統治によって与えられた教育と同時に、日本統治によって与えられなかった教育にも注目する必要性が浮かび上がるように思われる。

(2) さらなる日本語習得の場を求めて
── ヴェロニカ・レメリン・カズマ

幼少期の「熱帯生物研究所」との関わり

ヴェロニカ（Veronica Remeling Kazuma）は、1928年2月26日、コロールに生まれた。彼女の住まいは、当時も現在も、「パラオ熱帯生物研究所」の一角である（コロールのアラバケツ地区。現在は研究所跡地。309頁、写真5-5）。

ヴェロニカは、幼い頃、野山を駆けめぐって遊ぶ中で、補虫網を握って同様に走り回っている大人たちと親しくなった。それは、この研究所でチョウなどの採集に関わる仕事をしていた研究員たちであった。

「マダ 小サカッタ 私。デスケレド、毎日ノ ヨウニ 網ヲ 持ッテ、研究所ノ 助手ノ アベ（阿部）サンヤ、若イ オ手伝イノ 人ト 一緒ニ、チョウチョヤ 虫ヲ 採リニイキマシタ。……そして次の日になると、昨日採ったチョウチョや虫たちが、きちんと標本になっていて、その下には、私の名前がちゃんと書いてあるんです。うれしかったですねー、その時は」。懐かしむように遠くに眼をやりながら、子どものような顔で、語ってくれた。

パラオ熱帯生物研究所は、1934年、日本学術振興会によって開設。1943

第 3 章　教育——少年少女らの夢と現実

年までの 10 年間、29 名の研究員が派遣され、サンゴ礁など海洋生物を中心に研究を行った (元田茂著, 大森信編 1996: p.34-37、坂野徹 2016: p.122-129。ヴェロニカの言う「アベサン」は、阿部襄、または阿部宗明と考えられる)。

ヴェロニカは続けた。「幼い日の思い出がいっぱい詰まった写真を、日本の研究所の先生[大森信さん][7]が送ってくださり、うれしくて、ありがたくて。……なのに、その感謝の気持ちが伝えられなくて、とっても苦しいんです。悠子さん。どうか私の代わりに、先生にお礼のお手紙を書いてちょうだい！お願いします！」。

こう言ってヴェロニカが筆者に見せてくれたのは、2001 年 1 月、この研究所跡地で行われたモニュメント除幕式に関する文書一式、写真、大森信さんからの礼状などであった。

数日後、ヴェロニカは筆者を連れて、研究所跡地の現場を案内してくれた。筆者は、はからずも、大きな感動を覚えた。少し傾きかけている門柱。当時のままの石段。コンクリートの土台と、柱状の杭 (本書冒頭の写真㊦)。観察用の大きな水槽など。さらに、60 余年を経て、今もしっかりと葉を茂らせ、人びとに憩いの木陰を作っている大木。何の関わりも無いはずの筆者だが、深く感じるものがあった。大自然の力の大きさと、それに向き合おうとする人間の真摯さに触れた、とでも言えばいいのだろうか。そして筆者は、ヴェロニカの意に沿って、先生 (大森信さん) へのお手紙を代筆したのであった。

この熱帯生物研究所での恋愛のエピソードをめぐっては、第 5 章第 3 節で論じる。本項では、このお手紙代筆の件で懇意となったヴェロニカの語りを通して、日本時代の教育のありよう、中でも彼女にとって不本意であったありようについて記述する。

ヴェロニカには 15 人の子どもがあり、夫は、ずっと以前に亡くなっている。

[7) 大森信さんは、熱帯生物研究所の研究員であった元田茂の門下生。モニュメント建立の発起人の一人。東京海洋大学名誉教授。モニュメント建立は、ヴェロニカの寛大な合意と協力によって実現した、と語る。

アメリカやサイパンで暮らす子・孫たちが里帰りしたときなど、一同でおそろいのTシャツを着て集うさまは、実にほほ笑ましい。彼女自身、大柄で恰幅が良く、「肝っ玉母さん」の風格である。彼女の心意気もその言葉どおりで、非常に懐が深いと感じられる。いつ、何事を頼んだときでも、笑顔で、「ワタクシニ　デキル　コトナラバ、何デモ　喜ンデ……」と心から関わってくださった。筆者より12歳年上であるだけだが、いつしか筆者は、彼女を「パラオのお母さん」と慕うようになっていた。

子ども時代の遊び・学びと、母の教え

　ヴェロニカは、子ども時代のことを次のように語ってくれた。

　まず、遊びのこと。当時をはっきりと記憶して語るヴェロニカの様子からは、才気に満ちた様子もうかがえる。「お手玉」。これは、公学校の先生から教わり、当時おおはやりだったという。ヴェロニカは、筆者が忘れかけていた縫い方から遊び方のルールまで、よく覚えていた。また、サイパン玉（ビー玉のこと）、メンコでの遊び、フットボール（ドッジボールのこと）、まりつき、ケンケンパー（またはケリーと言っていた）、ゴムとびなど。筆者にとっても懐かしい遊びが、次々と飛び出した。

　次に、子ども時代の勉強のこと。ヴェロニカは、男の子をしのいで、いつも級長であったことが分かった。それは、以下の雰囲気の中で語られた。

　筆者のパラオ滞在時、教会では日曜日のミサ後、隣接するオシャウル（集会所）でお年寄りたちのちょっとした人垣ができていた。筆者はその機会を捉えて、小さなインタビューを試みることにしていた。その日は子ども時代の学校のことが話題になった。ある老人男性が言った。「ヴェロニカワ、女ノ子ダケレド、イツモ　級長ダッタ」。周りの皆も大きくうなずいた。彼は続けた。「普通は男の子が級長になるんだけど、僕らの組は、いつも女のヴェロニカが級長で、男の僕が副級長だった」。彼は、足をブラブラさせながら、笑顔で話した。それがなんと、「木工学校を首席で卒業した」と筆者に照れながら

第3章 教育——少年少女らの夢と現実

明かしたアウグスト・センゲバウ（次節の人物）だったのである。彼は心外に思っている様子はまったく無かった。きっとヴェロニカは、抜群に優秀だったのだろう。

そのヴェロニカの話によれば、彼女の母が、よく考え抜く立派な人だった様子である。「私ワ、母ヲ　トテモ尊敬シテイマス。……私は長女だったので、一番たくさん母から習った［学んだ］と思います」。

ヴェロニカが公学校の授業を終えて自宅に戻ると、母からの「宿題」が待っていた。「ソウジヲ　シテ」とか、「センタクモノヲ　トリコンデ」とかの言いつけが、入口につるしてある小さな板に書いてあるのだ（ヴェロニカの母は、1920年前後に教育を受けて「ミシン講習」まで進んだ人物であり、日本語ができた）。ヴェロニカは、学校の宿題をし、さらに母からの「宿題」を済ませた上で、幼い弟妹たちを連れて、母が作業している遠くの畑まで手伝いに行くのが常であったという。

母から教わったこととして、次のような歌もあった。ヴェロニカはすべてカタカナで書いたが、ここでは漢字かな混じりで掲載する。

母が教えてくれた歌
一、机の前では　一心（いっしん）に　何も思わず　よく学べ
　　遊びながらの勉強は　時間を無駄に　するばかり
　　学べ学べ　一心に　学べ学べ　一心に
二、かんぎょう[8]　がすんだら　一心に　何も忘れて　よく遊べ
　　ただ面白く遊ぶのは　元気をつける　良い薬
　　遊べ遊べ　一心に　遊べ遊べ　一心に

---

[8]「寒行」または「間業」と推測される。「寒行」は、常夏のパラオにはないはずだが、日本人から聞いた言葉をそのまま使ったのかもしれない。「間業」は、全学年共通の行事や、駆け足・体操などに当てる時間のことと考えられる。

油断大敵の歌
　一、*車を曳きて　上り行く　坂は危なし　油断せば*
　　　車は後に　戻るべし　少しの暇も　気をつけよ
　二、*学びの道も　そのごとく　心緩めて　怠らば*
　　　覚えしことも　忘るべし　努めよ励め　朝夕に

　これらの歌は、ヴェロニカが公学校2年生のとき、母から教わったものだという。ハットリ先生の唱歌の時間に、1人ずつ何かを歌うという機会があり、先生が「あれを歌いなさい」というので、皆の前でこの曲を歌ったことをよく覚えているという。筆者にも歌って聞かせてくれた。難しい語句も混じっているのに、発音もはっきりしている。60年以上も経つのに、正確に覚えている。さらに、含蓄のある日本語の歌詞。ヴェロニカの母自身、この歌を、いかにして身につけたのか、いかなる場面で自らの糧としてきたのか、と筆者は思いを馳せた。

♪ 学びたい思いのやり場 ♪

　1941年、補習科を卒業したヴェロニカは、勉学を続けたいとの意欲に燃えた。彼女は当時の心境を、幾つもの日本語の語彙を使って筆者に語った。
　「モット　勉強シタイ！」。
　「マダマダ　日本語ヲ　覚エタイ！」。
　「漢字モ　タクサン　習イタイ！」。
　「モットモット　日本語ヲ　上手ニ　話シタイ！」。
　「今マデ　習ッタ　日本語ヲ　忘レタクナイ！」。
　しかし、その勉学の道は、いくら考えてもあるはずもなかった。ミシン講習生という道さえ、1938年にトシコ・イケヤの年で終了していた。ヴェロニカは、筆者が前述のミシン講習生の写真を手に質問した際に、居合わせ、こう語った。「私タチノ　時ニワ、モウ、ミシン講習生ワ　ナカッタンデス。……

第3章　教育——少年少女らの夢と現実

でも私の母は、ミシン講習生に選ばれて、1年間特別の勉強をしました。その後も母は、先生の助手として、後輩のミシン講習生を教えていました」。

ヴェロニカは、母の時代の誇りと、自分の時代の失望とを同時に味わったようだ。もう学びの道は、どこにもないのか？　思い余ったヴェロニカは、信頼を寄せていた公学校の先生に、胸の内を訴え、懇願した。

すると先生は、「そんなに勉強したいのなら。……日本人に交じっての仕事で、きついけれど」と、ヴェロニカに、ある仕事を紹介してくれた。それは、コロールにある南洋新報社という、南洋群島で唯一の新聞社（1936年設立）で、活字拾いをするという仕事であった。

活字拾いの仕事は、立ち仕事で、体力的にきつい。しかしそれ以上に、日本人女工に混じっての作業内容は、技能的にも相当困難である。なにしろ、公学校の本科と補習科で学んだ日本語力だけである。漢字を日常的に読んだり書いたりしているわけではない。それでありながら、たくさんの文字の中から、必要な文字だけを素早く見つけ出すという仕事は、相当の努力と集中力を要するものである。それでも、確かに、漢字に触れることができる。頑張れば、覚えられる。覚えたい。覚えよう！

こうしてヴェロニカは、活字拾いの仕事に就き、それを続けた。現地の女性としては大変まれなこと、つまり、有給の職に就いたわけである。前後関係は確認しそびれたが、同様に活字拾いの職に就いた現地女性として、ラモナ・バイエイ（1939年補習科卒、第6章の人物）がいる。

筆者のパラオ滞在中、いつでも、誰にでも親切なヴェロニカの様子が印象的であった。見ず知らずの旅行者に対しても、その依頼に、心から応じ、手を尽くす。特に、何かを学ぼうとする人、知りたいと希望する人に対して、その様子は顕著なように感じられた。これまでパラオを訪れた老若男女の研究者の方々は、おおかた、彼女の手助けを受けているのではないだろうか。この彼女の手助けの精神は、実のところ、かつて学びを渇望した経験から来るものであるらしかった。

日本時代、学びの機会が限られる中で抱き続けた、学びへの渇望。この点は、次項のアウグスタにおいていっそう顕著である。

(3) パラオ語辞書の編纂に至るまで —— アウグスタ・ラマルイ

♪ 取り付く島もなく ♪

アウグスタ（Augusta N. Ramarui）は、1923年7月、バベルダオブ島カイシャル（Ngchesar）に生まれた。彼女は、筆者がインタビューした多くの人びととは異なり、生年月日を尋ねても、なかなか答えてくれなかった。

「嫌ダネ。誕生日ガ　知レタラ　何カ　スルカラ、嫌ダ。言イタクナイヨ！」。

いつでも、どんな質問でも、返答はぶっきらぼうで、語気も荒い。たいていは、取り付く島もない。

2001年当時、筆者はコロール教会脇の司祭館に寄寓し、司祭たちと同時に、同テーブルで、同一のものを食させていただいた。その関係で、夕食の前後、ほぼ毎日アウグスタと同席することになった。アウグスタの夕刻の日課は、午後6時に教会のミサに来ること、そのあと司祭館に、虫眼鏡持参で立ち寄ることであった。彼女は、普段の眼鏡の上にさらに虫眼鏡を使って、テーブルの上の英字新聞に目を通す。そして、食事中の司祭たちが英語で会話するのに加わったり、司祭たちに質問したりする。夕食自体は、勧められても、食べることはほとんどなかった。

ある日アウグスタは、隣席の私に言った。

「悠子サン、私、イツモ　新聞ヲ　読ムノワ、英語ヲ　忘レナイ　タメ。……神父さんと話すのは、新聞に書いてあることや、今の社会の問題について、考え方を聞くためだよ。日本時代、島民には、ちょっとだけ、ほんの入り口の勉強しか、させてくれなかった。だから、日常会話はできたけど、政治や経済についての議論ができない。私は、それが悔しいよ！　その上、学校では、自分たちの言葉、パラオ語を使ったら、叩かれたり、つねられたり

第3章　教育——少年少女らの夢と現実

した。嫌な記憶しかないね！」。
　吐き捨てるような言い方。筆者は、返す言葉も無く、戸惑っていた。

パラオ語辞書の編纂者

　筆者が出会った2001年初頭、アウグスタは、パラオ人の手になる初の『パラオ語辞書』の編纂（Ramarui and Temael 2001）という事業を、まさに成し終えるところであった。また次なる仕事として、パラオの歴史書を書き進めている最中(さなか)でもあった。
　筆者は、信徒宣教者としての受け入れの責任者であるフェリックス神父から、彼女のことをアドバイザーとして紹介されていた。「幅広い知識を持ち、資料なども持っているから、師として仰ぐとよい」とのことであった。しかし彼女は、国立博物館とエピソン博物館に同行してくれただけで、筆者が教えを乞おうとすると、決まってこう言った。「私ワ　忙シイ」「ソノコトワ、待ッテ！」。自身の執筆の経過については、しばしば話してくれるのだが……。
　彼女は言う。「歴史書デワ、日本時代ガ、一番　書キタイ　部分。……万一の事があってもいいように、日本時代から書き始めた。まだ途中だけど、もうすぐ終わる、というところまで来たよ」。
　彼女の書くものはパラオ語なので、筆者には歯が立たない。筆者は、会うたびに、こう言って食い下がった。「アウグスタさんの書かれたものを、アウグスタさんの解説で、読ませていただくのが、私の夢ですから……！『いいよ！』と言われるまで待ちますから、よろしくお願いします！」。
　そうして半年近く経った頃、思いがけずアウグスタは、こう話しかけてくれた。「悠子サン、6月ニ　入ッタラ、仕事場ヲ　見セテアゲヨウ。……そして、いろいろなアドバイスをあげるからね。今、その日程の調整をしているよ。もうちょっと待ってね……」。
　筆者は胸を躍らせた。「これまでの忍耐が実る時が来た！」というのが率直な思いだった。しかし、なんと皮肉なことだろうか。2001年6月16日、ア

ウグスタは自動車事故で急逝した。満78歳の誕生日を目前に控えてのことだった。毎日お会いしていながら、核心に触れるアドバイスをいただけなかったことは、本当に残念でならない。今、筆者にできることは、頑固、頑(かたく)なとも思えた彼女の姿勢の意味を、改めて読み取ろうとすることだけであろう。

コロールの補習科に学んで

　アウグスタは、筆者に対して事あるごとに「私ワ、田舎ッペ！」と話した。卑下するようでもあり、開き直るようでもある。実際アウグスタは、コロールではなくバベルダオブ島出身であったが、この言葉には、もっと深い意味があったように思われる。

　日本時代、コロールの現地住民の間では「江戸っ子」という言葉があった。コロールに生まれ、コロールに育ったことを、誇りを持って示す言葉である。そして他方で、北東部へ延びるパラオ最大の島バベルダオブ島（本島）の出身者のことを、「田舎ッペ」と呼んで見くだす傾向があった。

　当時のコロールは、南洋庁本庁、パラオ支庁をはじめ多くの公的機関が建ち並び、さらに日本から進出した企業のパラオ支店なども多かった。日本人の居住者も、単に数が多いという以上に、官僚・専門職者などエリート的要素をもつ人が多かったようである。そこで現地住民の間でも、「先進」性になじんだ者という意味で、コロール生まれのコロール育ちを「江戸っ子」と称していたようである。

　コロール公学校の補習科には、コロール出身の児童に加え、他地域からの秀才も集まっていた。そのような場で、子どもだけでなく日本人教師も、「本島（バベルダオブ島）の人は、コプラ臭い！」と言って笑うことがあったと聞く。バベルダオブ島では、ココヤシを大規模に栽培し、コプラ（胚乳部分を乾燥させたもの）を手作業で生産していた。実際に臭いがしたかどうかはともかくとして、そうした林業や手作業での仕事のあり方、また食品のバリエーションの少なさなどを含めて、「後進」のイメージでからかっていたようだ。

第3章　教育——少年少女らの夢と現実

　実際アウグスタは、バベルダオブ島の公学校を卒業後、成績優秀につきコロールの補習科に進学したが、そこで教師から、「コプラ臭い」の言葉を浴びたという。「私ワ、田舎ッペ！」とアウグスタが筆者に言うとき、おそらくは悔しさや、それ故の反骨精神を表明していたのだと思われる。
　またアウグスタの話す日本語は、たとえば「江戸っ子」であるヴェロニカの話す日本語に比べて、上品ではなく粗野な印象がある。アウグスタ自身、それに気づいているはずだが、あえて直そうともせず、隠そうともしない様子であった。この言葉使いの違いについて、当のヴェロニカは、バベルダオブ島に派遣された日本人教師の質が低かったことが原因ではないかと語った。アウグスタは、その粗野な言葉で筆者に話すとき、自らが受けたものの惨めさへの苦々しい思いを込めていた、という可能性も考えられる。
　アウグスタは、実際には、コロール公学校補習科の担任教師に目をかけてもらったようである。練習生として、その担任教師の家に入った。また補習科卒業後は、選ばれてミシン講習生にもなった。
　しかも、元クラスメートが筆者に語ったところでは、アウグスタは「トテモカワイガラレテ、先生ガ　休暇デ　帰国シタ　時ニワ、一緒ニ　日本ニ　連レテ行ッテ　モライマシタ」とのことである。この元クラスメートは、筆者に語った時点でもなお、当時のアウグスタのことが羨ましくてたまらないという様子であった。アウグスタ自身、当時は、胸躍る体験として捉えたかもしれない。しかし筆者のインタビューにおいて、アウグスタは、練習生としての思い出、ミシン講習生となった喜びなどを語ることは、決してなかった。アウグスタの口から出る言葉は、いつも、日本の与えた教育のレベルが低かったことに対する不満であり、それは、時には攻撃的とも感じるほどの強い語調であった。
　アウグスタは、筆者に対して語ることによって、また語らないことによって、何を伝えようとしていたのだろうか。「悔しい」「恥ずかしい」「厚遇と感じて胸躍らせたこと自体が、悔しい」「これは、誰がつくった差別なのか？」「日

本人であるあなたは、この差別を、どのように考えるのか？」。そして、「悠子さん、だから私は頑張っているんだよ」。……彼女は、そう訴えかけていたように思われる。

日本時代に補習科とミシン講習生を終えたアウグスタは、戦中から戦後にかけては、地元バベルダオブ島カイシャルの故郷にひきこもって過ごした。そして 1952 年、29 歳のとき、再びコロールに出てきた。アメリカ信託統治下のコロールで、ほかでもない、より高度な学びの場に触れるためであった。

戦後、向学心に燃えて：41 歳で高校生に

アウグスタは、1952 年、コロール中心部に設立されたカトリック系のミンゼンティ・ハイスクール（4 年制高校）に、用務員として勤務し始めた。そして 12 年間勤めたのち、なんと彼女自身が、高校生として入学することを希望した。41 歳のときのことである。この前代未聞の入学については、当然予想されるように、紆余曲折があったという。学校側はためらい、議論は紛糾した。「他の高校生たちと、歳があまりに違いすぎる」「今まで職員だった者が、生徒になるとは」など、異論もあった。しかし最終的には、「12 年間もの長期にわたり、本校のために尽くしてくれた人である」として、特例的に入学を許可されたという。

さらにアウグスタの向学心は、ハイスクール 4 年間の勉学を終えても、とどまることはなかった。彼女は、グアム大学に進学した。

「最初ノ　2 年間ワ、トテモ　苦シカッタ。……昼は授業に出て、夜は学費を稼ぐために必死で働いたから」と彼女は振り返る。後半の 2 年間は、奨学金を得られたので楽になった、と語ってくれた。

グアム大学卒業後は、パラオに戻り、教師となった。さらに教師の指導官となり、政府の仕事をするまでになった。『パラオ語辞書』の編纂は、自ら始めたものであったが、結局政府の依頼のもとでテマエル（Temael, K. Melii）との共著として引き受けることになった。「ダカラ、自分ノ　儲ケニワ　ナラナ

第3章　教育——少年少女らの夢と現実

イヨ」と言って笑っていた。一般に、辞書の編纂には莫大なエネルギーを要すると聞く。アウグスタのエネルギーの源には、どんな思いがあったことだろうか。その『パラオ語辞書』は、2001年、彼女の急逝の後に刊行された。パラオ語は分からない筆者であるが、万感の思いで、買わせていただいた。

他方で、パラオの歴史書の方は、彼女の死をもって未完となった。筆者は、その原稿の所在を、彼女の肉親、土地の有力者、政府筋などに問うてみたが、不明のままであった[9]。彼女の言葉が、筆者の胸に響く。

「悠子サンニワ　悪イケレド、章ノ　初メニ、日本時代ノ　教育ノ　在リ方ニツイテ、書イタヨ」。

アウグスタは何を書いたのだろうか。筆者に対して、大きな宿題が突きつけられていると感じる。

写真 3-5
アウグスタの手になる『パラオ語辞書』
パラオ語の語彙をパラオ語で解説したもの。

---

9) 原稿の所在を尋ね続ける筆者に、あるパラオ人の有力者は次のように話した。「個人的見解だが、外交や国際関係を考えて、意図的に、公にしないのではないか？」。事の真偽は不明である。その上で注目したいことは、この人物自身、アウグスタが原稿に含ませた日本時代への批判について、その内容や程度をある程度感じ取っていることである。

第 3 節　エリート男子たち、それぞれの歩み

　本節で取り上げる 3 人は、いずれも公学校本科と補習科を卒業後、「南洋庁島民工員養成所」に学んだ。これは、1942 年に「南洋庁木工徒弟養成所」から改組されたもので、通称「木工学校」と言われる。3 人それぞれの歩みを記す。

　アウグスト・ジョセフ・センゲバウは、1941 年に補習科を卒業。あえて 1 年待ち、新体制となった「南洋庁島民工員養成所」に、第 1 期生として入学した。戦中は、軍属として過酷な経験に至る。戦後は、電気や機械のスペシャリストとして、村のために、また自分自身のために、実りある人生を送ることができたと感じている。

　イチロウ・ディンギリウス・マツタロウは、アウグストと同年、同養成所の同科に入学。ただし彼の場合、別の道が見えながらも閉ざされてしまったという経験の上でのことである。南洋庁パラオ支庁の役人を通して能力と人間性を認められ、親の資力も確認されて、日本留学が内定していたのだが（1941 年）、太平洋戦争開戦に伴い、すべてが泡と消えた末、同養成所入学となった。戦中はアウグスト同様、軍属として徴用されたが、その語りの印象は、アウグストとはかなり異なる。

　さらに、ウィルヘルム・レンギールである。彼は、アウグストやイチロウに 1 年遅れ、1943 年に同養成所に進学した。戦後は、ミクロネシア職業訓練センター（Micronesia Occupational Center, 略称 M.O.C.）のセンター長を経て、ミクロネシア職業訓練大学（Micronesia Occupational College, 略称 M.O.College）の初代学長（1978 〜 1985 年）を務めた。ウィルヘルムは、日本人教師から規律正しさなどの倫理的態度を教わったことを強調し、それが自身の社会的成功の鍵となったと見なしている。

第3章　教育——少年少女らの夢と現実

　3人は、類似の経験をもちつつ、互いに同じではない捉え方をしているようである。

(1)　南洋庁島民工員養成所第1期生の2人

♪ アウグスト・ジョセフ・センゲバウの場合 ♪

　アウグスト（August Joseph Sengebau）は、1927年8月15日、ペリリュー島に生まれた。「ペリリュー公学校」を卒業後、成績優秀につき、首都コロールの補習科へ。さらにその後も進学することになった。

　南洋庁島民工員養成所の前身である南洋庁木工徒弟養成所は、先に触れたとおり、公学校補習科を終えた現地児童への職業教育として用意された各種講習会のうち、木工および木挽に関わる講習が格上げされたものであった。1926年、専任講師1名、助手1名、兼任講師4名を配置する2年制の養成所として、コロール公学校に付置された（南洋群島教育会1938: p.549）。この養成所は、南洋群島全域（6支庁）の公学校補習科卒業の男子のうち、各支庁から毎年2、3人ずつが選抜されて入学するもので、まさに「狭き門」であった。

　教育内容は、大工の棟梁の育成に相当するものだったようだ。1928年に新作業場を生徒実習にて建築、1929年に生徒寄宿舎を生徒実習にて新営竣工（南洋群島教育会1938: p.548）と記述されている。授業料・教材費・寮費などは無料、学用品の代金のみが自分持ちであったという。

　アウグストが補習科を卒業するはずだった1941年初頭、彼は、この南洋庁木工徒弟養成所が次年度より新体制になるという情報を得た。建築中心の従来の教授内容に加え、新たに機械科と土木科が新設されるというのである。アウグストは、ぜひとも機械について学びたいと考えていた。そこで1年待機した後、1942年4月、南洋庁島民工員養成所の第1期生として、新設された機械科に入学した。パラオ支庁管内から10人、しかも2年次に進級

する際には、そのうちの3人が脱落して7人となった。第2期生からは、従来どおり南洋群島全域から生徒が集まるようになった。

教育内容は、手作業でエンジンを組み立てるなど、期待どおりの内容を含んでいたという。アルフォンソ・オイテロン（通称「新田先生」）からも指導を受けた（212頁のコラム参照）。アウグストが照れながら語ることには、彼は、1944年3月、同科を「首席で卒業した」とのことである。

イチロウ・ディンギリウス・マツタロウの場合

イチロウ（Ichiro Dingilius Matsutaro）は、1927年6月26日、アウグストと同様、ペリリュー島に生まれた。ペリリュー公学校を卒業後、成績優秀につき、コロールに出て補習科に学んだ。

補習科時代、イチロウは、「文官村」と呼ばれたコロール内の一地区で、タジマ氏というパラオ支庁の役人宅に練習生として入ることになった。イチロウは、自分の担当が役人宅と聞いて、うれしかったという。

タジマ家での仕事内容は次のものであった。家長であるタジマが帰宅すると、南洋庁の役人服である、あの詰め襟の真っ白な制服を受け取り、代わりにタオル（おしぼりのこと）を渡す。夜の入浴のために、風呂の掃除。ポンプでの水汲み。汲み上げた水は、バケツで風呂場まで運び、湯桶に入れる。当時13、4歳のイチロウである。「汲ンダ　水ヲ　入レル　湯桶ノ　フチガ　高クテ、水汲ミガ　一番　大変デシタ」と語った。それから、薪をくべての風呂焚き。翌日のための薪割りもした。薪がなくなると、マングローブまで走って取ってくる。ほかに、草取り、庭掃除。取った草は、クマデできれいに掃き集める。そして、ベランダのぞうきんがけ。こうしてイチロウは、日本人の日常生活のあれこれを知ることになった。時には、アンマ（按摩）も頼まれてやったという。

タジマは、とても親切で、イチロウに対して日本語などをよく教えてくれた。制服に線が一本だけだったので高等官ではなかったのだろう、というのがイ

チロウの記憶と推測である。彼は、妻と二人暮らしで、実子がいなかったためだろう、イチロウを実の子のようにかわいがってくれた。時には、イチロウのために、サイズを測って洋服を仕立ててくれることもあったという。

そのうち、タジマが南洋庁の高官に取り次いでくれたのだろう、イチロウの日本留学の話が現実味を増した。イチロウの父は、南洋庁パラオ支庁長に呼ばれた。しかも、預金通帳を持参するようにと言われた。それは留学に関わる面接であったと思われた。幸い父は、当時2艘(そう)の船を持って手広く仕事をしており、預金通帳には多額の残高があった。イチロウの記憶では、7,000円であったという（当時の南洋庁長官の年俸が5,350円である。南洋庁長官官房秘書課1941: p.1）。南洋庁側はゴーサインを出した。

準備が整い、いざ日本へ出発！という段取りになったのは1941年のこと。しかし社会情勢はみるみる厳しくなってきた。同年12月8日、日本軍はハワイの真珠湾を奇襲し、太平洋戦争が始まった。パラオ発の船は、しばしば攻撃され、死者が出たり、パラオに引き返してきたりした。そして、パラオ発日本行きの船は、ついに出航停止の状態になってしまったのである。

父はイチロウに、「これも運命だ。諦めるしかない」と言ったという。こうして、イチロウの日本留学は、やむなく夢と消えることになった。

南洋庁島民工員養成所入学、卒業、そして戦場へ

日本留学の道を断たれたイチロウは、1942年4月、島民工員養成所の第1期生として、新設された機械科に入学した。前項のアウグストと同期である。

機械科での授業は、興奮に満ちたものだった。動かなくなったオート三輪を分解し、皆で部品を磨き上げる。先生が、ネジ1つ残さず組み立て直し、バッテリーに繋ぐ。そしてついにエンジンがかかったとき、皆が歓声を上げたという。

1944年3月10日、イチロウは島民工員養成所の課程を修了、卒業証書を受け取った。父は、この卒業証書に、イチロウ本人も驚くほど思いを込め、

丁重に扱った。その後の厳しい戦禍の中、疎開や移動を余儀なくされたにもかかわらず、この証書は、今も破損無く、きれいな形で残っている。筆者が行った最初のインタビューのとき、彼は、この卒業証書を見せてくれた。彼の父が示した証書への丁重な扱いは、断念せざるを得なかった日本留学の代わりの物と見なしてのことだったのだろう。

卒業式の2日後の3月12日、「卒業生一同、南洋庁前に集合」との召集がかかった。そしてイチロウは、同科に学んだアウグストと共に、軍属としての任務に就くことになった。この日から翌年夏までに、つまり日本時代の最後の1年半に彼らが経験したことは、以下のとおりである。

3月12日、イチロウによれば、南洋庁前で、パラオ中学校卒業の「日本人・沖縄人の男子」、パラオ高等女学校卒業の「日本人・沖縄人の女子」、そして島民工員養成所卒業のパラオ人の男子が、皆一堂に会していた。

時の南洋庁内政部長たる堂本貞一は、皆の見守る中、馬に乗って登場した。そして、おもむろに中央に進み、その演壇を拳で何度も叩きながら、次のように檄を飛ばした。

「今、皆さんは、立派な日本人になったのですから、一生懸命にその方において、一緒になって、働かねばなりません！」。

イチロウは振り返る。

「コノ　時ニ　限ッテ、パラオ人モ、日本人ト　区別サレル　コトナク　一緒ニ　整列シテイマシタ。……そして、このような内政部長の演説を聞いたのです。今までのように差別されることなく並んだだけでも、ビックリしていました。その上に『……一緒になって……』という言葉が耳に入ってきたので、『どういうことか？』と思って、とても強い印象を持ちました」。

この堂本の檄の後、その場で、皆、軍属としての所属が決定したようである。機械科を卒業したばかりのイチロウ、アウグストたち7人は、陸軍自動車隊に配属された。これは、修理部隊であった。他に兵器隊、航空隊があったと記憶している。自動車隊は「サドネ隊」とも呼ばれた。

第3章　教育──少年少女らの夢と現実

♪ サドネ隊における「戦陣訓」奉唱 ♪

　戦況は、まもなく激しさを増した。アウグストの語りを示そう。

　毎朝全員が隊本部へ集合したが、その際必ず大声で「五箇条の戦陣訓」を奉唱したのをハッキリと覚えている、とのこと。アウグストは、インタビューする筆者のペンを取り、漢字混じりで、すらすらと以下の文を書いた。筆者はあっ気にとられた。恥ずかしながら、5歳になる前に終戦を迎えた筆者は、「戦陣訓」という言葉についても聞き覚えがなく、その漢字すら即座には思い浮かばなかった。後で確かめたところでは、アウグストが記憶していたのは、「戦陣訓」ではなく、「軍人勅諭」であった。

　一つ，*軍人は忠義を尽くすを本分とすべし。*
　一つ，*軍人は礼儀を正しくすべし。*
　一つ，*軍人は武勇を尚(とおと)むべし。*
　一つ，*軍人は信義を重んずべし。*
　一つ，*軍人は質素を旨とすべし。*

　この軍人勅諭奉唱は、「3月の空襲」（1944年3月30～31日）として語り継がれるパラオ大空襲で隊本部が壊滅しても、そのために隊本部がバベルダオブ島へと移っても、毎朝8時15分から、終戦のその日まで、兵舎前で続けられたという。

　アウグストたちは、現地住民のエリートと見なされたためか、軍属ではあっても、日本人の軍人と同様の扱いを受けたという。食事に始まって、住居から風呂に至るまで、すべて日本の兵隊たち（の少なくとも一部）と一緒だったと記憶している。午後4時には再度、隊本部に集合し、点呼、諸注意、そして解散であった。

第3節　エリート男子たち、それぞれの歩み

「臨時傭人」から「工員」へ、または「肉攻斬り込み隊員」の危機へ

アウグストは、サドネ隊の構成について次のように話した。

サドネ隊で働く者は、多くが「臨時傭人」の身分であった。アウグストも、当初この身分であった。しかし、隊には「工員」の枠が3名分あり、欠員が出ると、さまざまな方面から技術を試され、無事合格した者だけが昇格する。アウグストは、その試験に挑戦、見事合格し、「工員」となった。

工員は、軍隊で言えば下士官に相当する地位であり、准尉級の陸軍曹長以上の給料を貰ったという。現地住民でありながら、実力によって「工員」となり、場合によっては日本人・沖縄人の兵隊以上の給料をもらう身分となったことを、アウグストは、たいそう誇りにしているように見えた。その証拠に、「准尉級」「陸軍曹長」というパラオ人にとっては非常に難しいと思われる語彙について、アウグストは確実に、はっきりと筆者に告げたのである。

同時に、サドネ隊での労働は、そうした誇りでもなければとても耐えられないキツイものだったことが推測される。当初配属された島民工員養成所機械科卒業の7人は、何かと理由を付け、1人、また1人と去っていった。終戦を迎え、隊の解除命令が正式に出た1945年11月には、残っていたのはアウグストただ1人だったという。

しかも、隊を離れれば平穏・安全だったというわけでは決してない。7人のうちの少なくとも1人は、途中で隊を離れて実家に戻ったが、1944年秋、「肉攻斬り込み隊員」として引っ張られ、訓練を受けた。幸い、最前線に赴く前に、日本軍の各守備隊の「玉砕」となり、命拾いをしたということである。「肉攻斬り込み隊員」とは、夜間に米軍の陣地に向かい、車両に爆弾を仕掛けることを任務とした。船坂弘によれば、日本兵の場合は3人1組で敵陣に向かい、米兵を刺し殺した末に、手榴弾で自爆するというものであった（船坂弘 1981［2010］: p.161-164）。アウグストは、少なからぬ青年たちが、ペリリュー島の「三つ子島」と呼ばれる場所から出征して、二度と帰らぬ人となったと話した。

第3章　教育——少年少女らの夢と現実

　注意すべきことは、アウグストもその同僚たちも、筆者にすべてを語ったわけではないこと、自らの抱いた誇りを中心に語ろうとしたと思われることである。そうした彼らの誇りの背後に、彼らの立たされた実に不安定な位置づけがかいま見える。それは、肉体的にも精神的にも相当にキツイ任務、あるいは自らの命そのものを危険にさらすような任務、そうした任務に就く以外、他に生きる術(すべ)はないという、実に人間の尊厳から遠のいたありようである。

♪ 戦争の最中(さなか)の魚捕り ♪

　イチロウの場合は、アウグストと異なり、堂本内政部長の檄(げき)の後の軍属時代の経験について、筆者に進んで語ろうとはしなかった。関係者から聞いたところでは、アウグストは、任務に対して生真面目な傾向が強かったのに対して、イチロウはそれほどでもなかったとのことである。イチロウが軍属時代のことで筆者に語ったのは、次の2つだけである。

　ひとつは、彼が、日本軍の食糧難に際して魚捕りの手腕を見せたことから、以後、厚遇されたという話。あるとき彼は、通りがかりの海辺に大魚の群れが押し寄せているのを見つけた。折よく道ばたには、防空壕設営のためか、鉄筋が置いてあった。彼は、すぐさま、その鉄筋をビスカン（パラオの銛(もり)）のように投げて、2匹の大魚を射止めた。以後彼は、食事の時、下士官のテーブルに同席を認められたとのことである。

　今ひとつは、彼が、試験にパスして沖縄人よりも高い月給を得たという話（確認しそびれたが、恐らくはアウグストと同様「工員」の身分を得たと思われる）。その試験は、口頭試問。「エンジンはどんなところに使うか？」「天長節はいつか？」などで、イチロウにとっては易しいものだったとのことである。

　イチロウは、任務に対して、「こんなキツイ仕事、やっていられるか……」という思いだったのかもしれない。彼は、当時の苦労話を避け、得意気な話を好む。また、日本の教育の「おかげ」という言い方をしない。おそらく彼は、当時のことを何かと聞きたがる筆者に対して、苦々しい思いをのみ込み、

良かったところ、心地よかったところだけを話したのではないか。つらい経験は、それを口にするだけで自分自身が貶められると感じたのではないか。

アウグストとイチロウ。境遇は似かよっているが、個性が異なる2人の人物の発言を通して、当時のエリート軍属たちの誇り、そして悲哀が、より立体的に見えるように思われる。

それぞれの「戦後」

アウグストは述懐する。「機械科で勉強したことが、自分の生涯を支えてくれた」。彼の後半生はどのようなものだったのだろうか。

日本の敗戦後の1946年1月、アウグストは、故郷ペリリュー島に戻り、アメリカ海軍の自動車修理工場で働き始めた。向学心旺盛な彼は、こうした実働に携わりながら、徐々に専門知識を蓄えていったらしい。まもなく、アメリカ軍は引き揚げ、軍使用の発電機が島に残った。彼は、その発電機を村まで移動させ、各家庭に電気がつくように配線工事を行ったという。試行錯誤の連続だったのだろう。地元の人びとと力を合わせ、2年ぐらいかけての工事だったという。彼が独学によって高度な専門知識を習得したことについても、実利を得ようと情熱を傾け続けたことについても、その努力のほどに、驚嘆する。ペリリューの村人たちの喜びようは、言うまでもなかった。こうして実地で電気の知識を身に付けたアウグストは、後にコロールに出、アメリカ信託統治のパラオ政府内で、電気関係の仕事に就いた。

1951年、アウグストは、「パシフィック・ミクロネシア・ライン（Pacific Micronesia Line）」という半官半民の船舶会社の機関士となった。10人の採用枠に、応募者が殺到。彼は見事合格。しかもエンジン部門の責任者としての採用であった。大型外航船の専門職者として、「ミクロネシア各地ノホカ、日本エモ　行キマシタ。横浜ヤ　神戸ナド、アチコチエ　寄港シタノヲ覚エテイマス」。彼は、懐かしげに語ってくれた。1964年、37歳で船を降りたアウグストは、アメリカの漁業会社「バン・キャンプ」で21年間勤めた。

第3章 教育——少年少女らの夢と現実

　そして58歳からは、信託統治のパラオ政府内で、再び電気関係の仕事に就き、定年まで勤め上げた。
　アウグストは専門知識を生かして厚遇の職を得る中で、自分の子どもたちの教育にも力を入れることができたようだ。彼の長女は首席判事（Senior Judge）、次女は厚生省の局長、息子は飛行場で勤務している。彼は、筆者のインタビュー当時はすでに退職し、持病を抱えつつも悠々自適の生活に見えた。
　アウグストの一生は、社会的に「成功」した一生ということができるだろう。本人は、その成功の出発点を、南洋庁島民工員養成所・機械科での学びだと語った。インタビューする筆者への気遣いがあったとともに、彼自身の実感としても、おそらくそうだったのだろう。
　しかし、機械科での学びを社会的成功に結びつけたのは、むしろ彼自身の能力と、並外れた努力ではなかったか。機械科卒業という肩書きは、それ自体として役立ったわけではなく、次の職を約束したものでもなかった。それどころか、太平洋戦争の末期、彼の同窓生は「肉攻斬り込み隊員」と称して無惨にも戦塵に「散る」ことを要請された面があったのである。アウグストにおける感謝の言葉を聞くとき、その幸運は、一定の人物に、一定の文脈で訪れたものにすぎなかったと銘記しておくべきであろう。
　このことは、イチロウにおける「戦後」とその語りを見るとき、改めて想起される。
　イチロウは、戦後アメリカの統治が始まると、セバスチャン・コウイチ・オイカング（本章第4節）の場合と同様、コロールの学校で教壇に立ちつつ、自らは元アメリカ海軍将校エヴェリン（Mr. Evelyn）から英語を学んだ。その後イチロウは、立法や司法の場に参画することになる。1950年5月、イチロウは、戦後初のパラオ議会の開催に際して、議員となった。旧慣上の首長たち（コロール村落の第1位首長アイバドル、マルキョク村落の第1位首長ルクライなど）と共に、パラオの政治を担いゆく若手メンバーの1人として、選出さ

れたのである。

またイチロウは、ハワイやミクロネシアのポンペイ（日本時代のポナペ）で研鑽を積み、政府の「土地問題裁判所」で陪審判事を務めるようになった。彼の知識と経験は、相当のものらしい。筆者がインタビューを行った2003年の時点ではすでに退職していたが、それでもなお、「土地問題ノ　裁判ニ　関シテ　相談ヲ　受ケルコトガ　多ク、忙シイ　毎日ヲ　送ッテイル」と漏らしていた。

イチロウの場合、日本留学の頓挫(とんざ)の後、サドネ隊での軍属経験があったわけだが、戦後、能力と機会を生かしつつ軽やかに生き抜いてきたように見える。その上で改めて注目したいのは、イチロウが、アウグストと同様の学びの場に身を置いたにもかかわらず（公学校の本科と補習科、島民工員養成所）、それらの学びを、その後の人生と関連づけては語らないという、意識のありようについてである。

島民工員養成所での技術面の学びは、アウグストのように追加の学習機会を持たなかった彼にとっては、さして特技となるレベルのものではなかったのだろう。また公学校時代を含めての規律・道徳面の学びは、後述のウィルヘルムのように理想的人間像をめぐる苦悩をもたなかった彼にとっては、さして人生のよりどころとなるものではなかったのだろう。そして何よりもイチロウの場合は、本格的な学びの場となるはずの日本留学が、一旦目の前に見えながら、結局のところ実現しなかったということが、期待外れの事態の象徴として、強く残っているのかもしれない。

(2)　人生の指針を得て ── ウィルヘルム・レンギール

ウィルヘルム・レンギール（Wilhelm Rengiil）は、筆者のパラオ赴任初期、受け入れ責任者フェリックス神父が、インタビューすることを強く勧めた幾人かのうちの1人であった。彼は、教育界の人物として定評があった。

第3章　教育——少年少女らの夢と現実

写真3-6　筆者のインタビューに応えるウィルヘルム
大臣時代の写真を持って。

「今ノ　自分ガ　アルノワ、日本ノ　教育ノ　オカゲデス。……日本の先生方が、きちんと教育のお手本、模範を示してくれました。私は、公学校でも、補習科でも、木工学校でも、級長をしていました。ですから級長の任務を果たすために、先生の言うとおりに、また何でも先生のするとおりにしました。そこで教育の基本をきっちりと学んで、身につけました」。

正しい発音、自信に満ちた口調で、このように話すウィルヘルム。

彼は、1928年7月12日、バベルダオブ島の最もコロール寄りの村落、アイライに生まれた。9歳でコロール公学校本科へ入学。補習科へは、13歳を迎える1941年4月に入学（筆者が縁あって閲覧させていただいた学籍簿より）。「木工学校」（南洋庁島民工員養成所）へは、アウグストやイチロウの翌年の1943年に入学。戦局悪化に伴う学校の閉鎖により、ウィルヘルムは、2年制の課程のうち初年度のみの在学となった。

日本人教師が示した「お手本」

ウィルヘルムは、コロール公学校に通った頃のことを、こう振り返る。公学校の門を入ると、もうパラオ語は一切話さない、話せない。「起立！」「礼！」に始まって、全部何でも日本語である。休憩時間などにうっかりパラオ語でしゃべってしまうと、放課後に罰として掃除があった。

しかしウィルヘルムは言う。「教育ワ、スベテノ　基礎デス。……その基礎を、日本の先生方が私たちにしっかり教えてくれたんです。とても厳しかったけれど、そのおかげでちゃんと覚えました」。

第 3 節　エリート男子たち、それぞれの歩み

　ウィルヘルムが「教育の基本」「すべての基礎」という言葉で示すのは、規律の正しさや、それぞれの「分」を踏まえた行動のことのようである。たとえば、時間割にのっとった生活。教師はいつも、早めに来て、生徒たちを待っている。ウィルヘルムも、級長だったので同様にした。朝は「おはようございます！」の挨拶。そして、生徒としてのお行儀、礼儀、謙遜・尊敬などについても、いろいろと教わった。

　ウィルヘルムは、日本人の教師たちを「お手本」と思い、それに倣いながら、教師たちを敬い慕っていた。とても厳しい指導を受ける中でも、心と心が繋がっていると感じていた。「先生方ヲ　見ルト　父ヤ　母ノヨウニ　思エテ、自然ニ　尊敬ノ　念ガ　ワイテキマシタ」と彼は言う。

　彼の記憶の中で、教わった教師たちの名前は尽きない。公学校では、教頭のカマダ先生のほか、ナメタ先生、ミヤモト先生、オバラ先生、ノモト先生、ヤナギマツ先生、ヤマモト先生。そして、パラオ人で助教員として主に通訳の任に当たったヨヘイ先生。木工学校では、モチヅキ先生、ヒライ先生……[10]。

　日本の教師たちは、仮に職員室でタバコを吸うにしても、教室では絶対に吸わなかった。それは、現在のパラオ人教師たちが、教室で、教えながらビンロウジュをかむ[11]こととは対照的に見える。「私ワ、コノ　キチント　シテイル　日本式ノ　教育ガ　好キデ、日本ノ　先生方ニワ　トテモ　感謝シテイマス。……先生から教わったその種を、自分の中で大切に育てて、私は生きています」。

　ウィルヘルムの学校での成績は、抜群であったようだ。2003 年、筆者はお宅を訪問したが、その際、応接間に通されて圧倒された。飾り棚には、お

---

[10] これらの教師たちの名前は、2 人を除き、『南洋庁職員録』で確認できる。鎌田専之助、平井賢太郎、柳松喜壽郎、小原静雄、行田（なめた）隆一、ヨヘイ、望月昇（以上、南洋庁長官官房秘書課 1941: p. 314, 318）。野元辰美、ヨヘイ（以上、南洋庁 1933: p.156）。

[11] ビンロウジュ（檳榔子）は、ヤシ科の植物ビンロウの種子。現地の人びとは「パラオのたばこ」とも言い、口内清涼剤として、石灰と反応させて、かむ習慣がある。

第3章　教育——少年少女らの夢と現実

びただしい数の表彰状。しかも、成人後のものに加えて、公学校時代の数々の賞状類も、所狭しと並べられていたのである。彼が人生のよりどころを公学校時代に見いだしてきたことが、それまで聞いてきた話だけでなく、視覚的にもよく理解できた瞬間だった。

家庭での父の姿

　ウィルヘルムが日本人教師たちの厳格さにひかれた理由としては、家庭的な事情もあった。実のところ、ウィルヘルムの父は、地元で知らない人はいないほどの「大酒飲み」であった。毎日大量に飲み、酩酊（めいてい）し、そして暴れた。
　ウィルヘルムは、子どもの頃、父の使いとして、父の捕った魚を持って酒と交換しに行った。しかもその父は、彼に対して、諄々（じゅんじゅん）たる説諭を垂れた。「絶対に、酒を飲んではならない。絶対に、ビンロウジュをかんではならない」と。ウィルヘルムが酒を手にして戻ると、父は、再び息子を自分の足元に正座させ、繰り返した。「絶対に、酒を飲んではならない。絶対に、ビンロウジュをかんではならない！」。
　ウィルヘルムはその説諭を肝に銘じたという。彼は、現在に至るまで、飲酒、喫煙は一切せず、ビンロウジュもかまない。「ソノ　オカゲデ、コノヨウニ　健康デ、長生キシテイマス！」と、彼はほほ笑みながら言う。
　それにしても、父はなぜ、大酒を飲み、ビンロウジュをかみながら、子には上記のように諭したのだろうか。ウィルヘルムは、父の言動に対して、異議や不満をもたなかったのだろうか？　筆者は、度重なるインタビューで何度か問うてみたが、腑に落ちるような回答はなかった。ただ、「今デ　言ウ、アルコール依存症デス」と彼は言った。アルコール依存症は、近年まで、意志の弱さや道徳性の欠如と結びつけられる傾向があった。しかし現在、少なくとも医学界では、自分の意志で飲酒をコントロールするのが困難になる病気であると見なされている。
　ウィルヘルムは、父を間近に見る中で、世間の悪評とはまったく別の次元

で、父の誠実な思いや、それ故の父の葛藤を、子どもながらに読みとっていたということなのだろう。ウィルヘルムは、学校の友達やイトコたちからさえも、「飲んべーの子」とはやしたてられたという。そうした悪評に常にさらされ、しかも、父を単に憎むこともできない。そのようなウィルヘルムにとっては、自らを厳しく律して生きていくことこそが、ある種の「救い」となったのではないか、と考えられる。そして、自らを厳しく律する仕方を多方面にわたって教えてくれた人びと、それが、彼にとって、公学校の本科と補習科、木工学校の教師たちだったようだ。

アメリカ式教育と日本式教育

　戦後の1948年、ウィルヘルムはグアム大学で、教員免許を取得した。この事実1つで、彼の能力と努力の大きさのほどをうかがい知ることができる。わずか3年で、それまで無縁だった英語を用いた大学生活に適応した上、英語で生徒を教授するための免許を取得したのである。

　そのグアム大学で、彼は、英語をA、B、Cから丁寧に詳しく教えてくれる教師たちに出会った。「アメリカノ　先生ノ　教エ方モ、トテモ　イイデス」と感謝の言葉が出る。

　しかし一方で、彼は、現在のパラオの「アメリカ式教育」に関して、違和感を示す。それは、次のような具合である。

　「アメリカノ　先生ワ、ミクロネシアノ　学生ガ　ビンロウジュヲ　カンデイテモ、授業ヲ　受ケル　時ノ　オ行儀ガ　悪クテモ、何モ　言イマセン。……ですが、生徒に対しては厳しさが必要です。はっきりと注意してほしいですね。時には先生自身が、黒板に書いた後で、『ぺっ！』と床にビンロウジュを吐くんです。嫌ですね、私は、どうも……」。

　ウィルヘルムは、1968～69年、ハワイ大学教育行政学の修士課程に学び、修了。帰国後、ミクロネシア職業訓練センター（M.O.C.）に戻り、センター長に就任。1978年、同センターが大学（カレッジ）として格上げされるに伴い、

第3章　教育——少年少女らの夢と現実

初代学長を務めた。その頃であろう、パラオの教育省から招待を受けて、教育や生徒指導について教師たちに話をするように依頼されたことがある。そこで、次のような話をした。「学校の生徒たちに対して、たばこを吸わないこと、ビンロウジュをかまないことを指導するのが良いのではないか」。生徒たちも教師たちも、至る所でビンロウジュをかんでいたからである。しかし、この話への反応は、次のものであった。「今パラオは、自由主義の国で自由な時代ですから、他人のことは言わないで、自分のことを心配してください！」。ウィルヘルムは、がっかりしたという。

このように規律の厳しかった「日本式教育」に傾倒するウィルヘルムは、二宮金次郎の逸話や、勤労・従順・報恩・孝行といった思潮に対して、今も強く共鳴する。

筆者はウィルヘルムに問うてみた。「実際の教育現場で、また家庭で、あなたと、アメリカ式の自由な教育を受けた子どもたちとが衝突するという場面はありませんでしたか？」。すると、ウィルヘルムは答えた。「ソレワ、子ドモニ、小サイ　時カラ　ヨク　教エル　コトデス。……大きくなってから教えるのでは難しい。でも小さいときにきちんとしつけておけば、大きくなっても、父や母の考えもよく分かり、よく従います」。そう言った後、彼の口から次の言葉がすらりと出てきた。

「子ヲ、ソノ　行クベキ　道ニ　従ッテ　教エヨ。ソウスレバ、年老イテモ、ソレヲ　離レル　事ワ　ナイ」。

旧約聖書の箴言22章6節の言葉である。この時、筆者のインタビューは、彼の強い信念、確信に満ちた語調に圧倒される中で、終了した。

上記の言葉は、日本時代の教育と文脈を同じくする可能性をもつとはいえ、その由来はキリスト教の聖典であり、まったく異なる。いったいどういうことなのか。筆者は状況が知りたくて、再度訪問し、伺った。実はウィルヘルム夫妻は、キリスト教のセブンスデー・アドベンティスト派（SDA）の熱心な信徒で、毎土曜日欠かさず礼拝に通っているとのことであった。それにしても、

なぜこの一文を、日本語で覚えているのだろうか。それについては、聞きそびれた。推測だが、夫妻は、聖書の中に日本時代の教育と相通じる一文を見いだし、それをあえて日本語で胸に刻んだのだろう。

実際ウィルヘルム夫妻は、自らの子どもたちについて、次のように誇らしげに語る。

「子ドモタチニ　対シテワ、小サイ　時カラ、オ行儀トカ、ヨク　学ブヨウニ　トカ、日本式教育デ　キチント　シツケテ　キマシタ。……子どもたちは皆、アメリカで最後の教育を受けましたが、それでも、それぞれが、小さな時に私たちが与えた日本式教育のことを良く思ってくれました。『それを身につけさせてくれた両親に感謝する』と、便りやメッセージをよこしてきました」。

ウィルヘルムの語りは、「教育論」の形をとる。ただしその「教育論」は、成功例として彼自身、または彼の子どもたちを挙げるものであり、彼の教え子たちを主人公とするものではない。おそらくそのためであろう、彼の「教育論」は、宙に浮いた議論となる可能性があり、実際周囲からもそのように受けとめられてきた節がある。彼の語りは、むしろ、彼の個人史とともに理解すべきものではないか。彼が「大酒飲み」の父と暮らす中で、日本式教育に従って生きることを人生の指針としてきたこと。それをよく理解する妻を得、子どもたちを得てきたこと。そうした特異な境遇にあった一個人の参照軸として、日本式教育が重要な位置を占めている、と言えるように思われる。

第 3 章　教育——少年少女らの夢と現実

日本帰りの先生、
アルフォンソ・オイテロン

「木工徒弟養成所」の後身、「島民工員養成所」について語るとき、アルフォンソ・オイテロン（Alfonso R. Oiterong, 通称「新田先生」）の名を忘れることはできない。彼の実妹、ヨシコ・オイテロンの話に基づくと、次のとおりである。

アルフォンソは、公学校補習科を経て「木工徒弟養成所」に学んだ後、1940 年日本留学を果たした。千葉県の大学（大学名は不明）の機械科で、1 年間だった。その後日本で働いたが、政情不安に伴ってパラオに帰島、母校の「教師」となった。その際、自ら「新田」と名乗った。ただし南洋庁『南洋庁職員録』（1943）において「アルフォンソ」「新田」の名はなく、恐らく彼は、正規の教師ではなかったと思われる。

本節のアウグストの記憶によれば、アウグスト自身とイチロウは、放課後に他の生徒たちが魚釣りに出かけた後も学校に居残り、新田先生が帰宅されるまでいろいろと手伝い、習い覚えたという。また、遅くなり、新田先生に寮まで送り届けてもらったことも、「懐カシイ思イ出デス」と語った。

アルフォンソは、戦後パラオの政治の舞台でも活躍した。アメリカ信託統治下の 1981 年、いわゆる非核憲法制定の折には、人民委員会の委員長、また教育長でもあった。1990 年には、国立パラオ開発銀行の総裁を務めた。1994 年、パラオが独立を果たしてからは、初代大統領ハルオ・レメリクの下で副大統領に、またその大統領が暗殺されたため、規定により大統領になった（1995 年 6 〜 8 月）。

第4節　日本留学という夢とその結末

　本節の前段で紹介するのは、セバスチャン・コウイチ・オイカングである。コウイチは、公学校本科と補習科を卒業後、日本留学（1930〜33年）という稀有の機会を得た。そして戦後は、ウィルヘルムと同様に教育の場で、さらに地方政治の場で、重責を担った。コウイチは、日本留学を全面的に支えてくれた三島通陽子爵とその家族に感謝の念を抱いており、その個人的な交流を、人生の糧にしていると思われる。

　後段で取り上げるのは、パウリヌス・イチカワである。穏やかな性格と優秀さにより、時の南洋庁パラオ支庁長から個人的に見込まれ、戦局の中にありながらも日本留学を約束されていた（1941〜1942年頃）。しかし、長官の急死によって、約束は無になったという経験をもつ。

　日本留学（内地留学）については、1922年、南洋庁内務部長から各支庁長宛の通牒で、留学者数を報告することが申し渡された。それによれば、南洋群島出身者で内地の「中等学校／宗教学校／工業徒弟」に在学している者の数は、1922年に「2人／0人／0人」、1931年（コウイチ留学の年）に「2人／1人／1人」、1935年に「3人／1人／5人」である（南洋群島教育会 1938: p.355-359）。実にほそぼそとではあるが、日本留学という実例が存在してきたことが分かる。

　本節では、筆者の聞き知った2人の事例から、日本留学という夢の実現のありようと、その意味について考えてみたい。

第3章　教育——少年少女らの夢と現実

(1) 別なる世界を見聞して
　　　——セバスチャン・コウイチ・オイカング

　1930年、はるばる日本へ勉学に渡った1人の少年がいた。パラオの公学校補習科を終えたばかりで、まだ童顔の残るイガグリ頭の12歳の少年、セバスチャン・コウイチ・オイカング（Sebastian Koichi Oikang）である。彼の身元引受人は、貴族院議員、三島通陽子爵であった。三島子爵が、パラオ支庁長宛てに、島民の内地旅行認可を願い出た文書「島民内地旅行認可願」が、筆者の手元にある。
　コウイチの経験を描く本項は、やや長めの記述となる[12]。それはコウイチが、留学さらには中等学校の卒業にまで至ったという稀有な人物であることに由来する。それに関連して、2つの点を記しておきたい。ひとつは、コウイチの世代である。彼は、1930年に補習科を卒業。本章で紹介する他の7人が1936〜1943年頃の卒業であるのに比べ、数年〜十数年さかのぼった時期、つまり戦時色の影響をほとんど受けなかった時期である。故に、日本留学というチャンスが現実化しやすかった。今ひとつは、コウイチの性格と、それ故に紡がれた日本人の「恩人」との交流である[13]。彼は、三島家の人びと（子爵の妻である純さん、長女である昌子さん）にたいそう感謝の念を抱いており、戦後も文通を続けた。1985年には来日して三島邸を訪ねた。さら

---

　12) 本項は、拙稿（2003b: p.341-360）を元にしているが、日本時代の教育に関する複数のパラオ人の語りを念頭に置きつつ、加筆修正したものである。
　13) 実のところ、三島子爵の願い出の対象となり、渡日し、三島邸に寄寓したのは、コウイチとブランスという2少年であった。しかしブランスの場合、コウイチと同じほどには、三島家の人びとと交流を築くことにならなかった様子である。ブランスは、コウイチより3歳年上。旧慣上の位を特にもたないコウイチとは異なり、アイバドル（コロール村落の第1位首長）の氏族に属する少年であった。コウイチよりも1年早く、1932年パラオに帰島。留学前から勤めていたパラオ医院に、薬剤師として勤務。さらに、日本で学んだX線写真の技術を応用して、自宅横に写真館をつくり、経営した。

に、諸事情で交流が途絶えた時期があったが（1990年代）、折しも2001年筆者が関わり、改めて親交が深まったのである。

　三島子爵は、1930年初頭、パラオをはじめとする南洋群島の視察に訪れた。当時33歳、「新進気鋭」と評される人物で、ボーイスカウト活動に力を入れていた。三島は、南洋群島視察の結果、「島民の生活向上を図るには教育こそ大切」と考え、南洋庁に対して日本留学希望者の推薦を依頼した。そこで選ばれた少年の1人がコウイチである。

公学校での思い出

　コウイチは、1917年4月2日、バベルダオブ島最北端アルコロン村落のコンレイ（パラオ語ではオッレイ Ollei）に生まれた。地元アルコロンには公学校がなく、南隣のガラルドの公学校に通った。このときコウイチは、親戚の家に寄寓した（本章第1節。86頁、地図2-1も参照）。

　彼に「コウイチ＝孝一」という日本名を付けたのは、ガラルド公学校時代の担任、日本人の金井シンキチ先生[14]であった。コウイチの成績は良かった。3学年を通じ、常に1番。「頭ガ　スマート（smart）ダッタ　カラネ！」と、本人は笑顔で胸を張って言う。そして1928年に公学校卒業後、コロールの補習科に進んだ。

　すでに記したとおり、遠隔地からコロールに来た生徒たちの多くは、寄宿舎生活をした。コウイチも寄宿舎生活であったが、時折、校長先生宅に呼ばれ、泊まってお手伝いをすることがあった。それは、次のように、「練習生」の慣行の特別待遇版とも言うべきものであった。コウイチの場合、行くのは、夏休みや冬休みに当たる長期休暇中の3日間から1週間くらいだけ。しかもお給金は、数日で5円という大金であった。コウイチは、それを大切に貯めておいては、アルコロンの父が必要としているものを買って帰省し、大いに親

---

[14]『職員録　昭和三年七月一日現在』（内閣印刷局）によれば、1928年当時のガラルド公学校の校長は、金井新吉。

第3章 教育——少年少女らの夢と現実

孝行ができたという。この校長は、三重県出身の佐藤先生（佐藤硯成校長）という人物であった[15]。

日本への留学

　補習科を終えようとしていた頃、コウイチは、佐藤校長から「日本へ行く気はありますか？」と聞かれた。「待ッテ　クダサイ。家ニ　帰ッテ、父ト相談シマスカラ……」と彼は答えた。親戚中が集まって相談した結果、皆が「それはチャンスだから、行け、行け！」と言い、行くことに決まった。父は、特に船が好きで、他の生徒が行くことになったらどうしようかと心配するほど、興奮していた。そして結局、「自分一人ガ、学校カラ　選バレテ、日本ヘ　勉強ニ　行クヨウニ　ナッタ　事ダケヲ　覚エテイマス。1930年ノ　事デス」とコウイチは繰り返した。

　1930年3月5日、12歳のコウイチは、15歳のブランスと共に、三島子爵に連れられて出立した。コロールの波止場からであった。途中、ヤップ島に立ち寄り、三島はカヌーの贈呈を受けた。そしてそのカヌーと共に、日本郵船会社の「山城丸」で、一行は日本へと向かった。3月16日の早朝、まだ暗い午前5時頃、船は無事日本（正確な場所は不明）に着いた。そして午前8時頃、横浜港に着岸した。

　コウイチは回想する。

　「当時、三島先生ワ　ボーイスカウトノ　ナンバーワン　ダッタノデ、沢山ノ　ボーイスカウト　タチガ　迎エニ　来テイマシタ。……この時、三島先生と私たちを迎えに来てくれたのは、ヤエ　ダイニ　ケンジタイ（弥栄第二健児隊）と、ホンジョウ　シュンスケ　タイチョウ（本庄俊輔隊長）であったこ

---

[15] 佐藤校長のフルネームは、『南洋庁コロール公学校一覧』（1933年）において確認した。佐藤校長は、後にコウイチの日本留学中、3カ月間の休暇で日本・三重県に戻った際、東京の三島邸まで訪ね、コウイチを励ましてくれた。「トッテモ　ウレシカッタ！」と、彼は述懐する。

とを、今でもハッキリ覚えています」。

　季節は３月、コウイチにとっては大変寒かった。重ねて着る服は何も持っていなかった。しかし三島が、洋服のサイズを電報で知らせていたので、横浜に着いたときには、ボーイスカウトの制服一式、帽子から靴に至るまで、何もかもがそろっていた。

　三島子爵の長女昌子さんの回想記（三島昌子 1998a: p.7-9）には、次のように書かれている。

　昭和四年十二月から、父［三島通陽］は貴族院議員として当時の日本の委任統治下にあった南太平洋のサイパン・テニアン・ヤップ・パラオなどの島々へ視察に出かけました。島民の健康・医療の貧困事情に大そう心を痛めた父は、島民を自立させることこそ最重要の課題であると考え、帰途パラオ島のブランスとコウイチの二少年をあずかって日本に連れて帰ったのでした。勿論、母の了解などは得ず、明日は横浜へおむかえに、と心待ちしていた母の許に、「ボーイスカウト制服二着をもって船に来い」という電報です。いぶかりつつ私どもは桟橋からランチに乗り港内停泊の山城丸に乗りこみました。当時私は小学四年生で、その時の印象を書いた作文が、いま手元にありますが、日本語教育を受けてきた二人は、片言の日本語を話し、生れてはじめてボーイスカウトの制服を着せられて、私どもの眼の前に現はれました。まず皮膚の色の違いに驚きました。

三島家

　コウイチが寄寓することになったのは、渋谷区代々木の三島子爵邸である。妻と３人の娘がいて、女中９人、運転手１人、庭師（ヤードメーヤー）１人、それに大学生の書生が何人もいた。また三島子爵の妹が、同じ敷地内で隣家に住んでいた。コウイチは12歳、三島家の娘は10歳（昌子）、8歳（謹子）、4歳（美弥子）で、コウイチは娘たちより少し年かさであった。昌

子さん、謹子さんは、現在も、当時通学した女子学習院（現在の秩父宮ラグビー場）まで、コウイチが自分たちの忘れ物やお弁当を時折届けてくれたことを思い起こす。また謹子さんは、「鉛筆をよく削ってもらった」と思い出を筆者に語った。

　コウイチは、早速ボーイスカウトに入隊した。三島子爵が「東京講演会」なる場で話した記録（三島通陽 1930：p.1-25）の中に、スカウトの制服を着て敬礼する2少年（コウイチとブランス）の写真がある。

　まもなくコウイチは、スカウト仲間2人が通う西荻窪の学校（正確な学校名は不明）に通うことになった。コウイチによれば、三島子爵は、コウイチが道を間違えたら大変だと心配し、そのため女中が、代々木から西荻窪の駅まで、2回ついてきてくれたという。三島子爵が「南洋」から少年を連れてきた、と新聞に出たので（1930年3月17日付の東京朝日新聞、東京日々新聞など）、いろいろな人が三島邸までコウイチたちを見に来た。コウイチは、きちんと挨拶をしたり質問に答えたりしたので、皆驚き、喜んだ。「おとぎ話を、何か知っていますか？」と言われ、ウラシマタロウ（浦島太郎）やイッスンボウシ（一寸法師）の話をしたら、「ああ、そうか、やっぱり日本人と同じだなあー」などと感心されたという。こんなわけで、コウイチは毎日大忙しだった。

　三島子爵の妻、純さんについて、コウイチは、「オ母サン　以上ニ　良クヤッテクレタ。……自分の子どものようにかわいがってくれました」と感謝する。純さんが「パラオに手紙書いた？」と聞くので、月に1度くらいは親元に手紙を書いていた。

　「4年間の日本での生活は、長く感じましたか？」と問う筆者。

　「ナガーイ、ナガイ。冬は寒くてねえ。紺絣の着物と綿入れの羽織を作ってもらったのですが、寒くて寒くて。着物の中へ火鉢を入れて、こうやっていたら［コウイチは筆者に対して、背中を丸め、火鉢を抱く格好をして見せた］、三島子爵の母上が見て、『危ない、危ない！』と。何日か後には、電気の暖房具を入れてくれました。『パラオは暑い常夏の国だから……』と言ってね！」。

東京府立農芸学校に学んで

　コウイチは、日本の中等教育機関に入学するため、試験を受けた。そして合格。詰め襟の学生服を着用して、旧制東京府立農芸学校（現在の東京都立農芸高等学校）の生徒となった。試験の合否に関しては、三島子爵と学校長の間で特別の話し合いが持たれていたようである。経緯をうかがい知ることのできる一通の手紙が、筆者の手元にある。

　農芸学校の初日は次のようだったという。

　クラスメートたちは、「日本語は話せないだろうから、何語で話しかけようか？」と話し合っていた。そこへコウイチが、「オハヨウ　ゴザイマス！」と言ったものだから、皆驚いて、「あ！　日本語、話せます？」「ハイ！」と答える。

　「モー、学校中ノ　ミンナガ、友達ニ　ナッテ　クレマシタヨ」とのこと。

　ただしコウイチは、学習面ではいろいろと苦労があった。一番の苦手は漢文だった。コウイチが漢文に苦労しているのを知って、三島家では、書生の１人、丸本という青年を家庭教師としてつけてくれた[16]。そして、読むときのルールを教わった。返り点でスキップすることや一、二の記号など……。それらには、ホトホト閉口した。また漢字は何よりの苦労だった。「最後マデ　困ッテ、落第点モ　トリマシタヨ」とのこと。

写真3-7　三島邸寄寓中のコウイチ──1931年、長女昌子、次女謹子、庭師と共に

[16) 丸本正雄さん。当時、早稲田大学学生。コウイチが戦後三島家に宛てた手紙の文面にも、しばしば「丸本正雄さんにもよろしく伝えて下さい」とあった。筆者は、三島純さんの葬儀（2007年）の際、彼の息子さんにお会いした。息子さんは、コウイチについて「父からよく聞いて知っている」とのことであった。

第3章 教育――少年少女らの夢と現実

　歴史も、日本の歴史なので、分からなかった。
　「算数ワ　ナンバーワン　デスガ、数学ワ、代数トカ、X、Y、ルート　ナドニ　苦労シマシタ。……英語はできました。水泳は1番か2番でした。全体の成績は、平均すると乙で、甲が2つありました。生徒67人の中でがんばって、その成績は、パラオへも送られました」。
　学業面に加え、コウイチにとって特に印象深かったのは、ボーイスカウトや学校で交流した友人たちであった。「サイトウ　ユウジ」や「クスノキ　ヒデオ」といった個人名を、今でも覚えている。「クスノキ」の名前は、歴史で習った楠正成の名前と一緒に覚えたという。
　スカウト活動の中では、陸上（リレーなど）も、水泳も、得意だった。体格は普通なのだが50メートルを速く泳ぎ、「南洋のパラオの男は、まるでサカナのようだ」と言われた。夏は、約40人が集い、文京区小石川で野営（キャンプ）をした。また、西は、はるばる瀬戸内海まで旅し、宮島の厳島神社のあたりでキャンプをしたのもよく覚えている。テントを立てたが、砂地で傾き、しかも大雨でびしょぬれになり、宿屋へ行って乾かした。それでも夏だったからか、風邪をひいたり熱を出したりする者もいなくて、皆元気だった。北は、栃木、山形、秋田までも行った。
　このほかに、栃木県西那須野に三島家の別荘があったことから、コウイチは、三島子爵の母上のお供として泊まりに行ったこともあったという。
　コウイチは、足かけ4年の滞在の後、1933年（昭和8）3月、卒業証書を携えてパラオへ戻った。まもなく16歳になるという年齢であった。

帰島後の仕事

　帰島後のコウイチの処遇について、南洋庁では困惑したそうである。コロール公学校の佐藤硯成校長は、当時なお在任中で、「よくやった！　オイカングを留学させたことは間違いじゃなかった！」と、喜びの握手とともに、コロール公学校で厚遇する意思を伝えてくれた。しかし、同校には、同郷出身で長

年勤務のパラオ人助教員、ヨヘイ先生がいた。コウイチは、自分の採用によって彼の職を奪うことはしたくない、という心の内を話して、辞退。佐藤校長も理解してくれたという。

結局コウイチは、南洋庁の雇員として採用された。具体的には、南洋庁の召集によって開かれる村長会議（旧慣上の首長の会議）において、また土地問題の争議において、通訳の仕事に当たったのである。村長会議では、南洋庁の意向を各村長にパラオ語で伝えた。他方土地問題の争議では、パラオ人同士の争いの内容を、法院の日本人裁判官に対して日本語で伝えた。

「ソノ時、役人トシテノ　私ノ　仕事ワ、通訳デシタ。……でも、肝心の通訳で、戸惑うこともありました。日本語はよく分かるし、しゃべれる私ですが、12歳で日本に行ったので、まだ、パラオの習慣をほとんど知りませんでした。パラオには、クラン（Clan, 氏族）や家柄などがあり、それによって権利や義務など、いろいろな決まりがあります。土地問題や、土地調査の結果で双方が争ったとき、パラオの習慣が分からないから、正しく通訳することができないのです。それが一番困りました」。

また時には、親類から、自分たちの利益になるよう通訳で小細工をするようにと頼まれることもあった。しかしコウイチは、たとえ親類であっても、うそを言って便宜を図ることは「バチ（罰）が当たる」と思い、賛同しかねた。

6年勤めた後、「トウトウ　辞メテ　シマイマシタ。……月給も、日本に留学していたという理由で他のパラオ人よりも高かったので、羨ましがられて、それも、嫌でした」。穏やかな性格のコウイチにとっては、人から羨ましがられる南洋庁の仕事は、そうであればこそ、たいそう居心地悪いものだったようである。

南洋庁勤務時の恩人として、コウイチはオイカワサン（第2章参照）を挙げた。

「当時ワ　各地域ニ　日本人ノ　警察官ガ　1人ト、パラオ人ノ　ジュンケイ（巡警）ガ　1人　イマシタ。……オイカワサンは、そのジュンケイたちの長でした。パラオ人たちが尊敬していた人物です。「マルキョク公学校」［当

第 3 章　教育——少年少女らの夢と現実

時の正式名称は「マルキョク小学校」〕の一期生で、日本人と一諸に働き、日本人とパラオ人とのコネクター役でした。彼はパラオの習慣をよく知っていました。私は南洋庁での仕事のとき、オイカワサンに会い、いろいろ教えてもらって、とてもありがたく思いました。私よりも 20 歳から 30 歳くらい上で、私も彼を尊敬しています」。

　実際には、オイカワサンはコウイチより 15 歳年上である。しかし、当時まだ 10 代後半であったコウイチにとっては、体格といい、態度といい、立派なオイカワサン、そして何よりパラオの習慣について熟知しているオイカワサンは、大先輩に見えたのだろう。

　コウイチは、南洋庁勤務の後、1940 年頃（22 歳の頃）、故郷アルコロンに戻った。仕事は、パラオ全土の規模で始まったフード・プロダクション（Food Production）の関係であった。これは日本でいう農業協同組合に似ており、農業の奨励、指導、農産物の増産を図るもので、各地域の代表十数人がお金を出し合いつつ運営していた[17]。主にコプラの集荷を行った。たまには魚も扱ったが、暑いパラオではすぐに腐るため、燻製にし、それらをボートでコロールに運んだ。このボートは南洋庁のもので、手違いや不正がないように、必ず幹部が乗りあわせて集荷・運搬を行ったという。コウイチは言う。

　「私は、故郷アルコロンで、お金の係、アカウンタント（accountant, 会計士）のような仕事をしました。というのは、留学したときに簿記も習ったので、帳簿のつけ方を知っていたからです。10 月に始まって 9 月に決算でした。このフード・プロダクションの仕事で、月給 40 円をもらいました。これは、法院の人の月給 60 円の次に高い給料[18]です」。「でも、このフード・プロダクションも、戦争になったので、中止となりました」。

---

17) 日本人入植者の多い村々（バベルダオブ島の清水村、朝日村、大和村、瑞穂村など）では、これとは別に「農事組合」があったという。

18) 南洋庁長官官房秘書課 1941『南洋庁職員録』によれば、高等法院に勤めるアヤオカ（フェリックス神父の父）の月給が 69 円、パラオ支庁に勤めるジュンケイ長アショの月給が 52 円である。

ジャングルへの疎開

1944年、パラオは米軍の空爆にさらされるようになり、南洋庁は住民たちに疎開命令を出した。空爆、疎開という体験は、パラオの人びとにとって、もちろん初めてのものであった。

コウイチの故郷アルコロンでは、南隣のガラルドへ疎開することになった。コウイチは、アルコロンの8つの小村の長たちと共に、500人以上を率いて、ガラルドのジャングルに入った。

ジャングルでの生活は約1年間続いた。自然の木や岩を利用し、またヤシの葉をさまざまに工夫して、一時的な家のようにして、そこで生活した。南洋庁の命令で畑も作ったが、夜しか耕せないので、とてもつらかった。おまけに湿地で衛生状態が悪く、悪性のおできができたり、ヒルに吸い付かれたり、虫に刺されたりと、最悪だった。もちろん薬もない。この時には、日本語の分かる人が通訳となって、南洋庁の意向を住民に伝達した。つまりコウイチは、ここでも日本語ができることを買われて重い役を担った。

食べ物は、たんぱく質を摂取できないので苦労した。どうにかして魚を手に入れようと、海へ出る人もいた。しかし、時には1日に6人もが、米軍機から撃たれて死ぬことがあった[19]。コウイチも魚を捕りに行きたかったが、一人娘のクニコが2、3歳であったため、一緒に居た父から「お前が撃たれたら、クニコはどうなる？」と強く止められた。

戦後の仕事

戦時下の苦しい生活が終わってまもなく、コウイチは、米軍占領下パラオの教育部（Education Department）から、呼び出しを受けた。教師になって

---

[19] コウイチを含め、複数のパラオ人から聞いた話だが、当時、「敵の飛行機が来たら、シャツを脱げ！ 裸であれば、現地住民であることが判明して、撃たれないで済むから」と教えられていたという。しかし、それでもなお、このように高い頻度で撃たれることがあったようだ。なお、フェリックス神父の兄は、まさに皆のために魚を捕りに行き、撃たれて死亡したとの話であった。

第3章　教育──少年少女らの夢と現実

ほしいという要請であった。コウイチ自身は、控え目な性格から、嫌でたまらなかったという。しかし、「日本に留学したのだし、ぜひとも皆のためにやってほしい」と、教育部からも、コロールの有力者からも、強く勧められた。結局、コロールの学校で社会科の教師として教壇に立つことになった（その時の教え子の1人が、フェリックス神父である）。

当時コロールの学校では、元アメリカ海軍将校のエヴェリン（Mr. Evelyn）が教鞭をとっていた。エヴェリンは、午前中は児童たちに対して、午後はコウイチのようにパラオの各地域（各州）から選ばれた若い現地人教師に対して、英語を教えた。午後の部のほうは「英語部」と呼ばれ、イチロウ、ウィルヘルム、アルフォンソ・オイテロンらも共に学んだ。多くの者が他州から来ており、コロールには家がないので苦労していた。

コウイチは回想する。

「エヴェリン先生ノ　教エ方ワ、海軍式デ、非常ニ　厳シイ　モノデシタ。……でも、エヴェリン先生は日本語がとても上手で、その上、人間的にも大変良い人でしたので、すぐ仲良しになりました。先生は、よく言っていました。『今皆さんは、兵隊ではないので、軍隊式にやるのは良くありません。自分は軍人で、そうなってしまっているかもしれません。だから、間違いや、悪いこと、変なことがあったら、遠慮なく言ってください』」。

米軍占領の2年間が終わりアメリカ信託統治となると、地方出身者は、それぞれ故郷に戻って教育の仕事を始めることになった。コウイチも、途中何度も「辞めようか？」と思ったというが、「これからの教育のために、一緒にやろう！」と励まされ、意を新たにし、故郷のアルコロンで長年教育の仕事に就くことになった。アメリカ信託統治下のパラオ教育省からの派遣で、同じくアメリカ信託統治下のポンペイ（日本時代のポナペ）に行き、校長の免状を取得、1953年校長になった。また、コロールにある教育省で、前項のウィルヘルムと共に仕事に励んだ時期もある。

時代はくだり、コウイチは、地元アルコロンのさらに北方のカヤンゲル州（戦

写真3-8　コウイチより三島家宛てのグリーティングカード —— 1982年1月
カード中央「Governorshipの選挙に当選」とは、州知事選の当選のこと。コウイチは、このカードに、自身の州知事就任の新聞記事を同封した。

写真3-9　コウイチと三島子爵夫人の再会 —— 1985年、三島邸にて

後、アルコロン州から分離して独自の州となった）の庁舎内で勤めた後、1981年、カヤンゲル州知事選に出馬。なんと80％もの支持を得て当選。2年間にわたって、州知事の重責を果たした。その後は、州議会議員として活躍。1985年には、州議会議員の一行として訪日。留学以来55年ぶりで、故三島子爵の妻・純さん、長女・昌子さん、次女・謹子さんと再会した（写真3-9、コウイチ67歳）。再会の際の感動を、昌子さんは次のように回想する。

　私ども家族は心待ちにして彼をホテルに迎えて母の家に連れていきました。二人は手をとりあって涙し往時をなつかしみました。千駄ケ谷の昔の家のあたりを車でグルリとめぐりまた青山墓地では父の墓前で［三島子爵は1965年、68歳で他界（引用者注）］流れる涙を拳でぬぐっていました。［中略］コウイチ氏は家族ともども幸せな生活を送り、ミクロネシア共和国独立にむかって島民の先頭にたち、政界に在ると語りました。私どもは亡き父がめざした人づくりの一端が、南の島でこのように開花していることを知って、本当にうれし

第3章 教育——少年少女らの夢と現実

く父の霊もどんなにか安らかに……と感慨深く思ったか知れません (三島昌子 1998a: p.16-17)。

コウイチと日本留学経験

　このようにコウイチは、戦後、乞われて教育の仕事に携わり、故郷で校長となった。またカヤンゲル州の州知事、州議会議員などを歴任した。コウイチの社会的活躍は、日本留学の経験とどのように関わっていただろうか。
　コウイチが三島家の人びとに宛てた手紙の中に、次の一文がある。「[三島]先生の実行されたこと……金を作るより人を作る。先生は本当に私を作りました」。彼自身、三島家への義理を意識している面があるにしても、日本留学と三島家での待遇のことを肯定的に、しかも自らの人格形成に関わる重要な契機として捉えていることがうかがえる。その肯定的な捉え方の一端は、戦後コウイチが日本語という言語に対して示してきた個人的熱意にも表れている。
　コウイチは、戦後のアメリカの影響下、日本語を使う必要が無くなってからも、苦労して覚えた日本語を忘れまいと、日本語で日記をつけてきた。また日本語の書籍にも親しんできた。その書籍の多くは、三島子爵の妻・純さんが折に触れて贈ってきたものである。彼の日本語の流暢さ、特に書き言葉の秀逸さは、パラオのお年寄りの中で並外れたレベルと言える。語彙の多さ、表現の豊かさに加え、漢字も使いこなし、書き言葉ならではの文章表現も豊富である。彼は、三島家の人びととの手紙のやりとりを励みとしつつ、日本語に磨きをかけてきたと言える。
　コウイチと三島家の人びととは、深い絆を築いてきた、とひとまずは言うことができるだろう。その上で、次の3点に特に留意したい。
　第1に、コウイチと三島家の人びととの関係の非対称性である。両者の関係は、その始まりからして、決して対等ではなかった。コウイチは、寄寓時、三島家の娘たちの忘れ物を届けたり、鉛筆を削ったりと、どちらかというと使用人のような役回りを負わされていた。統治者と被統治者という立場上の違

い。しかも、統治者の中でも身分ある人と、現地住民の中でも位をもたない平民層という違いもある。両者は、その著しい落差を日々経験していたと考えられる。

　第2に、その非対称性の中で、両者が最大限と思われる好意を示し、絆を築いてきたことである。コウイチの側には、非対称性に過敏に反応しない寛容さとたゆまぬ努力があった。また三島家の人びとの側には、身分の高さに安住しない謙遜さと気遣いがあった（長女・昌子さんは、コウイチの寄寓時について筆者に語る時、「そうは言っても、実際にはお手伝いさんみたいな扱いで、申し訳なかったんです」と打ち明けた）。仮にコウイチが、批判精神旺盛な若者だったとすれば、どうなっただろうか。また三島家の人びとが、華族の既得権を重視する人びとだったとすれば、どんな展開があっただろうか。このパラオ人と日本人の間の絆は、両者の奇特な個性ゆえに可能となった、まれに見る一例であると考えられる。

　第3に、こうした両者の絆は、結局のところ制度的な支えをもちえなかったことである。本節冒頭で触れたように、日本への留学は1922年以降ほそぼそと続いてきたが、それは奇特な日本人の厚意に負うところが大きく、制度として整備されることはなかったようである。それはなぜか。その理由を明確に語る資料はないが、次のように考えられる。つまり、南洋群島と称された地域において、日本人は支配者、現地の人びとは被支配者という秩序が厳然と存在し、その秩序の維持こそが重視されたことである。日本留学を果たしたコウイチではあるが、パラオ帰島後、官界（南洋庁）に職を持つことは困難であった。南洋庁関係者は、彼を判任官や高等官の地位に据えなかったばかりか、公学校の正式の訓導にすら就かせる用意をもたなかった。日本語能力や学歴を備えた人物が登場することは、むしろ困惑の種であった。南洋庁という統治機構の中核部分を日本人が独占することは、当然の前提であり、守るべき秩序であったと考えられる。パラオの人びとが登用されるのは、通訳か、あるいはジュンケイや助教員など補助的と見なされる役回りに限定されて

第3章 教育——少年少女らの夢と現実

いたのである。

　コウイチと三島家の人びととの絆に注目することは、同時代の教育事業の限界を、今一度浮き彫りにすることでもあると考えられる。

(2)　頼りの日本人に逝かれて ── パウリヌス・イチカワ

♪ パウリヌスの人物像 ♪

　パウリヌス（Paulinus Ichikawa）は、イチロウと同じ時期（1941年末頃）、彼と同じく補習科を終えようとする年にあって、日本留学が一時内定していた人物である。パウリヌスの場合は、パラオ支庁長から直接見込まれていたという点において、イチロウよりも恵まれていた。しかし、彼の日本留学もまた、夢と消えることになった。まずは、そのように見込まれたという彼の人となりについて、示しておこう。

　パウリヌスは、1928年12月3日、コロールに生まれた。後述するように、アイバドル（コロール村落の第1位首長）の氏族に連なる。父は、懇意になった日本人、市川氏から名前をもらったとのことで、イチカワ姓を名乗っている（日本人と姻戚関係があるわけではない）。

　彼の幼少時の名前は、ンゲッテベラウ（Ngetebelau）。長い名前なので、日本時代には終わりのほうだけをとって、テラウから、タロウというニックネームで呼ばれていたと本人は説明する（戦後になって、パウリヌスという洗礼名に由来する名前を使い始めたようである）。子ども時代は「トテモ　利発デ、ヤンチャ　ダッタ！」と振り返る。筆者が初めてお会いした72歳の当時、スラリと背が高く、凛とした風貌で、筋の通った様子を感じさせられた。

　パウリヌスは親切な方である。日本時代のことを調べる筆者に対して、折に触れて、細部にわたり、当時のことを話してくださった。彼の話は、常に説得力があった。それは、ひとつには、彼がコロール生まれのコロール育ち、行政の中心地に居住してきたためだが、決してそれだけではあるまい。超一

第 4 節　日本留学という夢とその結末

流とも思われる彼の聡明さが、50 〜 60 年前の記憶の引き出しから、その都度重要な事柄を取り出すのを可能にしていたと思われる。

　しかも、彼の日本語力には舌を巻くばかり。たとえば彼は、私の机上に澤地久枝著『ベラウの生と死』(1990 年) があるのを見つけたとき、サッと手に取り、その開いた頁を実にすらすらと、日本人が読むかのように音読した。もちろん彼の母語はパラオ語である。筆者は、拙文をパラオ語訳する必要に迫られたとき、まさに彼にお願いさせていただいた。

パラオ支庁長からの嘱望と、彼の死去

　パウリヌスは、コロール公学校に通った後、補習科に進学。そして通例のとおり、「練習生」として日本人宅へお手伝いに入った。パウリヌスは、優秀で、信頼あつかったのだろう、彼が入るように言われた家は、南洋庁パラオ支庁の長官宅であった。パウリヌスは、持ち前の几帳面さと徹底した仕事ぶりで、長官に気に入られた。長官は、自分を息子のように思ってくれたようだ、とパウリヌスは回想する。長官には、息子がなく、一人娘があり、日本で女学校に通っていた。長官は、その一人娘の婿について、パウリヌスが良いのではないかと思案している様子もあったという。

　長官に能力と人柄を認められたパウリヌスは、補習科卒業後、長官の息子という名目で日本へ勉学に行くことが決まった。日本に提出する書類も、すべて整った (1941 年末から 1942 年初頭頃)。しかし、後に悔やまれたことには、このとき長官は事を急がなかった。自らの多忙さのためだったかもしれない。あるいは政情不安の中、好転を待とうとしたためだったかもしれない。「補習科を卒業 (1942 年 3 月) したら、半年くらいは南洋庁に勤めさせて、その後日本に留学させよう」と考えており、パウリヌスにもそのように伝えていたという。

　パウリヌスは、長官の思いのとおり、卒業後南洋庁パラオ支庁の給仕 (雑用係) として就職。その 1 カ月後のことである。長官は、休憩中に倒れ、そ

第3章 教育——少年少女らの夢と現実

のまま帰らぬ人となった。過労であった。

　筆者はパウリヌスから、パラオ支庁長官の名を聞きそびれた。後日、『南洋庁公報』（今泉裕美子監修）の1942年版で確認したところによると、次のとおりである。同年6月2日、パラオ支庁長伊藤清七は、高等官六等に叙せられ「六級俸下賜」。時をおかず6月23日、サイパン支庁長であった山口勇三郎は、パラオ支庁長の辞令を受けている。これは、伊藤長官の急死、それに伴う伊藤自身の昇格と山口への辞令を示していると考えられる。パウリヌスが記憶するとおり、伊藤清七長官は、同年5月頃死去したと考えられる。

　パウリヌスは、悲しみのうちに、やっとの思いで長官の葬儀に参列したという。彼は、弱冠13歳。その目に映ったのは、喪主の席に座り、悲しみの底に沈む夫人の姿であった。パウリヌスは、長官から約束されていた日本留学の話について、切り出すことはできなかった。

南洋庁の給仕、そして空襲

　元長官の死去から3カ月後、パウリヌスが南洋庁のパラオ支庁の給仕として勤める中、南洋庁本庁の中枢部から知らせがあった。「『書キ物ガ　見ツカッタ』トユウ　コトダッタ」とパウリヌス。その書き物について詳細は不明だが、たとえば、元長官の手になる南洋庁本庁宛ての「島民内地旅行許可願」、あるいは日本の学校長宛ての推薦文書などであった可能性がある。

　元長官の妻は、悲嘆にくれる中でも、パウリヌスの将来のことを考えてくれた。「日本へ行きたければ、行かせてあげますよ……」と優しい言葉をかけてくれた。しかしパウリヌスは、元長官の亡き後の家族の状況を考えると、自分の望みを果たしたいなどと表明することはできなかったという。おそらく彼は、そうした謙遜な性質ゆえに、生前の長官に気に入られたことだろう。またそうした長官との関係から、パウリヌスは、なおも日本留学を望むことについて、長官の信頼を裏切ることのように感じ、ためらったのだろうと思われる。

　パウリヌスは、その後も南洋庁パラオ支庁で給仕として働いた。職場の状

第 4 節　日本留学という夢とその結末

況は次のようであった。警務課、財務課、殖産課（後の経済課）には各 1 人、庶務課にはパウリヌスを含めて 3 人の給仕がいた。給仕は、他の課や部署への伝言、書類の送達などの役を担った。軍の司令部宛てに文書を配達することもあった。パラオ支庁から本庁の秘書課まで、本庁長官宛ての文書を、「送達簿」(パウリヌス談) に入れて届けるということもあった。このように給仕は、雑用係ではあるが、統治の中枢に関わる仕事だったからだろう、パウリヌスは、実に生き生きと、誇らしそうな口調で語った。

　この頃パウリヌスは、日本軍の依頼を受けて、ある装置を考案・製作した。それは、海水から塩を作るという手作りの装置であった。当時どこにでも転がっていたドラム缶を切り開いて、1 枚の板状にする。その 6 個分を並べ、築いた大きなカマドの上に乗せる。側面に煙突をつける。溝を 4 本作る。そして、カマド中央の焚口から火を燃やすと共に、溝に海水を流して、その水分を飛ばす、というもの。彼の聡明さと器用さ故に実現したものと思われる。好評であったらしい。

　こうした給仕の日々も、長くは続かなかった。2 年を終えようとする 1944 年 3 月 30 日のこと、コロールの街は、米軍から大規模な空襲を受けた (3 月の空襲)。このときの彼の経験は次のものであった。

　パウリヌスは、前日から、パラオ支庁内の防空本部で当直の任に当たっていた。当直のもう 1 人は日本人であった。明け方、空襲が始まるや、パウリヌスはすぐにサイレンを鳴らし「防空壕へ避難！」の合図をした。しかしパウリヌス自身は、防空壕に入ることができない。なぜなら、当直の任にあったからというだけでなく、近場の防空壕は「沖縄人」のためのものだったからである。もちろん日本人のための防空壕も用意されていたが、入れない。パウリヌスは、現地住民にしては珍しく官庁に立ち入っていたことが裏目に出て、自分 (現地住民) の入れる防空壕が近場には無いという状況に陥っていたのである。

　パウリヌスは、何度もサイレンのボタンを押し、任務を遂行したことを確信

第3章　教育——少年少女らの夢と現実

した後、自転車にとび乗り、自分の家の方向に向かった。そのとき、「爆弾デワナク　火炎弾ガ、観測所ノ　アタリデ　2弾　爆発シマシタ。……家が詰まっていたので、中島商店、太陽商店、アマノ商店、郵便局までの広い範囲が、火炎に包まれ、大火事になっていました」とのことである。パウリヌスは、自転車を捨て、必死にコロール郊外の自宅へと急いだ。

　途中、午前11時頃、自生の高木であるテツボク（鉄木、iron tree）に登って周囲の状況を確かめた。パラオ随一の港、マラカル港のほど近くにある重油タンクから、真っ黒な煙が立ち昇っていた。また岩山のほら穴（洞窟）に、おばあさんが避難しているのが見えた。

　自宅に帰り着くと、家族はすでに疎開地（隣接のアイミリーキ）へと向かった後だった。パウリヌスは、自宅に残る幾つかの貴重品を携えて、疎開地まで渡る舟着き場へと急いだ。この時パウリヌスが選んだ貴重品とは、①父方曾祖父でアイバドル（コロール村落の第1位首長）を務めたジョセフ・イレンゲルケイの肖像画を撮った写真（パウリヌスの父が描写し、ドイツ人考古学者が撮影したもの（後述））、②父が木箱に入れて大切に保管していたイチカワ家の土地に関する書類、③父がテツボクで作った十字架、であった。後になって父は、この時のパウリヌスの行動を褒めた。切迫した状況の中で、的確な判断をしてくれたと、とても喜んだという。

戦後、米軍コックに

　このようにパウリヌスは、聡明さ・器用さの際立つ人物であると同時に、前述の支庁長との関係にも表れているように、他者を気遣い、野心を抑える控えめな人物でもあった。このことは、戦後の人生にも表れたようだ。

　彼は、選ばれて、コックの技術を学び、米軍兵士たちの料理人となって活躍した。英語で調理法を習得した聡明さも、包丁さばきなどの器用さも、彼ならではのことと頷ける。

　ある時、司令官の誕生日を祝う特別のケーキ作りを命じられた。考えた末

に、「軍艦がよかろう」と思い至った。1メートル四方の特大のカステラを焼きあげ、重ねたそれを軍艦に見立て、細かな装飾を施したところ、まるで実物のように立派な軍艦ケーキができあがった。当の大佐は、それを見るなり、感嘆のあまり、口をあけたまま声も出なかったという。そして一枚の証明書を書いてくれた。後年、その証明書が威力を発揮した。コンチネンタル・ホテルのコック長としての採用の際、「何か証明になるものを！」と言われてのことである。この証明書を提示すると、先方は、「（こんなに立派な書き物を持っているのに）なぜもっと早く出さないのか？」と言ったという。相当の賛辞が記されていたのだと思われる。

　パウリヌスは、実のところ、コック以外の道へと進むチャンスもあった。米軍で人材募集があり、それは、英語教育を受けられ、職種選択の幅も大きく、好条件のものであった。パウリヌスは、応募しようとした。しかし、アメリカ人のコック長から、次のように言って止められた。「きちんとした仕事に就いたとしても、次から次へと若い人材が現れ、仕事の仕方も変わってくる。そうなれば、年をとった君は、隅に追いやられるだけだ。英語なら、もうちゃんと話せているし、聞くこともできているじゃないか。その上、コックの仕事は、絶対に失業することがない。料理人とは偉大な仕事だ。今の君で十分だ。この道を貫け！」。

　そこでパウリヌスは、転職を断念し、さらに料理に打ち込んだという。自宅に手作りのオーブン窯をしつらえ、パンを焼き、たくさんの人が、そのパンを求めて行列を作った。おかげで、家族の暮らしは潤い、尊敬される父親として、幸せな人生が送れた、と述懐する。

　しかしパウリヌスは、常に一抹の無念さも抱いていたと、筆者は感じてしまう。それというのも彼は、筆者と話し込む度に、必ずと言っていいほど、支庁長の急死によって日本留学がなくなった話をしたからである。彼は、長官に強く見込まれたが故に、南洋庁島民工員養成所に進学するという機会もなかった。そして戦後、聡明さ・器用さの花開く場を、コックという職種に限定

することになった。もし日本留学が実現していれば……。一時の運を失ったことをめぐる喪失感が、常に、彼を覆ってきたと思われるのである。

聡明さと家柄にもかかわらず

　パウリヌスは、終生、社会的威信からは縁遠かった。あるいは縁遠いようなふりをしてきた。筆者の滞在中、彼は、パラオの人びとからも、パラオに関心を寄せる日本人からも「生き字引」のように慕われ頼りにされることが多かったが、それは彼の社会的立場とは無関係のように見えていた。

　ひとつには、彼は、聡明であるにもかかわらず、コックとして技を磨いてきたのであり、その聡明さを職種選択に必ずしも生かしてこなかった。今ひとつには、彼は、威信高いアイバドルの家柄に連なっているにもかかわらず、その出自について必ずしも公言してこなかった。ここでは、後者について若干述べておきたい。

　パウリヌスの曾祖父（「父の母の父」とパウリヌスは説明した）は、1871年から1911年まで実に40年間、アイバドルを務めた。その名を、ジョセフ・イレンゲルケイ（Joseph Ilengelekei）と言う。1871年とは、スペインによる統治開始に先立つこと14年という年代である。その後ジョセフはアイバドルとして、スペイン時代（1885年〜）、ドイツ時代（1899年〜）を経験し、キリスト教宣教師とも交流してきたわけである。

　パウリヌスの父フランシスコは、1892年に生まれ、1981年に89歳で没した。手先が器用だったといい、現在もパラオ国立博物館には彼の作品が多数ある。前述した、「3月の空襲」時にパウリヌスが持ち出した肖像写真の原画[20]は、フランシスコが17歳のとき（1909年）、アイバドルに在位して38

---

[20] この肖像写真の原画は、パウリヌスが少年の頃、自宅の壁に張ってあった。あるとき、ドイツから来た考古学者がたまたま見つけて、写真を撮らせてほしいと願った。パウリヌスが言うには、「旧式ノ、黒イ　風呂敷ヲ　カブセテ　取ルヨウナ　写真機デ　撮影シタ」とのこと。1991年「パラオにおける宣教100周年祭」に際して、この肖像は、6枚組の記念切手シートの1枚の中に配置された（写真3-10）。

第4節　日本留学という夢とその結末

年になる祖父に対して筆を執ったものである。「残念ナ　コトニ　父［フランシスコ］ワ　色盲ダッタ。ソレデ　鉛筆画ニ　ナッタノダロウ」とパウリヌスは言う。またフランシスコは、色盲を苦にしてか、社会的上位に就くことも嫌ったようだ。実は、戦後のアメリカ時代、次なるアイバドルとしての就任の要請がフランシスコに来たという。しかし彼はその地

写真3-10　アイバドルを務めたパウリヌスの曽祖父ジョセフ・イレンゲルケイの肖像と、カトリックコロール教会——パラオ記念切手

位を受諾しなかった。そこで、当時アメリカ兵でドイツ在住であったユタカ・ギボンが呼び寄せられたとのこと、ユタカはその後、アイバドルを務めてきた。

　このようにパウリヌスは、聡明さと家柄をともに持ちながらも、父の社会的立場の選択もあいまって、あえて市井の人として生きることを潔しとしてきたかのようである。彼の有能さと謙虚さを知ればこそ、筆者としては、その日本留学が実現しなかったことを大変残念に感じる。また残念だと彼自身が感じてきたと思えて、まさに胸の疼(うず)く思いである。

　日本留学は、好意的な日本人個人の意向によってではなく、もっと制度的に、保証されるべきではなかったか。雑用に走り回る「給仕」の職が誇りとなるとは、しかもその時、日本人・沖縄人向けの防空壕に入れない立場だったとは、どういうことだろうか。この有能で謙虚な人材を、必ずしも活用できなかった社会とは、何なのだろうか。

　パウリヌスは、インタビューの最後を次の言葉で結んだ。

　「何事モ、与エラレタ　場所デ　全力ヲ　尽クシ、工夫ヤ　努力ヲ　重ネテ、自分ノ　道ヲ　切リ開イテ、現在マデ　生キテキマシタ。ダカラ、自分ノ　人生ワ、『良シ！』ト　思ッテイマス」。

　筆者は、パウリヌスの潔さを改めて知った。と同時に、やはり胸の疼(うず)きを

第3章　教育——少年少女らの夢と現実

抑えられなかった。

　パウリヌスは、2004年正月、持病の喘息発作で亡くなった。入院してわずか1週間。彼は、入院直前、筆者に電話をくれた。筆者はその4、5カ月前に、本書の元となる私家版の報告書を差し上げていたのだが、彼は、それについて改めて話題にし、礼を言ってくれたのだった。

　パウリヌスの葬儀に際し、筆者は、パラオ式の9日間の通夜（ノベナ）のすべてに出席させていただいた。そのとき、彼の娘が、彼の寝室から持ち出したと言って見せてくれたものは、手あかまみれとなった筆者の報告書であった。4、5カ月の間に、こんなに汚れるほどまでに読んでくださったのかと、胸が熱くなった。

・・・・・・・・・・・・・・・・・・・・・・・・・・・・

　本章では、日本時代の現地住民向け教育の概要を示した上で、向学心に燃えた女子たち、「木工学校」（南洋庁島民工員養成所）に進んだエリート男子たち、日本留学という夢を抱いた人たちを、それぞれの語りを通して紹介した。そこに現れたのは、日本の教育によって「益を受けた」という声であり、他方で、「向学心を十分満たすことはできなかった」という声である。女子3人の中ではヴェロニカとアウグスタが、エリート男子3人の中ではイチロウが、さらにイチロウ以外の留学内定経験者2人の中ではパウリヌスが、無念さについての表現が大きかった、とひとまず言うことができる。そこには、時の不運が重なっているように見える。しかし、決してそれだけではないだろう。

　ヴェロニカがミシン講習生になれたとして、またイチロウやパウリヌスが日本留学できたとして、果たして、満足に至っただろうか。否、もっと深いところで不満に、さらには憤りに直面したのではなかろうか。しかもそうした不満や憤りは、「益を受けた」と言明する人びとにおいても、思い当たる節があるのではなかろうか。そうした不満や憤りを最も端的に示した人物が、アウグスタであったと思われる。

第 4 節　日本留学という夢とその結末

　日本時代の教育は、現地住民のために行われたのかと問うとき、そうではない、と思わざるを得ない点が幾つかある。
　第 1 に、現地の子どもたちは、授業や実習と称して、日本・日本人向けのていの良い労働力として使われていた節がある。公学校児童による農業・林業における作業、「木工学校」生徒による土木・建築業の作業などである。
　第 2 に、現地住民の進学希望者は、能力や適性に応じた進路を必ずしも用意されなかったという点がある。希望者に対する受け入れ枠は、常に小さかった。また進学できたとしても、進路の領域は狭く、男子ならば土木・建築・機械、女子ならば裁縫のみであった。さらに進路の奥行きも浅く、初等教育プラス 1、2 年程度。中等教育は、ごくまれに恩恵的に日本留学した場合に限って触れられるものにすぎなかった。その日本留学の機会は、仮に内定しても、状況次第で覆されることがあった。日本人向けには、コロール市内に中等教育機関（男子にはパラオ中学校、女子にはパラオ高等女学校）があったことを考え合わせると、現地の子どもたちの無念さはいかばかりかと考えさせられる[21]。
　第 3 に、現地住民の進学希望者は、能力や適性とは異なる軸で（日本・日本人への従順さという軸で）将来の可能性を決定されたと考えられる節がある。進学者の人選は、必ずしも公正な手続きによるものではなかった。従順さをめぐる判定は、たとえば、公学校や寄宿舎での規律訓練の中で（現地語をうっかり話した場合の罰の場面も含む）、また公学校補習科での練習生制度の中で、行われたように思われる。すなわち、現地住民への教育機会は、教師・舎監を、また日本人一般を、師と仰いでつき従うように体得させる

---

[21] 本章では触れなかったが、たとえばコウイチロウ・ワタナベの姉にあたるトモミ、カツミは、次の経験をしている。彼女らは、父が日本人、母が現地住民であり、その結婚・同居を認められず、初等教育を現地住民向けの公学校（本科および補習科）で受けた後は、パラオに居住する限り、学ぶ機会を得られなかった。彼女らは、1941 年ごろ父のツテを得て、日本の中等教育機関で学ぶ希望をもって渡日した。結局は、親類の家業の手伝いに終わってしまったという。

第3章 教育——少年少女らの夢と現実

機会、またその従順さの程度を判断する機会でもあったと考えられる。
　特に第3の点を考えるとき、アウグスタの上品とは思えない日本語での話しぶりは、改めて鮮烈なものとして響く。アウグスタにとって、少女時代ミシンを学んだ（ミシンしか学べなかった）ことは、「懐かしさ」というよりは「悔しさ」のうちに思い起こす事柄だったろう。そのアウグスタも、少女時代は、比較的上品な日本語を習い覚えていたかもしれない。その上で、その言葉遣いとともに強いられてきた従順さを思い起こし、上品な言葉を、とても使いたくない言葉として意識したのかもしれない。そうしてアウグスタは、やむなく日本語を話す場面（たとえば筆者と話す場面）では、「嫌ダネ！」「私ワ、田舎ッペ！」などとあえて乱暴な日本語を使うことにしていた、とも考えられるのである。
　もしかすると、ヴェロニカとアウグスタの筆者に対する言動は、かなり違うようでいて、同根のものだったかもしれない。ヴェロニカは、きれいな日本語を駆使し、筆者に対して役立とうと骨を折ってくれたが、それは彼女にとっては、かつての勉学をめぐる無念さを埋める行為だったろう。他方アウグスタは、荒々しい日本語を「駆使」して筆者の意向をはねつけ続けたかのように見えたが、それもまた彼女にとっては、かつての勉学をめぐる無念さを「埋め」ようとしてとった行為だったのかもしれない。
　日本時代の教育は、その内容の点で、現地住民に一定の知識・技術を伝達したことは確かである（トシコにとってのミシンや、アウグストにとっての機械のように）。また、その規律重視の点で、現地住民に人生の指針と意識される場合があったことも確かである（ウィルヘルムのように）。しかし、本章であえて示そうとしたのは、そうした「成果」の背後で、ともすれば「なかったこと」にされてしまいかねない、当事者たちの望みの数々であり、それがかなわなかったという無念さの数々である。コウイチのように日本留学という幸運に恵まれたとしても、帰島後、特に用意されるポストもなく、その職位は日本人官吏の下働きとしての雇員であり、留学時に農芸学校で学んだ知識や技

能を十分に生かせるようなものではなかった。

　すでに本書で何度か引用したアウグスタの言葉が、再度思い起こされる。

　「日本時代、島民ニワ、チョットダケ、ホンノ　入口ノ　勉強シカ、サセテクレナカッタ。……だから、日常会話はできたけど、政治や経済についての議論ができない。私は、それが悔しいよ！　その上、学校では、自分たちの言葉、パラオ語を使ったら、叩かれたり、つねられたりした。嫌な記憶しかないね！」。

　アウグスタが、後年、苦学の末に『パラオ語辞書』を編纂し、さらにパラオの歴史書の執筆にまで手を染めたのは、なぜだったか。教育をめぐり、自身の無念さを踏まえ、新たな希望を抱いていたのではないか。時の支配者に従順な給仕やボーイを養成するための教育ではなく、現地住民が「パラオ人」として主体的に学び、生きていく手がかりとなるような教育こそが必要だと、考えていたのではないか。

　日本時代、教育が現地の人びとに与えた希望の明るさ、そして失望の闇の深さ。これらは、私たちが知らなければならない重要なことの1つだと思われる。

第4章

スポーツ——パラオ野球ブームの光と影

パラオ最強野球チーム「オール・パラオ（ALL PALAU）」のメンバーたち——1926年

ビスマルク（後列左から1人目）、アデルバイ（同3人目）、シゲオ・オスマウ（同4人目）、サンデイ（同5人目）、ブランス（同6人目）、イディップ（同8人目）、ウェルベラウ（同11人目）、レキョク（前列左から6人目）。

第4章　スポーツ——パラオ野球ブームの光と影

　どこかの野球チームらしい、ということ以外、何を意味するか分からない1枚の写真が、ある時以来重要な写真として筆者の心に迫るものとなった。その野球チーム写真（本章表紙の写真）は、筆者のパラオの知人の何人もを巻き込む、彼らの誇りに関わる写真だったのである。事の次第は次のとおりである。

　2006年4月、パラオの野球に関心を持ち始めていた筆者は、コロールのルディム家の当主エリコさんにお願いして、古いアルバムから野球に関する写真をコピーさせてもらった。その中の1枚は、居並ぶ面々の様子から重要そうではあったが、年月日も名前もないため、筆者はさほど見つめることなく、保管物の1つに加えた。

　同年11月、筆者はパラオの野球についての具体的な調査項目を胸に、10日前後の予定でパラオに赴いた。国立博物館にも日本時代の野球の写真があると聞き、赴き、集合写真の1枚を収集した（実は、本章表紙の写真と同一物であった）。

　筆者は、以前、コロールの私立小学校の課外日本語クラスを担当したことがあり、そのときの生徒の保護者（父や祖母）にも会ったのだが、その際、今回のパラオ訪問の主目的は野球についての調査研究であると話した。すると、ある生徒の祖母は、身を乗り出して興奮気味に言った。「私ノ　オ父サン、オール・パラオノ　選手デシタ。……キャッチャーで、ショート・ストップもやっていました。あー、いつだったかなー、最近も新聞に写真が出たんです。取っておけばよかった。あれを取っておいたら……」。生徒の祖母は、たいそう残念がった。筆者は面食らった。筆者にとって、パラオでの日本語クラスの経験と野球の調査研究とは、まったく別次元のことだったからである。

　彼女だけではなかった。別の生徒の父は、筆者と久しぶりに会って英語で会話する中で、筆者の手持ちの写真（本章表紙の写真）を見て、目を輝かせて言った。「これ、私のママのお父さん。オール・パラオの選手です！　私のおじいさんです！」。ここで言う「ママ」とは、ヴェロニカ・カズマ（前章）で

ある。ヴェロニカの父ウェルベラウが、野球選手として写っていたのである。

筆者は、意外なつながりに驚きながら、ひとまず次のように頼んでおいた。「その他のメンバーの名前もぜひ知りたいので、何か情報があったら、よろしくお願いします」。

筆者がパラオを去る夜になって、この父は、新聞の切り抜きを手に駆けつけてくれた。それは、後述するパラオの新聞（*Tia Belau* 紙）の記事のうち、集合写真の部分であった（本章表紙の写真と同一物であった）。後で分かったことだが、この記事は約6カ月前（2006年3月）のものであり、彼は切り抜いて保管してあったようだ。上述の生徒の祖母が残念がったのも、この写真だったのだ、と筆者は理解した。

「パラオ野球ブーム」という章のタイトルについて、読者は、不思議に思われるかもしれない。しかし、お年寄りたちにインタビューした中で、野球（ヤキュー）の話のときほど、彼らの顔が輝き、うれしそうだったことはない。実は「ヤキュー」は、今やパラオ語となった日本語の語彙の1つでもある。

野球についてのインタビューを始めた当初、筆者は、スポーツを介した人と人との交わりに感動した。スポーツの楽しさは、日本人と現地住民という区別を越えて広がるものだという印象を抱いていた。しかし、話を聞き進めるうちに、そこにもまた、統治者側（日本人）と被統治者側（現地住民）との立場の落差が影を落としてきたという事実に気づかされ、愕然とした。言葉や主義主張を超えて理解し合えると期待されるスポーツや芸術の世界においてさえ、否、そこにおいてこそ、政治的・社会的な力関係が影を落とすことがあるのだ。本章は筆者にとって、その政治的・社会的な力関係の影を「肌で感じとった」記録である。

本章第1節は、日本の大学野球で有名な慶應大学の応援歌が、パラオのおばあちゃんたちによって口ずさまれるという、筆者の驚きの体験から、書き起こす。

第2節では、パラオにおいていかに野球が広まったかについて記したうえ

第4章　スポーツ——パラオ野球ブームの光と影

で、パラオの現地青年チーム「オール・パラオチーム」の隆盛について、当時、強打者であったイディップおじいちゃんからのインタビューなどをもとに記述する。

　第3節は、本章の中心部分で、慶應大学チームとパラオ人チームとの対戦についての内容である。「慶應21-0全パラオ」というスコア記録が残されているが、これは何なのか。この点を明らかにするとともに、日本人と現地住民との立場の隔たりをめぐって考察する。

　第4節では、パラオにおける野球熱が一過性のものではなく、戦後アメリカの影響下でも息長く続いてきたことについて、補足する。

第1節　慶應大学応援歌を歌うパラオのおばあちゃんたち

(1)　ある誕生会の席上で

　2005年、イバウおばあちゃんの米寿を祝う会でのことである（この会は、筆者がイバウへの感謝の思いを込めて企画した。イバウの意向を聞いた上で、十数人のパラオ人と数人の日本人を招き、なじみのレストランで開催した）。
　宴たけなわとなったとき、イバウおばあちゃんは、「ソレデワ、ケイヲ大学ノ応援歌ヲ　歌イマス！」と言い、大きな声で歌い始めた。すると、同席していた他のおばあちゃんたちも、すぐに声を合わせ、実に楽しそうに歌った。
　驚いたのは、筆者を含む日本人の出席者たちである。その歌声は、発音もハッキリしており、言葉の意味も日本語としてよく分かる。ただし男性陣は口をあけず、おばあちゃんたちだけが歌っている。あまりのことに、しばしポカンとした私たち。
　「初めて聞いた！［私はこの応援歌を］全然知らない！」と叫ぶように言う筆者。「デワ、歌詞ヲ　書イテ　アゲマショウカ？」と言って、イバウおばあちゃんは、歌詞をカタカナで、すらすらと書いてくれた。
　日本からはるか海を隔てた島国パラオで、しかも80歳を越えたおばあちゃんたちが、なぜ、慶應大学の応援歌をソラで（何も見ずに）歌えるのか。
　そう言えば、イバウおばあちゃんは以前、インタビューの合間に言っていた。「私ワ、ケイヲ大学ノ　歌ヲ　知ッテイマス。昔、ケイヲノ　大学生ガパラオニ　来マシタ。……それで習いました。今でも覚えています」と。
　「なぜ知っているんですか？」。パーティーの席上、いぶかりつつ聞く筆者。
　「戦争の前に、一度だけ、ケイヲ大学の野球部の学生たちが、パラオに来ました」と以前と同様の答えが返ってきた。ただし、そのとき慶大チームは、パラオ人チームと野球の試合はしなかったそうである。

第4章　スポーツ——パラオ野球ブームの光と影

「なぜ？　せっかく日本から来たのに、どうして試合をしなかったの？」と聞く筆者。イバウおばあちゃんは、「知りません。分かりません。……でも、試合はしなかったけれど、歌は覚えています」とのこと。

そのとき、同席していたミノル・ウエキさん[1]が答えた。「確カ、南洋庁カ　何カガ、試合ヲ　サセナカッタト　聞イテイル」。筆者は、ようやく事の重大さを感じ取った。なぜ、試合をしなかったのか。否、日本人側が意図的に試合をさせなかったのは、なぜなのか。

本章は、この両チームの対戦をめぐる疑問に答えるべく、考察を行うものである。本章のもととなる情報を下さったのは、主に次の方々である(生年順)。

　　ギラティオウ・イディップ (1903 年生まれ)

　　イバウ・オイテロン (1917 年生まれ)

　　シゲオ・テオン (1920 年生まれ)

　　サントス・ンギラセドゥイ (1922 年生まれ)

　　ウバル・テレイ (1924 年生まれ)

本題に入る前に、本節では、慶應大学の応援歌自体に、今少しこだわっておきたい。

---

[1] ミノル・フランシスコ・ザビエル・ウエキ (Minoru Francisco Xavier Ueki) は、1931 年 1 月 2 日、日本人移住者 (神社の神職) とパラオ人女性 (名高いオイテロン家族の娘) との間に生まれた。成人後、パラオ人初の医師 3 人のうちの 1 人となったことから、通称「ドクター・ウエキ」と呼ばれている。地元の伝統的首長の 1 人である上、上院議員の経験もある。2010 〜 2013 年、日本駐留パラオ特命全権大使として東京に在住した。長年、「パラオさくら会」(日本の戦没者慰霊団体「さくら会」に対応する団体) の会長を務めた。

本書では詳述しないが、ミノルの父は早世 (1936 年)、ミノル自身は長男で日本国籍を有していたため、終戦時には苦労があった。いったん日本への退去命令を受けて帰国したが、1948 年、杉山隼人 (第 5 章) らと同時にパラオ帰還を認められた。その後、パラオ社会で多方面にわたって活躍してきた。

(2) その歌詞は正しいの？

イバウおばあちゃんが書いてくれたカタカナの歌詞は、次のとおり。

「ケイヲダイガク　オエンダンノ　ウタ」
ワカキチニ　モユルモノ　コウキ　ミテルワレラ
キボウノミョウジョウ　アオギミテ　ココニ
ショウリニススム　ワガチカラ　ツネニ　アタラシ
ミヨセイエイノ　ツドウトコロ　レツジツノ　イキタカラカニ
サエギル　クモナキヲ　ケイヲー　ケイヲー
リクノオウジャ　ケイヲー

　その後、日本に戻った筆者は、個人的に知り合った慶應大学OBの方々に聞いてみた。その結果、イバウおばあちゃんの書いてくれた歌詞の「発音」は、完全に正しいことが分かった。この歌詞は、一言一句違わず、慶應義塾大学応援歌「若き血」（堀内敬三作詞・作曲、1927年）だったのである。以下に改めてその歌詞を記す。

若き血に燃ゆる者　光輝満てる我等
希望の明星　仰ぎ見て此処に　勝利に進む我が力　常に新し
見よ精鋭の集う処　烈日の意気高らかに　遮る雲なきを
慶應　慶應　陸の王者　慶應

(3) 慶大野球チームは本当にパラオに来たの？

　慶大野球チームが来たのは、一体いつごろなのだろう？　探しあぐねる中

第4章　スポーツ——パラオ野球ブームの光と影

で、『慶應義塾野球部史』（慶應義塾体育会野球部史編纂委員会1960: p.274）の中に関連記事を見つけた。1938年（昭和13）の活動を記した9頁にわたる文章の最後に、「その他の試合」として「南洋遠征」とある。大学が夏期休業に入った時期と思われる7月15日、南洋遠征の旅に出たことが分かった。

　その後筆者は、新聞記事を通して、この件を確認できた。その内容は次のとおりである。『読売新聞』1938年7月16日付の記事（夕刊第2面上段）は、慶大野球部の「南洋遠征」について、船出のテープを引く写真とともに、こう記している。

　慶應野球団南洋へ出発
　〔横浜電話〕慶大野球部南洋遠征団一行二十名は森田勇監督、桜井寅二主将、正力亨マネージャーなどに引率されて十五日午前十一時横浜を出帆した。郵船サイパン丸で恒松野球部長、同部先輩、級友、慶應ファンなどの歓送裡に勇躍征途についた。
　十九日サイパンでオールサイパン軍との初試合を皮切りに二十日テニアン、二十一日パラオで紅白試合を引き続き行ふが、その間諸島の各チームと合同練習し、コーチする予定である。
　正力マネージャーの話「初めての南洋遠征ですが、炎熱下の練習ではあり、得がたい体験を得て帰ると思ひます。試合としては五回ぐらいやることになってゐます。航行中サイパン、テニアン、パラオと無電〔無線電信（引用者注）〕で試合の日程を決めます。南洋は昼はうんと暑く夜は急に冷えるさうで選手一同の健康状態にも特に注意します」。

　また、『東京朝日新聞』の同日付の記事（朝刊第8面最下段）は、慶大野球部の「南洋遠征」を、早稲田大学野球部の「ハワイ遠征」と並べ、こう報道している。

第1節　慶應大学応援歌を歌うパラオのおばあちゃんたち

慶大野球部出発

〔横浜電話〕慶大野球部森［森田］監督、桜井主将外二十二名は十五日午前十一時横浜出帆の郵船サイパン丸で初めての南洋遠征の途についた。一行はサイパン、テニアン、パラオの各地チームと試合を行ふほか練習試合をして八月二十一日横浜帰着の予定である。

早大野球部も出発

〔横浜電話〕ハワイ遠征の早大野球部一行高須主将以下十六名はハワイアサヒチームの招聘で山本部長、田中監督に引率され十五日午後三時横浜出帆ホノルルへ向った郵船秩父丸で出発したが一同頗る元気であった。

　慶大野球チームは、確かに1938年、南洋を訪れ、パラオにも来たことが分かった。さらに、ひと月ほどさかのぼり、『東京朝日新聞』1938年6月6日付の記事は、「南洋遠征」の背景について伝えている。南洋庁長官（当時、北島謙次郎）を会長とする南洋文化協会が、東京六大学の野球部を今後次々と招聘し、「野球開発」を行うという計画をもっていること、その第1陣として、「陸の王者」慶大野球部を招くことになったことを記している。慶應の南洋遠征と、早稲田のハワイ遠征は、どのような関係にあったのか。サントス・ンギラセドゥイは、慶大・早大の野球チームについて次のような興味深い話をしてくれた。

　「早慶戦デワ　2ツノ　大学チームガ　争イマス。……勝ったチームはハワイ遠征に行き、負けたチームは南洋遠征に来ると聞きました。1938年には、慶應が早稲田に負けたので、パラオに来たのです」。

　サントスは、この話を、1942年頃、南洋庁内で聞いたという。当時サントスはパラオ法院で給仕の職についており、この話をしたのは、日本人書記のマエダという人物であったという。

　慶大野球チームのパラオ遠征には、幾つか謎めいたところがある。筆者は、野球をめぐる疑問を募らせては、重ねてパラオを訪問し、尋ね歩き始めた。

(4) 慶大野球チームのパラオ訪問時の写真

　セピア色の写真（写真4-1）[2]には、慶應大学の選手とパラオ人の選手が一緒に写っている。よく見ると、パラオ人の方は、最強チームだったと伝えられる「オール・パラオ（ALL PALAU）チーム」のユニホーム、あるいは若手青年チーム「スカウト（SCOUT）チーム」のユニホームを身に着けた人たちである。その彼らが、慶應大学（帽子が黒地に白のKマーク）の学生たちと、部分的に入り交じって写っている。

　より詳しく見てみよう。最前列について言えば、右から1人目、3人目、7人目、9人目の計4名が、「スカウトチーム」メンバーである。白地に黒のSマークの帽子をかぶり、'Scout'と書かれたユニホームを着ている。彼らと並び、間に挟まっている2人目、4人目、また6人目の眼鏡の人物、さらに左端の2人の人物の計5名は、慶應大学の男性であることがその帽子から分かる。さらに最前列に並び、胸に'ALL PALAU'の文字が見え隠れするユニホームを着ているのが、パラオ最強の「オール・パラオチーム」の3名である。

　中央列は、帽子を取り換えている者もあるようだが、よく見ると、5名の「スカウトチーム」メンバーと、4名の「オール・パラオチーム」メンバーが並び、全員がパラオの青年である。最後列は、15名全員が慶應大学の学生のようである。ほぼ中央に立つ1名が、慶應大学の正式なユニホームを着ている。皆、体格はガッチリとしてたくましい。

　写っている慶大生は全部で20人、前掲の読売新聞の記事「慶大野球部

---

[2] この写真は、当時81歳のカタリナ・カトーサンおばあちゃんが、筆者のために、次のような手数をとって入手してくださった。彼女は、自身は高齢のため身動きが自由でないが、親族・友人・知人をあたり、この写真をはじめ、種々の野球に関する資料の探索をしてくださったのである。この写真を、彼女の震える手で渡されたとき、筆者は大変恐縮し、また感動した。この写真の裏には、「森田監督」と、漢字のペン書きで書かれている。

第 1 節　慶應大学応援歌を歌うパラオのおばあちゃんたち

写真 4-1　慶大野球チームとパラオ人野球チームのメンバーたち —— 1938 年

南洋遠征団一行二十名……」と符合する。パラオに慶大チームが来たのは 1 回だけのはずであり、この古い写真は、1938 年のものに違いない。さらに、先の読売新聞の記事には、「二十一日パラオで紅白試合を引き続き行ふ」との下りがあった。故にこの古い写真は、「紅白試合」の後に撮影されたものと推測できる。紅白試合とは、両チームのメンバーが入り交じって混合チームをつくり、その混合チーム同士が対戦するものである。

　写真の中央列、右から 6 人目はシゲオ・テオンさんであることが分かった。シゲオは筆者がパラオに居住していた時から親切にしてくださった方である。筆者に語ってくださるときのお顔のとおり、明るくほほ笑む青年が、ここにいる。

　後日、シゲオは語ってくれた。「慶應ノ　学生 4 名ニ、パラオ人 5 名ガ 1 チームデシタ。……その試合の後で、この写真を撮ったと思います。場所はアサヒ球場です」。やはり、紅白試合の後の写真であった。そしてシゲオは、写真に写る他のパラオ人選手の名も、次々と明かしてくれた。

　紅白試合当日の様子は、シゲオの実感からすると、「慶應ノ　学生ガ　教

251

エ役ノ　ヨウデ、試合ワ　指導ノ　一ツダッタ　ヨウニ　感ジマシタ」とのこと。前掲の読売新聞の「……コーチする予定である」という記述のとおり、「指導者」として臨むという位置づけが明確にあったようである。

　しかし、そもそもパラオの青年たちは、「指導」を必要としていたのか。慶大選手とパラオ人選手の間で、実力の差はそれほどあったのか。この点は、第3節で改めて検討することにしたい。

(5)　「体育デー」の応援歌として

　慶大チームは、パラオ人チームと紅白試合を行った。その点を確認した上で、今一度、「慶大応援歌を歌うパラオのおばあちゃんたち」の様子に注目しておきたい。おばあちゃんたちは、なぜ、一度きり来たという慶大チームの応援歌を、ソラで歌うことができるのか。

　おばあちゃんたちが慶大チームの応援歌をマスターした背景には、当時南洋庁が主催した「体育デー」の存在があるようだ。おばあちゃんたちは、村落ごとに競い合う体育デーの場で、この応援歌を流用して歌ったらしい。以下、野球の話からは少しそれるが、体育デーなるものの経緯と内容について述べておきたい。

　イバウは言う。「南洋庁ガ　オコナッタ　運動会、ソノ時ノ　名前ワ、運動会トワ　呼バナイデ、『タイイクデー』　ト　呼ンデイマシタ」。

　体育デーは、今泉裕美子（2001年）によれば、日本が国際連盟への年次報告として作成していた『日本帝国委任統治地域行政年報』においても、記述が見られる活動である。1928年から南洋群島で一斉に実施され、1929年度から記述された。実施の初日は、毎年11月3日、つまり「明治節」。内容は、各種競技会に加え、体育事業や健康についての表彰、講話などであった。競技には現地住民も日本人も参加したが、その際、各人の所属する学校、青年団、社会団体などを単位としての参加であった（今泉 2001: p.38, 43, 50-52）。

イバウ自身、体育デーが毎年11月3日から約1週間にわたって行われたこと、この日が「明治節」であり、学校で祝賀行事の行われる「四大節」のうちの1つであったことを覚えている。また、「今で言うミクロネシアのオリンピックのようなもの」と、他のパラオ人も当時を振り返る。陸上、水上の各種目を村落対抗で競い、総合点が最高となった村落には優勝旗が与えられたという。優勝旗への憧れから、燃えに燃えた、と思い起こす人が多い。他方、個人競技者に対して与えられるのは冠だった。月桂冠のように編んだ冠を「頭にかぶせてもらった」と言う人、「誰それのお父さんも、一等賞で、冠をかぶせてもらったのを見たよ」と言う人など、当時を振り返るお年寄りたちは、思わず興奮気味になる。

　ペリリュー島の青年団は、総合で何回も優勝したとのこと。ただし、体育デーの最後となった1938年に総合優勝したのは、オギワルであったとのこと。これらについて、多くのお年寄りたちがハッキリと語ってくれる。「28点デ　優勝シタ！」と点数まで言ってくれる人もいる。

　「パラオ　全島ノ　青年ガ　集マルケレドモ、選手ノ　アル　村ダケガ、運動ヲ　ヤリマス」とのこと。つまり、秀でた選手のいない村落は競技に参加できないが、それでも、ただ観戦することを目的として、パラオ全島からコロールへと若者たちが集まってきたということらしい。相当の盛会であったことが想像できる。

　出場する青年選手たちは、村落のバイ（bai, 重要な会議場）に泊まり込んで、毎日毎日、自分の出場種目の練習をしたという。その練習期間は、村落によっては3カ月あるいは6カ月にもわたった。毎日、女性たちによって差し入れられるご馳走をたらふくいただきながら、村落の名誉のために、一位を狙って必死で練習した。イバウおばあちゃんの夫は、コロールの選手で、3カ月間、バイに泊まり込んで練習したという。

　女子向けの種目はなかったようだ。女子青年たちは、男子青年たちが試合に勝つようにと、食事作り、おやつ作りに励み、果物なども差し入れた。そう

第4章　スポーツ――パラオ野球ブームの光と影

した世話と同時に、「試合中ワ、応援歌ヲ　大声デ　歌ッテ、励マスンデス」と話した。その応援歌こそが、1938年（最後の体育デーの年）の場合、先の慶應大学の応援歌であった。コロールの青年団は、「慶應、慶應」のところを「コロール、コロール」と替えて歌ったという。それで、コロールのおばあちゃんたちは、皆歌えるのである。思い起こすと、前述の誕生会の席上で、マルキョク出身のおじいちゃんはこう言っていた。「アア、アレラワ、コロールノ　人ダカラ。……コロールは、あの歌をコロールの歌にしていた」と。

　その後、体育デー自体はなくなったが、この応援歌はコロールじゅうを風靡した様子である。とはいえ、この応援歌の歌詞は、難しい。おばあちゃんたちは、いったいどうやって、この歌詞を覚えたのか。

　イバウの場合は、次のとおりである。実のところイバウは、慶大チームが来て、体育デー最後の年となった1938年、コロールにいたわけではない。当時は、巡警の夫ギライガスと共にマルキョクに居住、翌年、転勤に伴いコロールへと戻ってきた。そのとき、「コロールノ　女子青年団ガ、コノ歌ヲ歌ッテイマシタ。……この歌を私が習った女子青年は、皆コロールの人ばかり。当時は運動が盛んだったので、歌は応援の歌ばかりでした。この慶應大学の歌も、そのときに覚えたと思います」と言う。

　「パラオ人は、歌を習うとき、ほとんどは、初めノートに書いて［言葉を覚え］、後でフシを習って覚えます。私はこの歌を知っている人に歌わせて、フシを習いました。歌本でなくて、蓄音機でもない。覚えている人に聞いて、習いました。その人が、どこで習って、どうしてフシを覚えたのかは、聞いていなかったから、知りません。……悠子さん、この歌、私が本当に間違いないフシと言葉［で歌っているなら］、そしたら私、うれしいです」とイバウは言った。

　前述の誕生会の他のおばあちゃんたちにも聞いてみたが、歌の覚え方については、まったく同様の返事であった。つまり、人から人へと教え合い、習い合うのだ。それにもかかわらず、一言一句違うことなく、完全に正しく伝

たことについては、まったく驚嘆するほかはない。寺尾紗穂（2017 年）も、日本時代のパラオを書き起こす著書の中で、今なお流布する日本語の歌に、驚きつつ考察を進めている。

体育デーの話に戻ろう。

イバウは、結婚してマルキョクに行く以前、つまり 1931 年の補習科卒業から 1936 年までの間、体育デーの競技を「見ていた」と話した。「見ていた」とは、おそらく女子青年団の活動として、応援を含むさまざまな活動を担っていたということだと思われる。イバウは、「ニギヤカデ　平和ナ　時ダッタ。……パラオで一番楽しいうれしい時だった」と、懐かしそうに話してくれた。

サントスも、体育デーの競技を見に行った記憶があると語った。彼が補習科在学中で、マルキョクからコロールに出てきていたときのことである。

外来の統治者が、統治の過程でスポーツを利用することは、ヨーロッパ列強を宗主国とする植民地においても見られることである。スポーツの魅力・楽しさは、言葉や慣習の相違を越えて、広まりやすい。そして統治者は、そうした魅力的な活動の導入者として威信を高めることができる。ただし本章で強調したいのは、日本もまた、統治国として「よくある」戦略をとった、ということに留まらない。

統治国のもたらしたスポーツは、現地の人びとにとって、どれほどウキウキ、ワクワクする経験であったことか。しかし、そのウキウキ、ワクワクするはずの経験の中に、統治する側と統治される側との「格」の違いをあえて際立たせようとする力が、どうやら、働いていたようなのである。本章を通して、これらのことに触れていく。

第4章　スポーツ——パラオ野球ブームの光と影

第2節　「オール・パラオチーム」の盛りあがり

(1)　コウノさんの存在と「オール・パラオチーム」の結成

　慶大応援歌が体育デーの応援歌として、特にコロールの女子たちに歌われたことは分かった。慶大野球チームが1938年にパラオに来たことも、確かめられた。しかし腑に落ちないのは、慶大チームとパラオ人チームとが「試合はしなかった」という展開である。写真も残っているように、両チームの選手を混合した上での「紅白試合」は開催された。しかし2つのチームが対戦することはなかったようである。先の誕生会の席上でのミノル・ウエキの発言によると、「確カ、南洋庁カ　何カガ　試合ヲ　サセナカッタト　聞イテイル」とのこと。なぜ、試合をさせなかったのか？

　一方、『読売新聞』1938年8月26日付の記事では、慶大の桜井主将が、「パラオでは全パラオと試合して21-0で勝ちました」と語っている。『慶應義塾野球部史』でも、この年の「南洋遠征」の項に、「慶應21-0 全パラオ」というスコアが記録されている。

　実は対戦していたのか？　その場合、全パラオは、本当にこのようなスコアで大敗したのか？　あるいは、このスコアは架空のものなのか？　試合をしなかったことを0と表記しているのか？　筆者は、これらの点を解明したいと思い、野球のことを尋ね続けることになった。

　慶大チームとパラオ人チームとが試合をしなかったいきさつについて、後日、詳しい話をしてくれたのは、ウバルおじいちゃんである。彼は、筆者にこう明言した。「南洋庁ノ　パラオ支庁カラ、命令ガ　アリマシタ。……『パラオ人のチーム「オール・パラオ」と慶應大学のチームとは、試合をしてはいけない！』と言われて、試合をすることができませんでした」。

第2節 「オール・パラオチーム」の盛りあがり

　この憤慨を伴う話そのものについては、第3節で記す。本節では、伏線として、パラオ人野球チームの結成の経緯について、またその後の発展について、聞き取りをもとに把握しておく。

　ウバルによると、パラオに野球を広めたのは、「コウノさん」という日本人だという。より詳しく言うと、コウノの母は日本の華族出身、父は駐日ドイツ大使（または大使館員か？）のドイツ人であったという。コウノはパラオに移住後、ウバルのイトコにあたるオオブ（Ochob）という女性と結婚した。コウノは日本で野球選手であった経験があり、パラオでも村々を回って野球の指導を行った。そうして各村にチームができ、そのチームの中から優秀な人材が選ばれて結成されたのが「オール・パラオチーム」だというのである。ウバル自身はその結成の年代について言及しなかったが、後述のように、それは1926年のことであったようだ。ウバルは続ける。「コウノサンノ　指導ノ頃、野球ワ、アッチニモ　コッチニモ　チームガ　アリマシタ。……子どもたちも、よく野球をしました。しかし、ボールではなく、マリで、しました」。

　パラオの野球史についての著書があるドナルド・シュスター（Shuster, R. Donald 2008: p.5）[3]によれば、モトジ・コウノなる人物は、1922年（南洋庁設置年）頃から1929年まで、パラオに滞在したという。パラオの週刊新聞 *Tia Belau* 紙では、シュスターの研究が次のように紹介されている（2006年3月3-10日号、同月10-17日号、スポーツ紙面。以下の抄訳中の「パラオ・オールスター」とは、「オール・パラオチーム」のことである）。

---

[3] シュスターは、パラオの野球に関心をもつ中で、1980年代から2000年代にかけてパラオで幅広くインタビューを行ってきた。その中には、筆者もお話を伺ったイディップや、マチアスが含まれている。シュスターは、当人たちのパラオ語による語りを、英語通訳を介して収集した様子である。筆者の場合は、当人たちの日本語による語りを聞き取ることが多かった。筆者は、インタビュー当時、このシュスターの新聞記事についても研究についても、まだ知らなかった。なお、Shuster (2008: p.5) によれば、コウノの妻となったパラオ女性の綴りは、Oopと記されている。

第 4 章　スポーツ――パラオ野球ブームの光と影

　THE STORY OF BASEBALL IN PALAU(『パラオ野球物語』)と題する著書を準備中であるグアム大学ドナルド・シュスター教授によれば、モトジ・コウノという人物は、パラオのスポーツ史上、重要な人物である。彼は、1920年代初頭、パラオで野球を開始させたことで賞賛されるべき人物である。
　コウノは、1922年にパラオに来て、コロールの南洋庁の財務課に勤めた。彼は、アイライ村落オイクルの女性と結婚し、2児をもうけた。1929年に日本に戻り、戦争の前に死去した。
　伝えられるところによれば、コウノは、野球がうまい上に、パラオ人に野球を教え、チームとして組織化することに関心を持った。そして若いパラオ人たち(コロールの南洋庁で事務員、伝令、給仕として雇用されていた若者たち)に対して、野球の仕方を教え、練習に励むようにと勧めた。
　パラオの若者たちは、野球に興味を示し、野球を愛し、練習に励んだ。1926年までに、第1回目のパラオ・オールスターの選手たち、2チームが誕生した。このパラオ人チームは、大変強くなり、[パラオ在住の]日本人チームに対して、初戦では負けたものの、2戦目では勝利した。この時、日本人チームは狼狽し、今後はパラオ人との試合は絶対しないと怒った。こう語るのは、パラオ・オールスターチームの初代主将、ガラルド出身のイディップさんである。[後略]
　(以上の記事は英文。抄訳は筆者による。記事では、本章表紙の写真の同一物が掲載され、「1926年のチームメンバー」と題して、ほぼ全選手の名前が記されている。シュスターの著書(Shuster 2008：p.4)でも、同写真が同様に掲載されている)。

　筆者が『南洋庁公報』(今泉裕美子監修)の1922年版から1930年版で確認したところによると、次のとおりである。河野元治は、1925年5月18日付で、「臨時雇ヲ命ス　月給七十八円ヲ給ス　財務課勤務ヲ命ス」と記載されている(今泉監修2009(1925年版)：p.121)。その後、1925年9月、1926年3月、同9月、1927年3月、1928年3月に、課名はないが「臨時雇」として

記載（月給 80 円、84 円、88 円、90 円、50 円）。そして 1928 年 8 月 10 日付で、「月給五十三円ヲ給ス　願ニ依リ雇ヲ免ス」と記載されている（今泉監修 2009（1928 年版）：p.226）。少なくとも 1925 年から 1928 年まで、南洋庁に雇用されていたことが分かる。シュスターがコウノの滞在を 1922 年から 1929 年までと記す部分は、典拠が不明であり、滞在期間の違いが何から生じているのか分からないが、1925 年以前は民間人として滞在していたという可能性もある。

　コウノについては、オール・パラオのエースであったギラティオウ・イディップさん (Ngiratiou Idip) も、次のように語ってくれた。コウノは、南洋庁に勤めていた人で、当初ポナペにいたが、野球がうまいことから、江崎検事がパラオへ連れてきた。

　江崎政行検事は、後述するように (269 頁)、1922 年南洋庁開設と同時に着任、1940 年代にかけて、南洋庁高等法院検事、パラオ地方法院検事、ポナペ地方法院検事を兼務していた人物である。このことから、江崎検事がコウノをポナペからパラオへと呼び寄せたというイディップの話には、信ぴょう性があると思われる。

　コウノの手ほどきを受けて野球の腕を磨いたパラオの若者たちは、その後、どのような経験をすることになったのか。上記の抄訳の末尾でも若干触れてある。本章では、そうした彼らの経験の展開を、筆者自身のインタビューをもとに、詳細に検討していく。

(2) 1920 年代のエース、イディップ

　オール・パラオチームの主将、ギラティオウ・イディップに初めてインタビューすることができたのは、2006 年 11 月のことである。筆者はすでに日本に帰国していたが、インタビューのためにパラオを訪問、仲介役のシゲオ・テオンとイディップの娘とに同席してもらって、103 歳になる元選手へのインタビュー

第 4 章　スポーツ——パラオ野球ブームの光と影

が始まった。

　彼は車椅子に腰掛けて待ってくれていたが、インタビュー開始直後から、その元気の良さに圧倒された。

　「コンニチワ！　ヨロシクオ願イシマス！」。

　はっきりとした日本語であったので、一回できちんと聞き取れた。記憶も確かだ。日本人のおじいちゃんと話すような気安さで、話はドンドン進展していった。

　まずはイディップの幼少時代である。1903 年（明治 36）2 月 26 日、バベルダオブ島のガラルド生まれ。ドイツ時代から日本時代へと移り、「12 カ 13 歳デ［1916 年頃］マルキョク公学校ニ　入学シマシタ」[4]。

　そこで学んだ後、イディップは、首都コロールにのみ設置された補習科へと進学した。後年でも地方からの進学は難関であったのだから（第 3 章第 1 節参照）、イディップは大変秀才であったことが分かる。さらにイディップは、補習科卒業後、設置されたばかりの南洋庁において給仕として勤務した。これもまた、相当の能力と信望があってこそ可能となる職場である。しかし本人は軽く笑って、「イヤー、スポーツマン　デシタ」と言う。スポーツに勉学に、きっと万能であったのだろう。

　南洋庁での最初の仕事は、「電話の係」、つまり電話交換手であった。女性の交換手は昼間だけの勤務なので、イディップは、泊まりの当直もしたと言う。その後は、屋内の配線や、「デンキバシラ（電柱）」を立てるという外回りの配線工事も担当するようになった。

　4）イディップは「マルキョク公学校」と話したが、年代から言って、当時の正式名称は「公学校」ではなく、「小学校」または「島民学校」であったと考えられる。
　　なお、シュスターの 1980 年 12 月のインタビューによると、イディップは、1907 年生まれ、第 1 年次はガラルドの学校、第 2・第 3 年次はマルキョクの学校に通い、1922 年に卒業。1925 年にコロールの補習科を卒業。少し曲折があった後、電話・電信の仕事の担当になったとのこと。また、コロールの野球の世界を離れガラルドへと戻ったのは 1933 年とのこと（Shuster 2008: p.6-8）。

1931年以降は、父親を手伝うためにバベルダオブ島に戻った。ふるさとガラルドでの仕事は、コプラづくり（ココヤシの実の胚乳部分の採取と乾燥）。これは、南洋群島の主要産業の一つで、日本内地に多く移出していた。

写真4-2　インタビュー時のイディップ
2度目（イディップ104歳）のインタビューでは、娘2人に加え、親戚にあたるサントスが同席。

　南洋庁勤務時代の野球の話に入ろう。イディップが給仕として勤めたのは1920年代から1930年代初頭、まさにコウノ（河野元治）が南洋庁役人の一人としてパラオに滞在し、野球を指導したという時期と重なる。イディップ自身、野球を「南洋庁デ　覚エマシタ」と話した。職場のチーム（日本人主体のチーム）と、地域の青年団のチーム（現地住民主体のチーム）とがあり、彼自身、両方に所属した。

　青年団のチームの場合、技術レベルによってA軍とB軍があり、各軍2チームを擁した。イディップは、A軍の経験について次のように答えた。

「ポジションはどこですか？」と筆者。

「レフトデ、4番バッター　ダッタ！」。

「そりゃ、すごい。4番バッターっていうのは、一番よく打つ、上手な人がなるのよ！」。

「ソウ、一番　当タリノ　良イ　人ガ　ナル。私ワ、シュウショウ　ダッタ。一番強イ　チームノ　シュウショウ　ダッタ！」。

「え？　しゅうしょう？」。

「ソウ、ウマカッタカラ、アーセー、コーセート　皆ニ　指図スル　役」。

「あー、キャプテンね、Captain、主将のことね！」。

ここで、傍らで聞いていたシゲオが一言。

第4章　スポーツ——パラオ野球ブームの光と影

「日本人ガ、日本語ガ　ワカラズ、英語デ　ワカルトワ、オカシイネ！」。

一同、大爆笑。

「キャプテンデ、オマケニ、一流ノ　グループノ　4番バッター　ダッタ」と得意げに話すイディップ。

「一番思い出に残っている試合は？」。

「アンガウルマデ、3日間、野球ヲ　シニ　行ッタコト」。

「結果は？」。

「ソリャ、全部　ワシラガ　勝ッタヨ！」。

2チーム、30人くらいがアンガウルへ行ったという。コロール青年団チームA軍の2チーム（B軍の2チームは留守番）ということだろう。審判は、アンガウル採鉱所（燐鉱開発株式会社）の日本人が担当したそうだ。その後、パラオ支庁の域を越えてポナペにも試合に行く予定があったが、予算がとれず、取りやめになってしまったという。

イディップの話には、南洋庁の要職にいた人物の名前も挙がる。

「江崎検事ガ　運動部長ダッタカラ、ソノ検事ノ　サイハイ [5] デ　何デモ決マル」。

「江崎検事ワ　イツモ　審判ダッタ」。

「松田長官 [6] ガ、パラオ人チームノ　タメニ、優勝カップヲ　買ッテキタ。試合ニ　勝ッタ　ホウニ　アゲルノデ、カップノ　取リ合イデ、ヨク　試合ヲシタ」。

現地の若者たちの野球熱は、南洋庁によって後押しされていたと分かる。

「トッテモ　面白カッタヨ。ソシテ、楽シカッタ」。

---

5)「采配」という難しい言葉がスラッと出てきたのには驚いた。文字からではなく、音（オン）で聞き覚えているようだ。

6) 松田長官（第5代）の在任期間は1932〜1933年、横田長官（第2代）の在任期間は1923〜1931年である。イディップは、筆者に話した1931年ではなく、シュスターに話した1933年という年まで、コロールで仕事と野球にいそしんでいたことが考えられる。

イディップの声は弾んだ。

(3) イディップ時代のメンバーたち

イディップは、記憶をたどりながら、当時のメンバーのことを紹介してくれた。メンバーとは、ほかでもない、各地域のA軍から選抜されたオール・パラオチームのメンバーのことである。彼は直接言及しなかったが、オール・パラオには（おそらくは相互対戦のために）2チームあったことから、下記は、イディップの所属したチームのことだと思われる。

インタビューでは、主たる言語は日本語だが、傍らのシゲオが時々パラオ語で通訳しては、確認や補助的説明をしてくれた。また筆者自身も、拙いながら英語で、日本語を知らないイディップの娘さんに確認をとることもあった。こうして日、英、パの3カ国語が飛び交う、面白い情景のインタビューとなった。そのインタビューを通して、当時、パラオ青年の間で名を馳せたメンバーたちについて、聞き取ったのが、次のことである。

メンバーの名前は、そもそも日本語のカタカナに置き換えることには無理があるが、読者の便宜のために、その音に近いカタカナを当てた。スペルについては、Shuster (2008：p.4) の写真キャプションも一部参照した。イディップは、ポジションごとにメンバーの名前を言い、さらにそれぞれの出身地と当時の職業についても話してくれた（次頁のメンバーのうち、一塁手ブリス以外は皆、Shusterが記すキャプションのメンバーの中に含まれている）。

これらのメンバーは、先に各地域のA軍からの選抜と述べたが、実際には野球のためだけにコロールに滞在できるわけでもなく、勤務でコロールに居住する人びとの中からの選抜という面が強かったと思われる。メンバーの出身地は、コロールと、コロールに近いアイライが、それぞれ3人で最も多い。

第4章　スポーツ——パラオ野球ブームの光と影

<ポジション>	<選手名>	<出身地>	<当時の職業>
ピッチャー	メレゴエス (Melengoes)	アイライ	電信所（機関士）
キャッチャー	サダン (Sadang)	マルキョク	生産組合
一塁手	ブリス (Bulis)	コロール	巡警
二塁手	レキョク (Lekeok)	コロール	電信所
三塁手	ギラケサウ (Ngirakesau)	アイライ	観測所（気象台）
ショート	レウルダク (Rechuldak)	コロール	電信所（ボイラー炊き）
センター	ビスマルク (Bismark)	マルキョク	巡警、巡警長
ライト	モロワット (Melwat)	アイライ	南洋新報社（活字拾い）
レフト	イディップ (Idip)	ガラルド	電信所

　メンバーの職業は、ほとんどが南洋庁に関わるもの、つまり彼らは、現地住民のエリートたちである。

　「皆、若カッタ！」とイディップは追想する。さらに彼は言った。

　「役所（南洋庁）ノ　日本人チームト　ワシラガ　試合ヲ　シマシタ。……そのときは3回試合をして、3回とも続けて日本人チームが負けた。パラオ人チームが全部勝ったんです。すると役所のチームの人が怒って、『オール・パラオとは、もう試合はしない』と言った。その後、日本人チームはパラオ人と試合をするのを嫌がって、なかなか試合をしてくれませんでした」。

　前掲の*Tia Belau*紙の記事と同様のことを、イディップは筆者にも語った。どうやら1920年代後半以降、日本人の側が、パラオ人チームとの野球対戦を嫌がり、避けるようになったらしい。

(4)　ホームラン王レキョクと早稲田大学野球チーム

　1920年代に花開いたパラオ人野球チームの活動は、その後も活気を帯び

たようだ。本項では、1932年頃の状況を、「ホームラン王」の異名をとったレキョクのことを手がかりに、記す。

「パラオ人チームワ、ホームランデ　ボンボン　点ヲ　取ッテシマウノデ、日本人チームワ　嫌ガッテ、試合ヲ　シナイヨウニ　ナリマシタ」とは、その後も、複数のパラオ人から聞いた話だ。力強いパラオの長距離打者たち。その中でも特に「ホームラン王」として人びとの記憶に残っている一人が、レキョクである。「レキョクワ、肝心ナ　時ニ　ホームランヲ　打ッテ、勝利ヲ　モッテキテ　クレマシタ」と、イバウおばあちゃんも、筆者に話してくれた。

写真4-3(エリコ・ルディム・シゲオさん提供)を見てみよう。少々分かりづらいが、右手前に'Lekeok'のサイン、右端に「昭和七年十月五日勝ッタ記念　中デ笑ッテイルノワ僕」という手書き。レキョクの手によるものと考えられる。レキョクはルディム家の親戚にあたる。

写真4-3　早大野球チームとパラオ人野球チームのメンバーたち —— 1932年
両チームで一部、帽子の取り替えをしているようにも見える。

第4章　スポーツ——パラオ野球ブームの光と影

　なるほど、勝者の盾であろうか、または中に賞状が入っているのであろうか？　それを持って中央でうれしそうに笑っている青年（レキョク）がいる。これは、どういう場面の写真なのだろうか？　写っている選手の中に黒地に白のWマークの帽子を被っている人が6人、同マークのユニホームを着ている人が1人いる。「W」と言えば、早稲田大学が思い浮かぶ。

　筆者が早大出身の日本人に尋ねてみたところ、「これは間違いなく早稲田大学野球部のマークであり、帽子です」との返事であった。1932年と言えば、先の、慶大野球チームの南洋遠征の6年前のことになる。早大野球チームもパラオへ来たのか。

　『早稲田大学野球部百年史』をひもといてみた。しかし、ハワイ遠征の記録はあったが、南洋遠征に関する記録はなかった。しかもこの1932年には、早稲田大学は東京六大学野球連盟を脱退し（ただし、秋には復帰）、春の早慶戦も行われていない。この時期の新聞各紙も探索したが、関連する報道は見いだせなかった。早大野球チームのパラオ来訪は、非公式のものだったのか？　真実を確かめる手だては、今のところ見つかっていない。

　なお、筆者の周辺の人で早大野球チームのパラオ来訪をはっきりと記憶しているのは、2人だけであった。ひとりは、コウイチロウ・ワタナベ（第6章の人物）。今ひとりは、カタリナ・カトーサンおばあちゃんの鮮明な記憶である。このカタリナは、前掲の写真4-1（251頁）を人づてに探し出してくださった方でもある。彼女は、来訪した早稲田大学学生たちとの個人的な出会いについて、事細かに語ってくれた。彼女の青春の思い出と、ルディム家所蔵のこの写真が、1932年、早大チーム来訪の跡を鮮やかに残している。

　それから6年後の1938年、7月には慶大チームがパラオに来訪、11月には、最後となった体育デーが開催され、慶大応援歌がコロール女子たちの間で大流行した。この頃、野球をめぐり、パラオ人と日本人の間にはどのような関係があったのだろうか。今少し、丁寧に追ってみたい。

パラオ在住日本人の野球熱と日本人『オール・パラオチーム』

　イディップの語りにあったように、パラオ青年が所属した野球チームとして、一方で現地の青年団が母体となったものがあり、他方で日本人中心の職場（南洋庁各課など）が母体となったものがあった。南洋庁拓殖部農林課に給仕として勤めたシゲオ・テオン（1936〜1939年勤務）の話を聞こう。「当時ワ　パラオジュウ、野球ガ　トテモ　盛ンデ、南洋庁デワ　各課ニ　野球チームガ　アリマシタ。……私も、農林課のチームのメンバーでした」。86歳のシゲオは、1939年撮影の農林課チーム20人の集合写真（シゲオも含む）を見せてくれた。そして各メンバーの名前を、漢字を使って書いてくれた。課長桜井（一雄）を筆頭に、前田（進）、山田（徳四郎）、平石（秀壽）、遠藤（友平）、武智（薫明）、大内（日出男）など。これらの姓を持つ氏名は、南洋庁長官官房秘書課『南洋庁職員録』（1941: p.73-76）において確認できた。

　南洋庁では、内部で頻繁に野球の対戦をしていたらしい。1941年時点で、同庁の本庁は3部13課を、パラオ支庁は4課を擁していた（同職員録 p.29-122）。仮に各課に1チームあったならば、相手に事欠くことはなかっただろう。「私が南洋庁の農林課にいた頃、パラオ島では、毎週土曜日、日曜日には、野球の試合がありました。この農林課の写真も、その試合の後で撮ったと思います」。シゲオは回想した。

　南洋庁の役人に限らず、南洋進出の企業人の間でも、野球は盛んだったようである。1939〜1945年南洋庁に勤務した日本人のA男は、当時を振り返って話した。「南拓［南洋拓殖株式会社］、南興水産、南洋電気、これらの会社が野球のチームを持っていたし、強

第4章　スポーツ——パラオ野球ブームの光と影

かった。そこで南洋庁と企業の対抗という形で、よく試合をしました。各会社でどんな仕事をしているかは全然知らなくても、野球の強い人については、今でも、会社名と人名が出てきますよ。60年以上前の記憶がすぐにたどれるほど、強く頭に入っていますね」。

　A男によれば、役人チームの中では、上記の農林課が強いことで名が通っていた。こうした役人と企業人の対抗試合は、原則として日本人のみが想定されていたが、メンバーが足りないときは現地住民も誘うことがあった。「当時、現地の人は日本や日本人にあこがれを持っていたので、声がかかると喜んで参加していました。そして、メンバーになったことを誇りにしていました」。A男は、こう語った。日本人側が、現地青年の野球の力量についてどう認識していたかは、聞きそびれた。おそらく、力量よりも、「今日はメンバー、明日はメンバーでない」という状況にも異を唱えないような従順さこそが、声かけの第一の要因となったのだろう。日本人側は、そうした現地住民のことを、「日本や日本人にあこがれを持っている人」として理解していたと思われる。

　パラオ在住日本人の野球熱は、互いの対戦を越えて、外部との対戦も望むことになった。A男によれば、時折、東京の水産講習所（水産学校）の練習船が入港してくると、役人たちは血が騒ぐという様子で試合を申し込んだ。海軍兵学校の練習艦隊が帆船で来たときにも、皆大変張り切ったことが思い出に残っているという。この海軍兵学校の若者たちは、野球が特に強いという噂であった。

　こうした南洋の外部からの相手との試合に際しては、役人チームと企業人チームとが合同で、選りすぐりの新チームを結成した。そして、自分たちを『オール・パラオ（全パラオ）』と名乗った。こうして、日本人の『オール・パラオチーム』が存在した。これは、パラオ青年が、各地域の青年団を母体とするチームから選りすぐりメンバーを出して「オール・パラオチーム」を結成していたのとは、まったく別のチームである。

第3節 「慶大チーム 21 − 0 全パラオチーム」の謎に迫る

　本章第2節冒頭で記した大きな疑問に戻ろう。

　慶應大学の野球チームは、1938年、確かにパラオに来た。しかし、パラオのお年寄りたちの話によれば、慶大チームとパラオ人チームとの対戦は行われなかった。他方、『読売新聞』記事（8月26日付）および『慶應義塾野球部史』では、「慶應 21 − 0 全パラオ」というスコア記録が記されている。

　これはいったいどういうことか？　慶大チームとパラオ人チームは対戦したのか、しなかったのか？　大差のスコア記録は実在したのか、しなかったのか？　パラオ人チームは強いと聞いたが、実は弱かったのか？　本節では、こうした一連の事柄の真相に迫る。

(1)　江崎検事の野球指導（1920〜1930年代）

　事の真相に迫るには、江崎政行検事という人物について知る必要がある。

　イディップの発言で紹介したように、江崎は1920年代、パラオでの野球の普及を念頭に、コウノ（河野元治）をポナペから呼び寄せたようだ。そして自らも、現地住民対象の青年団の「運動部長」という役回りの中で、野球指導に力を注いだ。彼は、しばしば審判役を務めるとともに、遠征試合の企画も行い、その際予算も捻出したらしい。こうした江崎検事のありようについて、今少し記しておく。

　江崎政行は、1922年南洋庁開設と同時に着任（今泉監修 2009（1922年版）：p.266-267）、少なくとも1941年まで、南洋庁高等法院の検事の職にあったほか、パラオ地方法院の検事、ポナペ地方法院の検事を兼務していたことが確認できる（1943年10月時点では離任。南洋庁 1933『〔南洋庁〕職員録』p.96-98、南洋庁長官官房秘書課 1941『南洋庁職員録』p.194-197、南洋庁 1943『南洋庁職

第4章　スポーツ――パラオ野球ブームの光と影

員録』p.203-208)。いわば南洋群島の法曹界の第一人者と言えよう。ただしパラオの現地住民の間では「野球のシンバン（審判）の江崎検事」として知られている。重要な試合では、必ず彼が審判をしたという。

　江崎検事について、また当時の現地青年の野球のありようについて、84歳のサントス・ンギラセドゥイから詳しい話を聞くことができた（2006年）。その話は以下のものである。

　1920年代後半以降、パラオの若者たちは公学校を終えると皆、青年団に所属することになっていた（本書96頁）。江崎検事は、その青年団の運動部長に就任しており、特に野球によって青年たちを指導するという任に当たっていた。江崎検事の念頭には、パラオの青年たちに対して、飲酒に代わる関心事を提供するというねらいがあったらしい。当時、パラオの現地住民は酒を飲むことを禁止されていたが、地酒を造るなどして飲んでは検挙の対象となることもあった。江崎検事は、青年たちに対して幾つかスポーツを勧めた。テニス、卓球、また海軍兵舎に土俵が用意されていた相撲、そして野球である。現地住民は、生活の中で培った脚、腰、肩などの強靭さがあり、すぐに秀でたものが現れた。

　野球の球は、初め、柔らかいスポンジ製のものであった。「硬い球がほしい！」というパラオの青年たちの願い出を受けて、江崎検事は、本試合でも使えるような硬球を購入してくれた。野球の練習場は、初めはコロール島のマダライの元公学校の敷地、その後はコロール中心部のアサヒ球場となった（この球場は、当時新設され、2010年代もなお使用されている）。

　江崎検事は、野球を単に楽しむだけでなく、野球を通してルールやマナーを教えようとした。「野球をするなら、帽子、服、靴にいたるまで、野球をするのにふさわしい身なりをきちんと整え、心構えをして、試合に臨まねばならない」と教えた。一例として次の話が残っている。あるとき、非常に大柄なキャッチャーで、オマキウスという選手がいた。あまりに大きいので、足にピッタリ合うサイズの靴がない。仕方なく彼は、黒の靴下を履いて、それが

靴と見えるように上からペンキを塗って、それで試合に臨むことにしていた。キャッチャーの後ろに立った審判の江崎検事は、目ざとくそれを見つけた。「なんだ？　そりゃ！　ベンチに戻れ！」と、すぐさま退場を命じたという。

　他方で江崎検事は、ある種の融通性や肝の太さを持つ人物でもあったようだ。前述のとおり現地住民の飲酒は禁止されていたが、「少しだけ飲むのは疲れをとるからよい。疲れ直しだ！」[7)]と言って、試合の後は必ず、各人にコップ一杯の酒を飲ませてくれた。「外では飲むなよ！」との言葉を添えて、皆におごってくれたのだ。これで、皆はいっそう元気が出たという。

　パラオの青年たちは、毎週コロールのアサヒ球場に集まっては練習試合を行った。他方でこの話をしてくれたサントスは、1930年代半ば、まだ公学校補習科の生徒で、毎週その練習試合を見に球場に駆けつけた側である。

　パラオの青年選手たちは、自分たち同士の対戦では飽き足らない様子であった。そこで江崎検事は時折、日本人チーム、つまり南洋庁の日本人役人のチームとの試合も企画した。軍配は、当初こそ日本人チームに上がったが、パラオ青年たちがルールに精通するにつれ、体力的にも勝る彼らのほうが勝つようになった。そうした中で、すでに記したとおり、「役所のチームの人が怒って、『オール・パラオとはもう試合はしない』と言った」（イディップ談）という事態も生じたようだ。しかし実際には、両者の対戦は、その後も時折企画されたという。

　以上のサントスの話から分かるように、1920～1930年代のパラオ青年における野球の活況は、南洋庁の高官、江崎検事という人物の配慮や采配のもとで可能となった面があるようだ。さらにサントスの弁では、南洋庁に勤務するコイケ氏や、コウノ氏の親戚のサエキ氏なども、経済的な援助者として知られていたという。

[7)]　現在のパラオでも「ツカレナオシ」という言葉がある。それはビールを飲むことを意味する。江崎検事個人に由来するかどうかは不明だが、日本時代に始まった言い回しであることは確かである。検事の人柄が偲ばれるようで、ほほ笑ましく感じた。

第4章　スポーツ――パラオ野球ブームの光と影

(2)　消えた対戦とパラオ人の思い、日本人の思い

　本章の核心に迫る準備ができた。日本人が「オール・パラオとは、もう試合はしない」と言った後（*Tia Belau* 紙および筆者インタビューにおけるイディップ談）日本人チームとパラオ人チームとの試合は、どのように展開したのか。サントスの話を聞こう。

　1937年、サントス15歳（公学校補習科生）の頃のこと。彼は、いつものようにアサヒ球場に試合を見に行った。その試合は、役所（南洋庁）チームとパラオ人チームの試合だった。役所チームがすでに5点を入れていた。試合は「5回クライ　ダッタ　カナ？」とサントス。そのとき彼の耳に、パラオ語の次のような会話が聞こえてきたという。「日本人は、負けると嫌がって試合をしなくなる。だから、8回くらいまでは点を取らせておく。日本人に勝たせて、喜ばせておく。そして、その後から本気を出して試合をするんだ」。

　当時を振り返りながら、サントスは筆者にこう話した。

　「パラオ語デ　話セバ、応援ニ　来テイル　日本人ニワ　通ジマセンカラネ。何デモ　話セルンデスヨ。……初めから本気で試合をすると、すぐ『ドロンゲーム［コールドゲーム］』になる。だから、本気ではしないんです」。

　点差が開いてコールドゲームになると、すぐに試合が終わってしまい、面白くないということらしい。良く言えば、双方とも、試合をすることが楽しくて仕方ないのだ。しかし、そう言うだけで終わらせるわけにはいかない。パラオ人チームの一方的な勝ちではないと見せる「演出」の役回り、しかも、あえて実力を発揮しないという損な役回りは、常に、パラオ人の側にあるのだ。

　しかもサントスによれば、日本人チームは、パラオ人チームとの対戦に際していろいろと注文をつけてきた。たとえば、「アデルバイやサンデイがピッチャーなら、試合はしない。シゲオ［シゲオ・オスマウ］か、本来はセカン

第 3 節 「慶大チーム 21−0 全パラオチーム」の謎に迫る

ドのブランスがピッチャーなら、試合をしてもいい」[8] といった具合に。これに対してパラオ人の側も、試合自体はしたいことから、要求をのむ。あるいは、手加減しながら対戦に臨む。こうしたことは、選手だけではなく一般のパラオの人びとにとっても、周知のことだったようだ。そして江崎検事自身、こうした内情をよく知っていたと思われる。

以上が、実は「慶應 21-0 全パラオ」というスコア記録の真相を解くための伏線である。サントスの話によれば、1938 年、慶應大学野球チームのパラオ来訪にあたり、江崎検事および南洋庁の役人たちがとった行動は次のとおりであった。

江崎検事は、パラオ人チームの実力を確かめるためにも、一度は日本の学生チームと対戦させてみたいと思った。そして、南洋庁長官である北島謙次郎 (そもそも慶大チーム招聘計画の中心にいた人物 (本章第 1 節))に、ぜひ試合をしたい旨、願い出た。長官は試合の許可を与えた。喜んだ江崎検事は、現地の「オール・パラオ」の選手たちに対して、連日の猛練習を指示したという。

さて、両チームの対戦が決まって以来、南洋庁の本庁・支庁在勤の日本人たちは気が気ではなくなってきた。「もし慶大チームが負けるようなことがあったら、どうしよう？」「自分たちを負かしているパラオ人チームのこと、あり得ない話ではない」「もし、パラオ人チームが勝てば、統治国日本の面目はない！」と。そしてついに、パラオ支庁長から命令が出た。「対戦してはいけない」と。慶大チームがサイパン経由でパラオに到着する日の、4、5 日前のことであった。つまり、南洋庁本庁の長官が与えた許可を、南洋庁パラオ支庁の長官が取り消したというわけである。コロール中心部に隣接して建つ南洋庁の本庁とパラオ支庁。そこで生じた動揺の大きさが、伝わってくる

---

8) この 4 人は、いずれも、本章表紙の写真のメンバー (Shuster (2008: p.4) が記すメンバー) に含まれている。なおシゲオ・オスマウは、シゲオ・テオン (南洋庁農林課のチームメンバー) とは別人である。

第4章 スポーツ——パラオ野球ブームの光と影

かのようである。

以上の詳細を語ってくれたサントスは、この年（1938年）16歳。その4年後の1942年から1944年まで、パラオ高等法院の給仕として勤めた。

「私ワ　高等法院ノ書記、マエダサン　トユウ人カラ、コノ詳シイ話ヲ　聞キマシタ」と言う9)。高等法院では、少なくとも1941年まで、江崎検事が在職であった。故に、高等法院の職員の全員が、事の詳細を知るという状況だったと推測される。そしてそれが、若きサントスの耳にも入ってきたのだ。

命令としての対戦禁止。それは、パラオの人びとにとってどのように映ったことだろうか。また日本人の役人たちにとってはどのようなものだったろうか。

実は筆者は、サントス以前にもウバル・テレイから、この対戦禁止の次第を簡単ながら聞いていた。そのときのウバルの様子を記しておきたい。ウバルも、1938年当時、サントスのように公学校補習科に通っていた。10歳年長の実兄ブランス・ポロイ10)がオール・パラオチームのマネージャーをしていたことから、事の真相を知っている。

ウバルから、命令としての対戦禁止と聞き、筆者は大変驚いた。

「えっ！　それは本当ですか？　証拠のためにテープにとってもいいですか？」。筆者は叫んだ。

「エエ、イイデス」と言って、ウバルは録音するために、もう一度その話をしてくれた。そばで、妻のバシリアも、またちょうどアメリカから帰国していた孫も立ち会っていた。筆者は、南洋庁側の対応に憤慨し、声を荒げた。

「なんと失礼な！　そして、フェアでない！」。

---

9) またサントスは、当時の高等法院とパラオ地方法院の判事は中村さんだったと語った。南洋庁職員録の法院の項において、マエダという名前は確認できない。臨時職員であったかもしれない。他方で判事中村武という名前は、高等法院とパラオ地方法院において確認できる（南洋庁長官官房秘書課1941『南洋庁職員録』p.193-194、南洋庁1943『南洋庁職員録』p.203-205）。

10) このブランスは、前述の「本来はセカンドのブランス」とは別人で、コウイチ（第3章第4節）と共に日本に留学した人物である。

すると、ウバルは軽く笑って、言った。
　「イイヤ、イインデス。ミンナ、ワカッテ　イマス。……パラオ人のチームは、日本人のあらゆるグループと試合をやって、全部勝っていましたから。日本人の会社のチームや、役所のチーム、あらゆるグループです。パラオの人たちは、ちゃんと知っています」。
　落ち着いた、静かな口調だった。
　パラオの人びとは、いわば名を捨てて実を取った。いや、そうせざるを得なかった。ひとたび日本人のメンツをつぶし、怒りを買えば、日常的な野球の楽しさ自体を奪われかねないという、ギリギリのところに立たされていたのだろう。
　他方で筆者は、当時の日本人役人にも話を聞く機会に恵まれた。1935年から日本の敗戦後まで、南洋庁パラオ支庁の土木科に勤務したN男さんである。彼は、パラオ青年の野球の卓越ぶりについて、こう話した。
　「パラオ人は、肩が強いんです。昔から、[魚捕りで] 銛を投げたり、また野鶏を捕まえたり、日常生活の中に肩の力を鍛える要素があって。……それで南洋庁では、あまりパラオ人とは試合をしませんでした。したくなかったんです。日本人は、[パラオ人野球チームが強いのを] 面白く思っていなかった」。
　その上でN男は、慶大野球チームの来訪についても言及した。
　「そういう [面白く思っていない] 時期に、慶應のチームが来ました。[慶應のチームと、パラオ在住の日本人のチームが対戦してみると] 慶應のチームは強かった！　そこで面目一新、『日本の野球は強いナー』ということになって、日本人は皆、胸をなでおろしました」。
　このN男の話は、重要な手がかりを提供している。読者の皆さんはお分かりだろうか？　「慶應21-0全パラオ」というスコアにおける「全パラオ」とは、パラオ青年の選りすぐりのチーム「オール・パラオ」ではなく、「パラオ在住の日本人のチーム」であった。前節末のコラム（267～268頁）にも記したように、「オール・パラオ」を称するチームとして、パラオ人のものと、日本人のも

第4章　スポーツ——パラオ野球ブームの光と影

のがあった。『読売新聞』および『慶應義塾野球部史』の記述する「全パラオ」は、この日本人のチームであったと考えてよい。

　かくして、慶大チームとパラオ人チームとの対戦は、行われなかった。代わりに、本章の最初にシゲオ談として記したように、両チームのメンバーが入り交じった紅白試合が行われ、それは、慶大メンバーからの「指導」という形式をとった。

　慶大メンバーが、この経緯をどの程度知っていたか、どのように受けとめていたかは、分からない。彼らは、紅白試合で接したパラオ青年が「全パラオ」チームにはまったく入っていないことについて、どう感じたのだろうか。他方、パラオ人の側では、常々日本人のメンツをつぶさないようにプレーしていたわけである。紅白試合においても、一種の「社交」として、実力を出し切らなかったことも考えられる。それゆえ慶大メンバーは、対戦した「全パラオ」チームが日本人だけから構成されていても、不思議には思わなかったかもしれない。

　フェアーであることが期待されるスポーツの場に、日本人側のメンツの問題が滑り込んでいた。「現地住民との間に、歴然とした差を付けておきたい」「万が一にでも、日本人が見下げられるようなことがあってはならない」という植民者意識が入り込んでいた。なんともやりきれない思いを抱くのは、筆者だけではないであろう。

　ウバルおじいちゃんの落ち着いた静かな口調は、かえって私たちの胸に突き刺さる。

第4節　戦後にも引き継がれた野球熱

　本章の最後に補足として、戦後パラオの人びとに引き継がれた野球好きの精神について、筆者の知る範囲のことを記しておきたい。野球というスポーツの楽しさは、戦後、いっそう人びとを魅了したようである。
　パラオの高校・短大の現行教科書 (Rechebei and McPhetres 1997: p.245) には、1976年時点のパラオ・オールスターチームの写真が掲載されている。そして、次のようなコメントがつけられている。「まさに日本時代において、野球は常に人気のあるスポーツだった。信託統治時代や近年においてさえも。パラオは、野球界における種々の試合に勝ち続けてきた」と。
　以下、パラオの戦後の野球に関して、インタビューした3人の話を挙げる。

(1)　アンガウル出身のマチアスの場合

　アンガウル島の激戦が米軍によって制された1944年10月、16歳のマチアス・トシオ・アキタヤ (第6章の人物) は、実はフレンドリーであったアメリカ兵たちを通して、野球に親しむようになった。それは次の次第である。
　アンガウル制圧後、駐留米兵は、飛行場や滑走路になっていた広大な場所で、野球を始めた。そこは、20組くらい、あるいはそれ以上のチームが同時にプレイできるほど広い場所であった。米兵たちは、サマータイム制の期間は特に、陽の高いうちに仕事を終え、15時から18時まで野球をやっていた。他にもバスケットボール、テニス、卓球などをやっていた。マチアスは、3人の兄 (27歳、25歳、22歳) と共に、そうした情景をそっと見ていた。
　そのうち、マチアスたちも野球を始めた。暇を持て余す村の少年たちも集まってきた。マチアスの22歳の兄は、戦前野球の心得があったことから、ピッ

第 4 章　スポーツ——パラオ野球ブームの光と影

チャーをやったり、ショートを守ったりと大活躍だった。そしてマチアスたちは野球に夢中になった。時折、フレンドリーな米兵たちが来て、教えてくれることがあった。「鬼畜米英」と教えられた相手に対して、当初は戸惑ったが、次第に好感を持つようになった。

　来る日も来る日も野球ばかり。若さと練習量に勝るマチアスたちは、1 年足らずの間に、米兵チームと互角なほどに強くなった。その強さは、ラジオが流れるようになると、パラオ全島に向けて放送された。マチアスたちは、「流れ星」というチーム名をつけてがんばった。1 年ほど経つと、米軍は沖縄へと引き揚げた。マチアスたちは、身近な対戦相手を失ってしまったのであった。

　1947 年以後は、年に一度、パラオ全土における野球トーナメント戦が開催されるようになった。パラオ中で 12 チームあった。2000 年代にも 7 つのチームが残っている。当時マチアスは、アンガウル州の代表チームの 1 人として、何度も首都コロールを訪れた。5 回くらい出場、そのうち 3、4 回は優勝した。優勝した試合より、ガラルド州に制され優勝を逃した試合のほうが、かえって記憶に残っている[11]。

　マチアスは、野球の才に長けており、エースとして大活躍した。ファンも多かった。「私を妻にしてください……」と言い寄られて戸惑ったり、学校の先生や親戚が、果ては教会の神父さんまでが若い娘を紹介してくれたりと、「モテニモテタ！」とのこと。筆者のインタビューに、マチアスは言いにくそうに、でも次第に童顔をほころばせて、最後は笑いころげながら、話してくれた。

　しかしながら、マチアスとしてもチームとしても望みの募った 1950 年代前半、アンガウル州からのトーナメント戦への出場は、中止となった。アンガウルのチーム自体、まもなく解散してしまった。「とても残念。心残りで仕方が

---

[11] Shuster (2008: p.14) によるパラオ全土戦の優勝チームの記録によれば、'Angaur Comets 1' と称するチームが、第 1 回から第 3 回まで（1947 ～ 1949 年）連続で勝者である。第 4 回・第 5 回は 'Peleliu'、第 6 回は 'Ngaraard/Ngaratuich'、その後についても 'Angaur' の記載はない。おそらくアンガウルのマチアスたちのチームは、第 6 回（1952 年）の試合で再起を賭けたが果たせず、それが強く印象に残っているということだろう。

ない！」。彼は、青春の思い出の1頁を語ってくれたのであった。

（2） マルキョク出身のダミアンの場合

　ダミアン・テレイ（Damian Tellei）は、マルキョク出身。20歳代は野球に夢中であった。1950年代、パラオ全土の野球トーナメント戦で優勝の栄誉に輝いたチームメンバーの1人である。

　野球大会では、マルキョク、北隣のオギワル、南隣のゲサールの3州で、1チームを構成していた。チーム名は、ガラエリル（Ngarachelil）、そのパラオ語の意味は「灰色の大きな鯨(くじら)」だという[12]。

　当時、パラオ中で10チームあった。それは、ガラロン、ガラルド、ガラスマオ、アルモノグイ、アイメリーク、アイライ、コロール、ペリリュー、アンガウル、そしてマルキョク他2州である（2州を独立と見なすと、マチアスの言う12チームになると考えられる）。北端のカヤンゲル、南端のトビ、ソンソロールにはチームがなかった。年に一度の大会の会場は、コロールのアサヒ球場、審判はアメリカ人の法院検事であった。

　ダミアンは、優勝した年のことを次のように語ってくれた。優勝戦は5連戦、そのうち3回勝てば優勝である。カードはマルキョク対ペリリュー。第4戦まで2対2で伯仲していた。第5戦、同点で迎えた9回裏、自分たちの攻撃。バッター・ボックスに入ったマリノは、オギワル出身の体の大きな選手で、高いボールを打つのが得意だった。運のいいことに、ちょうど高い球が目の前に来た。マリノは打ち放ち、ホームラン！　ペリリュー側のピッチャー、アキオは、マリノが高い球を好むことを忘れて、つい投げてしまったのであった。自分たちにとっては待望の一打。これで勝敗は決まった。

　「ソノ時ノ　試合ノ　様子ワ、今モ、ハッキリ　思イ出セマス！」。端正な面

---

[12] Shuster（2008: p.14）による優勝チームの記録によれば、チーム名は Ngarachelchil、3州合同で、1958年と1959年に優勝している。

第4章　スポーツ──パラオ野球ブームの光と影

立ち、丸い目をさらに青年のように生き生きと輝かせながら、ダミアンは語ってくれた。

写真4-4　筆者のインタビューに応えるダミアン

ダミアンは、その後アメリカ海軍に入ったが、4年後にはパラオに戻り、水産資源省の仕事に就いた。約20年間、15人ほどのメンバーと共に勤め、ハワイにトレーニングに行った経験もある。インタビューを行った2006年当時は76歳、いわゆる年金生活者であった。筆者がパラオ滞在時にいつもお世話になるホテルのマネージャー、クラレット・ルルクッドさんの父である。普段は無口な彼が、熱弁をふるってくれたのが忘れられない。

(3)　船舶機関士のアウグストの場合

　アウグスト・ジョセフ・センゲバウ（第3章第3節の人物）は、前歯が1本欠けている。それは、ほかならぬ「名誉の負傷」であることを、彼は得意げに語ってくれた。彼は、パラオ全土の野球トーナメント戦の出場者ではない。1951年、半官半民の「パシフィック・ミクロネシア・ライン」に入社し、世界中を航行、その途上での野球戦についての話である。

　アウグストにインタビューを重ねていた筆者は、彼の声が、前歯の欠損のために息漏れで聞き取りにくいことが気になっていた。何でも話せる間柄になったある時のこと、その前歯の隙間について尋ねてみた。すると彼は、笑いながら言った。

　「コレワ　勲章ノ　ヨウナ　モノダヨ！」。

　「いったいなぜ？」。

　それは次の次第である。

第4節　戦後にも引き継がれた野球熱

　1950年代、船舶機関士アウグストの務める船が、パラオを出、日本の港（おそらく横浜）に寄港した時のこと。乗組員たちは、陸に上がって飲んだり食べたり、つかの間の休暇を楽しんでいた。酔いも回り、宴もたけなわ。そのとき急に、船長から集合命令がかかった。「日本人のチームと野球の試合をすることになったので、皆、集まれ！」とのこと。そうと分かっていれば、酒など飲まずに準備したものを……。それでも、船長のたっての呼びかけである。パラオ人船員たちは、急きょ、野球戦に挑むことになった。

　皆、酔いの回った赤い顔でのプレイだった。調子が狂い、普段の力が出ない。負け気味だ。しかし、次第に酔いがさめてくると、底力が出て雰囲気も優勢になってきた。アウグストは塁に出た。そして、次のバッターの当たりを横目に、すかさず本塁に突進した。その時の滑り込みの激しかったこと！キャッチャーのマスクに正面衝突……生還！　そして試合に勝った！

　それ以来、前歯は折れたまま。勝者の証として、自他共に語り草としている。日本なら、体裁を気にして差し歯にでもするところだろうが、パラオではその治療も難しかったのだろうか。いや、それだけでもなさそうだ。歯を失ったことよりも、「日本人と試合をして勝った！」ということのほうが、はるかに重大なことのようだった。彼の話しぶりから、それが見て取れたのである。

　以上、わずか3人の事例ではあるが、パラオ人にとっての野球の意味をかいま見られるように思う。それは、単にスポーツとして「楽しい」という時限を超えている。野球をすることは、日常の人間関係を超えて外の世界へとつながる、パスポートのような意味をもっているのではないだろうか。村落（戦後は州）の内部の関係から、パラオ全土の関係へ。パラオ人同士の関係から、米兵あるいは日本人との関係へ。そのような意味があってこそ、マチアスの照れ笑いも、ダミアンの熱弁も、アウグストの歯抜けへの愛着も、理解可能なように思われるのである。三者三様の、心からの笑顔が忘れられない。

第4章　スポーツ——パラオ野球ブームの光と影

本章では、あるパーティーの席上、突如おばあちゃんたちが歌い始めた慶應大学応援歌をきっかけとして、パラオにおける野球の展開とその意味について探った。

日本統治によってパラオにもたらされたもの、その一つに野球があると言えるだろう。日本人移住者の側から言えば、パラオ住まいの中で、可能な範囲で余暇を楽しみたいと考えた、その一つに野球があった。他方、パラオの現地住民の側から言えば、教育・教化の一環のようにして導入された野球も、自分たちの楽しみとなり、さらには自分たちの身体能力の発揮の場となった。まもなくパラオ人チームは日本人チームをしのぐ実力をもつようになる。野球を介して、楽しむ面に加え、対戦結果次第では統治者日本の面目が立たないという面も出てくる。その中で、パラオ人チームの側が譲歩を強いられるかたちで対戦が継続したり、慶大野球チーム来パの際に対戦が禁止されたり、といった状況が出現した。これらのことは、当時パラオ人チームの主将を務めたイディップの他、シゲオ、ウバル、サントスらの語りによって、はっきりと確認することができる。

日本統治時代、第3章で見たとおり、現地住民の教育や就職の機会は限定されていた。その中でスポーツとしての野球は、本来、ルールに基づくフェアな対戦を原則とするものであった。パラオの人びとにとって野球の魅力は、この点にあったのではないか。

インタビューを重ねた筆者には、パラオの人びとの間に、次のような切実な欲求が息づいてきたと思えてならない。それは、「相手から対等な存在として認められたい」という欲求である。現在もなお、野球好きと見えるパラオの人びとに接するにつけ、筆者のこの思いは強まる。

ここでは現代パラオにおける野球帽の着用のされ方を記して、筆者の想像を書き留めておきたい。パラオでは、物心つかない赤ちゃんからお年寄りに至

るまで、野球帽が広く愛用されている。しかも、スポーツ・レジャー・くつろぎの場面に限らず、たとえば筆者のインタビューに応えてくださる場面で（206頁、ウィルヘルムの写真参照）、あるいは国家の式典などの非常に公的な場面で、正装のアロハスタイルに野球帽という形で、用いられる。パラオでパラオ人がかぶっている帽子と言えば、その9割以上が野球帽といっても差し支えない。

　筆者は想像する。日本統治時代、野球帽をかぶってプレイするパラオ人は、「日本人と互角に勝負できる」というイメージを持てたのではないか。そうしたイメージは、現実にはアンフェアな対戦を強いられる中で、また突如の対戦禁止を申し渡されかねない中で、むしろいっそう強い希望として、プライドとして、胸に刻まれたのではないか。そのプライドが、今日にまで引き継がれているのではないか、と。

　自分自身が、また自分の親族が野球で活躍したと語る人たちの目の輝きに接するとき、他方で、真実を語ってくれたシゲオ、ウバル、サントスらの静かな物言いを思い起こす。野球は、パラオの人びとの願いを、無念さを、そしてさらに将来への希望を、乗せながら営まれてきたのではないか。そう感じて、何とも複雑な思いに駆られるのである。

第5章

恋愛 ── パラオ人女性と日本人男性の関係

杉山隼人の妻、ロサン

ロサンと子ども3人、杉山家の墓参りへ ── 1939年

左端から、隼人・ロサン夫婦の長女ミチエ、次女ヨシエ、隼人の弟夫婦、四男テルヤを抱くロサン、杉山家の家政婦。

第5章　恋愛——パラオ人女性と日本人男性の関係

　♪わたしのラバさん、酋長の娘、色は黒いが、南洋じゃ美人♪
　「酋長」とは、現在では差別用語の一つに数えられるが、当時は問題と見なされなかったようだ。この歌は、1930年（昭和5）、年輩者にはなじみのレコード会社「ポリドール」から発売された最初のヒット曲であった。現在でも、インターネットで「わたしのラバさん　歌詞」で検索すると、瞬時に5万件ほどのヒットがある。作詞・作曲は当時の演歌師石田一松。歌詞は次のとおり。

「酋長の娘」
わたしのラバさん　酋長の娘　色は黒いが　南洋じゃ美人
赤道直下　マーシャル群島　ヤシの木陰で　テクテク踊る
踊れ踊れ　どぶろく飲んで　明日はうれしい　首の祭り
踊れ踊れ　踊らぬものに　誰がお嫁に　行くものか
昨日浜で見た　酋長の娘　今日はバナナの　木陰で眠る

　この歌詞は、日本人（特に男性）から「南洋」の女性への偏見を多く盛り込んでいると言える。南洋群島での滞在経験が無ければなおさら、湧き立つ偏見であったように思われる。具体的に挙げよう。第1に、「色は黒いが　南洋じゃ美人」とは、色白こそが「美」であるという日本の浮世絵などにも通底する価値観を、無条件に持ち込んだものである。第2に、「テクテク踊る」「どぶろく飲んで」とは、無秩序と思える情景をあえて切り取ったものである。第3に、「明日は嬉しい　首の祭り」とは、「首狩り」のような残忍なことを喜んで行う「野蛮」な人びとというイメージを呼び起こすものである。第4に、「今日はバナナの　木陰で眠る」とは、当地の女性が性的に放縦であるという含意をにじませるものである。これらの描写は、まったくの空想というわけではないにしても、南洋群島やその周辺で存在しうる行動形態の一部を、その本来の文脈から切り離して、あえてねじ曲げて伝えるものである。この曲が日本で流行したということは、この歌詞に含まれる偏見が、日本中

で広く共有されたということを物語る。

　この歌詞のモデルは、1892年、トラック諸島の春島（現在のウエノ島）に移住し、島の首長の娘と結婚した森小弁（もり　こべん、1869–1945）[1]であるとされる。彼は、結婚を通して相手の女性および現地の社会と恒常的関係を築いたようである。ただし、この歌詞が全体として与えるのは、森小弁の経験から離れたもので、南洋群島一帯に性的に放縦な女性たちが存在し、興味本位の一時的な男女関係が成り立つというような、至極勝手な思い込みであるだろう。特に「ラバさん［lover＝愛人、恋人］」という呼び方は、当時はやっていた外国語挿入という歌詞作りの手法であることを考慮してもなお、そうした思い込みを増幅するものだと言える。

　こうした日本の本土からのまなざしに対して、「南洋」、特にパラオの人びとの受けとめ方はどうだったか。

　筆者の立ち会った場面を記そう。2005年、パラオ国立博物館開館50周年企画の依頼にこたえ、お年寄りたちが集い、日本時代にはやった歌、愛唱歌を思い起こしていた際のことである。誰かがこの歌を口ずさみ始めた。そして、居合わせた皆が唱和した。筆者の推測も交えるならば、お年寄りたちの心情は、次の2つが入り交じったものであった。ひとつは、その恋愛関係を現地女性にとって心踊るもの、あるいはチャンスと見る見方。今ひとつは、その恋愛関係を、後の別離の悲しみ、やるせなさとともに思いおこす見方である。その背後事情としては次のことが考えられる。

　「酋長の娘」を含むアルバムが発売された1930年という時期は、南洋庁が設置されて9年目であった。前章の「ヤキュー」の普及の例にも見られるように、日本人を指導的・優越的地位に置く行動様式が、現地住民の中でもす

---

[1]「漫画『冒険ダン吉』のモデル　『南進論』の先駆者」「明治20年に上京し、小美田利義らが発足した南島商会に共鳴、25年［1892年］トラック諸島にたどり着き、首長の娘と結婚。のち首長を継ぎ、コプラの日本輸出を手掛けるなど、以来53年日本本土との交易業務に従事し、部族の長として、島の開発、島民の教化にも意をそそいだ」（日外アソシエーツ株式会社編　2011『明治大正人物事典Ⅰ政治・軍事・産業篇』p.618）。

第5章　恋愛――パラオ人女性と日本人男性の関係

でに規範化していたと考えられる。そうした中、現地の乙女たちは、あるいは乙女のいる家々は、「もしもできることなら、日本人男性と恋仲になれたら……、さらには結婚するチャンスがあったら……！」という思いを抱くこともあったようだ。第3章における日本内地留学の話のように、そこには、未知の世界への期待や憧れもはたらいていたと思われる。筆者がお話を伺ったおばあちゃんたちの間でも、真面目に一生懸命な生き方をしてきた中に、そうした日本人男性との恋愛関係の話は幾多もあった（ただし、継続的な、あるいはハッピーエンドの関係として結実することは、極めてまれだったようだ）。

　統治者側としては、恋愛関係を超えて子どもを産む、育てるということが生じると、統治の秩序が揺らぎかねないと考える。本章では、筆者が遭遇した幾つかの事例を挙げる。そして統治者側の視点とは別に、現地の女性が、こうした事態をいかに受けとめてきたか、その一端を記述したい。

　第1節は、前置きである。まず、南洋庁日本人官吏における男女関係をめぐる認識について。次に、当事者である日本人男性・パラオ人女性・子どもたちにおける認識について。その上で、両者の落差について、言及する。第2節と第3節は、パラオ人女性の立場に立ちながら、日本人男性との間に生じることがあった真摯な関係について、聞き取った話を示すことになる。第2節のロサンの例は、実娘からの聞き取りであり、1920年代、日本人男性と円満な家庭を築いたが、戦後は憂き目を見たというものである。第3節のカトゥーナの例は、1930年代、日本人男性との間で互いに思慕を募らせたが、関係は継続できなかったというもので、本人からの聞き取りである。

第1節　南洋庁による結婚の禁止

　南洋庁は、日本人男性と現地女性との関係、特に官吏と現地女性との男女関係について、成立させないように躍起になっていたと考えられる。
　まず法令上は、両者の結婚は認められなかった。結婚は、民法に従って婚姻届を提出することにより認められるわけで、内地戸籍をもつ日本人同士が「南洋」などで結婚する場合は、その手続きが踏まれた。しかし、南洋群島の現地住民については、そもそも戸籍法の対象とされていなかったため（遠藤正敬 2015: p.53-54, 132）、男女双方の合意があったとしても、いわば「事実婚」にすぎず、「内縁の関係」と見なされた。
　その上で、語りから浮かび上がるのは、南洋庁が両者の正式な結婚を認めなかったばかりでなく、男女関係をもつこと自体を禁止していたことである。しかも、禁止されてもなお男女関係が生じることがあり、その場合、男女は引き離されていたことである。まず(1)で、当時南洋庁の官吏であった日本人男性の話を示す。次に(2)で、日本人官吏と現地女性との間に生まれた子らが、筆者に対して語ったことを示す。

(1)　日本人官吏の話から

　野球の件でも話をしてくれたA男さん（1939〜1945年南洋庁勤務）は、次のように語った。
　南洋庁では、新任者に対して、現地女性との交際の禁止について説明があった。またその後も、折に触れて、上司から懇切丁寧な忠告あるいは質問があり、「大丈夫か？」としばしば聞かれた。その含意は、日本人側は秘密の関係と考えていたとしても、現地女性の親族の側は自慢に思って公言するこ

第5章 恋愛——パラオ人女性と日本人男性の関係

とがあり、結局、後に引けなくなる、とのことであった。A男は語った。「日本人と関わりたくて夜這いしてくる現地女性もあると聞きました。もし、うっかりその誘いに乗ろうものなら、次の朝までに村中に広まっている、という話でした」。この語りは、現地女性への強い偏見を含んだものだが、その上で、当時の日本人官吏の認識を表現したものとして興味深い。交際が発覚した場合、日本人官吏の側は、「即刻本土へ送還となった」とのことである。

A男の話す南洋庁の対応（1939年頃以降）は、日本の統治開始から20年以上を経た時期のことであり、男女関係のさまざまな前例を苦々しいものと見なして厳格化した対応であったと考えられる。ここで示されているのは、日本人官吏と現地女性との交際を、官職の遂行における失敗、さらには統治のゆらぎと見なす立場である。それは、現地住民の生活世界をよく知らないことも相まって、現地住民、現地女性に対する恐れを背景としていた。

他方で、日本人官吏と現地女性との交際こそを、自らの存在の根本に置く立場もある。言うまでもなく、この交際によって生まれた子らの立場である。

(2) 日本人官吏と現地女性の間に生まれた子らの話から

パラオ人で、日本人男性を父、現地女性を母とするという人物は、珍しいわけではない。筆者がインタビューし、本書の小見出しに挙げるに至った人物23人（22家族）の中でも、6人（6家族）がそれに該当する。このうち3家族（キョータ、ミチエ、マチアスの家族）の場合、彼らの父母は同居したが、2家族（コウイチロウ、シゲオの家族）の場合、彼らの父母は同居がかなわなかった。父が民間人ではなく官吏であったため、母との交際を理由に任地の異動を強いられたのである。コウイチロウ、シゲオは、それぞれ母の下で現地住民として生育したが、同時に日本人である父への思慕も抱き続けてきた。残る1家族（トシコの家族）の場合、父は早世、母はまもなくパラオ人と再婚した。同居がかなわなかった2家族の話は、次のとおりである。

第 1 節　南洋庁による結婚の禁止

　まず、コウイチロウ・ワタナベ（幸一郎、1928 年 10 月生まれ）と姉トモミ（友美、1925 年 7 月生まれ）、姉カツミの場合である。この姉弟の父は、渡辺という名前の日本人警察官であり、日本にすでに妻子があったが、現地女性（アイライ村落の首長を務める一氏族の娘）との間でも、交際して子をもうけた。そして、それを理由として、遠地（トモミの話ではサイパン）への異動を命じられた[2]。このため、父と母子は、共に暮らすことがかなわなかったという。

　トモミは語った。「父ワ、日本人デシタガ、母ワ、パラオ人デシタ。……弟がお腹の中にいる［約 6 カ月の］時、父はサイパンに転勤させられました。ですから私たちは、母の戸籍[3]に入りました。その時代、役所は、日本人が島民と交わることを許しませんでした。日本人は日本人と付き合うようにというのが決まりでした。ましてや父は、警察官でしょ？　役所の仕事です。だのに、島民の母と一緒になりました。だから父はサイパンに回されたんです」。

　「父は、［別居であっても］何度か私たちの家に帰っていたようです。それで3 度目、コウイチロウが、お腹の中にいるとき、『もうパラオへ戻って来てはいけない』と、役所から厳しく言われて、サイパンに転勤になってしまいました。父は、『お腹の子が、もし男だったら幸一郎、女だったら……』と名前をつけてから行ったんです。父は、とても優しい人だった、と母は言っていました」。

　コウイチロウが、重ねて「母ワ　パラオ人デ、アイライ出身デシタ」と言うと、トモミは続けた。「母ワ　トテモ　苦労シタト　思イマス。……母一人で

---

2) 今泉裕美子監修『南洋庁公報』によると、1925 ～ 1929 年に在任した渡辺姓の日本人警察官として、巡査「渡邊（渡部）馬太郎」という人物が見いだせる。1925 年 4 月 27 日着任。同年 10 月 1 日「願ニ拠リ」退任（1925 年版 p.149, 240）。その後は『南洋庁公報』の欠号による不明時もあるが、復帰したらしく、その上で 1928 年 5 月 14 日、巡査としてポナペ支庁に異動となっている（1928 年版 p.135）。
3) トモミは「母の戸籍」という表現を使ったが、当時の制度上、現地住民の戸籍なるものは作成されていなかった。トモミの含意は、父の戸籍に入っていなかったということだろう。因みに、コウイチロウの公学校学籍簿の保護者欄には、母の実家の父—後年のアルモノグイ村長アベヨーコ（南洋庁長官官房秘書課 1941『南洋庁職員録』p.375）—の名前が書かれていた。筆者は、当時の学籍簿を目にする機会に恵まれたとき、この件を確認した。

第5章　恋愛――パラオ人女性と日本人男性の関係

私たちを育てたようなものです」。

　実はトモミと姉カツミは、1941年頃、父のツテを得て、日本へと渡った。それというのも、2人にとっての腹違いの姉が日本から南洋群島在任中の父に会いに来たのだが、その姉の帰国に合わせ、今度はトモミ、カツミが日本へと渡ったのであった。1941年当時のパラオでは、日本人女子向けにはパラオ高等女学校が設けられていたが、現地住民向けには無かったことから、日本の中等教育機関で学ぶ機会を得たいという思惑もあった。実際には、親類の家業の手伝いに終わってしまったとのことである。とはいえ、父の親類が、父の現地でもうけた子らの来日を受け入れる用意が（多少冷遇したとしても）あったということ自体が、注目に値する。

　トモミらの話から浮かび上がるのは、日本人警察官である父が、現地女性を大切に思い、もうけた子らのことも心にかけ続けた姿である。もっとも父には、南洋庁官吏を辞して現地に定住するという選択肢はなかったようだ。あくまでも南洋庁に従い、強いられる別離に従いながら、その中で現地女性と子らを思いやり、自分の家族と見なして思慕を募らせたと考えられる。また現地女性のほうも、その状況を理解し、その状況の中で示される彼の思いやりに、感じ入った。南洋庁を恨んだとしても、彼を恨みはしなかったようである。

　次に、シゲオ・テオン（1920年11月生まれ）の話である。シゲオの場合、父は、仙台出身の庄子成光（しょうじ　しげみつ）、郵便局員であった。庄子は1890年生まれ。1915年から海軍の軍用通信吏として南洋に勤務。パラオをはじめ南洋各地の「海軍軍用郵便所」で所長を務めた[4]。その後、いったん内地に戻った時期があるが、1923年、再び南洋に渡り、南洋庁のもとで郵便局員を続けた[5]。他方シゲオの母は、コロール村落で首長を務める一氏族の

---

[4]「海軍軍用郵便記録　第3章　職員 (1)」（アジア歴史資料センター、レファレンスコード C10080283500）。「三等郵便局長中山卓郎外八十一名叙位ノ件」（アジア歴史資料センター、レファレンスコード A11114302800）、「北海道庁属金子英三外百六十八名叙位ノ件」（アジア歴史資料センター、レファレンスコード A11115123200）。

[5]『職員録』（内閣印刷局）各年度。

第 1 節　南洋庁による結婚の禁止

娘であった。父庄子は、この交際を理由に以後パラオでの勤務を許されず、遠地に赴任させられ、そのため母方祖父が、シゲオの父代わりをしてくれたという。

　実際、公文書において、次の履歴を確認できる。庄子は、海軍軍属時代、ヤルート（1916 〜 18 年 4 月）、ポナペ（1918 年 4 月〜 9 月）、パラオ（1918 年 11 月〜 20 年 8 月）で所長の後、シゲオ誕生翌月の 1920 年 12 月、再び遠地ヤルートに異動となっている[6]。また、南洋庁勤務を始めてからも、トラック支庁（1924 年）、ポナペ支庁（1925 〜 29 年）、ヤルート支庁（1930 〜 32 年）、サイパン支庁（ロタ島、1933 〜 43 年）というように、任地は常にパラオ以外の地だった[7]。

　父庄子成光は、子の出生にあたり、自らの名前の一文字をとって、「成夫（シゲオ）」と名付けたという。シゲオは、この名前の経緯について、正確な漢字も含めてはっきりと筆者に伝えた。おそらく母が、名前についての書き物を大切に保管していたのだろう。それだけ父と母の信頼関係は厚かったと推測される。

　父は、何度かシゲオを引き取りに来た。1932 年、シゲオ 11 歳の時。そして 1934 年、シゲオ 13 歳、父がサイパン支庁管内ロタ島で特定郵便局の局長として勤めていた時。しかし、母はシゲオを離さなかった。

　母は、父に未練がないわけでは決してなかった。それというのも母は、再婚・再々婚が多い当地にありながら、長い期間、現地の夫を持とうとはしなかった。シゲオが南洋庁の給仕となり給与を得るようになって 1 年ほど経った頃、ついに、母にパラオ人の夫ができたという。父と、母・シゲオとが共に暮らすことはなかったが、父母間、父子間の絆は強く意識され、信頼関係が築かれていたことがうかがわれる。

　以上、コウイチロウと姉たち、そしてシゲオが示すのは、前述のA男が示すのとは異なる立場である。日本人官吏と現地女性との交際は、決して職務

[6] 前掲「海軍軍用郵便記録　第 3 章　職員 (1)」。
[7] 前掲『職員録』（内閣印刷局）各年度。

第5章　恋愛——パラオ人女性と日本人男性の関係

遂行における一時的「過誤」というわけではない。むしろ、禁じられた中での本物の、純粋な関係として浮かび上がる。その上で、統治機構である南洋庁の側からすれば、それは統治の秩序を乱すものにほかならなかった。

　日本人男性と現地女性との交際禁止を埋め合わせするかのように、公認の「女郎屋」(「女郎」は日本人女性) が用意されていた。徳乃家、鶴乃家、風月楼、海月楼、パラオ館、南海楼、南栄楼、文の家、春光館などなど。小さな島であるのに、その数はおびただしい。これらの名は、インタビュー時に音を書き留めた上で、『南洋群島案内』(大宜味朝徳 1939 [2004])、『大南洋興信録』(横田武編 1938) の巻末広告で確認したものである。しかも、女郎屋には格付けがあったという。南洋庁官吏が利用する女郎屋、民間人 (たとえば真珠取りのダイバー (第6章)) が利用する女郎屋、さらには「二等国民」と言われた沖縄出身者向けの女郎屋、といった具合である。

　1930年前後、コロールの乗合バスの車掌だったチヨコ (第6章) によれば、真珠採りの日本人ダイバーらに頼まれて、女郎屋前で臨時にバスを停車、お礼に女郎屋は、菓子箱や洋服をチヨコに届けてよこしたという。女郎屋がほとんどタブー視されない風潮があったことが分かる。これは裏を返せば、日本人男性と現地女性との自由な恋愛が強く忌避されたことを示している。

　本章冒頭で示した流行歌「酋長の娘」の示す世界は、少なくとも次の2つの点で虚構であった。まず、性的放縦さに由来する心楽しさというイメージの点である。統治者側から見た場合、現地女性との交際は決して心楽しいものではなく、官職の遂行に対する障害物であり、さらには統治の秩序自体に対する脅威であった。次に、性的放縦さからくる一時的・刹那的交際というイメージの点である。実際に生まれた子らの目から見た場合 (それはおそらく、交際した現地女性らの目でもあろう)、日本人男性も現地女性も、相手を思いやり、真摯な関係性を保とうとする例が確かに存在した。

　以下の節では、筆者の見聞の範囲で、日本人男性と現地女性との間に生じた真摯な関係性の事例を、2つ挙げる。

第2節　ロサンと実業家・杉山隼人の家庭（1920年代）
　　　　——「二世」ミチエ・スギヤマの目から

(1)　ミチエとの出会い

　2001年2月の初め、「悠子サン、オ願イガ　アルノダガ……」と、筆者の通うカトリック教会を代表する老男女が、筆者の前に現れた。パラオに着任して1カ月、お世話になることばかりだった筆者は、お役に立てるならば、と大喜びでお話を伺った。それは、「一人ノ　女性ニ　会ッテ　話ヲ　シテホシイ」というものであった。
　その女性とは、かつては「ハイカラ　オ嬢サン」の異名を取り、黒髪をなびかせ、さっそうと自転車に乗り、皆のあこがれの的だった人物、通称「ミッチャン」だという。ミッチャンは、日本語は達者だがパラオ語は不得手なため、家にこもりがちである。そのミッチャンと日本語で会話をして、彼女を元気づけてほしい。「自分タチワ、オサナトモダチ（幼友達）ナノデ、トテモ気ニナッテ　イルンデス」とのことであった。筆者は快諾した。
　初回、筆者はこの2人と共に訪問した。「ミッチャン」ことミチエさんはたいそう喜んで、「次回も」、と約束してくださった。その後も、幾度となく訪問。筆者は、彼女の正しく美しい日本語に驚嘆するばかり。彼女のほうも大喜びで、昔懐かしい事柄、自分の生まれ育った家庭や両親について、話してくださった。以下は、彼女の思い出の中の父隼人と、母ロサンの姿である。

(2)　隼人とロサン

◊ 隼人来訪、私学「講道館」の開設 ◊

　杉山隼人は、1891年（明治24）、静岡県駿東郡高根村に、6人兄弟の第

第5章　恋愛——パラオ人女性と日本人男性の関係

3子、三男として生まれた。彼の家は、桔梗の家紋を持ち、平家の落人の子孫と言われていた。代々村の総代を務め、神道を信仰していた。隼人は、和仏法律学校（後の法政大学）に学んだ。しかし1914年（大正3）、23歳で中退、叔父のいるパラオへとやってきた。当時パラオは、日本海軍がドイツ守備隊を降伏させ、軍事占領して間もない時期であった。

隼人は、おそらくは新しい人生を求めてパラオに来たのだろう。そして現地の状況を見聞きし、まずは現地の子どもたちへの教育が第一と考えるに至ったらしい。私費を投じ、コロールの中心部に学校を開設した。それは、日本海軍パラオ守備隊がコロールに、現地住民向け学校（当時の「コロール小学校」）を開校する1915年12月よりも前のことであったらしい。

「ソノ　学校ノ　名前ガ、ナント『講道館』ナンデスヨ！」

人の道を講じる、ということらしい。ミチエは笑いながら筆者に語った。

ミチエによると、講道館の開設時には記念撮影をし、その写真は後年も家庭で大切に保存していた。その後、台風に伴う大洪水で、写真は消失。

写真 5-1　マルキョクの教職員写真の中の杉山隼人——1920年頃
中央の蝶ネクタイの男性が隼人である（娘ミチエ談）。

ただし、ミチエの脳裏にはしっかりと焼き付いている。校長であり教師である父、隼人は、着物に袴（はかま）という姿で中央に座っている。向かって右側は女子生徒たち。現地の植物の葉で編んだ腰蓑（こしみの）を身に着け、上半身は裸である。向かって左側は男子生徒たち。白いふんどしに上半身は裸、魚を突くときの銛（もり）（現地語でビスカン）を持って立っている、というものであった。

校長の隼人は、「百聞は一見にしかず」と考え、生徒のうち代表2人を日本に連れて行った。富士登山をさせ、いでたちは、草鞋（わらじ）に菅笠（すげがさ）姿であった。

講道館は、現地の人びとに一定のインパクトを与えたらしい。ミチエ以外にも何人ものパラオ人が、筆者に対して、当時の在校生名を教えてくれるなど、講道館について語ってくれた。ただし講道館は、「公学校ガ　デキタノデ　廃校ト　ナリマシタ」とミチエは語った。隼人はその後、コロールを離れてバベルダオブ島マルキョクに行き、「マルキョク公学校」の教員となった時期もあるという（写真5-1）[8]。

教え子ロサンとの結婚、代書人・実業家として

隼人は、講道館の教え子で、バベルダオブ島アルモノグイ村落の一首長の娘ロサン（16歳）を、妻として迎えた。それに前後して、官職を退いて代書業を開業。さらに『週間パラオ』と題する新聞を創刊（横田武編1938: p.68）、実業家となった。

隼人の代書業は、6人の代書人を擁していた。関東出身と思われる鈴木さん、山口県出身の口羽さん、町田さん、沖縄県出身の高知さん、田代さん、金城さんである。筆者がパラオで入手した日本時代の土地に関する公文書は、その多くが、紙面の脇に「杉山代書人事務所」と印刷されたものであっ

---

[8] ミチエはこのように話したが、1922年の南洋庁設置に伴う「マルキョク公学校」ではなく、その前身の「パラオ第二島民学校」の教員であった可能性がある。それというのも、今泉裕美子監修『南洋庁公報』1922年版〜1930年版において、公学校教員としての隼人の名前は見いだせない。また、横田編『大南洋興信録』（1938：p.68）において、隼人は、1918年（大正7）にパラオに渡航し、島民学校の教員になったと記されている。

た。薄い和紙の書面に、隼人の直筆による署名があるものもあった。

隼人について、パウリヌス・イチカワさんからは次のように聞いた。

「杉山サンワ、パラオニ　来タ　時期モ、早カッタ。……親切な、いい人だった。パラオの人たちは、杉山さんを信頼し、頼りにしていた。困ったことがあると相談に行った。杉山さんは、話をよく聴いて、できるだけの手助けをしてくれた」。隼人が、地元の人びとから信頼厚かったことがうかがえる。

隼人は、さまざまな事業も始めた。コロールでは「南洋製菓」を経営、最盛期には80人もの従業員がいて、日本人の女子従業員も多かった。専門職者として、生菓子作りの石田さん、きんつば作りの金城さん、食パン作りの南さん、コックの中村さんなどがいた。そして、喫茶店とレストランを合わせ持つ「スター・カフェ」も経営した。

他方、妻の実家、バベルダオブ島アルモノグイでは、親戚が贈与してくれた土地でパイナップルの栽培と養豚業を行った。養豚の実際の仕事は、朝鮮出身の2家族が担当した。エサは、実家周辺の海岸線を小舟でめぐって残飯を集めたので、エサ代不要という、経済的な経営だった。

こうして隼人は、パラオで、実業家として名を上げていった。

(3)　子どもたちへの教育方針

ミチエの話によると、隼人は、事業だけでなく家庭もとても大切にした。その上で、家庭内では決してパラオ語を使わないこと、正しい日本語のみを使うことを方針としていた。妻ロサンは、夫の主義主張を快く受け入れ、よく努力したという。

「母ワ、講道館ノ　後ワ、島民デアルタメ、公学校デ　3年間　学ンダダケダッタノニ、日本語モ　トテモ　上手ニ　話シテ　イマシタ。……よく働き、良き妻、良き母として、また夫の片腕として、仕事の面でもすべてを仕切っていました。本当に文字どおりの良妻賢母で、私はとっても尊敬していま

す」。ミチエは感極まりながら語った。さらに、「言葉だけでなく、礼儀作法も、きちんと習得していました」と付け加えた。

　ロサンは、使用人に対してはパラオ語を使うことがあったが、家族に対しては決してパラオ語は話さなかったという。ロサン自身が、パラオ語を話さない状況を実際にどのように感じていたのかは、筆者は捉えきることができなかった。ロサンにとって、日本人の妻であること、しかも有能な実業家であり家族も愛する隼人という人物の妻であることは、ことのほか価値が高く、自分を律し続けることもいとわないほどだった、ということだろうか。

　家庭は円満で、11人もの子宝に恵まれた。長女のミチエ（日本名は道江）を筆頭に、ヨシエ（良江）、カズヤ（和哉）、ノブヤ（信哉）、マサヤ（雅哉）、テルヤ（輝哉）、タカヤ（孝哉）、ナオヤ（直哉）[9]、ヒデヤ（秀哉）、ジョウジ（譲二）、シゲルの各氏である（このうち7人が、筆者のインタビュー時、健在であった）。これらのお名前は、筆者が漢字が分からずに戸惑っていると、ミチエが「ジャア、書キマショウカ?」と言って、たちまちスラスラッと書いてくれた。その漢字の美しいこと。筆者は圧倒されてしまった。

　隼人は、自宅にあっては、お茶を点て、書をたしなみ、芸術面でも良いセンスをもっていたらしい。そして、長女ミチエがその芸術の血を継いでいると見るや、隼人は、ミチエを芸術の都、フランスのパリに留学させるという夢を持った。しかも、そのためにはまず「立派な日本人」としての知性と教養が必要であると考えた。隼人は、ミチエを日本の女学校に入学させることを決意した。

　ミチエは、コロールに日本人向けに設けられたパラオ尋常高等小学校で、8年間の課程を終えた。そして、1939年（昭和14）、日本に渡った。妹ヨシエと共に、日本の学校に進学するためであった。当初は母ロサンが、弟テル

---

[9] ナオヤ氏は、現在、その洗礼名からピーター・スギヤマの名で知られる。2000年末の大統領選に出馬、僅差で、トミー・レメンゲサウ氏（本書序章）に敗れた。スギヤマ一族は、ナオヤ氏のほかにも議員経験者、有力者と見なされている人物がいるため、社会から一目置かれているように思われる。

第5章　恋愛——パラオ人女性と日本人男性の関係

写真 5-2　パラオ尋常高等小学校の写真の中のミチエ —— 1937 年頃
最後列左端の帽子姿がミチエである。

ヤ（四男、3 歳）を連れて付き添った。そして、連絡を受けていた御殿場在住の叔父（隼人の弟）夫婦が、いろいろ世話をしてくれた。

　日本到着後、「まずはお墓参りを！」とのことで、叔父夫婦の配慮ですでにあつらえてあった正絹の着物に袖を通し、墓を訪れた。ミチエとヨシエにとっては初めての着物であり、ミチエはその時の写真を大切に保管している（本章の表紙の写真）。

　次に、入学する学校探しである。残念なことに、公立の女学校はすでに入学試験を終了していた。「今からでも間に合うところを……」と探した末に、名門と言われる私立横浜高等女学校[10]を知り、受験。合格した。

　ミチエの入学式の際、母ロサンは、ハッキリとした正しい日本語で、校長先生はじめ担任の先生方に挨拶した。

　「娘ガ　コレカラ　大変　オ世話ニ　ナリマスガ、ドウカ　ヨロシク　オ願イ　イタシマス」。

この挨拶に、「女学校の先生タチワ　非常ニ　驚イテイマシタ」と、ミチエは誇らしげに、その時の様子を何度も筆者に話してくれた。

こうしてミチエは、日本の女学校で教育を受け、卒業まで果たしたのだが、元々の目的のパリ行きについては、第２次世界大戦勃発のために露と消えた。とはいえ、ミチエの芸術の手腕は確かだったようだ。若き日に描いた油絵は、「当時、高価ナ　値ガ　付イテ、他人ノ　手ニ　渡ッテシマッテ……。今　思ウト、手元ニ　置イテオケバ　良カッタ」と、ミチエは残念そうに筆者に語った。

(4) 戦後の苦渋

退去命令、嘆願、パラオ再渡航

1945年日本の敗戦は、隼人の家族に対して、離ればなれの生活を強いることになった。アメリカ当局の命令の下（もと）、日本人である隼人は、パラオから日本へと強制退去させられた。船は横須賀の浦賀に着き、その後各自が行き先を決定。隼人は、ひとまず御殿場の弟の家を訪問、とどまっていたミチエ、ヨシエと合流した。その後、隼人とミチエ、ヨシエは、東京のほど近くに仮の住まいを定めた。

50歳代半ばの隼人は、毎日早朝に家を出ては、東京丸の内のマッカーサー司令部まで嘆願に行くのを日課とした。パラオでの生活実態の報告書などさまざまな書類を抱え、お百度を踏むかのように日参した。それは言うまでもなく、妻ロサンのいるパラオ、自分が壮年期充実した生活を営んだパラオへと

---

10) 1899年創立の女学校で、現在は横浜学園と改称されている。同校の創立八十年および九十年の記念誌をミチエが所持していることから、ミチエが正規の課程を修了したこと、卒業生として同校の認知を得ていることがうかがえる。

　なお、作家中島敦は、同校で教師として勤めた後（1933-1941年在職）、パラオ、コロールの南洋庁に、内務部地方課の「編修書記」として赴任した（南洋庁長官官房秘書課1941『南洋庁職員録』p.40-41）。縁の重なりが感じられる。

第5章　恋愛——パラオ人女性と日本人男性の関係

戻れるように、許可を得るためであった。そしてついに、その嘆願が聞き入れられる日が来た。1948年初頭、隼人と2人の娘は、ロサンと他の子どもたちの待つパラオに「帰国」できることとなったのである。

再入植の許可を得られずに

　隼人とミチエ、ヨシエは、日本を発ち、まずグアムへ、それからペリリューへ行き、そこで1カ月間待機した。それは、アメリカの係官の仲介のもと、コロールの現地有力者たち（コロール村落の第1位首長たるアイバドルや、他の有力者たち）から、再入植（定住）の許可が下りるのを待つためであった。この交渉は難航したらしい。その後、隼人父子が直面したのは、期待とはまったく異なる展開であった。

　1948年春、隼人父子は、ひとまずコロールの土を踏んだ。長女ミチエにとっては、9年ぶりの「祖国」であった。そこで見たのは、以前とは似ても似つかぬ荒廃したコロールであった。しかも、コロールのアイバドルは、「この村には、日本人が住みついた例がない！」という理由で、隼人本人の入植を拒んだ。隼人一家の願いは、どうしても聞き入れられなかった。

　長女ミチエいわく、隼人は、「もう一度、コロールで花を咲かせたい」と思い、この地での定住を望んだ。しかし、首都コロールでそうした強い望みを抱くことは、現地の有力者にとって警戒心の募る事態であったようだ。ミチエは語った。「コロールノ　ハイチーフ［アイバドルのこと］ワ、以前ノ　父ノ　活躍ヲ　知ッテイルノデ、ソノ分　恐レテ、入植ノ　許可ヲ　クレナカッタノデワ　ナイカ？　……これが母の出身地アルモノグイだったら、許されていたのでは？」[11)]。

　結局隼人は、子どもたちと妻をパラオに残し、一人、失意のうちにパラオを後にすることになった（せっかくの「お百度参りの恵み」は、他の日本人に与えることになったという）。

　日本へ帰国後、隼人は、妻と子どもたちに毎日まいにち手紙をよこした。

妻を慰め励ますために、また子どもたちに対して、「母によく仕えるように、母をいたわり、守るように」と諭すために。それは、いつも、隼人らしい毛筆の美しい手紙であった。筆者自身、今もミチエの手元に残る何通かの手紙を、実際に見せてもらった。さすが代書人、と思わせる素晴らしい筆跡。しかし、それにも増して胸を打つのは、文面である。妻を思い、子らをいたわる心がにじみ出ているその文面は、まったくの他人であるはずの筆者でさえ、涙無くしては読み通すことができないものであった。

妻ロサンは、最愛の人との暮らしが不可能になったためであろう、悲しみのあまりアルコールに手を染め、その後、早死にしてしまった。これを知って、隼人の嘆きも、一通りではなかった。隼人もまた失意のうちに、1956年4月21日、64歳で他界した。

戦争の傷は、戦地において強烈であるが、それにとどまるものではない。殺戮の場に巻き込まれなくとも、当事国の政治的判断のもとで、かけがえのない青春時代、かけがえのない家庭生活、かけがえのない交友関係を乱され、決定的なダメージを受ける場合がある。その一側面をかいま見る思いがする。

娘ミチエにとっての父：戦前の華やかさと戦後の苦しさ

ミチエの声が弾むのは、戦前の思い出を語るときである。

「父ワ 『新シイモノ好キ』 ダッタノデ、写真ワ タクサン アリマシタ。……でも、雨や、パラオ特有の湿気で、ダメになってしまって……」と、残念がる。それでも、数枚の写真がミチエの手元に残っている。戦前の隼人のトレードマークとも言える蝶ネクタイ姿の写真（296頁、写真5-1）。

「いつでも、どこでも、蝶ネクタイをしているのは必ず父なの。父だけなの

---

11) たとえば清田利三郎（第6章トシオ・キョータの父）、その友人中村善七の場合は、1950年代半ば、アメリカ当局からの特別の許可として、それぞれバベルダオブ島アルモノグイの妻子の所、ペリリュー島の妻子の所に住まうための永住許可を得た。

第5章　恋愛——パラオ人女性と日本人男性の関係

写真 5-3　ミチエの育ったコロール自宅での弟たち
客間の一隅であろう。掛軸、当時日本でも珍しかったオルガン、竹久夢二の表紙絵の歌本などが見える。品格を重視した生活ぶりがうかがえる。

よ！」。ミチエは目を輝かせ、昔を懐かしむ。母の写真、弟たちの写真もある。

「新しいもの好き」の隼人は、パラオと日本との間に初めて電話が開通した時、早速パラオから、日本で勉学中のミチエに宛てて、電話をかけてきたという。

「ソレガ　ナント　卒業式ノ　当日ダッタノヨ。……思いがけない父の声に、驚きと喜びで、決して忘れられないわ！」とミチエは感極まる。

さらに時代はさかのぼるが、ミチエがパラオ尋常高等小学校に通っていた頃（1930年代初頭）、日本から自転車が輸入されると、隼人は、早速ミチエのためにそれを購入した。ミチエは、颯爽（さっそう）と髪をなびかせて、コロールの町を走った。その姿はコロール中、知らない人はなかったようである。筆者のインタビュー時、75歳を超えていた彼女は、周囲から、なお「ミッチャン」の愛称で呼ばれていた。

他方ミチエは、戦前の父の教育方針のために、戦後は苦い経験に直面し続けてきた。それは、早逝したミチエの母が、母系社会パラオにおける首長の娘であったことに深く関係している。戦後、パラオの人びとの手に自治が戻ってきたとき、ミチエは、首長の氏族を率いる者として、すなわち、由緒あるタイトル（現地語でドゥイ dui）を継ぐ者として、ふさわしい振る舞いをすることを一族からも社会からも期待されたが、それに応え尽くすことは極めて困難であった。ミチエは、日本語を美しく使いこなすことはできても、パラオ語は

第2節　ロサンと実業家・杉山隼人の家庭（1920年代）

十分には使いこなせない。むしろ「片言の域を出ない」という批判を浴びたという。また、パラオの「シュウカン（習慣）」と総称される伝統的諸行事についても、分からないことが多すぎる。家庭の外でも中でも決してパラオ語を使わないという父の方針は、ミチエの人生において、大きな負債となったと言える。ミチエは、今なおドゥイを持つ者として直面している苦しさについて、その一部を、筆者にそっと漏らした。

　ミチエは、次女の家族と共に静かに暮らしてきた。またミチエの長女は、名を「ヒバリ」という。ミチエの日本に対する思い入れの深さに、ほほえましさを感じると同時に、胸の痛みも感じるのは、筆者だけではあるまい。

第5章 恋愛——パラオ人女性と日本人男性の関係

第3節　カトゥーナと研究所員・島津久健の思慕　（1930年代）

　本節では、1934年設立のパラオ熱帯生物研究所（同研究所については、第3章ヴェロニカの項も参照）を舞台とし、あるパラオ人女性と日本人研究員との間で思慕が募りつつも、その関係が途絶えざるをえなかった、という例について記述する。2人の関係については、研究所側の目線から、部分的に記述されたものがすでにある（荒俣宏1991など）。しかし本節で意図するのは、現地の女性の側に寄り添った記述である。

(1)　パラオ熱帯生物研究所の側から

　パラオ熱帯生物研究所において、研究員は、現地女性と交際しないことを求められた。荒俣（1991 [1996]: p.346-348）の記述部分を引用する。

　事実、畑井［新喜司研究所長（引用者注）］*は研究員が現地女性と関係を結ぶことを極度に嫌った。また南洋庁の方針も、パラオ人と日本人との性交渉や、ましてや婚姻を、政策的に好ましからぬ行為と見ていた。統治秩序の乱れを懸念したためである。その代わり、本国から流れてきた料理屋の仲居や教員、看護婦などの日本人女性とは、恋愛も大目に見られた。*

　そのような状況下、若い研究員の中に、上官の意向よりも自分自身の主義主張に合うかどうかを優先させて生きようとした人物がいたという。その人物の名は、島津久健。男爵島津健之助の「嗣子」たる久健は、1935年に東北帝国大学理学部を卒業、1937年5月から1938年4月までパラオ熱帯生物研究所の研究員であった（東北帝国大学編1937: p.514、元田茂著, 大森信編1996:

306

p.37)。彼は、パラオの魅力的な女性と知り合うと、人間として対等につきあうという主義主張の下で、交際をしたという。そして、後に問題視された交際の相手が、現地の首長の娘カトゥーナであった。荒俣 (1991 [1996]: p.348) は、島津がカトゥーナと交際したことを次のように記している。

> 中にはごく例外的に、パラオ女性と関係を結んだ学者もいた。中でも畑井を激怒させたのが、島津久健という学習院出の男爵であった。
> この人物は人種差別を否定し自由主義を信奉する人だったらしく、恋愛も平等を建前とし、堂々とパラオ女性を研究所に引っぱりこんだ末、酋長［原文のまま］の娘とも恋に落ちたという。そのため畑井の逆鱗に触れ、「島津の論文は紀要に載せるな」とまで厳命し、早々に本国へ帰してしまったという。

島津の交際は、当時の研究所関係者にとって強く印象に残る事柄であったらしい。堀良光は、戦後の 1980 年の時点で、研究所関係者の同窓会誌『岩山会会報』において、次のことを思い出して書いている。島津が現地の首長の娘を官舎に「連れ込んだ」こと。官舎は個室ではなかったため、隣のベッドの羽根田弥太が困らされたこと (坂野徹 2016: p.138–139, 157, 162)。また、元研究員の元田茂は、その随想集において、淡々とながら次のように記しており (元田茂著, 大森信編 1996: p.83–84)、この件のインパクトの強さを示している。

> 島津さんと私は［私、つまり元田茂の帰国直前の］十日間一緒にいただけにすぎない。［中略］島津さんが酋長［原文のまま］の娘カタリーナ［カトゥーナ］を寵愛するようになったのは、ずっと先のことである。私は三十年後（昭和四十三年十一月）パラオを再訪したとき、老婆になったカタリーナをみた。

先述の荒俣の書きぶりによると、島津は、一人ならず現地の女性に接近し、さらに首長の娘カトゥーナを相手に、恒常的関係を念頭におかない一時的恋

第5章　恋愛——パラオ人女性と日本人男性の関係

愛を楽しんだかのように見える。しかし、本当にそうだろうか。

　次項で示すように、筆者は、偶然にも当のカトゥーナさんに直接お会いし、お話を伺う機会に恵まれた。そして彼女において、荒俣が、また研究所側の人物が書き記す雰囲気とは相当異なる経験が存在していたことを知った。以下は、カトゥーナの話に基づく記述である。

(2)　カトゥーナの語りから

写真 5-4　歩行困難の中、コロール教会のミサに久々に参列したカトゥーナ

　筆者は、2001年8月15日、コロール教会の特別のミサに参列した。この日は、カトリックでは被昇天（イエス・キリストの母マリアが、神の力で天に上げられたこと）のお祝い日にあたるからである。実はこの日、カトゥーナさんも——普段は教会までの交通手段が無くなかなか来られないのだが、送迎の便を得られたらしく——歩行器を用いながら参列していた。

　筆者は前日、荒俣（1996）の熱帯生物研究所の話（中でも、島津と「首長の娘」の話）を読んだばかりであった。ミサ後、ヴェロニカ・カズマさんに会った。ヴェロニカは、自宅が熱帯生物研究所の跡地にあるという人物である。筆者は、唐突とは思いながらも、荒俣の本を見せ、「首長の娘との恋」の話をした。するとヴェロニカは、さらりと答えた。「ソウヨ。ソノ話ワ　本当デス。アノ人ガ　ソウヨ。話シテ　ゴラン」。

　筆者は、破局に至った恋愛の話題であるだけに、ためらった。しかし、ヴェロニカのあっさりした口調に後押しされ、また、これを逃すと他に機会はないとも思い、勇気を出して、歩行器にもたれるカトゥーナに話しかけた。そしてその場で、1時間近くも、しみじみと思い出話を伺うことになったのである。

第 3 節　カトゥーナと研究所員・島津久健の思慕（1930 年代）

　カトゥーナは、何の悪びれるふうもなかった。筆者も、おかげでまったく違和感なく、まるで知り合いの日本のおばあちゃんと話すといった雰囲気の中で、話は進んでいった。彼女は 1918 年（大正 7）11 月 14 日生まれ。インタビュー当時、誕生日が来れば満 83 歳というお歳であった。

　カトゥーナは、毎日のように研究所に通ったと話した。研究所は、横手にある小さな入り口のドアを開けると、右手前に電話が置いてあった。中には研究員たちの机が並んでいたが、たいていの場合彼らは外にいて、机に向かって仕事をしている人は少なかった。電話は入り口のすぐ近くだったので、自分が行っている時には電話を取り継ぐようになった。時には奥まで入って、お茶を入れたりもした[12]。つまり、日々、事務員のような役回りを務めたというのだ。

　カトゥーナは、研究所に着くと、必ず挨拶をした。1937 年頃のことで、当時 19 歳、公学校で日本語を学んでいたので、言葉を交わすことができた。

写真 5-5　パラオ熱帯生物研究所
現在も跡地に残る門柱と、跡地脇の自宅から出てきたヴェロニカ　　1930 年代当時の建物と門柱

---

12) 元田によると、1935 〜 1938 年頃、研究所の傭人は 2 〜 3 人（山城君、山川君、後に金城君）、皆沖縄出身の男性であった（元田著，大森編 1996: p.72）。坂野によると、数人のパラオ人（カナカ族）を雇用していた（時期は不明。坂野 2016: p.138）。カトゥーナが来ることが日常化したとき、おそらく彼女は、出入りする唯一の女性であり、おのずと電話番、お茶くみなどの役回りとなったと考えられる。

第5章　恋愛——パラオ人女性と日本人男性の関係

研究員たちとある程度の会話を交わすこともあり、次第に、毎日のように行くようになったという。とても楽しかった、と彼女は回想した。

　筆者は、カトゥーナの話を自分の経験に置き換えてみた。欧米人を見かけると、多少ながら知っている英語を使いたくなって、話しかける。通じると、うれしくてたまらない。彼女も、最初はそんな気持ちで研究所を覗いたのかもしれない。研究員たちと言葉を交わすことができた喜びで、次第に頻繁に、足が向かうようになったのかもしれない。他方、若い研究員たちも、日々訪れるようになった訪問者に対して、疎んじるというよりは、足元に咲いた小さな花のように、あるいはさわやかな風が、そっとそばを吹きぬけるのを感じるように、心地よいものとして、受けとめていたのではないか？（その2年ほど前には、公学校生のヴェロニカが出入りし、「昨日採ったチョウチョや虫たちが、きちんと標本になっていて、その下には、私の名前がちゃんと書いてある」ことに心躍っていた）。

　そしてカトゥーナは、島津久健と親しくなった。

　カトゥーナは筆者に対して、島津が日本へ急に帰国しなければならなくなったこと、その際聞かされた理由のことを、細かく説明してくれた。それを聞くと、島津がカトゥーナをいかに気遣っていたかがうかがわれた。いわく、父親が重い病気にかかり、長男である自分にどうしても戻ってきてほしいという知らせが来た。弟が1人いるけれど、島津家は、パラオのドゥイ（位、タイトル）のある家のように格式ある家柄なので、長男としての責任がある。戻ってみないと実情は分からない。できることなら、必ず、すぐに戻ってくるつもりだ。しかし、船で4カ月かけて帰るので、すぐ戻るとしても8カ月はかかる。そこで、もし1年待っても自分が戻って来なかったら、パラオへは戻れなくなったのだと思って、パラオの人と結婚してほしい、とのことであったという。

　実際の事の次第としては、次のことが確かめられる。島津久健の父健之助は、1937年8月に死亡。1938年には、久健が跡を継いで男爵となっている（華族会館編 1937: p.242, 1938: p.174）。久健の研究員としてのパラオ滞在は

第3節　カトゥーナと研究所員・島津久健の思慕（1930年代）

1937年5月から1938年4月まで。つまり、パラオを離れる時点で父はすでに亡かったという点では、カトゥーナへの語りにつじつまの合わないところがある。だが、「長男としての責任」を考え、父の跡を継ぐためにやむをえず日本に戻るという点では、本心を語っていたと思われる。

カトゥーナは、1年間待った。島津は戻って来なかった。そこで彼女は、言われていたように、まもなくパラオの男性と結婚した。「幸イ、子供ワ　ナカッタノデ……」とカトゥーナは筆者に語った。パラオの男性との結婚後も、子どもはできなかった。

さらにカトゥーナは、筆者に対して、最近の出来事として次のような話もした。それは、島津が、人を介して示した心遣いに違いない、とのこと。いわく、近年、自分の消息を訪ねて、ある日本人が来た。自分はちょうど外出中で直接には会えなかったけれど、実際に会って話をした近所の人が、伝えてくれた。その日本人は、ある人から頼まれてカトゥーナの安否を尋ねてパラオまで来たということで、「元気に暮らしているならそれでいい。よろしく伝えて」とのことだったという[13]。この話をする82歳のカトゥーナは、確信に満ち、しかも穏やかな様子であった。筆者は、カトゥーナの希望的憶測ではないかと思う一方で、確かに島津の使いの者だったに違いないとも感じ、何度も頷いた。

話が終盤にきて、カトゥーナは涙ぐんだ。筆者は、あわてて詫びた。かなわなかった恋愛という非常にデリケートな話題であり、できる限りの配慮をしたつもりではあったが、大変申し訳なかったと思ったからである。しかし彼女からは、思いがけない言葉が返ってきた。「若イ　日ノ　心地ヨイ　思イ出ヲ、思イ出サセテ　クレテ　アリガトウ！」。

礼の言葉に加え、電話番号まで教えてくれた。彼女がそれほどまでに、心

---

[13] 筆者が話を聞いた時点では、1、2年前という印象であった。しかし、もしかすると、前述の元田の随想集に登場する「昭和四十三年」（元田著，大森編 1996: p.84）のことかもしれない。

第5章 恋愛——パラオ人女性と日本人男性の関係

からの話をしてくださったことに感謝した。

このカトゥーナと島津の関係を、どのように捉えたらいいのだろうか。互いに信頼して待つこと。一定期間を経たら、あきらめて別の人生を歩むこと。それを約束できる間柄だと信じること。その背後には、互いの対等さという前提があると言えるだろう。こうした関係が成立したという事実に、救われる思いがする。

カトゥーナと島津の間には子どもがなかった。子どもがいたら、どうなったのだろうか。おそらく、第1節で紹介したコウイチロウの母やシゲオの母のように、父の思い出を子に語り継ぎながら、懸命に育てたのではないか？ それを可能にするような真摯な交流が、2人の間にはあったのではないか？

そう考えるとき、むしろ問題視されるのは、荒俣の書における書きぶりである。「堂々とパラオ女性を研究所に引っぱりこんだ末、酋長［原文のまま］の娘とも恋に落ちた」（荒俣 1991 ［1996］: p.348）という表現は、読むにつけ、胸が痛む。興味本位の関心や、現地の人びとへの偏見は、かつての流行歌「酋長の娘」にも共通することになる。厳に慎みたい。

・・

本章では、日本統治時代、日本人男性とパラオ人女性の間に生じた真摯な関係に焦点を当てた。本章を読む前に、読者はこれらのことを想像していただろうか。

日本人の夫と現地の妻。有能な女性（ロサン）が、甚大な努力を通して、「立派な日本人」を育てる母へとなり切ったことを。戦後パラオを退かざるを得なかった夫（隼人）が、自らの再起を望む思いからではなく、現地に残る妻と子をいたわる思いから、手紙を書き続けたことを。

日本人の青年と現地の乙女（島津とカトゥーナ）。できれば別れたくはなかった。しかし別れざるを得ない可能性を認識した。そして、相手が別の異性と家庭を築くことを見据えつつ、なお相手を思いやり続けたというありよう

第3節　カトゥーナと研究所員・島津久健の思慕（1930年代）

のことを。

　植民地支配とは、そうした真摯で具体的なはずの関係を、一律のイメージへと押し込めるものである。たとえば、日本本土で流通したような、現地女性が性的に放縦で気楽に生きているというイメージ。また現地在住の植民地官僚らが抱いたような、現地女性の性的傾向のために統治の秩序を乱されるというイメージ。いずれにしても、日本人側が政治的・文化的に圧倒的優位に立つはずだという前提のもとでのイメージである。そして、こうした前提やイメージにそぐわない場合、「臭いものに蓋」と言わんばかりに、現実そのものに対して変更が求められた。何とか真摯に生き続けている個々人に対して、無慈悲にも、また無頓着にも、決定的な別離がもたらされることがあった。

　日本の敗戦後、杉山隼人がパラオ、コロールの妻や子たちのもとに戻れなかったことは、こうした別離の延長線上の事柄である。隼人とロサンの関係は互いに真摯なものであったが、家庭内で日本語のみを使うという家族のあり方は、植民地支配の秩序を刻み込んだものであった。コロールの首長たちが隼人の再入国を拒否したのは、時代が変わった以上、そうした秩序から脱却しなくてはならないという強い思いのあらわれであったと思われる。そして皮肉にも、ミチエのように日本植民地期にまだ子どもだった人物が、当時のツケを背負いながら、戦後の長い時間を生きることになった。パラオ人、しかもドゥイ（位）を継ぐ立場であるにもかかわらず、パラオの言葉にも慣行にも通じていないという苦しさの由来をたどるならば、ほかでもない、日本の植民地支配に行き当たることになる。

　かけがえのない具体的な関係と、それらを見えなくしてしまう圧倒的に大きな暴力。その前で、私たちはどうすればいいのだろうか。まずは、一人ひとりの人間を、一つひとつの発言を、丁寧に見据えていかなければならないだろう。現地の女性たちの、心楽しくも切ない思い出に、落胆に、未練に、接した者として、強くそう思う。

第 6 章

戦争 ── 軍属として、民間人として

バベルダオブ島アルモノグイに残る日本軍の砲台
筆者を案内してくれたキョータの長女アサコ（手前）と、戯れる孫たち。

第6章　戦争——軍属として、民間人として

「僕タチノ　青春ワ、軍歌ヤ、日本ノ歌ナンデス」。

筆者が出席させてもらった公学校補習科の同級会（2003 年）でのことである。酔いとともに数々の歌が飛び出したが、それらはどれも、日本の歌であった。しかも、その歌の多くが軍歌であった（同級会の出席者は、男性と女性がほぼ半数ずつであった）。

「コレダケワ、話サナイト、死ネナイ」。

そう話すのは、アンガウル島に生まれ育ったマチアス・アキタヤさん（本章第1節）。アンガウル島は、1944 年秋ペリリュー島と同時に、日本軍が「玉砕」と呼ぶ大敗に至った地である。

当時 15 歳のマチアスは、疎開できずにアンガウル島に取り残された現地住民たちのうちの一人であった。日米激戦の中、自分たちの判断で洞窟に潜み、かろうじて戦火を逃れた。マチアスの話では、激戦の終盤、日本兵は次第に追い詰められ、後退を重ねた結果、最後にはマチアスたちのすぐ近くに潜んでいたという。マチアスが「話サナイト、死ネナイ」というのは、その想像を絶する恐怖の体験と、日本軍の敗退後に訪れた、拍子抜けするほどの平穏についてである。

1941 年 12 月 8 日、日本はハワイの真珠湾を奇襲攻撃し、同時にマレー半島にも上陸して、太平洋戦争が始まった。そして日本は、短期間で、東南アジア全域にまで支配を広げたかのように見えた。しかし、1942 年 6 月のミッドウェー海戦で、日本軍は海軍力に壊滅的な打撃を受け、その支配地域を守る力は失われていった。パラオは、首都コロールが日本海軍の重要な基地となったことから、西方フィリピン戦線の状況と連動して、連合軍側からの攻撃の対象となった。特にペリリュー島、アンガウル島は、日米の両軍が激しい地上戦を交える場となった。

本書でこれまでに登場した人物の誰一人をとっても、この戦争に翻弄され

なかった人はいない。その戦争経験の一部は、これまでにも記してきた。その上で、戦争の経験は、人それぞれに相当多様であることにも注目したい。軍属のような形で戦争に能動的に関わることを迫られた人びと。看護や激励の役に回った人びと。避難した人びと。その中でも、一方で、幾度となく疎開を迫られた人びと、他方で、疎開すらできずに取り残された人びと。しかも、こうした多様さの一方で、パラオの人びとの多くにおいて、共通する無念さのようなものも見いだされる。本章では、パラオの人びとの戦争をめぐる経験を、多方面から浮かび上がらせたい。

　第1節に登場するのは、日本人男性と現地女性の間に生まれた「二世」の男子3人である。それぞれ、日本人向けではなく現地住民向けの公学校に通った上で、日米開戦を迎えた。そして現地住民として、日本人の兵隊や民間人とは異なる待遇に直面したことの記憶である。第2節は、女子3人の戦争経験である。看護婦として、憲兵隊傭人として、また兵舎脇の住民、後に疎開者として、日本兵たちに直接的に接した3人である。第3節は、特に過酷な戦争経験をもつことになったパラオの若者たち、中でも「挺身隊」と呼ばれる部隊に属した男子3人の話である。

　現地の若者たちは、戦争を通して、日本による統治をどのように捉えたのだろうか。また、戦争が終わった後において、その経験をどのように反芻（はんすう）しているのだろうか。彼・彼女らの声に耳を傾けたい。

第6章 戦争――軍属として、民間人として

第1節 「二世」男子の戦争経験

　本節に登場する日本人「二世」の男子3人は、戦時下に日本人の兵隊の傍らで、現地住民の軍属または民間人として過ごした。そして、日本人と現地住民との待遇の違いを身にしみて感じることになった。その思いは、自らの父親を日本人と知ればなお、痛切なものとなったようである。
　(1)で挙げるコウイチロウ、(2)で挙げるシゲオの出生については、前章第1節で示した。彼らの父は日本人官吏で、彼らの出生を理由にコロールから遠地へと異動させられた。彼らは、コロールで現地住民向けの「公学校」に通った後、戦時は見込まれて、日本軍の軍属となった。
　(3)のマチアスの場合、父は日本人の民間人（アンガウル島の「燐鉱開発株式会社」の従業員）であった。父の戸籍に入って、日本人向けの「アンガウル尋常小学校」に通うという選択肢もあったが、現地住民である母は、戦争の気配を感じ取り、それを拒んだ。彼は、現地住民向けの「アンガウル公学校」に通った後、戦時は疎開の機会を逃し、やむなく島内の洞窟に潜んだ。

(1)　各村選抜の軍属として　――　コウイチロウ・ワタナベ

　コウイチロウ・ワタナベ（Koichiro Watanabe）は、1928年10月6日生まれ。姉のトモミ（1925年7月29日生まれ）と共に、コロール生まれのコロール育ち。日本時代に「江戸っ子」と呼ばれた都心育ちである。筆者のインタビューに際して、「私タチワ、　江戸ッ子デス」と、2人とも笑いながら胸を張った。以下に示すのは、コウイチロウが、コロール公学校の本科と補習科を終えた1938年3月以降、経験した事柄である。

農業実習という名の食糧増産

　コウイチロウは、コロール公学校の補習科を終えた後、半官半民の「南拓農業訓練所」に2年間通ったという。実際には、「農業訓練」「実習」という言葉を使うのもはばかられる、食糧増産の場であったようだ。コウイチロウは次のように語った。

　「『実習』ト　言ッテ、芋ヤ　野菜ヲ　毎日　作ルンデス。……それを、コロールとバベルダオブにいるたくさんの日本の兵隊さんたちに分けるんです。兵隊さんは、作る時間もないし、作り方も知りません。僕たちが、作っては持って行くんです」。

　「あら……。自分たちの食べる分はありましたか？　本当は、良い物は全部渡してしまって、パラオの人たちが食べたのは、屑のような小さなお芋や、虫の食った葉っぱだったんじゃないの？」と筆者。

　「ハハハハ！　本当は、そういうことでした。僕たちはスコーシ（少し）だけ。そして、あまり良くできていないものをね……」。

　その後、戦局は悪化した。

　「パラオに初めての空襲がありました。何年かなあ？　皆が『3月の空襲』と言うんだけど［1944年3月30～31日］。その時、みんなはまだ学校にいたけど、僕1人だけ避難して、祖父母のいる、［コロールの隣村である］アイライの端にある家まで、逃げました。1人だけ、一番先に逃げました（笑）」。

各村選抜者は日本兵のための食糧輸送班員に

　3月の空襲の後、各村において、村長（旧慣上の首長で、南洋庁によって任命を受けた者）から、特定の若者たちが選ばれた。全員合わせると30人ほどであった。コウイチロウも、これに選ばれて加わった。初めは、何のために選ばれたのか分からなかったが、「後デ　分カッタンデス」とコウイチロウは言う。「タブン　南洋庁カラノ　指示ダッタト　思ウンデス。……日本軍の兵隊さんのための食糧輸送班だったんです」。1944年のこと。コウイチロ

第6章　戦争——軍属として、民間人として

ウは、15歳で軍属として徴用されたことになる。

　輸送班での最初の仕事は、イモ運び。バベルダオブ島の南部で行った。アイミリーキにあった日本人入植地の一つ「瑞穂村」から、野戦倉庫のあったガスパンまで(地図6-1参照)、主食となるキャッサバやサツマイモを運んだ。一人一回約25キロ分のイモを、畑で袋に詰め、はかりに載せて計量し、その重さを書いてから運ぶ。ガスパンに着いたら、また計量して調べる。それはもちろん、途中で減っていないかを確かめるためであった。

　25キロのイモを肩に担いで遠路を歩くのは、若者の足といえども、とてもきつかった。道中疲れて休み、また担ぐ。疲れて休み、また担ぐ。この繰り返しである。休みの後、その重い荷を持ち上げられない。そのうち、休むときは〈荷物を下ろさず、担いだまま、その重みを土手などに預ける〉というコツを身に付けた。

　こうした「輸送」を行うのは、昼間ではない。機銃掃射を受けないためだ。瑞穂村を夕方6時に出発し、深夜11時30分くらいに目的地ガスパンに到着する。そして計量後、コウイチロウたちは、森の中にある兵隊たちの宿営で仮眠をとるのであった。この仕事は1年間ほど続いた。

　次に、ヤシの実運びも行った。これは、バベルダオブ島の北部のガラルドで行った。毎日、1人100個のヤシの実を、ジャングル内で集めては、西の波止場であるガボクズまで運んだ(地図6-1参照)。初めは東のウリマン地区でヤシの実を拾っていたが、そのうち拾い尽くしてしまい、徐々に北上して、最後には北端近くのアコールまでヤシの実を拾いに行った。アコールまで来ると、波止場のガボクズまでは遠く、担いで持っていくことはできない。海を利用して運ぶことになる。海の水にヤシの実を浮かせ、操りながら、アカラップという東の波止場まで運んだ。そして西のガボグズまでは担いだ。コウイチロウは地図を示しながら、次のように説明した。

　「海で運ぶんです。100個のヤシの実を、森の蔓草で作ったロープで、一個一個繋いでいきます。そして長いヤシの綱のようになったもの[特大の数珠

のようなもの〕を、海に出します。そうすると、ヤシの実は浮かびますからね。これを、ちょうど丸一日かけて、昼と夜で、海の岸辺伝いに、引っ張って運びます。運ぶ時は、ちょっと引き潮の時がいいんです」。

引き潮の時は、岸辺の岩が見えるし、浅瀬を歩いて行けるので、その長いロープをうまく操れたそうだ。しかし満ち潮の時は、骨が折れた。

「私はね、背が低いから、満ち潮の時は、足が海岸の底の地面に着かなくなってしまうんです。だから、自分自身も泳がなきゃいけないんです。泳ぎながら、そのヤシの実のロープを引っ張るんです。だけどね、途中で、見えない

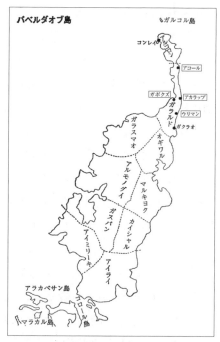

地図 6-1 バベルダオブ島における輸送班員コウイチロウの任務の地域（青柳 1985: p.284 に基づいて作成）ヤシの実運びは、当初はウリマンからガボクズへ。後にはアコールからアラカップを経てガボクズへ。

岩山にロープが引っかかってしまって、動かなくなるんですよ。昼と夜かけて、やっと着いて、アカラップで陸に揚げて……。今度は、西のガボクズの波止場まで、担いで持って行きます」。

「ソリャ　大変ダ！　大変ダッタネー！」。

この話を初めて聞いたという姉トモミは、思わず、いたわりの言葉を挟んだ。後述するようにトモミは、当時日本内地にいたため、弟の苦労の細部についてはまったく知らず、その後も話を聞くことはなかったようである。このときトモミは涙さえ浮かべていたのを、筆者は見た。

第6章　戦争——軍属として、民間人として

🐚 ヤドカリのヤシミルク煮 🐚

　「輸送班ノ　時ニワ　食べ物ニ　苦労シマシタネエー。……きつい仕事で腹はすくし、兵隊さんからもらうお米は、ほんのスコーシしかない。そこで、サツマイモの葉っぱなんかを入れて量を増やして食べました。でもおかずには困りませんでしたね、自分たちは魚を捕りますから」。

　コウイチロウは、日本兵のためにイモなどの主食を運ぶ一方で、自らは主食に困った様子を語ったが、他方で、楽しかったという思い出も語った。

　「ガラルドの砂浜には、小さなヤドカリがたくさんいるんです。そこで、ヤシの実を集める最中(さいちゅう)に、実を1つ割って、木の根元に置いておきます。1時間ぐらいして見に行くと、ヤドカリがイーッパイ、たかっているんです。もう、イーッパイ、イーッパイ！！　それを集めて飯盒(はんごう)に入れて、海の水で洗って、洗って、ヨーク（良く）洗って。またもう1つ別のヤシの実を割って、中の白いところ（胚乳の部分）を、貝殻でこすって、こすって。綿のように真っ白なそのチップ（砕片）を手で絞ると、ヤシのミルクが出てくるんです。そのミルク（ヤシミルク）をかけて、ヤドカリを煮るんです。それが、とってもうまい！　ありゃあ、おいしいんですよ、ヤドカリは！」。

　コウイチロウにとって、この「ヤドカリのヤシミルク煮」とでも言う料理は、苦しいヤシの実拾いの作業の中での、ささやかな楽しみであったようだ。これを話す時のコウイチロウは、語気も強く、しぐさつきで、顔も輝いていた。ヤドカリは身があまりないものとされているが、コウイチロウは、身を抜かず、丸ごと全部食べたと話した。下の方は、はらわたが入っていて特に美味であったという。あんまりおいしそうに話すので、筆者はあえて聞いてみた。

　「それは、兵隊さんには教えないの？」。

　すると、コウイチロウは答えた。

　「兵隊さんたちは、ヤシの実拾いはしません。拾うのは、僕たち島民だけです。それに僕たち、何も教えなくていいんです。早くしないといけないし。もうヤシの実を取ることと、運ぶことで頭がいっぱいでした」。

筆者はさらに聞いた。

「日本の兵隊さんは、ヤシの実をジュースとして飲むんですか？」。

「いや、違う。飲むんじゃなくて実を食べるんです。落ちたヤシの実だから、〔熟れていて、すでに液体胚乳は無く、固体胚乳なので〕中身を食べるんです」「僕たちは、集めたヤシの実を、長い波止場に揚げて、一列に並べて置きます。そして晩のうちに帰ります。あくる朝、まず軍の飛行機が飛んできて、着陸寸前、並べてあるヤシの実に接触して、全部バラッと、実〔堅いヤシの実の殻〕をつぶすんです。そこへ兵隊さんたちが来て、その割れた実をもって帰ります。そして、白いところを削って油を搾り〔原料として利用し〕、そのかすを、他のものと混ぜて焚いて食べるんです」。

日本の兵隊たちの食生活も、良かったとは言えない。しかし、コウイチロウたちの胸の内は、ヤシの実をめぐって、特別にむなしかったことだろう。現地で育った彼らは、ヤシの実を、エネルギー豊富な食糧源として扱ってきた。ところが、重労働を強いて大量に集めさせられた上に、原料・燃料として取り上げられる。そして彼ら自身は、少量の米を兵隊から受け取るにすぎない。そうした状況の中で、ヤシの実を、自分たちの知識を用いておいしくアレンジして食するという事柄は、単なる味覚や満腹感を超えて、非常に貴重な満足感の機会だったに違いない。

さて、コウイチロウを含む輸送班の人員は、ガスパンでのイモ運びの時には30人ほどいたが、ガラルドでのヤシの実拾いの時には、15人くらいに減っていた。過酷な重労働のために、多くの人が、自分の村に逃げ帰ってしまったという。コウイチロウと同郷のアイライ出身の若者たちも、3人だけとなっていた。彼らは、「選ばれた」ことを誇りと感じる一方で、苦しさ、むなしさも大きかったことが推測できる。コウイチロウは、このガラルドで終戦を迎えた。

戻ってきた姉トモミと焼け跡のコロール

他方、コウイチロウの姉トモミは、戦争の気配が濃くなってきた1941年頃、

第6章　戦争——軍属として、民間人として

日本人である父の親類を頼って日本内地へと渡った（第5章第1節参照）。その後、戦局が悪化し、トモミがようやくパラオに戻って来られたのは、終戦後の1946年、21歳になってのことであった。トモミは言う。

「私ガ　帰ッテキタ　時ニワ、情ケナイ　クライニ、ガッカリシマシタ。……コロールの街は、みんな壊れちゃって、ズーッと並んでいた本通りの建物が、何もありません。以前の日本の建物が、何もなくなっていました。この地図にある、前の郵便局もなくなって……。警防団の建物だけが、半分壊れて残っていましたが……。今の郵便局は、それを建て直したんです。あんなにきれいなパラオが、まったく無くなっていました」。

トモミは、今なお、生まれ育ったパラオの街並みが消え失せたことの残念さを、抑えきれない様子だった。とても穏やかで物静かな彼女が、顔を曇らせ、語気も強く語ったのが印象に残った。

トモミが日本（内地）の親類の間でどのように遇されたかは、聞けなかった。トモミにとって、初対面の人びとと暮らし続けるにあたり、パラオ・コロールの日本風の街並みは、心のよりどころだったことだろう。さらに言うならば、そのパラオにおける日本風の街並みは、パラオ人女性と日本人男性とを両親にもつ彼女にとって、望ましき姿の象徴だったのかもしれない。

戦争の苦しさは、コウイチロウにおいては、軍属の労働の中にあった。それは、空虚さを伴う重労働と、空腹という経験であった。他方、姉トモミにおいては、戦争の苦しさは、日本からの帰国時に集中して表れたとも言える。それは、よりどころとしてのコロールの街並みを失い、自らの存在自体をも、改めて不安定な状態に落とし入れられる経験だったとも考えられる。

(2)　疎開地で召集された軍属として —— シゲオ・テオン

シゲオ・テオン（Shingeo Techong）は、1920年11月11日生まれ。前項のコウイチロウよりも8歳年長である。第5章で述べたとおり、父の庄子成光

は「海軍軍用郵便所」、さらに南洋庁の各地郵便局で所長、局長を務めた人物だが、現地住民である母との交際を理由に遠地に異動させられ、シゲオ自身は、母の元で現地住民として育った。

シゲオの用いる日本語は、文章も筆致も見事である。筆者の知人の中では、日本に留学したコウイチ・オイカングに次ぐほどだと感じられる。彼は、日本語で手紙を書くとき、「庄子成夫」の日本名を使ってきた。彼から手紙を受け取った当初、筆者は、懇意な日本人に代筆してもらっていると思ったほどであった。

以下に記すのは、シゲオの半生と戦時下の経験である。

南洋庁の給仕では飽き足らずに

シゲオは、コロール公学校本科3年、さらに補習科2年を修了した後、成績と人望を認められてだろう、南洋庁の給仕となった。1936年のことである。

シゲオの所属は、当初は拓殖課、その後、南洋庁の組織改編に伴い（1936年12月に改編。矢崎幸生 1999: p.71）、拓殖部となったと記憶する。拓殖部長は高橋進太郎氏、部内のシゲオの配属は農林課であった。また当時の内務部長は堂本貞一氏であったという[1]。

南洋庁給仕の職は、現地住民のエリート職であったが、シゲオは飽き足らなかったようである。彼はもっと勉強したいと思い、サイパンの日本語学校へ、さらには日本内地留学へ、と思い描いた。そして1939年7月、南洋庁を退職、サイパンへと渡った。そこで郵便局長を務める父に会い、日本留学の希望について話した。しかし父は、強まる戦時色から、日本行きを断念すべきだと判断した。シゲオは、翌8月にはコロールに戻らざるを得なくなった。

シゲオは、9月から、再び南洋庁に勤務することになった。今度は土木課の所属で、上水道の修理に駆けつけるオート三輪の運転手であった。1943

---

[1] 『職員録　昭和十二年七月一日現在』（内閣印刷局 1936-1940）において、「拓殖部長、高橋進太郎」「内務部長、堂本貞一」は、共に確認できる (p.717)。

第6章　戦争——軍属として、民間人として

年7月まで、4年ほど勤めた。

　その後シゲオが直面したのは、コロールでの「3月の空襲」(1944年)、バベルダオブ島への疎開、そこでの軍属としての召集である。

疎開地での召集

　シゲオは、「3月の空襲」を23歳で経験した。その後、コロールに住む日本人の多くは日本内地に帰国、コロールに住む現地住民は、バベルダオブ島アイミリーキ村落への疎開を命じられた。シゲオも移動、そして疎開地で召集を受け、日本兵の下で働く軍属となった。

　その地では、日本兵の「照（てる）部隊」が製材の活動をしていた。日本兵が木を切り、人目につかない夜になってから、軍属がそれを運ぶ。シゲオは、昼間活動する日本兵たちの安全を守る「見張り役」を命じられた。大木の最も高いところまで登り、アメリカ軍の飛行機の旋回する様子を見て、作業を中止すべきか続行すべきか、知らせるのである。シゲオが木の葉を立てると「作業中止、即、避難せよ！」、逆に木の葉を倒すと、「避難解除、作業続行！」の合図であった。

　アメリカ軍の飛行機は、午前7時半から午後5時まで断続的に全島を旋回し、爆撃しては帰還する。第1回は午前7時半から9時まで、第2回は午前10時から11時半まで、午後の最初は1時半から3時まで、最後は4時から5時まで、これで終了となる。爆撃機は、時間どおりにやってきて、時間どおりに帰っていく。遅れたり早まったりすることはなかった。「マルデ　サラリーマンノ　仕事ミタイ　ダヨ」と、シゲオは笑いながら筆者に話した。

　日本側は、人が1人やっと入れるくらいの穴、通称「たこつぼ」をたくさん掘っておき、爆撃機が来たら、大急ぎでその中に隠れる。中にうずくまり、ヤシの葉をふた代わりにしてかぶり、じっと耐える。耳をつんざくような爆撃音に身を縮めながら……。爆撃機が去ると、シゲオはまた木に登り、合図をするのだった。この仕事は、日本軍の敗戦まで続いた。

「日本ワ、昭和20年8月15日、ポツダム宣言受諾、無条件降伏。コレデ戦争ワ　終ワリマシタ」。

シゲオはインタビューの最後にポツリと言った。筆者は、彼が、「無条件降伏」という歴史的な語彙をサラリと言い終える様子に驚いた。

シゲオは、その語彙力や記憶力からも分かるとおり、相当の秀才であった。南洋庁給仕の職は、現地住民の中で選ばれた者の職とはいえ、飽き足らず、日本留学を思い描いた。その彼が、日本兵たちの命を守るため、1年以上にわたり、まるで子どものサイン遊びのような、単純、しかも危険きわまりない任務を負わされた。毎日経験する定時の攻撃から、アメリカ軍の余裕の大きさのほどは、つまり日本軍の劣勢のほどは明らかだったことだろう。シゲオは、何を感じていたのだろうか。穏やかな口調の背後に、空虚さ、無念さがにじんでいる。

(3) 疎開できずに取り残されて
── マチアス・トシオ・アキタヤ

マチアス・トシオ・アキタヤ（Mathias Toshio Akitaya, 日本名は秋田谷敏夫）は、1928年9月26日、アンガウル島で、日本人の父とパラオ人の母との間に生まれた。アンガウル島は燐鉱石の採鉱所として有名である。マチアスの父も、日本からやってきて採鉱所に勤めた。

マチアスは、母の強い意思の下で、日本人向け「小学校」でなく現地住民向け「公学校」に通った。マチアスの在学当時、公学校は、小学校に場所を明け渡し、小石の多い場所に移されたという経験をもつ。また日本人の子どもたちから「島民、島民！」と言われ、バカにされているんだ、と分かってきたという経験をもつ（第3章）。とはいえ、父が日本人である彼は、公学校の中にあっても異質視される面があった。以下、マチアスの経験をたどる。

第6章　戦争——軍属として、民間人として

✐ マチアスの身の振り方 ✐

　マチアスは、1937年（8歳の時）、「アンガウル公学校」に入学した。それというのも満州事変の勃発（1931年）以来、母は「戦争によって、二世である息子にも、危険が及ぶのではないか？」と、ずいぶん案じたからだという。日本人向け「アンガウル尋常小学校」の校長、警察の部長、そして父親も、再三説得して小学校に行かせようとしたが、母親は頑として応じなかったという。

　日本人を父親にもつ秋田谷家では、食卓には「ご飯」があり、おかずの点でも一般の現地住民の家とは異なっていた。マチアスは、公学校で「オーイ、ミソシル！」「タクワン！」「ゴハンとタクワン！」などと言ってからかわれた。公学校では、日本人を父親にもつ者は、マチアスの他に2、3人だけであった。

　母は、マチアスが公学校本科3年を卒業する際、コロールの公学校補習科に進ませようとさえしなかった。再び、公学校の先生たち、警察の部長、父親も説得したが、母は納得しなかった。結局マチアスは、公学校補習科の教科書を取り寄せ、自宅で学習し、2カ年を終えたという。

　母の予測は正しかった、とマチアスは捉えている。いわく、パラオにおいて、まず初めに戦争にかりだされたのは、日本人である。次に、日本国籍の二世である。最後に、パラオ人たちも准日本人として訓練を受けるようになった。パラオ、サイパン、トラックなど「内南洋」（または「裏南洋」）の人びとは、ニューギニア、ボルネオなど「外南洋」（または「表南洋」）へと、日本軍から協力を求められて、出征していった。マチアスの友人のうち日本国籍を取得していた二世たちは皆、亡くなったという[2]。

　「モシ　母親ガ、周囲ノ　説得ニ　負ケテ、私ノ　日本国籍ヲ　許シテイタラ、私ワ　他ノ　人ト　同様、今、コノ世ニワ　イマセン」とマチアスは言う。

---

[2] 筆者は、マチアスに対して、どのような背景の人物が、どのようにして日本国籍を取得したのか、確認しそびれた。考えうるケースの1つとしては、日本に妻のある男性が、現地女性との間の子を、実子として届け出る場合が挙げられる。

第1節 「二世」男子の戦争経験

⁂ 燐鉱開発と、村人の苦しさ、出稼ぎ作業員の苦しさ ⁂

　マチアスが公学校低学年の時のことである。上からの命令により、アンガウル島の2つの村である「キタムラ（北村、3集落）」と「ナカムラ（中村、1集落）」の合わせて4集落が、すべて移転させられた。おそらく日本側が、燐鉱石をさらに採掘するために移転させたのではないか、とマチアスは語る。燐鉱石は、それまでもキタムラの一部で掘り出されていた。人力による手掘りとはいえ、地表部分は採り尽くしたらしく、当時からずいぶん深い所まで採掘していた。

　この村の移転をめぐって、マチアスには2つの記憶がある。

　あるとき、村人が、自分の家の片屋根（屋根の半分）をそのまま担いで運んでいくのを目の当たりにした。その光景は、今でも目に焼き付いている。それというのも、指示された村の移転先には、家を建てるための材料は何もなかった。村人たちは、それまで住んでいた自分の家を、壊して、持っていったと考えられる。

　「本当ニ　見タンダヨ！　コノ目デ。今、初メテ　話スノダガ。……子どもであった自分にはよく分からないが、今考えると、それはかなり強い命令の下に行われたと思う。それは、南洋庁長官の命令だったのか？　パラオ支庁長官の命令だったのか？　誰も何も言わなかったので分からない」。

　いまひとつの記憶は、ちょうどその村の移転の頃、マチアスの母方祖父が警察に呼ばれ、ひどく殴られたことである。この祖父は、伝統的首長の1人であり、当時南洋庁パラオ支庁長によってナカムラの村長に任じられていた。警察には、日本人の巡査が1人、パラオ人の若者であるジュンケイ（巡警）が1人いた。祖父を直接殴ったのはジュンケイであった。

　祖父が殴られたのは、村の移転に反対したためではなかったか、とマチアスは推測する。ジュンケイはもちろん、巡査に命じられるままに、心に葛藤を抱きながら年長者を殴ったことだろう。「オ袋［マチアスの母］ガ、トテモ悲シンダコトヲ　ヨク　覚エテイル」とのことである。

第 6 章　戦争——軍属として、民間人として

　以上は、燐鉱開発のもとで、現地の村人が苦痛を受けたことを推測させるエピソードである。他方でマチアスは、燐鉱で働く出稼ぎ作業員についても語ってくれた。
　燐鉱作業員のうち、沖縄の人たちは、「二等国民」と言われながらも日本人ということで、自分たちの思いで自由に住まいを定めることができた。しかし、出稼ぎでアンガウルに来た人たち（南洋群島の他島の出身者と考えられる）は、「燐鉱開発株式会社」が建てた長屋に住んでいた。
　マチアスが 13 歳の頃のことである。長屋住まいの作業員で 30 歳くらいの男が、「友達ニ　ナロウ！」と言ってマチアスに近づいてきた。別にかまわないと思って友達になったら、毎日やって来た。「何カ　用事ワ　ナイ　デスカ？［あったらやりますが……］」と聞くが、そう毎日も無いから、結局その人はぶらぶらしていた。マチアスと彼との共通語は日本語であったが、公学校で日本語教育を受けたマチアスにとって、相手の日本語は、とても分かりにくいものであった。
　その男を通して見聞きしたところ、長屋の食事は、いつも同じ。主食の米はナンキンマイ（南京米）と呼ばれる「マズイ、マズイ飯」（マチアスは筆者に、口元をゆがめて話した）。それがどんぶり一杯。あとは、おかずとして缶詰めの鰯が一、二尾添えられるだけ、との様子であった。
　マチアスの母は、この男が帰るときにはいつも、タロイモ、キャッサバ、野菜などをいろいろと持たせていた。今思えば、この男は、長屋住まいの出稼ぎ作業員たちの長であり、マチアスの家に近づいてきたのは、食糧調達のためだったのだろう。母は、そうした事情を知った上で対応していたのだろう、とマチアスは語った。
　以上は、南洋群島の他島から来た出稼ぎ作業員たちの、苦しい状況が想像されるエピソードである。その作業員たちも、戦局の悪化の中、1944 年には引き揚げたという。

第 1 節 「二世」男子の戦争経験

🖋 戦局の悪化と疎開命令 🖋

マチアスは、15 歳を迎える 1943 年、アンガウル郵便局へ勤め始めた。

1944 年春、戦局の悪化に伴い、南洋庁から命令があった。アンガウル島を離れるように、とのことである。燐鉱開発株式会社の船が何度か来ては、日本人も現地住民も、乗せていった。首都のコロールまで行くことは皆同様である。日本人の場合は、帰国する者もあったし、親戚知人を頼ってゆかりの地へ行く者もあった。現地住民の場合は、バベルダオブ島北部ガラルド村落のガクラオに疎開するように言われた (321 頁、地図 6-1 参照)。

しかし、戦局の悪化は急激であった。まもなく、移動のための船がアンガウル島まで戻って来られなくなった。アンガウルの人びと 400 人ほどのうち 150 人から 170 人ほどが、なんと、島に取り残されてしまったのである[3]。

マチアスとその親族も、取り残された中にいた。もっともマチアスの母は、そもそも日本人官吏や日本軍の指示に従うことについてためらう向きもあった。母方祖父がジュンケイにひどく殴られた事件のことが、ずっと心に影を落としていたようである。

荒井利子 (2015: p.192) は、アンガウルの住民の声として、疎開命令の際、一族の全滅を避けるために、一族の一部があえて島に残る判断をした、という語りを紹介している。島に取り残されてしまったのか、それともあえて島に残ったのか。ともかくアンガウルの人びとは二手に分かれた。未曾有の危険が迫る中で、島に残りたいという思い、日本人に従うのをためらう思いは、確かにあっただろう。同時に、十分な船の便もなかったことだろう。ここで思いを寄せるべきなのは、二手に分かれた人びとが、「一族の全滅だけは避ける」ということを希望するしかないほど、追い詰められていたことである。

マチアスは、母や兄たちと共に島に残ることになった。そしてまもなく、苦しいジャングル生活を強いられることになった。

---

[3] この人数は、マチアスの発言による。アンガウル島に残った住民の人数は、Office of Court Counsel (1995: p.72) によれば、120 人。荒井 (2015: p.192) によれば、約 100 人。

第6章　戦争——軍属として、民間人として

アンガウル戦の中で

　米軍がアンガウル島に上陸するまでの間、米軍の監視役を担うのは、日本兵たちと、島に残った現地住民たちであった。マチアスたちの気持ちは、「日本人ノ　心ガ　移ッタヨウ」になっていた。「パラオ人ダガ、日本ニ　忠義ヲ尽クサナケレバ……」との気持ちに駆られていた、とマチアスは振り返る。

　日本兵たちは、当初、アンガウル島の住民たちが去った後の空き家、学校などに居住した。マチアスたちは、防空壕をつくっていた。爆弾を落とされては、防空壕へと逃げ込む。何度も、何度も。とにかく恐ろしかった。8月には、危険の高まりを感じ、村を離れてジャングル内の自然の洞窟へと移った。

　1944年9月17日、米軍上陸。戦闘が始まると、それまでは許されていた村への立ち入りが一切禁止された。そして、爆撃の恐怖に加え、食べ物の問題が起こった。食糧がない。水もない。

　ただし、若い人がいれば、食糧を取ってくる機会はあった。それというのも、日本兵のための食糧があちこちに置いてあったからである。「リョウマツ（糧秣。軍隊における兵と馬の糧食のこと）」という軍隊用語をマチアスは用い、ウバルにも確認していた。筆者は、辞書によって初めてこの言葉を知った。この食糧は、ただ積み上げて、テントで覆われているだけであった。こうした食糧テントは、マチアスたちが隠れていた洞窟の真上にもあった。その頃米軍は、日本軍を北西の山地部にまで追い詰めていたが、夕方5時には煙幕を張って引き揚げていた。そこで洞窟の住民たちは、あたりが暗くなるのを見計らって、テントの食糧を取りに行くのであった[4]。マチアスの場合は、母が心配して外に出そうとせず、義兄が食糧を取りに行ってくれた。

　水については、日米両陣地の中間に水場があったが、それは燐鉱を掘った時のもので、飲めない。1箇所だけ、自然水が滴り落ちる場所があった。そ

---

[4] 筆者は、何人ものパラオ人から、「あんなにたくさん食糧があったのに、日本の軍部は、兵隊さんたちに食べさせなかった。あんなに痩せこけて骨と皮になっていたのに……」と聞かされた。

こへ、潜んでいる住民の代表とも言える若者が、取りに行く。一夜で、やっとやかん一杯半たまるかどうかというほど、少ししかない水である。それを、洞窟に隠れている全員で分け合うのであった。とても、とても、貴重な、本当の水だった。

米軍のテントは、米兵が引き揚げた後は高圧電線に電気が通じ、触れれば本部に知れ、弾が飛んできて殺される仕掛けになっていた。もっともパラオ人は、その場合も隠れる場所を知っていたので、上手に避けて、死ぬことはなかった。日本の兵隊だけが、その仕掛けにかかって死んでいった。

日本兵は、次第に追い詰められ、後退を重ねた。そして最後には、マチアスたちと同じジャングル内の洞窟に隠れることになった。1944年9月30日、米軍は、島を全面占領するに至った。

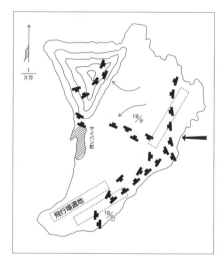

地図6-2 アンガウル島での日米の戦闘——1944年9月

アジア歴史資料センター、レファレンスコードC14010414100「9月中旬に於ける太平洋及南西方面第1線附近の敵情」に基づいて作成。

記載によれば、9月18日（18/9）、米軍は島の「東北角ニ橋頭堡ヲ構築」。19日（19/9）、米軍は「サイパン町東南方ニ進出」。20日、日本軍守備隊は、「善戦敢斗シツツアリ　殊ニ夜間ノ斬込肉攻ハ旺盛ナリ」。

写真6-1　ジャングルで説明するマチアス

第6章　戦争——軍属として、民間人として

🎵 投降の呼びかけの下(もと)で 🎵

マチアスは語る。

10月に入ると、米軍は、必ず午後4時半には爆撃をやめた。そして毎日、放送を行った。

「こちらは少佐。君も少佐なら、男らしく島民を出せ！　島民は、戦争には何の関わりもない！」。

放送では、現地住民たちの名前が次々と読み上げられた。誰が米軍に知らせたか、マチアスたちには大体分かっていた。マチアスたちは毎日、この放送を洞窟の中で聞いた。

この頃、島に残された160人ほどの人たち全員が、洞窟の一箇所にかたまって隠れていた（ヤップ人10人ほど、また日本人の子連れの民間人もある程度、一緒に隠れていた）。それについて、「人数が多すぎて、兵隊さんたちの邪魔になってはいけない……」という意見が出て、2つのグループに分かれることになった。マチアスたちはその場所に残ったが、約半数の80人くらいは、安全に隠れ得る場所を求めて後方へ移動することになった[5]。

移動中の人びとが米軍の目についてしまうことは、十分考えられることであった。彼らは意を決した。カメンボー（当時、よく食べていた小さな乾パン）の布袋を棒きれにかぶせ、白旗まがいのものを作った。そして、最年長のおじいさんと20歳の若者が代表となり、その白旗を振り、固唾(かたず)をのみながら、ゆっくりと進んだ。

彼らは、すぐに見つかり、米軍によって村へと連れて行かれた。

---

[5] これがどの程度、投降の意図を含んでいたか、筆者は聞き出すことができなかった。
　今もパラオに在住する元日本兵、しかもアンガウル戦の生き残りである倉田洋二さんは、筆者に対して次のように語った。日本軍の守備隊長後藤丑雄少佐は、現地の人びとを米軍に投降させるべきだと考えており、某将校を通じて人びとに投降を促した。別れぎわ、人びとは「日本の兵隊さん、サヨウナラ！」と言い、日本の兵隊たちは「ゴクロウサマ！」と言った。自分はこの場面に居たのであり、今もこの時の情景は忘れられない。「これで、サバサバした気持ちで戦える。勝つとか負けるとかではなく……」と思った、とのことである。

その夜、もとの場所に居残っているマチアスたちのところに、彼らのうちの3、4人がやってきた。彼らは、新しい場所のことを、これまでの「恐ろしい」という想定に反して「幸せな場所だ」と感じ、マチアスたちを迎えに来たのだった。そこで翌日、マチアスたち残り半分の人びともジャングルから出た。1944年10月8日のことである。

マチアスたちは、一緒に洞窟に隠れていた日本人（20人ほどか？）に対しては、一緒に出るよう声をかけるべきかどうか、迷った。郵便局の局長や課長の奥さんといった日本人7人は、米軍に対して投降した。ただし、衰弱のために動けなかったのか、出てこなかった女性たちもいた。また洞窟には日本人の子どもが2人いたはずだが、1人しか出てこなかった。おそらくは親の意志で、断を下したのだ、とマチアスは思ったという。

このことを語るとき、マチアスは言葉につまった。じれったいほどの無言の数十秒間の後、何度もティッシュで目頭を押さえ、鼻をかみ、用意された水を飲み……。切なくて、やりきれない様子であった。

マチアスたちは、ジャングルから出たその日にトラックに乗せられ、米軍の飛行場に着いた。米軍が島へ上陸したのは9月17日。わずか20日間ほどにもかかわらず、立派な飛行場ができていた。思えば、8月にマチアスたちはジャングルに入り、まもなく村へ帰れなくなり、そして10月には、飛行場も、飛行機もある。

マチアスは、ここが一体どういう場所なのかをよく確かめたかったが、ある話を思い出し、怖くて顔を上げられなかった。その話とは、以前コロール近くのミューンズに飛行機が来たときのことである。飛行機は、大きなカマボコ型の囲いの中に入れてあった。ある老人が、今までに見たこともないこのカマボコ型の囲いの大きさを測ってみようとして、両手を広げて、何尋あるかを測っていたところ、スパイと思われて殴られた、ということであった。当時のマチアスの恐怖心のほどがうかがわれる。

第6章　戦争——軍属として、民間人として

　それにしても米軍は、極めて短期間で立派な飛行場を建設した。アメリカは、それだけの資力・財力を持っていたのだ。何とも、ケタが違う、とマチアスは話した。米軍はまた、服も、食糧も、山のように持っていた。さらには、米兵たちの対応のフレンドリーなこと。日本軍から教え込まれてきたアメリカ人の姿と、現実に接して肌で感じるアメリカ人の姿との大きな違いに驚いた。心配するようなことは、何もなかった、という。
　マチアスは、飛行場を経て自分の集落へと戻って、再び驚いた。家はもちろん、そこらじゅう、何一つない。真っ平らな大地。ただそれだけ。どこまでも、どこまでも見渡せる。なんの障害物もない。村は、真っ白に見えた。あの青々とした木々の生い茂る地は、どこへ行ってしまったのか？　どこへ消えてしまったのか？　自分は以前、確かにアンガウル島に住んでいた。そして今、自分はアンガウル島の元の場所に戻ってきた。しかし、広い道路、たくさんの自動車、飛行場があり、飛行機が飛んでいる。6,000人という、たくさんの人びとがいる。以前とは、何もかも、まったく違っている。「ここはアンガウル島じゃない。自分はアンガウル島に戻ってきたが、このアンガウル島に自分はいない！」。マチアスは、そう強く感じたという。マチアスにとって、この居場所についての違和感は、いまだに続いている。
　マチアスたちがジャングルを出た後、さらに2週間くらい、不穏な状況が続いた。戦闘が確かに終わったと分かったのは、米軍側が、「この遺体が後藤大隊長かどうかを確かめてほしい」と言ってきた時のことであった。この時マチアスたちは、洞窟から出た仲間と共にテントに住んでいた。マチアスは、友人と一緒に、後藤大隊長の遺体を確認した。こうしてアンガウル戦は、1944年10月22日、終了した。

　しかしながら、アンガウル島において、米軍爆撃機の発着は続いた。夜11時になると、機体がマチアスたちの上空を通る。そしてバベルダオブ島へ飛び、爆弾を落として、また引き返してくる。バベルダオブ島には、アンガウ

ルの住民200人強を含め、多くの住民が避難していた。

　機体の飛ぶ音は、今なおマチアスの耳の底、身体の中に染みついていて、やりきれない気持ちになる。いつ、何どき、飛行機のエンジン音を聞いても、それは重苦しく響く。あの時の記憶、爆弾を落とされては防空壕へと逃げ込んだ、何度も何度も逃げ込んだあの時の記憶が、鮮明によみがえってくる。それは、自分では何ともできない反応なのだ、とマチアスは話す。

　マチアスの中に、日本人を恨む気持ちはなかった。「心ワ　日本人ニ　ナッテイタ」と言う。その考えはどこから出てきたのか、と聞かれても、よく分からない。「クリスチャン　ダッタ　カラカ……」とマチアスは答えた。この言葉は、マチアスの心情的な混乱を表していると言えるだろう。マチアスの場合、日本人によって公学校を、また村を、移転させられたという認識がある一方で、日本人と共に生命の危機に直面し、共に耐え抜いたという認識があるように思われる。戦争、それも敗色の濃厚な戦争は、否応なく運命共同体の感覚をつくりだすのであろう。

第6章　戦争——軍属として、民間人として

疎開時の「友情」の証（あかし）——
アンガウルとガラルド

　アンガウル島での日米激戦にあたり、島の多数派の人びとは、バベルダオブ島北部ガラルド村落のガクラオへと疎開した。戦後50年以上を経て、戦時下の「友情」の証（あかし）として、〈ガラルド州はアンガウル州に対して、ガクラオの洞窟や森を含む土地を、譲与する〉という話が現実となった。2002年9月4日、当地ガクラオにおいて、アンガウル州知事、ガラルド州知事、各チーフたち（伝統的首長たち）の合同のミーティングが開催され、実地検分の上、譲与の調印式が行われた。筆者は幸運にも、アンガウル・ガラルド双方のチーフたちの同意を得て、この場にオブザーバーとして参加を許された。

　両地の人びとの間で、具体的に何を「友情」と見なしてきたかについて、筆者は聞きそびれた。恐らくは、ペリリュー島のトキエの経験に似たものだろう（本章第2節）。アンガウル島の人びとにとって、他に行き場の無い中で、まったく知らないガラルドの人びとの中に居候することがとてもありがたく、またとても心苦しくもあったこと。他方ガラルドの人びとにとっても、日々の不自由さを痛感する中で、まったく知らないアンガウル島の人びとを身内のように見なして暮らすことが、とても奇妙であり、またとても切実でもあったこと。

　本文で見たマチアスら、疎開から取り残され島に潜んだ人びとの苦しさは、甚大であった。同時に、疎開地で、さらに長く爆撃におびえた人びとの苦しさも大変なものであった。戦時下において、まさに多様な形で、人びとが翻弄された姿が浮き彫りになる。

第2節　女性の戦争経験

　本節で挙げる3人の女性も、それぞれの形で、戦争に直面した。チヨコは、戦時中、4次までの試験をパスして海軍病院の看護婦となった。父母を頼れない生い立ちであった彼女は、戦争前には、10代半ばでバスの車掌となって弟妹の生活を支えていた。困難な状況を、いかにも軽妙な言動で乗り切ってきた一人の女性の姿である。ラモナは、戦時中、歌と踊りの力量を認められ、「憲兵隊傭人」の職名で日本兵たちを元気づける役目を担った。楽しさを演出する中で、苦悩も人一倍であったと感じさせられる生きざまである。トキエは、ペリリュー島の兵舎脇の女子住民として、グループを組んで自発的に訪問し歌を歌うなど、日本兵たちとの心の交流があった。その後彼女は、爆撃におびえる疎開地の日々の中で、改めて前線の日本兵たちの様子に触れることになった。

(1)　海軍病院看護婦に選ばれて —— チヨコ・オオサワ

　チヨコ・オオサワ（大沢千代子）は、本書で取り上げる人物の中では異色である。それというのも、両親ともに日本人であり、現地住民向けの「公学校」を避けて日本人向けの「小学校」に通ったからである。ただしチヨコの場合、家庭の窮状から、日本人移住者よりもむしろ、パラオの人びとの生活世界に隣接していた感がある。

　チヨコは、11人の兄弟姉妹のうちの長子（長女）。父は「道楽者」で不在がちであった上に、母は、チヨコが13歳の時に親族に乞われ、チヨコ以下の子どもたちをパラオにおいて、日本（小笠原諸島）に長期間戻った。チヨコは、自ら生き抜くだけではなく弟妹をも養うために、仕事に就いた。この

第6章　戦争——軍属として、民間人として

件から、チヨコの自立心と独立独歩の性質は一段と強くなったようである。チヨコは、24歳になる年、日本の敗戦を迎えた。帰国命令の下、日本での生活を始めたが、定年退職後はパラオに「戻り」、2003年パラオで没した。

　本項では、彼女の人生における2つの場面を主に記す。まず、チヨコ10代半ばの頃、首都コロールを走るバスの車掌として、一家の経済を支えた時期のことである。次に、チヨコ20代前半の頃、青年団からの選抜を経、海軍病院の看護婦として働いた時期のことである。

チヨコの生い立ち

　チヨコは、1921年10月18日、バベルダオブ島の北方アルコロン村落に生まれた。父は重平、母は春子。二人の出身は伊豆諸島に含まれる八丈島である。1914年頃に八丈島を離れ、親族一同、総勢80人くらいでサイパンに移住した。その中には、チヨコのイトコたちもいた。サイパンでは、サトウキビを栽培し、南洋興発株式会社に砂糖の原料として売り渡していた。その後、夫婦はパラオに渡り、チヨコを筆頭に、11人の子を持つことになる。

　チヨコの家は、後に土産物屋を営んだが、父は「ヤマシ（山師）」として暮らした、とチヨコは話した。何をやってもすぐに放り投げ、長続きしない人だったという。山林の買い付けや伐採の請け負いを含め、投機的なことを仕事としたらしい。引っ越しも多かった。兄弟姉妹のうち上の3人は、生まれた場所がそれぞれ違っている。「私はアルコロン、弟はガスパン、妹はガラルド、後の8人はコロールだけど……」。

　チヨコの家がコロールに定住したのには訳がある。長子であるチヨコは、ガラルドで学齢期を迎えた。ガラルドには、日本人の子ども向けの「小学校」はなかった。そこでチヨコは、パラオの子どもたちと共に「ガラルド公学校」に通った。2年もするうちにパラオ語の語彙を覚え、家でもパラオ語を使ったところ、父は怒った。そして「教育のために」とコロールに引っ越し、チヨコを日本人向けの「コロール尋常高等小学校」に編入させた。当時のチヨコ

は、授業中の日本語が十分に分からず、一学年繰り下がってやり直しをしなければならないほどだったという。

チヨコは、尋常高等小学校の尋常科を卒業後、高等科へは進学しなかった。それというのも、母が、病気の祖母の手伝いのため小笠原諸島に手伝いに戻ってしまったからである。チヨコは13歳で、10人の弟妹たちの面倒を見ることになった。しかも、現金収入が必要となり、まもなく仕事に就くことになった。その間、父が散財し、土産物屋を営んでいた家が抵当に入ってしまうという惨事にも直面した。

1930年代半ば、10代のチヨコが就いたのは、乗り合いバスの車掌という仕事であった。それは、苦労の始まりでもあったが、自分の足で立ち、弟妹たちを支えるという、すがすがしい経験でもあったようだ。

バスの車掌として：真珠採りの日本人ダイバーたちとの掛け合い

1930年代の首都コロールの写真を見ると、本通りの両サイドにはマンゴウ並木と商店街が、そして本通りの奥にはバスが見える（343頁、写真6-2）。自家用車の行き交う現代パラオでは想像しにくいが、乗り合いバスが走っていたのだ。エンジン部分が前に突き出たボンネットバスである。

チヨコは、こうしたコロール市内のボンネットバスの車掌として、6年間ほど勤めた。バスの客として特に印象に残るのは、真珠採りの日本人ダイバーたちである。

日本時代、南洋群島の産業の中で隆盛したものの１つに、パラオなどを根拠地とする真珠貝採取業があった。真珠貝（アコヤ貝）には、黒蝶貝、白蝶貝などがある。1931年、日本船による白蝶貝の採取が始まって以来、1937年の最盛期には4,265トンの漁獲量があった（南洋庁長官官房調査課 1939: p.116）。ヴェロニカおばあちゃんによれば、コロールのアラバケツ地区に位置する彼女の自宅のすぐ近くに、ミキモト真珠会社があったという（筆者は、ヴェロニカの案内で、ミキモトの事務所や、「核入れ」した真珠貝を海中につるし置いた

第6章　戦争——軍属として、民間人として

場所などについて、見学させてもらった）。

　当時コロールには、真珠貝の採取のために日本から来た大勢の男性ダイバーたちの姿があった。彼らが乗るのがダイバ船（ダイバー・ボート）である。1941年、岡晴夫が歌った「パラオ恋ひしや」には、彼らのことが歌われている。この歌は日本でもパラオでも大流行した。

　「パラオ恋ひしや」
　一、海で暮らすなら　パラオ島へおじゃれ（おいで）
　　　北はマリアナ　南はポナペ
　　　島の夜風に　椰子の葉揺れて
　　　若いダイバの　舟歌もれる
　二、島へ来たなら　ダイバ船へお乗り
　　　男冥利（みょうり）に　生命をかけて
　　　サンゴ林に　真珠取りするよ
　　　ダイバいとしの　はな唄うとて（歌って）
　三、波座（なぐら）うねりに　度胸がすわりゃ
　　　海はふるさと　パラオの王者
　　　錨（アンカ）おろして　提灯（ランタン）ふって
　　　帰るダイバは　人気者

　チヨコが車掌を務めた乗り合いバスにも、ダイバーの客は多かった。以下は、チヨコとダイバーたちとの掛け合いである。現代では不適切とされる「パンパン屋」「女郎屋」などの言葉が入るが、当時の風俗および南洋庁の方策（本書289〜294頁）を反映したものとして、そのまま記す。

　チヨコいわく、当時の乗り合いバスは、路線はおおむね決まっていても停留所は定まっておらず、客の希望の声を聞いては望むところに停車した。ある時、客が言った。

〈一番初めのパンパン屋に停めてくれ〉。

チヨコは、「パン屋」と聞こえて、パン屋の前に停車。

〈はい、パン屋です！〉。

〈なんでパン屋なんかに停めたんだ！〉。

〈だってさっき、『パン屋に停めて！』って言ったじゃないか？〉。

すると、皆が笑い出した。

〈パンを二つ重ねて見ろ！〉。

皆、大爆笑！！

〈女郎屋のことだよ〉と運転手に教えられて、初めてチヨコは分かった。

〈そんならそうと、初めから言えばいいじゃないか！〉。チヨコはムキになって、けんかのようになる。

今、チヨコは振り返る。「私は、『すれっからし』じゃないから、知らなかったんだよね」「そんなところがかわいかったのかな？ そのことがあってから、

写真6-2　コロール本通りを走るボンネットバス──1930年代
自転車数台の奥に、ボンネットバスが見える。左手前の鉄筋2階建ての建物は、中島百貨店。

第6章　戦争——軍属として、民間人として

私の人気が出ちゃってね！　私は、色黒で、小柄。ちびなんだよ。そこで付いたあだ名は『エチオピア』『ちび子』『エチ子』……」。

　ある日のこと。やっと終わった、少し休める……と思っていたら、何人かが待っている。バスを待っているのだと思って、言った。

　〈次に出るのは、あっちだよ！〉。すると、

　〈いや、あっちじゃない、こっちに乗るんだ！〉と言って乗り込んでくる。

　〈まだ出ないよ、向こうが先だ〉と言うのに、

　〈いや、急ぎゃあしないんだ！　いつでもいいんだから……〉と言って乗り込んでしまう。すると運転手が、

　〈じゃ、こっちから先に出ようか〉と言って、このバスが動き出す。

　行く所は決まっている。運転手は、市内をめぐらず、「徳乃家」「鶴乃家」などの「女郎屋」だけを一巡りし、客を降ろして戻ってくる。

　「そうやって、ズル［バス路線から外れてバス代を稼ぐというズルいこと］をしてたんだよね」とチヨコは笑う。

　時には乗客から、

　〈［女郎屋の］誰か、世話してくれないか？〉と言われるので、チヨコは、

　〈今から〇人のお客を連れて行くから、迎えに出ていて！〉。

と「女郎屋」に電話を入れてからバスに乗せることさえあった。

　市内の本通りに「双葉屋」という洋品店があった。その隣が「久保」という菓子屋。その菓子屋から、時々、箱に入った菓子がバス会社に届いた。事務員が宛名を見ると、「エチオピア」とある。分かる人にはすぐ分かる。

　〈『エチ子』って誰？〉〈『ちび子』って誰？〉。

　〈ああ、チヨコだ。大沢さんだよ〉。

ということで、皆が驚く。洋服までプレゼントされたこともあった。どれも差出人は「女郎屋」。お客を紹介したお礼だったのだ。

　ある時、こんな事があった。「中島百貨店」のそばに「こじま」という床屋

があった。その場所で、ちょうど海から上がってきたばかりのダイバーたちと出会った。彼らの籠の中には、歩くと「ジャクッ、ジャクッ」と音がするほどたくさんの真珠が入っていた。チヨコを見ると、その中の1人が、

〈これ、持ってけ！〉。

と言って、籠の中の真珠を一枡(ひとます)くれた。それを持って帰ってよく見ると、とびきり大きいのが1つ入っていた。あまりの大きさにビックリして、翌日、くれた人の所へ持っていった。

〈ほう！　でっかいのが入ってたナー。指輪にするといいから、よこしな！〉

と言うので、もしかしたら戻ってこないかもしれない、と思いつつ、どうせもらったものだし、とも思い手渡した。すると、数日後には、立派な金の輪付きの指輪となって戻ってきたという。当時のダイバーたち、真珠業者たちの羽振りの良さがうかがえる。

　この立派な指輪は、後日、手放してしまった。父親のせいでチヨコらの住む家が抵当に入ってしまったとき（後述）、背に腹は代えられぬと、安く売ってしまった。

「今なら一体どれくらいの値段になるのか、想像もつかない」。チヨコは筆者に、残念そうに話した。

　チヨコは、若い運転手たちからは敬遠された。色は黒いし、身体は小さいし、人の言うことを簡単には聞かなかったからである。チヨコが一緒に組んだのは、時々居眠り運転しては彼女が大急ぎでハンドルを握ったりしなければならないような、年配の「おじちゃん運転手」たちだった。

　ダイバーたちは、潜る仕事が終われば、あとは暇。暇にまかせて「女郎屋」に行く。バスに乗れば、チヨコをからかう。

　ある時、ダイバーの客が、

〈はい、5人分！〉

と言って、10円札を出した。10円と言えば、大金である。「一晩女郎が買え

第6章　戦争——軍属として、民間人として

る値段」とチヨコは筆者に説明した。当時のバス代は、1人10銭。5人分で50銭。10円札なら9円50銭のおつりである。ところが、おつりを出そうとすると、

〈つりはいらねーよ。チップだ！〉。

と、客は受け取らない。

〈バスガイドにチップはいらないんだよ〉。

〈こっちもいらねーよ。おまえにやるよ！〉。

〈でも、こっちじゃ困るんだ！〉。

〈そんなら、捨てちゃえ！〉。

と言う。でも、もったいなくて、お金など捨てられるわけがない。そこで少し多めに切符を切る。だから、チヨコの業務成績はいつも抜群！

それにしてもあまりに高額なので、残りのお金は運転手に預ける。そしてその日の仕事が全部終わったときに、一緒にお茶を飲んでは山分けにしたという。驚くことには、こうしたダイバーたちのチップのおかげで、父の散財のために抵当に入っていた家が、買い戻せたとのことである。この話からも、当時の真珠業の景気の良さ、ダイバーたちの気っ風の良さががうかがえる。

母は、「姉ちゃんのおかげで家が戻ったんだから……」と、買い戻したその家をチヨコの名義にしようとした。結局、警察から「子どもの名義では駄目です！」と言われて、その家は母の名義となった。しかし父は、このやっと戻った家さえも、その後まもなく売ろうとしたという。

写真6-2を、今一度見てみよう。左手前の建物は、当時、パラオの民間の建築物で唯一、鉄筋2階建てであったと言われる「中島百貨店」である。また周囲は、軒を連ねる商店街である。コロールっ子は、「雨が降っても傘いらず。軒を歩けばぬれることなし！」と自慢していた。流行し始めたばかりの自転車に乗っている人の姿も見える。

チヨコは、この本通りを走るバスの車掌を務めながら、持ち前の機知と気概で、少女時代の苦境を乗り越えてきた。チヨコを通して、戦争前のコロー

ルの街の活気を感じ取ることができる。

海軍病院で：負傷兵たちとの掛け合い

　時は移り、1940年代前半、20代のチヨコが、青年団からの選抜を受け、海軍病院の看護婦となった頃のことである。

　チヨコの話では、1940年頃、パラオの若者は皆、青年団に属するように組織づけられていたが、それは3分団の形式であった。役所勤務の人たちは第1分団、会社勤務の人たちは第2分団、どちらとも言いがたい人たちは「民間」と言われて第3分団に配属されていた。チヨコは、女子青年団の第3分団に属していた。そして、そこから選ばれて看護婦になった。

　看護婦の職は、希望者のすべてが就けたわけではない。チヨコいわく、それは狭き門であった。まず、パラオ病院で1年間の教育を受ける。その後、4回の試験に臨み、成績によって勤務先が定められた。第1次試験は、落ちると失格、合格すれば民間の医院で働ける。第2次試験は、合格すれば唯一の総合病院であるパラオ病院に勤務できる。第3次試験は、合格すれば陸軍病院へ。最後の第4次試験にも合格したという者だけが、海軍病院で働くことができた。チヨコは、その最終試験まで合格し、海軍病院に配属となった。

　チヨコの気っ風の良さは、海軍病院の中でも評判であったらしい。看護婦の「検査」と称し、手術の立ち会いや手伝いをさせられる。術中の汚物の入った膿盆（ソラ豆型の受け皿）を持たされると、怖さのあまり逃げ出したり、盆をひっくり返したりしてしまう女子がいるのだが、チヨコの場合、まったくそんな様子がなく、むしろ医師の手元をのぞき込んでいた。そこで医師から「外科担当」と指名された。

　海軍病院の外科病棟では、手術の手伝いに加えて、術後のガーゼ交換などを行った。ガーゼは食い込んだりくっついたりして、患者はとても痛がり嫌がるのだが、チヨコはコツを心得ていた。例えば、痔の術後の患者に対して、

第6章　戦争——軍属として、民間人として

こんなふうに対応した。チヨコは言う。

〈嫌だなぁ、こんなもう、真っ黒けのケツをなぁ、見るなんて……〉。

患者は、その言い方に、思わず、

〈うふふ……〉と笑う。

そのすきに、ピッ！とガーゼを剥がす。

〈はい、すんだよ、終わり！〉。

〈え？　もうすんだのかい？　ほんとかよ。全然痛くなかったよ。明日もまたやってくれよ。頼む！〉。

こうしていつも、兵隊たちを笑わせながら手当てしていったという。ここでもまた、チヨコの味に人気が出たようだ。

海軍病院の外科病棟とは、実のところ相当生々しい現場であったに違いない。膿・血塊・肉塊などを目の当たりにしつつ、限られた医薬品で、手遅れがちの患者の患部に対応せざるを得なかったことだろう。しかも屈強さを自負する兵隊たちが、あまりの苦痛のために漏らす呻きや嘆きに対して、常にさらされ続ける場面であったことだろう。しかし、当時を語るチヨコの口調は軽快でさえあり、重くよどんだような話は、ついに聞けなかった。

チヨコは、終戦をニューギニアで迎えた。というのも、ある士官の医療処置のために訪れた当地で、置いてきぼりを食らったのであった。ニューギニアで、佐官級のある士官が、性病である梅毒で具合が悪くなり、当地で応急処置の後、パラオに連れ戻って治療することになった。チヨコは、看護兵と共に小型の戦闘機で到着、30分後にパラオに向けて発つ予定で、急ぎの処置にかかった。ところが、包帯がくっついていて剥がせない。その処置だけに2時間もかかってしまい、支度を整え終えたときには、戦闘機はなんと燃料の関係ですでに飛び立っていたのである。戦争末期のこと、この戦闘機の手配自体がおそらくギリギリの線であり、それを超えてしまった、というわけだろう。燃料の絶対的な不足にしろ、梅毒の示す性関係や人命の危機にしろ、人間の醜さをマクロ面でもミクロ面でも浮き彫りにする事態であったと言える。

そんなわけでチヨコは、戦後しばらくニューギニアにとどまった後、日本に帰国した。帰国の一行には九州出身の兵隊が多く、門司港に着いた。そして3日間、別府の地獄めぐりなどあちこち案内を受けてから、親族のいる東京へ向かった。24歳のことであった。

チヨコから日本人へのメッセージ

チヨコの平然とした口調からは見落としがちだが、彼女の直面した状況は、まさに人間社会の「闇」の「底」とも言える部分である。単身男性の植民者を主に送り込む植民地支配や、軍隊生活という問題。これを土壌とする性の売買という問題。国家の名のもとに、人びとの体も心も、関係性をも犠牲にさせる戦争という問題。そうした諸々の問題の闇にもかかわらず、チヨコの口調がいつも平然としていたことについて、筆者は今なお、幾分解せない思いを抱いている。しかしその上で、次のようにも感じている。

チヨコ自身、10代半ばで、父も母も存命していながら頼れないという状態、しかも多くの弟妹を養わねばならないという状態になった。まだ少女の身でありながら、困難な状況を背負って生き抜いてきた。その際、気丈なチヨコは、自分の懸命な様子さえも周囲に気取られまいとしてきたかのようだ。

このようなチヨコにとって、人間社会の闇の底の部分は、確かに視野に入っていたことだろう。その上で、どんなに深く複雑な闇の底にあるにしても、嘆くのではなく、可能な範囲で前進することを、自らのとるべき態度として、理解し、行動してきたと考えられる。

両親が日本人であるチヨコは、戦後を日本で過ごしたが、初老を迎え、単身パラオに移住した。その後は、パラオの街中を横行闊歩する野鶏や犬たちを、わが子のようにかわいがり、さらにはしつけ、それらとの会話を楽しむ生活を送ってきた。最後に、チヨコから日本の人びとへのメッセージを掲載しておきたい。

「何も知らずにパラオに来て、日本語を話せる人に出会って、初めて驚くと

いうのではお粗末過ぎる。そういう日本の人たちは、パラオの人たちの思いに無頓着なところがある。『日本語で話したい、日本のことをもっと知りたい』というパラオの人たちの思いを知って、関わらなければいけないし、それはとても重要なことです。パラオ人の話す日本語を聞いたら、『日本語、お上手ですね。あなたの日本語を聞いて、とてもうれしいです！』と言うような心遣いが必要です」。

「このあいだ、パラオに永住したいという日本人がいた。それ自体は結構なこと。ただ、パラオの人や政府の厄介になるのではなく、自立して、対等に付き合える状態で来てほしい」。

「パラオを訪れる日本の若者の中には、残念ながら、恩を知らない人がいます。大自然の中で、開放感に溺れて、マナーを忘れてしまってはいけないのです」。

いかにも、もっともなことである。人間社会の闇の底を間近に見つめてきたチヨコにとって、現在、パラオを訪れる日本人の高齢者や若者のありようは、厳しさも配慮も足りないと映っているようである。この指摘を、しかと受けとめたい。その上で、パラオに生きる人びとと、心のひだに触れる関係を築いていきたい。

(2) 女子の憲兵隊傭人として ── ラモナ・バイエイ

戦後のパラオで、日本に関わる社交の場がもたれるとき、そこには必ずラモナ・バイエイ（Ramona Baiei）の姿があったと言っていいだろう。彼女は、歌と踊りの名手。しかも、親族に日本人がいるわけでもないのに、卓越した日本語の話し手であった。筆者にとっては、紹介を受けてから1年で急逝してしまわれ、もっとお話をお聞きしたかった、という後悔の念が大きい。とはいえ筆者は、彼女から大きな示唆を受けた。本項では、ラモナの言葉遣いや振る舞いを思い起こしながら、その背後の意味を考えていきたい。

第2節　女性の戦争経験

日パの社交界のスター

　筆者は、パラオ赴任後、まもなくラモナを紹介された。ラモナの日本語の卓越ぶりには定評があった。筆者自身、彼女の話し言葉を聞き、すぐに納得に至った。

　ラモナは、敬語はもちろん、時と場面にかなった言葉の使い分けができる。洒落や言葉遊びができるほどに、日本語の語彙が豊富である。また、現在のパラオ語の語彙には、日本語の語彙が意味を若干違えて入っており、そうした用語法は時として日本語を解する高齢者層において異議の対象となるのであるが、ラモナの日本語の卓越ぶりは、そうした異議の表明の際にも、よりどころと目されるほどのものである。

　一例を挙げよう。2001年7月、パラオは15年ぶりと言われる台風に見まわれ、通常ありえない規模での停電が生じた。その際、パラオのラジオ放送は、お知らせに当たり、「ゴメン」という日本語由来のパラオ語の語彙を用いた。これは、「すみません＝sorry」という程度の含意である。しかし、日本統治時代に日本語を学んだ高齢者層は、この語彙が丁寧さを欠くことを気にしがちである。ある日、筆者も臨席していたパラオ人たちの談笑の場で、人びとは、ほかならぬラモナに対して、放送局に異議を唱えるようにと促した。日本語力に定評のあるラモナが言うならば、放送局も不適切さを認めるに違いない、と判断してのことであった。

　そうした言葉の面に加えて、ラモナの力量がいっそう発揮されるのは、歌と踊りにおいてである。70歳代後半にして、少女のように初々しい声。えも言われぬ腰の振り。そして、日本の歌のレパートリーの実に多いこと。「桃太郎」「浦島太郎」「うさぎとかめ」など、おとぎ話の歌。「ふるさと」「荒城の月」「花」「蛍の光」など、古典的な歌曲。パラオや南洋をテーマにした流行歌である「パラオ恋ひしや」「酋長の娘」、そして彼女の名前とまさに同じ「ラモナ」という歌。さらには数々の軍歌。いずれも5節、6節とあっても、彼女は歌詞カードも無いまま、すべてを歌い上げる。

第6章　戦争──軍属として、民間人として

　ラモナは、戦後2度、日本へ渡った。1度目（1974年）は、「昔　好キダッタ　兵隊サンニ　招カレタカラ……」とのこと。「日本語の話せる南洋の女」とラジオで放送されるや、元軍人や兵隊たちから「ここへ来てくれ」「次はこちらへ」と、引っ張りだことなった。それは「リレーのバトンのよう」で、3カ月の滞在期間はアッという間だった、とラモナは振り返る。

　もっともラモナは、芸能スターとしてお高く構えているわけでは決してなかった。筆者の印象では、親切で気さくなおばあちゃまという風情であった。

　筆者は、ラモナをパラオの歴史についてのアドバイザーとして紹介されて以来、付き添われて博物館などに足を運びながら、彼女自身の話が出てくるのを待った。しかし彼女は、冗談めかして、はぐらかすのが常であった。「私ノ　人生ワ　ロマンス　ダカラネ！……好きな人のことや、何回結婚したかなんて、書いてもしょうがないでしょ？」。

　しかし、ある日曜日のミサ後、オシャウル（集会所）でのこと。筆者が、もしや語ってもらえないか、と思いつつ談笑していると、ラモナは、覚悟を決めたかのように身仕舞いを正し、筆者のとるべき姿勢まで指示した上で、語り始めた。それが、下記「憲兵隊傭人として見たもの・できたこと」の話である。それを記す前に、彼女の少女時代のことを書いておこう。また最後に、彼女の重たい口の裏にあった思いについて、推察しておきたい。

ラモナの少女時代

　ラモナは、1925年2月26日生まれ[6]。コロール生まれのコロール育ち。トモミ、コウイチロウ姉弟同様、「江戸っ子」と言って胸を張る人たちの1人である。ラモナの両親は、それぞれ、出身地を代表する歌い手・踊り手。祭

[6) 筆者が入手したコロール公学校補習科の学籍簿では、「6月26日生」とある。また、卒業は「アンガウル公学校」、保護者は「岳父　アショ」（後の巡警長として知られている人物）と書かれている。ラモナは、両親の巡業に合わせて居を移したこと、親戚の養女となったことなどが考えられる。

第 2 節　女性の戦争経験

りや伝統的諸行事に呼ばれては、集落をめぐり歩く人たちの一員であった。2 人は、出身地が異なりつつも、しばしば顔を合わせ、互いにひかれた。当時としては珍しい、いわゆる恋愛結婚であったという。2 人は、ドイツ時代にカトリックの洗礼を受けた。ラモナは、11 人の兄弟姉妹の 9 番目である。

　ラモナは、9 歳でコロール公学校に入学。3 年課程の後、補習科へと進み、1939 年、14 歳で卒業した。ラモナ自身、もっと勉学を続けたいと思う生徒の 1 人だったが、当時、現地住民の女子にそのような道はなかった。

　ラモナは考えた。日本語を忘れないような仕事、できることなら日本語をさらに学べるような仕事に就きたい。そして見つけたのが、電話交換手の仕事だった。約 1 年間、アンガウル島で仕事をした。

　次に見つけたのが、南洋群島唯一の新聞社である南洋新報社での活字拾いの仕事であった（3 歳年下のヴェロニカも同様）。これも、約 1 年間続けた。ラモナは、1941 年頃、新聞社で得た幾らかの給料を手にして、友人たちと共に、創建まもない南洋神社へお参りに行った時のことを覚えている。

憲兵隊傭人として見たもの・できたこと

　ラモナは 1942 年、17 歳の頃、憲兵隊傭人となって軍部の手伝いをすることになった。

　当時は、学校卒業者の全員が、男女別に、地域の青年団に属することになっていた。ある時ラモナたちは、日本人女子たちと一緒に、日本兵を先生役として、約 1 週間かけていろいろな訓練を受けた。その後、軍への採用試験があった。試験のたびに人数が減り、最終的に 8 人だけが残った。その時、ラモナ以外はすべて日本人だったという。

　筆者がインタビューで聞いた限り、パラオ人で憲兵隊傭人となったのは、男子 2 人（インデレシオ・ルディムと、ロマンという人物）、女子 1 人（ラモナ）のみである。ラモナは、憲兵隊傭人の腕章をもらい、それを身に着けて活動したという（ルディム、ロマンには腕章はなかったという）。南洋憲兵隊の隊

第6章　戦争——軍属として、民間人として

長は「ミヤザキ（宮崎）ケンノスケ」中佐、ラモナの直接の上司は「アジオカ（足士岡）」准尉[7]であったと、ラモナは記憶する。

　ラモナは、歌と踊りの点で、特に買われた。軍の参謀会議の後には、お酒が出て、歌や踊りが始まった。あちこちの隊への慰問の依頼もあった。ラモナは10代後半、いわゆる「花の盛り」。「ラモ！」「ラモ！」と呼ばれて引っ張りだこだったという。

　「歌ッタリ　踊ッタリ　シテイル　時ワ、夢中デ　楽シカッタ　ケレド、ソレ以外ノ　時、心ワ、トテモ　苦シカッタ」とラモナは話した。特にパラオ人の仲間内から、ラモナへの非難があったからだという。〈地元の人間なのに、日本人に味方している〉〈われわれを裏切っている〉〈軍人の手先だ〉〈許せない〉などの声が聞こえたという。

　ラモナは、憲兵隊がまさに遂行する凄惨（せいさん）な場面にも出くわした。憲兵隊の本部は、コロール島脇のアラカベサン島内、現在の国立病院の前にあった。時々、その建物の裏で、スパイ容疑で捕まった人（日本人か朝鮮人だったという）が、木の根元に縛られ、ひどい拷問を受けていた。またそこでは、アメリカ兵2人が殺される場面もあった。

　カトリック信徒として育ったラモナにとっては、いっそう心痛の場面もあった。1944年夏、憲兵隊は、3人のスペイン人宣教師（神父2人、修道士1人）をバベルダオブ島の山中に拘留した（そして殺害した）と言われている（本書60頁）。その3人は、ラモナが子どもの頃、カトリックの教理や語学を教わった人物であった。ラモナは筆者に対して、そのスペイン人宣教師の事件の直後、大雨が降って憲兵隊の兵舎が流されたこと、ガスパン村落の「みどり橋」も流されたこと、地元の人びとは、それらを神の怒りとして語ったこと、などを話した。

　ラモナは、自ら憲兵隊に所属することで、どんなにか心地悪い思いを味わっ

---

[7] 倉田洋二（2003: p.447）によれば、「味岡」准尉。ただし本稿では、ラモナとパウリヌスの話を重視し、「足士岡」と記す。

たことだろう。

　とはいえ、憲兵隊の腕章を着けて振る舞うことは、特典と感じられることも多かった。いつでも、どこでも、通行禁止の道さえも、フリーパスであった。ラモナは、パラオ人同士で連絡の取れない人について、伝言を受け、先方に知らせることがあった。また、もらえないはずの食糧をどっさりと手に入れ、パラオ人たちに届けることがあった。そうしたことが度重なるにつれて、地元の仲間内からの態度も、非難めいたものが薄くなってきた。ついには、感謝してくれる人も出るようになったという。

　戦局の終盤には、ラモナ自身も、バベルダオブ島のジャングルへの疎開を命じられた。そして、さらに悲惨な光景を目の当たりにすることになった。ジャングルでは、パラオじゅうから疎開してきた住民たちが、ひきこもっての生活を強いられていた。同時に、日本兵さえも潜んで暮らしていた。空からは、随時、アメリカ兵が攻撃を仕掛けてくる。

　あるときラモナは、母の頼みで、離れた場所にいる姉の所へ危険を冒して出向くことになった。ラモナは、空の米兵に見つからないように、また陸の日本兵にとがめられないように、薄暗くなってからジャングルの中を歩き始めた。途中には、日本兵たちが何人も寝ていた。ラモナは、腕章を着けているとはいえ、勝手な行動と見なされ制されると感じて恐ろしかった。２日後、姉への用事を済ませて、同じ道を戻った。行く時に見かけた日本兵に、ハエがたかっている。なんと、寝ていたのではなく死んでいたのだった。また別の道を通ったとき、うめき声が聞こえてきた。見ると、傷を負った（おそらくは空から落下した）米兵が、痛ましい姿で喘（あえ）いでいた。

　「敵ト　聞イテイタケレド、苦シミ　喘イデイル　姿ヲ　見テ、同ジ　人間ナノニ……ト思ッテ　心ガ　痛ンダ。帰ル　道々、泣ケテ　ショウガナカッタ」とラモナは述懐した。

第6章　戦争——軍属として、民間人として

🎵 重たい口の裏にあった思いとは 🎵

　本項を閉じるにあたり、ラモナが、なぜ自身のことを（特に戦中の憲兵隊傭人時代のことを）筆者になかなか話そうとしなかったのかを考えてみたい。

　ラモナの愛した歌と踊りは、人びとを幸福にするはずのものであった。しかし現実には、主に日本兵を相手として、痛ましい殺戮の合間の余興として使われたとも言える。それは、戦争を遂行する人びと向けの、一時の慰めへと堕したと言うべきなのだろうか。それとも、選択の余地無く戦争に巻き込まれる人びと、その過程で少なからず心痛を抱く人びとに対して、貴重な癒やしの機会を与えたと言うべきなのだろうか。いずれにせよ、ラモナは、自らの愛するものを深く傷つけられるような思いを、何度となく経験した。その苦しみは、彼女自身多くを語ろうとしなかったが、彼女の恋の遍歴にも表れたと思われる。その恋の相手には、日本兵も含まれていたようである。

　このように憲兵隊傭人時代の経験に複雑な思いを抱くラモナだが、それでも彼女は、歌と踊りをやめることはなかった。そして彼女は、自ら身仕舞いを正し、筆者にも姿勢を正すことを求めて、話し始めたのであった。彼女自身、人間の愚かさに接して痛い思いを抱きながら、それでもなお、人間の力強さに対して、信頼し、希望を抱き続けてきたのではなかったか、と思わせられる。

写真 6-3　ラモナの葬儀のパンフレット

(3) 「日本の兵隊さん」との交流
—— エリザベス・トキエ・モレイ

　トキエ（Elizabeth Tokie Morei）は、1923年、ペリリュー島のガシアスに生まれた。この日本名は、漢字では「時江」と記すという。彼女は、少女時代のペリリュー島の様子について話してくれた。

　トキエが「ペリリュー公学校」1年生のとき（1930年）、ペリリュー島に、「南洋興発株式会社」がやってきた。サイパンではサトウキビ精製を行う会社であったが、ペリリュー島では燐鉱石の採掘を始めた。ペリリュー島の燐鉱石は、アンガウル島に比べるとわずかであったが、それでも島の多くの男たちがこの会社のもとで働いた。トキエの兄、イトコたちもそうだった。沖縄や日本の各地からも、多くの人びとが働きに来ていた。

　燐鉱石の採掘は、トキエ17歳の頃（1940年頃）、なお盛んであった。トキエは、家の近所の様子を思い出しながら語る。「汽車ト　同ジヨウニ、　レールノ　上ヲ　走ル　箱型ノ　入レ物ガ、3個クライ　繋ガッテイマシタ」。トロッコのことであろう。「森の奥まで行っては、土や石を積んできて、波止場まで運んでいきました。働く人たちは、それを洗って、分けて［選別して］、燐を含んだものは日本へ運ぶし、洗い流した土はマングローブの所に流していました」。「あるとき村の人が、偶然に、そのたまった土の所に野菜を植えました。すると、野菜がとても良くできたんです。それで、皆がとっても驚きました」。燐は、肥料の三大要素の1つと言われる。野菜作りに、思わぬ効果があったようである。

　「そのうち、会社は引き揚げました。それは、戦争が近づいたからではなくて、『燐鉱石がなくなったから』と聞きました。その会社が閉まってしまう頃［閉鎖の頃］、土地の測量が始まりました」。トキエは、それを「飛行場を作るためだった」と推測する。その頃も、台湾、朝鮮、沖縄などから、また

第6章　戦争——軍属として、民間人として

パラオの他の地域から、実に多くの人びとが働きに来ていた。

当時、公学校を卒業してまもない島の少年少女たちは、青年団員になる前に、公学校の教師から夜学でそろばんを教わった。また、後には日本の兵隊たちを教師役として、手旗なども教わった。「ソレガ　トテモ　役ニ立ッタ」と、トキエは感じている。

ペリリュー島に来た「日本の兵隊さん」

トキエが懐かしく語る思い出がある。ペリリュー島に飛行場ができてから、トキエ20歳頃（1943年頃）までのことである。

「飛行場ガ　出キ上ガルト、タクサンノ　日本ノ　兵隊サンガ　パラオニ　ヤッテ来マシタ」。昼でも夜でも、砂浜でも森の中でも、どこへ行っても、「兵隊サン　バッカリ！」「兵隊サンデ　イッパイ　ナンデス！」。かなり奇妙なことと映ったらしい。

村では、娘たち何人かが、グループを作って兵隊さんの慰問に行くようになった。兵隊さんの方も、一緒に歌を歌い、当時のカツドウ（映画）に出てくる俳優の写真（ブロマイド）を見せたり、話をしたりして、村の娘たちと親しく関わることがあった。それは、「男と女」という関係ではなく、「若者同士ノ　交流トユウ　雰囲気デ、トテモ　明ルク、健康的ナ　モノデシタ。……お互いが、とてもエンジョイしました」とトキエは語る。

トキエらの側は、当時の流行歌（はやり歌）を、蓄音機にかじりついて何度も何度も聞いては練習し、上手に歌える自信がついてから、連れ立って兵隊さんの慰問に行く。すると、待っていた兵隊さんたちは、「この島の娘さんたちは、自分たちの知らないような日本の歌まで知っている」と大いに驚き、話は盛り上がる。兵隊さんたちは、持っているアメや小さなものを出し、村の娘たちは地元のパパイヤ、バナナ、マンゴウなどを持ち寄って、一緒に食べる。時には、ヤシガニ（椰子蟹）を採って持って行き、兵隊さんたちに食べ方を教えながら一緒に食べる。本当に楽しい、触れ合いの場であった。ほと

んどの娘たちが、自分の身を大切に考え、貞操を守っていたという。「最近よく言う、恋とか愛とかの変な関係ではなくて、親しい友達、友情あふれる仲間という、健康的な関係でした」と、トキエは強調した。

　トキエらは、兵隊さんたちの訓練の様子を間近で見ることもあった。ある時、兵隊さんたちの手旗の訓練を、後ろの土手にずらりと並んで眺めていたら、こんなことがあった。指導教官の振る手旗信号は、「後ろで、村の娘たちが笑っているよ！」と語っていた。当の兵隊さんたちは、読み取れない。逆にトキエらは、これをいち早く読み取って、笑い転げた。

　また、ある時は、はるか向こうからの「〇〇に、パパイヤを持って来てください！」の手旗信号を読み取り、早速娘たち数人で、合図の場所へ持って行った。すると、いつもは決して入れない兵舎の奥まで通された。そこには、普段は見たことのない立派な面立ちの士官たちがおり、丁重に扱われて、土産をもらい、見送りまで受けて、大変驚いたという。

　トキエにとって、こうした1943年頃までの「兵隊さん」との交流は、後に思いがけぬ「おかげ」としてあらわれた。戦局が悪化し、ペリリュー島を離れバベルダオブ島に疎開、苦しい避難生活の中で母が病気で倒れた時のことである。トキエは、臆することなく兵隊に近づき、軍医への連絡を依頼することができた。そして母は、軍医の診察を受け、治療してもらえたのであった。他方で、一般のバベルダオブ島の人びとは、兵隊を見るのがまれであったためビクビクしてしまい、話すことなど、到底できなかったという。

　トキエは懐かしげに語った。「大切ナ　青春ノ　ヒトコマ　ナンデス」。

コロール訪問中の空襲

　トキエは、1944年初頭に結婚、夫とその家族と共に一時的にコロールを訪ねた。そのとき、「3月の空襲」に遭った。その後もトキエは、規模は下回るが、何度も空襲を経験することになった。

「3月ノ　第1回目ノ　空襲ワ、トテモ　ヒドカッタ。……ペリリュー島と

第6章　戦争——軍属として、民間人として

コロール島と同時でした。私は、両親の勧めでその年の1月に、クリスチャンのフランシスコ・モレイと21歳で結婚し、そのとき、夫の家族と共にコロールに来ていました。というのは、モレイが、表南洋に行く隊に属して、出かける[ニューギニア方面に出征する]ことになっていたからです。3月28日[8]でした」。

　その夜、特別の知らせが入り、「明日の朝、2日分の弁当を用意して、学校など、指定の場所に行くように。第1、第2配備につくように」とのことであった。第1配備とは「空襲に注意せよ」、第2配備とは「空襲開始、荷物を持って逃げよ」とのこと。たぶん空襲が始まるのだろう、と皆は感じた。

　翌朝早く、たくさんの飛行機が飛んで来た。皆、「応援機が来た！　応援機が来た！」と喜んだ。が、それはアメリカの飛行機であった。「本当ニ　モノスゴク　タクサンノ　飛行機ガ　来マシタ。……コロールの空は、飛行機でいっぱいになりました。たくさんの飛行機のために、あたりが薄暗くなりました。そのうち、それはもう、いっぱいの、とってもたくさんの弾が飛んできました」。

　トキエたちは、マングローブの林の方へ逃げた。しかし、バラバラと弾の雨が降り注ぎ、マングローブの中で動きがとれなくなった。時刻は朝の6時頃で、折よく引き潮であった。誰も動かず、身を固くして、じっとマングローブの中にいた。飛行機からの無数の弾の雨は続いた。「爆弾ノ　音ガ　響イテ、　恐怖ノ　中ニ　アリマシタ。アノ時ノ　様子ワ、　決シテ　忘レルコトワ　出来マセン」と、トキエは言う。

　そのうち、マングローブの場所は徐々に満ち潮となり、ついに水が首のあたりまで来てしまった。「ドウナル　コトカト、心配デ　イッパイニ　ナッテ、

---

8) おそらくトキエの記憶違いで、3月29日だと思われる。「3月の空襲」は1944年3月30〜31日。モレイの隊の出征は、実際には中止となった。先行の隊が、この「3月の空襲」に遭い、船はアンガウル沖で沈没、死傷者多数、との報を受けたからであった。先行の隊とは、本章第3節 (3) で「第3グループ (海員養成所)」として挙げるものである。

トテモ　怖クナッテ、恐ロシクナッテ　イタンデス。……ちょうどその時、9時半頃のことです。あんなに激しかったいろんな音が、ピタリ！とやんだんです」。

　米軍の、いわゆるコーヒー・タイムとなったのだ。空爆の一時停止である。皆は、この時とばかりに、必死でコロール島脇の岩山（現在、ロック・アイランドと呼ばれる）まで逃げた。皆がやっと岩山にたどり着いた時、また空爆が始まった。

　このような爆撃が、2日間続いた。

ペリリュー島からバベルダオブ島へ、4度の移動

　「3月の空襲」から数日後の4月5日、トキエは、夫とその家族と共にペリリュー島に戻った。そしてペリリュー島の北の岩山の1つ（両親の第2の家がある岩山）に避難した。それは現在のカープ島の反対側に当たる。

　当時、ペリリュー島には5つの小村があった。トキエの生まれ育ったガシアスは、島の中心地で、学校、警官駐在所、店などがあり、平時にはカツドウ（無声映画）も上映された。

　このガシアスの人びとは、皆、岩山に避難した。毎晩、大きな飛行機B24が、ペリリュー島の飛行場を狙い、爆撃しては帰っていった。夜中の2時半から4時くらいのこと。暗闇の中だけに、何とも不気味であった。

　トキエたちは、初めは、自然の岩穴を利用して防空壕のようにして入っていた。しかし、空襲が長引くにつれ、近くに小さな小屋を建て、家のようにして住むようになった。これが、2度目の移動である。トキエたちは、時折ガシアスの実家に戻っては、タロイモやキャッサバ（タピオカの原料となる根菜）など、主食になるものを自分たちの畑から採ってきた。

　7月に、また大きな爆撃があった。爆弾は、自分たちの隠れていた岩山の向こう側に落ちたらしかった。轟音は何ともすさまじく、初めての体験であった。ヤシの木の間にいた13歳の少女が死亡した。

第6章　戦争——軍属として、民間人として

　8月のある夜、人びとが一番大きな岩穴に集まって話しているところに、知らせがあった。「明日の朝、皆、バベルダオブ島へ行く。誰も、この島（ペリリュー島）に残ってはいけない。皆、移動しなさい！」。疎開命令である。この内容は、米軍も知らせていたらしいが、トキエたちの方へは日本の兵隊が知らせてきた。

　この頃は、決まって午前11時頃に、ペリリュー島への爆撃があった。そこで、岩山の陰でじっと待ち、爆撃の飛行機が去った後、船に乗って北上、バベルダオブ島へ向かうという話であった。目的地は、アルモノグイ村落の「朝日村」。これは、日本人入植者向けに開拓された地区の1つだが、日本人はこの時期までに内地に引き揚げ、宿舎は空になっていたのである。トキエたちは、身の回りにあるほんの少しの物を手に持って、兵隊の用意した船に乗る。それをダイハツが引っ張っていく。これが、3度目の移動であった。

　しかしその後、ペリリュー島出身の人びとは朝日村を離れ、バベルダオブ島の北端に近いガラルド村落へと、さらなる疎開をすることになった。これが4度目の移動である。なぜ、ガラルドまで行くことになったのか？　トキエは次のように話した。

　「聞ク　トコロニ　ヨルト、戦争ノ　始マル　前ニ、日本ノ　軍部ガ、ペリリュー島ノ　人ビトノ　受ケ入レ先ヲ　探シ回ッタ　ソウデス。……でも、バベルダオブ島のどこの村落のチーフ［首長］も引き受けようとせず、ただガラルドのチーフだけが、受け入れに応じてくれたそうです。それで、ガラルド行きが決まったということでした」。

　トキエは、ガラルドへの移動の時、初めての子の妊娠を自覚していた。

5度目の移動先での出産

　バベルダオブ島北部のガラルドでは、着いた後が大変であった。ペリリューの人びとは、全然知らないガラルドの人の家に、バラバラに預けられた。昨日まで見ず知らずだった人たちと、ほんの少しの食糧を分けてもらって生活す

る。食糧は欲しいが、遠慮も大きい。そのようなわけでペリリューの人びとは、少し離れた地にいる自身の親戚を頼って、さらにあちらこちらへと散って行った。夫モレイも、親戚を頼り、老いた両親と共にガラルド内を移動した。そしてトキエとは、やむなく別々になってしまった。

　トキエには、ガラルド村落の南隣オギワル村落に、母方の叔父がいた。彼は、村落のセカンドチーフ（第2位首長）の位にある人物であった。トキエが出産間近だと知ったその叔父は、ガラルドのチーフの許可を得た上で、トキエ、トキエの母、トキエの兄弟たちを迎えることを決めた。そして、実際迎えに出向いてきてくれた。

　それは、12月1日、午後2時のことであった。それからガラルドを出発し、ずっと歩き通し、ようやくオギワルの叔父の場所に着いたのは、なんと夜中の2時頃であった。道はぬかるんで歩きにくい上に、裸足であった。長距離を歩いたために、妊娠中の腹は、張った。途中、食べるものはなかったが、腹がすいたという感じさえしなかった。振り返るトキエは、「ソレワ、大変ダッタヨー！」の一言。これが、5度目の移動である。

　着いた所は、森の中の仮住まい。それでも、トキエにとってはとても良い場所であった。セカンドチーフという位にある叔父のおかげで、やっと安住の地へとたどりついたのである。トキエは、安心して、12月20日、無事男児を出産した。産まれた時はとても小さかったというが、健康に恵まれ、インタビュー時点でも健在とのこと、それを聞いて筆者はホッとした。トキエの出産後、夫は、夫の姉と共に見舞いに来てくれた。そのとき、海水を煮詰めて作った塩を持参してくれた。ここオギワルでは、魚はなかったが、タロイモがたくさんあり、食べる物には困らなかった。

「骨と皮の兵隊さん」

　以上のように、初めての出産を控えつつ、夫と離れ、時に食べ物にも事欠き、移動に次ぐ移動を強いられたトキエであるが、それでも彼女は、次のよ

うに語る。

「戦争中、パラオデ　一番　大変ダッタノワ、日本ノ　兵隊サン　デシタ」。
　おそらくトキエの目には、わずか1、2年前、故郷ペリリューで兵隊さんたちと交わした健やかなやりとりの思い出が、焼き付いていたのだろう。トキエは、その兵隊さんたちの、見るに見かねる姿を、バベルダオブ島のジャングル内で目のあたりにすることになった。すでに戦力を失い、外部からの食糧補給を断たれた日本の兵隊たち。現地での食糧調達を余儀なくされるも、現地の植生を知らない。次のような惨めな姿であったという。
　パラオの人びとの場合、ジャングル内でも、野草のうち食用可能なものを見つけられるし、食べ方も知っている。しかし、日本の兵隊たちは、それらを探し出すことができず、見つけたとしても食べ方を知らない。アクの抜き方、抜き加減などである。そのため、「食べられそうだ」と判断した野草をそのまま食べて、アクや毒で、口の周りじゅうが腫れ上がり、さらに何も食べられなくなってしまう。また、それらの食べ物に胃腸が慣れていないために、下痢をする。そしてますます痩せる。そうした悪循環の様子がうかがえたという。
　かつて、共に陽気に歌を歌った兵隊さんたち。自分たちの差し入れのパパイヤやマンゴウを喜んで食べてくれた兵隊さんたち。その関わりが、決して卑屈でも卑猥でもなかっただけに、ジャングル内での彼らの姿に、純粋に心が痛んだのだろう。「見テイラレナイ　ホドニ、骨ト　皮ノ　姿デ、本当ニ　カワイソウデシタ」。
　こうした状況の果てに、戦争は終わった。
　終戦後、ペリリューの人びとがガラルドを離れるにあたり、感謝の宴がひとしきり続いた。苦しい時に、家族同様に受け入れてくれたことへの感謝。ペリリューの人とガラルドの人の心が一つになり、お互いに別れを惜しんだ。このペリリューとガラルドの交流は、戦後70年となる今日も、一部で続いているらしい。
　そしてトキエたちは、ついにペリリュー島に戻った。その時の驚きは、「口

デワ　言エマセン！」とのことである。日米の激戦地となったペリリュー島。自分の家が無いのはもちろん、5つあった村も、まったく、その形跡が無い。無い、何も無い。ここがどこか、見当もつかない。日本の兵隊さんたちが訓練していた飛行場も、兵舎も、もちろん消えていた。見渡す限り、焼け野が原。それが、どこまでもどこまでも続き、南方のアンガウル島まで見渡せた。ただ、「ペリリュー小学校」（日本人向け）の門柱と、「ペリリュー公学校」（現地住民向け）の校門だけは、石造りであったからか、残っていた。

　こうして、ほんの2年ほど前、「日本の兵隊さん」と紡いだ関係は、思い出の中にだけ残るものとなった。

第6章　戦争——軍属として、民間人として

第3節　挺身隊員となって

　本節では、軍属の中でも「挺身隊」という特異な部隊に配属された現地青年3人の語りを収める。1942年、南洋庁パラオ支庁は、ニューギニア資源調査と称して「調査隊」の隊員60人を募集、さらに1943年には「第2次募集」として隊員30人を募集した（樋口和佳子2003b: p.381）。語りによれば、パラオの青年男子のうち、特に気力体力にあふれた者たちは、海外への雄飛の思いから競って応募したようである。しかし「第2次募集」に関して言えば、まもなく隊は「挺身隊」と改名再編され、ニューギニアをはじめ各地の戦線で、軍属として厳しい任務に就かされた。
　「調査隊」「挺身隊」の構想と募集、実際の活動と展開について概観したものとしては、樋口和佳子の稿がある。それによれば、「調査隊」の「第2次募集」の出発時である1943年9月には、本来の目的地ニューギニアが、すでに米軍の空襲を受け始めていたこと、故に隊は当初から軍部に伴う軍属としての任務を帯びたこと、それは輸送や食糧生産の労働であったことが指摘されている。また、隊員は小隊に分かれて行動をとったため、任地は同じでないことも指摘されている（樋口2003b: p.381）。
　本節では、3人の元挺身隊員（キョータ、ウバル、カトーサン）の語りを示しながら、彼らの戦時中の経験を、より心情面に留意しつつ跡付けることに力点を置く[9]。この3人は、共に「調査隊」の「第2次募集」（後の「挺身隊」）に応募し、1943年9月にパラオを発ったが、ニューギニア到着後、次のように分かれた。キョータの小隊は、一貫してニューギニアに滞在、病魔と爆撃の中、食糧調達に追われる生活を経て終戦、1946年5月パラオに戻っ

---

[9] 本節は、樋口の稿（2003b: p.377-388）に続けて掲載された拙稿（2003c: p.389-411）を、話者の心情面に留意しつつ、加筆修正したものである。

た。他方ウバル、カトーサンの場合は、病気になったタイミングの問題からニューギニア滞在は9カ月弱、ただし安全な地に退避できたわけではなく、洋上を航行し、労役に就き、台湾で終戦。その後も船上生活を余儀なくされ、1947年1月、ようやくパラオに帰り着いた。

キョータは、日本人の父親を持つ立場からだろうか、民族をめぐる微妙な感性をインタビューで示してくれた。ウバルは、小隊の行程の概略を自らパラオ語で記録していたことから、戦後ハワイで事情聴取が行われた際、その英訳版を携えて証言台に立った経験がある[10]。カトーサンは、「調査隊」「挺身隊」さらに「海員養成所」の構成員の名簿作成に尽力、共に日本のために働きつつも補償がないとして、戦後日本政府に向けての補償運動を行ってきた経験がある。

以下、3人の語りや記録を手がかりに、記述を進める。

(1) 「日本人ノ心ニナッテ働キマシタ」
──「二世」トシオ・キョータ

トシオ・キョータ（Toshiwo Kyota [11]）の戦争経験を記すに先立ち、その父、清田利三郎のパラオ入植と戦前の経験について記しておく。概して言えば、利三郎は、日本人としての権益をもつことを斥け、現地住民の生活世界に入り込んで暮らした人物と言える。それ故、戦後もパラオでの再定住を例外的に認められることになった。

息子トシオ・キョータは、現地パラオの子どもとして育ち、パラオの青年と

---

10) 当初は、アルフォンソ・オイテロンが証人として求められたが、不在のため、折しも米国滞在中のウバルに依頼が来たとのことである。
11) 彼は、自分の姓「清田」をKiyotaではなくKyotaと綴るのを正式の登録としている。「カイヨタ」と発音されるよりは「キョータ」と発音されるほうが好ましいと考えてのことである。本項では、マチアス・トシオ・アキタヤと区別するために、彼を「トシオ」ではなく「キョータ」と呼ぶことにする。

第6章　戦争——軍属として、民間人として

して、前線で日本兵と共に危険な任務に就いた。そして戦後キョータは、日本側から自分たちパラオ青年の任務に関して、補償がまったく無いことに、がく然とすることになった。言うならば、父はパラオに尽くし、パラオに受け入れられたのに対して、子は日本に尽くしながら日本に見捨てられたという感覚を抱いている。

父、清田利三郎の入植と生活

　清田利三郎は、1886年（明治19）、神奈川県キジマ村（城島村）オオ島（大島）711番地に生を受けた（城島村は現在の平塚市の一部）。船乗りをしていたが、20歳の頃（1906年頃）その生活に嫌気がさし、寄港したパラオ島に上陸した。当時はドイツ統治下であった。

　利三郎は、まず「南洋貿易株式会社」で働いた（1908年、「南洋貿易日置合資会社」から改組）。南洋で有望な会社であった。

　その後、利三郎は、パラオに定住し、バベルダオブ島アルモノグイ村落のある娘を妻とした。彼女は、村落の首長を代々務める複数の母系氏族のうちの一氏族の娘であり、名をオボウ（Obeou）と言った。オボウの父はイギリス人であり、名をアンドルーと言った。

　利三郎は、妻と共に、アルモノグイ村落の森の一隅を伐採し、住民の主食であるタロイモやキャッサバを栽培し始めた。村落の複数の首長たちは、利三郎の姿に心動かされた。人柄がよく、毎日毎日、一生懸命に働く。そこで、村落の首長会議において相談した。そして、この若夫婦に、十数町歩の原野を与えることを決め、伝えたという（16町歩と考えると、4キロメートル四方の土地にほぼ相当する）。

　その広大な土地は、戦中の惨禍と、戦後の管理が行き届かなかったことを理由として、現在、残念ながら荒れ果てている。筆者は、利三郎の養女アサコさん（実際はキョータの長女）の案内で、当地に赴いた。パノラマ写真にも収まり切らないその広さ。その程近くには、日米激戦の残骸として、コンク

リート製の砲台、火薬庫、特攻機などが放置されている（本章の表紙の写真）。

当時、利三郎は、この広大な土地を村人たちの協力を得つつ徐々に開墾した。そして、ヤシを 3,000 本植えた。ヤシは、実の胚乳部分を乾燥させ、コプラとして売る。当時コプラは、鯨油に代わる燃料として、国際経済においても商品価値が高まっていた。

また利三郎は、ヤシの苗木を育てた。日本統治下となり、アルモノグイ村落の一部には日本人入植地「朝日村」ができたのだが、その朝日村で、利三郎の売るヤシの苗木は好評であった。ヤシの栽培は、種からでは時間がかかる上に、確実ではないためである。「コノ　苗木ノ　注文ワ　多カッタ！」とキョータは思い起こす[12]。

さらに、次々に原野を開拓して野菜畑をつくり、タロイモやキャッサバの大量生産を始めた。パイナップルも、1 町歩くらいの広さに植え付けた。そして、朝日村に建設されたパイナップル工場に出荷した。

その後、利三郎は株式会社「南洋アルミニューム」に雇用された。この会社は、土壌のサンプルを採取し、アルミニウム含有率などの分析のために日本へと送っていた。キョータは言う。「会社ワ、父ガ、パラオノ　地理ヤ　土壌ニ　詳シイト　見タノダロウ」。利三郎は、アルモノグイやガラスマオの各地を回り、めぼしいサンプルを採取しては会社に渡した。その仕事は 4、5 年続いた。

こうした生活の中で、利三郎は平和な家庭を築き、七男三女をもうけた。筆者のインタビュー当時は、三男キョータをはじめ、4 人が健在であった。キョータは、自らの子ども時代のことを次のように語ってくれた。

キョータは、南洋庁設置の年（1922 年）、アルモノグイ村落で生まれた。学齢期になると、父が日本人ではあるが、現地住民向けの「公学校」で学ん

---

[12] パラオでは、1922 年から 1931 年にかけて、ヤシの民有林が倍増した（南洋庁長官官房編 1932: p.297-304）。利三郎は、時宜に応じた経営判断を行っていたと考えられる。

第6章　戦争——軍属として、民間人として

だ。彼の記憶では、混血を理由にからかわれたり差別されたりしたということはない。また両親の結婚が南洋庁などから咎めを受けたという覚えもない。おそらく利三郎は、現地住民の社会に相当なじんでおり、また南洋庁からも一定の距離をとっていたのだと思われる。

　キョータは子どもの頃から、次兄フミオと共に、利三郎をよく手伝った。まず、ナマコ採りである。キョータ兄弟は、ナマコを採り、ゆでた。そして干して乾燥させ、コロールへと送った。コロールから先は、日本へ、そして香港へと渡り、中華料理の素材となった。パラオで食されることもあった（現在も、採れたてのナマコならばそのまま食べる。なお余談になるが、網袋で吊（つる）し置き糸状にしたものを冷凍保存し、半解凍して「ナマコ・スナック」と呼んでおつまみにすることも、現在好まれている）。

　次に、ワニの捕獲である。キョータ兄弟は仕掛けの籠を作ったのだが、ワニが、入れば二度と出られないように、また暴れても壊れないように、次のような工夫をした。籠は、縦長で4尺（約1.2メートル）の大きさである。森から取ってきた針金のように強い蔓（つる）を、しっかりと巻き付けて、固定する。籠の中に餌をぶら下げる。それは猫や犬で、捕まえて殺したものをつるすと、その臭いで集まってくる。こうして獲ったワニの大きさは、8尺〜12尺（約2.4〜3.6メートル）。キョータは、「30数匹ヲ　捕マエマシタ」と誇らしげに語った。販売先は、コロール島脇のアラカベサン島在住の日本人。自分たちで皮をはいでから、売った。

　「一匹幾らくらいで売れたのですか？」との筆者の問いに、

　「ソレワ　ワカリマセン。父ガ、オ金ヲ　取ルンダカラ。私タチワ、手伝ウダケデスカラ。ハハハハハ！」とのことであった。

　さらにキョータ兄弟は、魚捕りもした。釣りではなく、網による捕獲である。当時、アルモノグイの波止場から自宅までは、当地の住民と同様、筏（いかだ）で回っていた。海が引き潮になって次第に浅くなると、魚が集まってくる。ある日、それを目の当たりにした父、利三郎に名案が浮かんだ。試しに、ヤシの

葉を編み、それをロープにつないで仕掛けたところ、相当多くの魚が捕れた。「これはいける！」と、今度は本当の網をこしらえ、引き潮前、魚が集まってくる頃を見計らって仕掛けた。おもしろいように魚が捕れたのを、キョータは昨日のことのように思い出す。

「父ト　兄ト　私ノ　三人デ、何ト、獲(と)レタ、獲(と)レタ！　……500ポンドくらい（約230キログラム）の魚が捕れたんです。今のようにアイス・ボックス（冷蔵庫）などありませんから、その捕れた魚を、全部、村の人たち全員に配りました。兄と私が棹(さお)をさして筏を漕(こ)いでいる間に、父が筏の上で、魚を分けて小山にする。村人一軒一軒の家族の状況を考えながら。そして、蔓(つる)で縛っておく。陸に着くと、私と兄が天秤棒(てんびん)でその魚の束を担いで、一軒一軒配って歩いたんです」。

こうした村落内での食物の分配は、現地の人びとのやり方のとおりである。筆者は、フェリックス神父、ヴェロニカ、パウリヌスらから、同様の話を聞いた。そして利三郎自身、こうしたやり方になじんでいた様子である。利三郎は、1940年代前半にはアルモノグイを離れ、パラオ南部のアンガウル島で「燐鉱開発株式会社」に勤めたらしい。ただし、遅くとも1944年春にはバベルダオブ島に戻ったことだろう。そして、日米の激戦、さらには日本の敗戦を経験することになる。戦後の状況については後述する。

息子、トシオ・キョータの戦場経験

キョータは、21歳で迎えた1943年の秋、後述のウバルやカトーサンと同様、南洋庁パラオ支庁の募集に応じ、「調査隊」の「第2次募集」（後の「挺身隊」）の隊員となった。パラオを発ち、1週間後ニューギニアに到着。そして、ウバル、カトーサンの場合は病気になり9カ月でニューギニアを離れたのに対して、キョータの場合は、一貫してニューギニアに滞在。飢餓やマラリアの恐怖にさいなまれながら労働に就き、そこで日本の敗戦を迎えた。

キョータは筆者に語った。

第6章 戦争——軍属として、民間人として

「日本人ト　一緒ニ、日本人ノ　心ニ　ナッテ、イッショウケンメイ　日本ノ　タメニ　働キマシタ」。

「父親ノ　国、日本へ、一度ワ　行ッテミタカッタ。デモ、モウ　歳ヲトリスギマシタ」。

挺身隊員として辛苦をなめたキョータにとって、日本とは、どのような存在なのだろうか。以下を通して考えたい。

キョータの入隊までの次第は次のとおりである。1940年代初頭、キョータは、父がアルモノグイの広大な土地で農産物の大量生産を営むことに関係して、自らは生産組合（いわば農業協同組合。コウイチ・オイカングの同時期の勤務先と同様と思われる）に勤めた。経理の役職に就き、かなりの高給を得ていた（月給40円程度）。そのキョータのもとに、南洋庁農林課からの情報として、「調査隊」の「第2次募集」の話があった。

「[パラオの] 外へ　出テミタイ。外国ニ　行ケルノナラ……」。キョータは、そう考えて応募を決めたという。キョータは、父が日本から来たとはいえ、現地住民として生きてきた。広い世界を見るチャンスを欲していたのだろう。

入隊したキョータは、まず首都コロールで（現在のココロホテルの後ろ辺りにあった訓練所で）、約1カ月の訓練を受けた。ゲートルの巻き方に始まって、駆け足で神社詣でをしたり、歌を歌ったり……。

1943年9月、いよいよハマヨシマルに乗り、コロール近くのマラカル港を発った。次項(2)で示すとおり強風のため、パラオ南部のアンガウル島で3泊。その後1週間かけてニューギニアのマノクワリに着いた一行は、隊の再編成に至った。キョータは、ウバル、カトーサンと別れ、台湾、朝鮮、沖縄の人たちと共に行動する小隊の一員となった。この小隊は、結果として、日本の敗戦後まで、2年以上の長きにわたってニューギニアに滞在。キョータは、飢餓や病魔にさらされながら辛苦の日々を送ることになった。

キョータは、ニューギニアで何度も病いに伏せった。まず、高熱にうなされ

ることで知られるマラリア。これは3種類ある。①4日ごとに高熱が出る「四日熱」、②3日ごとに高熱が出る「三日熱」、③毎日熱が出る「熱帯熱」。キョータはこのすべてに罹患した。さらに、アメーバ赤痢、そのほか熱帯特有の幾つもの苦しい病気にかかった。キョータは、これらの病いの経験から、他の隊員が病いに伏せった際、自発的に看病・介護に当たるようになった。

　最初に看病・介護に当たったのは、同僚のヤダ（Yada）が腸捻転で伏せった時である（ヤダは、本書400～403頁の隊員名簿において、第2グループNo.6の人物。以下同）。隊長が、「誰か、看病に付き添う者はないか？」と2度までも問うのに、誰も返事をしないので、キョータは引き受けることにした。ヤダは熱心なクリスチャンであった。共に過ごした次の日、ヤダはキョータに頼んだ。「後ろへ回って、自分を支えてくれ」。キョータは言うとおりにした。するとヤダは、両手を合わせて祈る姿勢をとり、間もなく、静かに息を引き取った。キョータはこの時、ヤダの信仰に触れた思いがして、非常に感銘を受けた。その後キョータは、ヤダの持っていた本を読んで、キリストの教えについて学び、戦後パラオに帰還してから洗礼を受けた。またキョータは、ヤダの遺品を大切に持ち帰り、パラオの習慣どおりの葬儀の料理を添えて、彼のご両親に渡した。無念の死ではあるものの、ご両親は喜んでくれたという。

　レケメシック・レンギール（第2グループNo.22）がアメーバ赤痢に罹った時も、キョータは20日間付き添って看病した。ケベコル・ヤノ（第2グループNo.23）に対しても同様であった。筆者自身、キョータが周りの人びとに優しいいたわりの心をもつことを、インタビュー時に目の当たりにした（妻の弟で生来盲目である者、自身の妹で重度の認知症である者などを自宅に快く同居させ、共に時を過ごすことが多く、困った様子も高ぶった様子もなかった）。

　キョータは、ニューギニア到着後、日本の海軍と共に働いた。所属していたのはサイトウ隊であった、と記憶する。最初の仕事は荷役であった。マノクワリの港で、船から、爆弾とガソリンを降ろす。そして当地の安全な場所

第6章　戦争——軍属として、民間人として

であるジャングルの中へと置く。軍用の大きな冷蔵庫などの機械も運んだ。

　セメントを運ぶという、なんとも、きつい仕事もあった。セメント満載のダイハツが、ずらっと並んでいる。1日目は、朝4時から夕方6時まで、14時間にわたる必死の作業。2日目は、「どうしても今夜中に、全てを運び終えなければならない」と言われる。しかも、なぜか、挺身隊員だけがその荷役をするという。大量のセメントは、日が暮れても、まだ相当残っていた。キョータたちは一計を案じた。2人1組となり、一方の人を2、3時間だけ寝かせ、他方は荷役を続ける。順次寝る人が交代して、やっと荷役を終えた。

　この荷役を終えた早朝、シバヤマ（柴山）大尉は、キョータたちをトラックに乗せ、兵隊たちの食糧のある場所へと連れていった。カルピス、タバコなどを自由に取らせてくれた。そしてキョータたちは寄宿舎に戻った。

　戻ったその日のこと、米軍から、大規模な空爆を受けた。なんと、船そのものも、あれほど苦労して陸揚げし移動させたセメント自体も、すべてダメになってしまった。何という結果だろうか。

　荷役の次は、弾薬補充の仕事であった。海岸で、日本の兵隊さんが米軍の襲来に備えている。キョータたち挺身隊員は、「たこつぼ」（人が1人やっと入れるくらいの穴）をたくさん掘っておき、その中で待機する。兵隊さんの銃の弾がなくなったら、それを補充した。

　キョータたちは、3度大きく居場所を変えた。1度目の移動は、「無線所を作るから移れ！」というものであり、洞窟の上に寄宿舎を2つ建て、新しい住みかとした。2度目の移動では、「12号寄宿舎」を建てて住んだ。3度目の移動では、畑のそばに仮小屋を建てた。ここに終戦まで居たのである。どの時も、移動の直後に、前居た場所が爆撃を受けた。もしそのまま居たら……と思うと、命拾いをしたと思わずにはいられない。

　戦争の最後の頃には、陸戦隊と一緒に、広大な畑で働いた（ニューギニアの日本軍は、食糧の補給路を断たれ、自給自足を余儀なくされていたからで

ある)。キャッサバのほか、タロイモ、サツマイモ、トウモロコシなどを作った。収穫したものは、主に日本兵の食糧となった。

この頃、ニューギニア到着直後に29人であった挺身隊員は、約半数にまで減っていた。5人は、ニューギニアで病死(前述のヤダなど)[13]。9人は、病気になった時にちょうど船の便があり、乗っていった(後述のウバルとカトーサンを含む)。

畑は、とても肥えていて、土の色も黒かった。そのため作物も、大きくて立派なものができていた。キョータたちの重要な仕事は、作物を守ること。野ブタ(=イノシシ)が畑を荒らしに来た。と同時に、島の住人たちも、作物をこっそり盗りに来ることがあったからである。ある時など、15〜16歳の現地の少女が盗りに来て、挺身隊員に捕まった。

賢い盗人は、キャッサバやタロイモを盗るとき、食糧にする芋の部分だけを盗って葉の部分は土に埋めおく。最初の何時間かはごまかせるが、太陽が昇ると、葉がしおれてくる。そして、「おまえたち、何を見張っていたのだ!」と、その夜の見張りが叱られることになる。

キョータ自身、ある日の見張りで次のことがあった。

日没まもない頃、キョータは、10メートルほど前方に黒い影を見た。「野ブタかな?」と思いつつ、静かに近づいた。5メートルくらいまで近づいたとき、それが畑の作物を盗みに来た島の男だと分かった。

男はキョータに気づき、ナイフをかざして向かって来た。キョータは即座にニューギニアの言葉で、「撃つぞ!」と叫んだ。すると、人影は西の方面へ逃げた。その人物にとっては運が悪く、キョータにとっては運が良かった。それというのも、西側はまだ少し明るさが残っていたし、辺りは丈の低いキャッサ

---

[13] 本書402頁の「挺身隊」(=第2グループ)名簿によれば、南太平洋において死亡した者は7人、とどまった者は3人(荒川俊児 1995: p.30によれば行方不明者3人)である。樋口(2003b: p.380)によれば、ニューギニアで、メチルアルコールを隠れ飲んで死亡した者が、複数いたようである。

第6章　戦争――軍属として、民間人として

バだけだったので、その人影はキョータからよく見えた。

　地上1メートルくらいの高さで、キョータは銃を撃った。その弾は、男の大腿部を貫通した。男はさらに逃げ、よくある藪(やぶ)だと思って、ある場所に飛び込んだが、それは開拓の時に切り倒した古木に蔓(つる)が絡まり、苔(こけ)むしたところだった。さらに逃げ、さらに追った。そして、その古木の向こう側へ男が落ちたとき、キョータはついに男を押さえつけた。彼の鋭いナイフを片足で踏みつけてから、銃を2発！！ それは、味方への「手を貸してくれ！」の合図だ。

　日本の兵隊やパラオの隊員仲間が、「どうした！」「どこにいるのか？」などと叫びながら近づいて来た。キョータは、男の上に乗り、ナイフを片足で踏みつけたまま、「コッチダ！ コッチダ！」と答えた。そして皆で、男の両手両足を縛り、農場の事務所に引っ張っていき、朝まで置いた。これはキョータの手柄となったという。

　もっともキョータが「手柄」と言うとき、次のような複雑な心中も察せられる。キョータは、男の追撃を語る際、「その人物にとっては運が悪く、自分にとっては運が良かった」と、「その人物」にとってのありようを言い添えた。キョータは、「その人物」のことを盗人と見なす視点にひとまず立ちながらも、この島、この肥えた大地は、そもそも彼らの場所であったことを思わずにはいられなかったのだろう。

　キョータが、こうして島の人の状況に理解と同情を示すのは、おそらく彼自身が、日本の軍人との対比で、自分たち軍属の置かれた状況に理不尽さを感じ取っていたからではなかったか。セメント運びの時の激務。その後カルピス、タバコなどを自由に取らせてくれたとはいえ、それらは常には遠ざけられていたという事実。食物の配分。日々、日本人と「同じ」とされつつ、「別」ともされるありようの中で、心に違和感を抱き続けていたことが考えられる。キョータは、父親が日本人であったから、その違和感はなおさらであったことが考えられる。

　キョータの手柄の話に戻ろう。キョータは、畑を荒らしに来た野ブタを、う

まくしとめたこともあった。軍の大きな炊事場へ持って行かれ、料理された。毎日のおかずに苦労しているだけに、それをしとめたことへの評価は高い。所属のサイトウ隊の朝礼で、皆の前で報告された。「パラオの人が、昨夜の見張りで野ブタを2頭獲ってくれたので、今夜はおいしい食事になります」と。

ニューギニアのマノクワリには、さまざまな人が住んでいた。キョータいわく、オランダ人、パプア人、インドネシア人、マネキョン人などであった。

オランダ人は、コンクリート製の建物に住み、その前の道路は舗装してある。パプア人は、浅い海の上に家を建てる。インドネシア人は、パラオ人と同じような生活形態だが、住居の次の点が特徴的である。パラオの住居の場合、高床式で開け放しの形態であり、全ての部屋から戸外に対して出入りができ、しかも戸のような開閉する物をもたない。これに対してインドネシア人の住居の場合、部屋が幾つもあるにもかかわらず、出口と入り口は一緒で、家に一つだけである。出入り口には、大きな戸が作ってある。おそらく、現地には14～15尺（約4.2～4.5メートル）もの大きな毒蛇がいるためであろう。そして、床は土であり、寝る所だけ板敷きになっている。

ここまでの人びとは、服を着る。他方、マネキョン人は、褌(ふんどし)だけ。家はなく、木の根っこに住んでいる。そして、木製の矢を持っている。

これに加え、外来の者として、日本側の軍人・軍属がいた。自分たち南洋の者の他、「高砂族」（台湾の先住少数民族）、朝鮮人、沖縄人、そして日本人であり、日本人が一番数が多かった。以上のようにキョータは語った。

ニューギニアでのこうした経験の果てに、ついに日本の敗戦となった。やっと、パラオに戻れる見通しが立った。

帰還時の持参品については、制限があった。それは、軍人も軍属も同じで、シャツ2枚、ズボン2枚、靴下2足、靴1足、帽子1つ。個人のお金については、すべて持参してかまわなかった。キョータの場合、パラオを出るとき親戚や知人から貰った餞別(せんべつ)のお金が、そのまま残っていた。ニューギ

第6章　戦争——軍属として、民間人として

ニア現地にはお金を使うような店もなかったからである。また、配給のタバコなども、キョータ自身は吸わないので他の人にあげ、少しお金をもらい、そうしたことで貯まったお金もあった。皆、ある程度のお金は持っているようだった。持ち帰ることのできない荷物は、収納のために新たに倉庫を建て、すべてその中に入れ、鍵を掛けた。現地の人には、持っていた反物をあげた。

　まず、ニューギニア島の西のハルマヘラ島（384頁、地図6-3参照）へ向かった。というのは、そこに1人のパラオ人がいるという情報が入っていたからである。しかし、到着してみると、もう出発した後であった。

　その海域にはたくさんの船が錨(いかり)を降ろしており、無線で交信していた。それによると、日本へ向かう多くの船のうち幸いにも1隻が、パラオの近くを通過するということであった。早速その船長と交渉したところ、同意を得ることができた。キョータをはじめ挺身隊員として残っていたパラオ人計13人が、船長室の後ろにテントを張って、乗せてもらうことになった（402頁の隊員名簿、第2グループNo.5, 12-15, 19-26）。

　1946年5月12日、島が見えてから12時間後、ついに帰郷、上陸した。場所はアンガウルの南端。思えば、1943年9月、嵐で3日間避難した後に出発したのと同じ地点であった。駐留する米兵が、アンガウル島の住民たちと共に、キョータたちを見に来た。そして確認後、トラックを貸してくれた。キョータたちは、そのトラックに乗って、縁者のいる村々へと散っていった。

§ 一家の戦後：父はパラオ永住の許可、息子は戦後補償の不在 §

　日本の敗戦後、すべての日本人は日本へ帰らなければならないという行政上の命令が下った。キョータの父、利三郎は日本人であり、日本の会社である燐鉱開発株式会社に勤めていたので、例外になりようもない。現地住民である妻と、現地住民として生きてきた子どもたちを残して、日本へ帰ることになった。利三郎は、最後の引き揚げ船でパラオを離れた。それは、燐鉱開発株式会社の船であった。

第3節 挺身隊員となって

　その後、利三郎は、アメリカ政府によるアンガウル燐鉱の再開発（1946-1952）に伴い、その社員としてパラオに戻ることができた。パラオでかつて船大工をしていた中村善七氏も、ミヨザワ氏も一緒だった。利三郎一家にとって、家族の行き来がかなう幸いな日々が戻ってきた。とはいえこれも、数年間のみのこと。利三郎は1950年代前半、燐鉱閉鎖に伴い、再び単身日本に帰る必要に迫られた。60歳代後半、すでに高齢になっていた。

　キョータは、この頃すでに妻帯していた。老いた父の日本帰国が迫るにしたがい、考えに考え抜いた。そしてついに考えついたことは、パラオを委任統治するアメリカ当局に向けて、手紙を出すことであった。これまでの利三郎のパラオでの暮らしぶりを、事柄ごとに10数通にも及ぶ手紙として詳述した。パラオ人からの信頼が篤く、若くして土地を与えられたこと、大漁の折に、魚をすべてパラオ人たちに分け与えたことなど、キョータが知る限りのことを、すべて書き綴った。会社の撤退、それに伴う日本人の帰国は、こうした個人の営みをまったく無視した計画であるのだから。

　キョータの手紙はパラオ語で綴ったが、それをアメリカ帰りの知人に英訳してもらった上で、「デパートメント・オブ・パブリック・アフェアー」に提出した。その手紙は、当時のパラオ司政官でアメリカ海軍少佐のラズポール氏を通して、ハワイ在住の南洋群島総司令長官マホニー・ラドフォード氏に送付された[14]。

　その後、書かれた内容についての調査が始まった。そしてついに、その信ぴょう性が確かめられた。清田利三郎は、家族と共に、パラオに永住することを許されたのである。それは、「燐鉱」がパラオから全面的に引き揚げる1カ月前のことであった。ハワイから来たのは、次の通知であった。

　「アメリカは、まったくの例外として、以下の許可を与える。会社の撤退と同

---

[14] ここに出てくる役職名や担当者名は、キョータの記憶によるものである。マホニー・ラドフォードは、1949～1951年、南洋群島総司令長官であったことが確認できる（Office of Court Counsel 1995: p.23）。

第6章　戦争——軍属として、民間人として

時に、日本人は全員引き揚げる。しかし例外として、清田利三郎については、子どもたちと共に生活するために、パラオでの永住を許可する」（この事の次第を話す時、キョータの声は震え、途切れとぎれになり、目には涙があふれた）。

キョータも妻も、決してこの日のことを忘れはしない。父、利三郎は、1955年7月11日、アンガウル島の燐鉱から、バベルダオブ島アルモノグイの自宅へと戻ってきた。それは奇しくも、キョータの長女が誕生した日であった。父親の帰還と、長女の誕生（このときインタビューに同席していた妻ステラの表情も、筆者にとって印象深かった）。アメリカ資本の燐鉱会社は、利三郎に対して、給料および退職金を小切手で支払ってくれた。

この話には後日談がある。ハワイから通知をもらった1カ月後、船大工中村善七氏の妻（ペリリュー島出身）がキョータを訪ねてきた。どうやって永住許可を取ったのかを知りたいとのことであった。キョータは経緯を話し、提出したすべての書類の控えを彼女に手渡した。それらはすでに英訳してあったので、中村夫人も、直ちに同様のものを当局に向けて提出。今回は、燐鉱会社の撤退まぎわのため、当局は電報でハワイへ連絡。こうして中村善七氏も、例外第2号として永住許可が下り、子どもたちと共にパラオで生活できることになった。そしてその子どもたちの中から、後のクニオ・ナカムラ大統領（1993～2001年、善七の第7子＝末子）やマモル・ナカムラ最高裁判所長官が誕生したのである（ミヨザワ氏は、この時すでに死去していた）。

その後、利三郎は家族と共に、パラオで幸せな日々を送ったという。そして18年後の1973年8月23日、87歳で永眠した。あたかも「1人ノ　赤子ニ　命ヲ　託ス　カノヨウニ……」とキョータは言う。それと言うのも、父利三郎の葬儀を終えて自宅に戻ってみると、キョータの四男アロンソに、長女が誕生していたのである。

アルモノグイの利三郎の土地は、その永住に功のあったトシオ・キョータの名義に書き換えられた。ただし、戦禍を被った上、キョータをはじめ兄弟姉妹は皆、コロールに居住するようになった。筆者が現地で目にしたのは廃屋

を含む荒れた光景であり、残念に感じた。

　以上の清田利三郎のパラオ永住許可をめぐっては、アメリカ当局の寛大な対応が目を引く。ごく例外的な対応とはいうものの、国籍・出自の違いを不問にし、個人の努力や愛着に一目置いた対応である。ところがキョータ自身は、ほぼ同時期に、ほかならぬ日本の当局から、国籍・出自の違いを理由とした冷たい扱いを受けることになった。

　キョータは、戦争中のことを思い返し、筆者に語った。「日本人ト　一緒ニ、日本人ノ　心ニ　ナッテ、イッショウケンメイ　日本ノ　タメニ　働キマシタ」。

　ここで言う「働く」とは、たとえば荷役の場面で身体の限界まで、また弾薬補充の場面で身体を危険にさらしつつ、活動してきたことを意味する。その際、「日本人の心」は必要不可欠のものだったことだろう。活動のキツさ、食糧分配の少なさなどで、日本の軍人とは異なる自分たち軍属の扱われ方に理不尽さを感じ取ることがありながらも、否、そうしたことがあればこそ、共に「日本人の心」をもつ同志であるという認識は、彼の支えになっていたことが考えられる。

　それにもかかわらず、戦後、彼ら挺身隊員に対して、日本政府からの補償金は一切無い。彼らは実のところ、「戦地の住民」としての補償からも、「軍属」としての補償からも、取り残されている。前者について言えば、ミクロネシア一帯の住民ならば、1965年の日米両政府の合意（ミクロネシア協定、本書396, 404頁）により、両国の戦闘による被害者として一定の財・サービスが支払われるはずだ[15]が、挺身隊員の場合は、戦闘の被害者ではない（むしろ戦闘の当事者である）という観点から、この対象から外されている。また後者について言えば、パラオの挺身隊員は、当時日本国籍を付与されていな

---

[15] 本節 (3) で触れるとおり、このミクロネシア協定自体が不誠実さを含む点ついても、すでに多くの批判がある。

第6章　戦争――軍属として、民間人として

かったという事情があり（遠藤正敬 2015: p.132）、補償要求の議論の俎上(そじょう)に載ることさえ困難である。こうして、「日本人の心」になって、身体の限界まで、命をも賭して尽力した彼らの思いは、なんと宙づりの状態にされてしまっている。

「父親ノ　国、日本へ、一度ワ　行ッテミタカッタ。デモ、モウ　歳ヲトリスギマシタ」とキョータは話した。彼の心中はいかばかりだろうか。

キョータは、1994 年 9 月のペリリュー戦 50 周年記念の際、グアム日本国領事館宛てに、戦後補償を求める書簡を送った[16]。しかし、筆者が訪ねてお話を伺った 2002 年頃は、具体的な要求・請願の活動はすでに行っておられない様子であった。2003 年、脳溢血のため話すことが難しくなられた中、筆者は、挺身隊のお話の最終確認を、かろうじて行わせていただいた。その後小康状態が保たれ、2005 年、2006 年と再訪するたびにお話させていただいたが、2007 年の訪問時には、残念ながらすでに他界しておられた。

父親の国に尽くそうと、意欲と誇りを抱いた青年時代。彼は、高給の職を辞して挺身隊員となり、命の危険の中で労役に就いたのであった。敗戦を迎えた後、その父親の国から一瞥(いちべつ)もされないという事実に、大きな驚きと失望感を抱いたに違いない。彼は、10 人の子どもをもうけ、その子らにアメリカなどで教育を受けさせようと必死に働いたという。年老いて、日本から来た筆者に向かい合い、日本を改めて「父親の国」と呼んだ時、彼の思いはどのようなものだったのだろうか。日本に生き、日本という国家に守られている私たちは、キョータの思いをどのように受けとめればよいのだろうか。

(2)　挺身隊の行程を記録 ―― ウバル・テレイ

ウバルおじいちゃん（Ubal Tellei）は、1924 年 7 月 10 日、マルキョクに生まれた。幼少時、フルートソー・テレイの養子（オイカワサンの弟）となった。

---

[16] 樋口 2003b: p.387–388。Toshiwo Kyota to Renzo Izawa, Consul General, Consulate of Japan, Guam, 12 Sept. 1994, Koror, Republic of Palau, Olbiil Era Kelulau, 96940.

そして、「マルキョク公学校」本科を経て「コロール公学校」補習科に進学、卒業した。

ウバルのイトコであるトマス・テレイは、1942年、南洋庁パラオ支庁が募集した「調査隊」に加わった（400頁の隊員名簿、第1グループNo.1の人物）。ウバルは、そのイトコがマレー語を交えて体験を語るのを、羨望のまなざしで見ていたという。そして、後をたどるかのようにして、1943年「第2次募集」（後の「挺身隊」）に応募した。しかし、ニューギニアでの9カ月間に始まる経験は、失望と苦痛に覆われたものだったようである。

本項では、まず、ウバルの記録する挺身隊の行程について掲載する。次に、その行程におけるエピソードとしてウバルが語ったことを記す。

「ニューギニア → シンガポール → 日本 → 台湾」という行程の記録

ウバルは、挺身隊の行程をパラオ語で書き留めており、戦後アメリカに滞在した際、それを手元に置いていた。折しも戦時下の経験を証言する機会を与えられ、英訳した。筆者が見せてほしいと申し出たところ、ウバルは快諾してくれた。筆者は、その英訳版を和訳した上で、ウバル自身に、また前項のキョータに、読み上げて聞いてもらい、内容確認を行った。また筆者は、ウバルの記録を元に、地図6-3（384頁）を作成した。

挺身隊のうち、ウバルを含む一行の行程は、次のとおりであった。1943年9月、パラオを出発。1週間後、ニューギニア西部のマノクワリに到着。小隊に分かれて活動した。しかも、隊の募集時に予定された「調査」ではなく、爆弾やガソリンの輸送など、まさに「軍事」の後方業務に携わった。その後ウバル、カトーサンを含む9人は病気となり、折しも通りがかった日本船に乗せられ、ニューギニアを離れて西進した。シンガポールで銀板を積み込み、日本まで送り届けるという大きな任務（1944年末から翌年1月）を行い、その後は台湾に滞在。攻撃や防御の拠点作りという労に就きつつ、ついに戦争の終局を迎えた。戦後は、まず日本、次にサイパン・グアムを経た後、1947

第6章　戦争——軍属として、民間人として

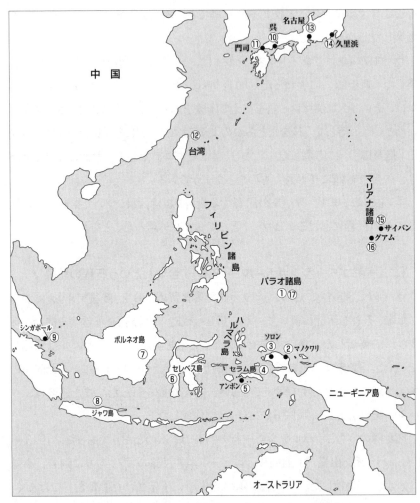

地図6-3　ウバルの記録による「挺身隊」の行程——1943年9月〜1947年1月

ウバルの一行は、パラオを出、まずニューギニアにとどまった（①〜②）。その後、西進し、シンガポール、日本を経由して、台湾で終戦を迎えた（②〜⑫）。戦後は、再び日本へ向かい、さらにサイパンを経て、終戦から1年5カ月後、ようやくパラオへと帰還した（⑫〜⑰）。

年1月、ようやくパラオの地に戻った。

　以下、ウバルの記録の和訳を掲載する（地図6-3の①〜⑰参照）。

1943年9月1日
　約500トンの貨物船ハマヨシマルにて、パラオのマラカル港出航。…①
　強風のためアンガウル島で3泊、［ニューギニア島の］マノクワリ（Manokwari）には1週間後に到着。…②
　そこでは、日本の海軍と共に働いた。［港正面の］ヌンホール島（Numfor）で船から爆弾だけを降ろし、ガソリンはマノクワリのジャングルの奥の安全な場所に置いた。そして日本に運ぶ材木も製材所から積み込んだ。
　上記の爆弾は、後に、アメリカの兵士がヌンホール島で手にし、アンボン（Ambon）にいる隊員を爆撃した。アンボンのすべての家々が爆撃された。
　　＊　＊　＊
1944年6月6日
　［自分たち9人は］2隻の船でマノクワリを出発。
　ソロン（Sorong）…③に行く旅の途中で、9人は病気の様子だった。
　セラム（Seran）…④に寄り、それからアンボンに進んだ。
1944年8月30日
　アンボン着。…⑤
1944年9月
　アンボンを発ってセレベスへ。
　セレベス着。…⑥
　セレベス滞在中に、人びとのためにミサをする山口［愛次郎］司教に会った。山口司教は、パラオから日本へ勉強に行ったルディムのことを知っていた。
1944年10月30日
　セレベスを出発してボルネオに立ち寄った。…⑦
　この旅はシモン（Simon）、カトーサン（katosang）、ヨハネス（Johanes）、ウ

第6章　戦争——軍属として、民間人として

バル(Ubal)だけだった。アントニオ(Antonio)とメレスバング(Meresbang)は後に残った［402頁の隊員名簿、第2グループ No.8-11，17-18の人物］。

1944年11月7日
ボルネオのバリクババン(Barikbabang)着。

1944年11月9日
ボルネオ出発。

1944年11月12日
ジャワ着。…⑧

1944年12月5日
ジャワを出発してシンガポールに向かう。

1944年12月8日
シンガポールに到着した時、カトーサンとシモンは、すでにそこに来ていた。…⑨

　　＊　＊　＊

1945年1月3日
日本に立ち寄る目的で、シンガポールを出発した。われわれは、日本に銀を持っていくために船に積み込んだ。この時、パラオグループのカトーサン、シモン、ヨハネス、ウバルは、同じ船で日本へ行った。

1945年1月10日
呉に到着した。そして広島へ。しかし広島へ出発する前に門司へ行った。…⑩、⑪

1945年4月1日
広島を出発。

1945年4月10日
台湾着。…⑫

台湾にいる間に戦争はさらに広がった。そこで、避難所へ避難したが、その後、仕事に戻った。日本の兵隊たちと一緒に働いた。機関銃の基地を準

備したり、敵による占領を見越して、隠れ場所を作ったりした。本部に2回の爆撃があったが、誰も負傷しなかった。

　万一に備えたアメリカ軍の計画は、日本のレーダーを台無しにするのに効果のある、空中からの銀紙のようなものを落とす、というものである。そしてアメリカ軍は台湾の多くの場所を爆撃した。

　　＊　　＊　　＊

1946年4月1日
台湾出発。
1946年4月6日
日本の名古屋に到着、…⑬　1カ月滞在。その間、久里浜に行った。
1946年6月27日
日本の久里浜を出発、…⑭　サイパンに向かう。
1946年7月2日
サイパン着。…⑮　12月までサイパンにとどまる。
1946年12月20日
サイパン出発。
1946年12月22日
グアム着。…⑯

　　＊　　＊　　＊

1947年1月7日
グアムを出発してパラオに向かう。
1947年1月21日
パラオのペリリューに到着。…⑰

　そして1週間そこに留まった後、コロールに戻った。

　1943年9月1日、ハマヨシマルでパラオのマラカル港を出発して以来、3年5カ月ぶりに祖国パラオに帰り着いた。

第6章　戦争——軍属として、民間人として

〴 不条理と「恵み」のエピソード 〴

　以上の記録に加え、ウバルが筆者に語ったことを記そう。

　ニューギニア到着以来、隊員の中には、日々の重労働を苦として、心身に不調をきたす者が出てきたという。仮病と言えるかもしれないが、そうだとしても、決して楽なものではない。検査官の鋭い目、鋭い質問に対してどのようにやり過ごすかという、新たな恐ろしさが待っていた。そんな中、ウバルも、次項(3)のカトーサンも、他の者と共に、実際に心身に不調をきたすようになってしまった。1944年6月、「ソロンに行く旅の途中で、9人は病気の様子」という記述がそれである。

　隊員9人は、2隻の船でニューギニアを離れた。パラオへの帰島も念頭に置かれたが、パラオは、同年の「3月の空襲」の後も常に危険にさらされていた。結局9人は、日本の敗戦までの1年2カ月間、洋上を大きく航行しつつ任務を継続することになった。さらには敗戦を迎えた後も、停滞や迂回(うかい)にしばしば直面し、パラオ帰島はなんと、敗戦から1年5カ月後のことであった。ウバルらは、心身の不調を抱えつつ、軍属として各所を渡り歩き、労役に就いた。失望を超えて絶望を味わっていたと考えられる。

　それでもウバルの場合、幾らか心の支えがあった。それは、わずかな機会に感じ取ることができるカトリックの信仰の恵みであった。以下では、ウバルが恵みとして言及したことを取り上げる。そして、翻って、彼の日常がいかに過酷であったかを想像することにしたい。

〴 セレベス島で山口司教に出会う 〴

　ウバルは、病気療養中のまま、ソロン、セラム、アンボンへ、そして1944年秋にはセレベス(スラウェシ)島へと任地を移した。そのセレベス島へ、日本人の司教が、シスターと共にやって来た。「捕虜[と同様の脱出不能の状態]になっている日本兵士のために来た」とウバルは記憶する。その時、病気療養中のウバルたちのためにもミサをしてくれた。ウバルは、日本語がかなりよ

く分かったので、通訳の役目を果たした。その日本人司教は、名を山口［愛次郎］と言った。ウバルが、司祭職を目指して日本へ渡ったインデレシオ・ルディムの話をすると、山口師は、日本やフィリピンで、ルディムと一緒に過ごしたことがあると話してくれた。

その後ウバルたちは、パラオへ向かう船もなく、ボルネオ経由でジャワへ、さらにはシンガポールへと、よりパラオを離れて西進することになった。

憲兵隊による持ち物検査をクリアする

ジャワの次はシンガポールへ移動すると決まったとき、シンガポールでは物資が不自由になっていると聞いたので、「タバコを持っていって商売をしよう」と考えた。しかし、移動する者たちは、皆同じことを考えていたようだ。それは、30人の憲兵隊、200人の兵隊、そして自分ら軍属であった。

ウバルたち軍属は、出発前に手荷物検査を受けた。憲兵隊と兵隊が一組になってやって来て、準備し終えた手荷物を開けさせ、調べる。そして、売れそうなものを（タバコなどは一番に）没収する。誰もが、「小さな商売」をしようと精いっぱいに詰め込んであるのだが、それを没収するのである。

ウバル自身も、スーツケースを開けさせられた。そこには聖書とロザリオが入っていた。調べに来た少し肌の浅黒い日本人の兵隊は言った。

「おまえはカトリックか？」。

「ハイ」。

その兵隊は、しばらく憲兵隊長を見つめてから、自分の持つメダイ［マリア像などを彫った小さなお守り］を出してウバルに見せた。彼は、長崎の熱心な信者だったのだ。

「サンタ・マリアを拝みなさい。サンタ・マリアのおかげで終戦になるから、祈りなさい」。

「ハイ」とウバルは答えた。

シンガポールまで行った時、部隊長はウバルに言った。

第6章　戦争――軍属として、民間人として

「［ウバル・］テレイ、おまえは、なぜこんなにタバコを持っているのか？」。
「イヤ、アノ時、憲兵隊ガ　調ベニ　来タノワ、ゴ覧ニナッタ　通リデス」。
　実のところ、あの長崎出身の兵隊は、タバコを一切取り上げなかった。ウバルは、そのタバコを持っていたおかげで、その後、あれこれと助かったし、友人にも分けてあげることができた。ウバルは言う。
「マリア様ニ　救ワレタ　気ガ　シマシタ」。
　そして、その後もますますイエス様、マリア様に対する信仰と信頼が深まった、と語る。

銀の延べ板のゆくえ

　ウバルは、1944年末、銀の延べ板（縦37センチ、横11センチ、厚み10センチだったという）の運搬に携わった。非常に重く、鉛よりも重たいと感じた。何にもくるまず、そのまま担いだ。初め2,000本積み込んだが、船が傾いてしまったので、バランスを取るために増やして3,000本にしたと記憶している。それを「戦艦ヒュウガ（日向）」に乗せて、日本のクレ（呉）まで運んだ。ところが呉に着くと、海中に落とすように指示が出て、港に荷揚げではなく、海中に投げ込んだ。
　その後、門司、広島（1945年4月）を経て、船は台湾へ向かった。門司を出る時、船は8隻、7,000人くらいの台湾人と日本人の兵隊たちが乗り組んだ。普通なら2日か3日で到着するはずの台湾北端の港、キールン（基隆）だが、20日もかかった。それというのも、なかなか着港できない。最後に船長の英断でやっとたどりついたとき、8隻だった船は、1隻になってしまっていた。さらに、着いた途端に空襲警報で、皆バラバラになった。
　台湾では、行く先々で空襲に遭った。寄宿舎も焼き払われてしまった。空襲警報の時は、本当に、どうすることもできない。地上に伏せて、じっと動かず、ただ神に祈り、神にすべてを委ねた。その連続だった。台湾南部の高雄まで列車で移動したことがあったが、その列車は、機銃掃射によって無

数の穴があいていた。

　この台湾で、自分たちは終戦を迎えた。

　終戦後、銀の延べ板（自分たちが苦労して積み込み、呉で沖に投げ込んだもの）は、英国人が引き揚げた。その時、本数は１本足りなかったとのこと。ウバルは、この話を新聞やラジオの報道で知ったという。自分たちの重労働、ましてや命を賭しての活動を思い起こすにつけ、なんと、むなしい思い、不合理な思いがこみ上げたことだろう。

終戦後の高雄でスペイン人神父に出会う

　ウバルらは、終戦後も数カ月間、台湾を離れることができなかった。1945年の冬は高雄で迎え、クリスマスには、カトリック教会がある隣町の台南に行った。そこにはスペイン人の神父がいた。ミサの後、その神父は尋ねた。

「皆さんは、どこから来ましたか？」。

「ミクロネシアです」。

「ミクロネシアのどこ？ パラオですか？」。

「はい、パラオです」。

「パラオに、エリアス・フェルナンデスはいますか？」。

「はい、おります！」。

　フェルナンデスは神父であり、戦時下のパラオで活動していた３人のスペイン人宣教師の１人であった（他にホセ神父とビラル修道士、本書60頁）。ウバル自身、挺身隊に志願する前、フェルナンデス師と親交があった。

　台南のスペイン人神父は、神父としての養成をキューバで受けた際、このフェルナンデス師、ホセ師と同級生だったというのである。ウバルは、驚くと同時に、神の摂理のようなものを感じたという。当時のウバルにとって、心のよりどころとも言える恩師の友人が、突然眼の前に現れたからである。しかし皮肉なことに、ウバルがこのように答えた1945年12月、フェルナンデス神父、ホセ神父、さらにビラル修道士の命は、すでに奪われていたと考えられる。

第6章 戦争——軍属として、民間人として

♪ マラリアにかからない理由 ♪

　ウバルは、ニューギニア滞在時、挺身隊員たちを苦しめたマラリアについて振り返る。①「四日熱」、②「三日熱」、③「熱帯熱」。前項のキョータは、このすべてに罹患したと言う。しかしウバル自身は、戦中も戦後も、現在に至るまで、どれにもかかっていない。

　その理由は、「ハッパ」のせいではないか、と彼は考えている。彼は、ニューギニア滞在時、毎日のように防空壕を掘るためにハッパをかける（ダイナマイトで爆破する）のが仕事だった。ダイナマイトの匂いが体中に染みついていて、蚊が刺さなかったのではないか、というのである。

　「コレモ　神カラノ　恵ミト　思ッテイマス」とウバルは話した。

　ウバルが経験した苦しみを思い起こしてみよう。まずニューギニアでは、爆弾やガソリンの運び下ろし、ハッパかけなど、体力・精神力をすり減らす重労働。また心身の不調（罹病）の一方で、仮病と見なされることの恐怖の体験。その後、行程不明のまま、船による移動の連続。軍属としてのささやかな利得の機会（タバコの商売）さえ、日本兵に吸い上げられる事態。銀板の積み込み・投げ下ろしという重労働。台湾行きでは、8隻あった船も自分たちの1隻だけになったという、木の葉ほどの軽さになった命のありように直面。日本軍の劣勢が感じられる中での隠れ場所作り。

　ウバルらの場合、折々の労働のキツさに加えて、その労働の成果自体が常に不確実・不明であることが、空虚さをいっそう深めたことだろう（たとえば、ニューギニアで船から運び下ろした爆弾は、結局のところ敵軍が使用した。台湾で船へと積み込んだ銀板は、最終的には連合軍が接収した）。

　それにもかかわらず、否、そうであればこそ、ウバルは、その合間に幸運を見て取ろうとする。それを「神の恵み」「マリア様のおかげ」という文脈で語る。そう思うことでようやく、胸を落ち着かせ、前に歩み続けることができた、と見るべきだろう。

（3） 挺身隊の名簿を携えて日本へ —— カトーサン・リミルウ

🎗 その人柄と略歴 🎗

　カトーサン・リミルウ（Katosang Rimirch）は、1920年7月28日、バベルダオブ島のマルキョクに生まれた。ファーストネームの「カトーサン」は、日本人の姓の「加藤」に由来する。彼の祖先はすべてパラオ人である。その上で、彼の父が、親しくなった日本人の加藤九次郎という人物から名前を「もらう」形で、敬称の「さん」までつけて、息子のファーストネームをこのように付けたという。こうした名付けの例は、時折見受けられる（筆者は、当時の公学校学籍簿で「モガミサン・○○」という人名を目にしたことがある）。

　筆者のパラオ滞在の初期、カトーサンは、毎週日曜日、妻のカタリナと共に教会に来ていた。大きな体の中に潜む細やかな心遣いや優しさには、格別のものがある。筆者の知る日本人の中にも、彼を、恩人と思って頼りにしてきた人、長年にわたって慕ってきた人が何人かいる。ちなみに教会で会うカトーサンは、パラオでゴムぞうり・短パン・Tシャツというスタイルが定番である中で、いつも靴・長ズボン・オシャレな柄の開襟シャツというスタイルであった。その正装ぶりは、彼が、教会のミサに参加することをことのほか大切に思っての行為であったと思われる。筆者がカトーサンにインタビューさせていただいたのは、その毎日曜日のミサ後、息子の1人が、車で迎えに来てくれるまでの時間を利用してのことが多かった。

　カトーサンにインタビューを始めて1年ほど経った2002年6月のこと。彼は、自ら作成に尽力してきたという挺身隊員らの名簿を、筆者に手渡してくださった。名簿作成の苦労話を時折聞いていたことから、「え？ そんなに大事なものを、いただいていいんですか？」と聞き返したことを記憶している。

　彼は、筆者のパラオ滞在中盤の2002年12月27日、病を悪化させて亡くなった。筆者自身、臨終の彼を見舞わせていただいた。その時カトーサンは、

第6章　戦争——軍属として、民間人として

なんと日本語で、10分以上話をしてくださった。実は、筆者の見舞いの直前まで、パラオ語でさえも、ほとんど言葉を発していなかったとのこと。詰めかけていた身内の人たちは大いに驚き、話の内容を（自分たちは日本語は分からないので）教えてほしいと乞われた。筆者のような者に、貴重な言葉をかけてくださり、恐縮なことである。葬儀にも、もちろん参列させていただいた。死後の世界を強く信じていたからだろうか、その穏やかな死相に、胸を打たれた。カトーサンは、筆者のような者に、いったい何を伝えようとしたのだろうか。本項では、彼が筆者に手渡してくれた名簿を手がかりに、彼の胸の内について、及ばずながら思いめぐらしたい。

写真6-4　カトーサンの葬儀のパンフレット

カトーサンは、マルキョクに生まれた後、隣のオギワルで育った。学齢期になると、（オギワルには公学校がなかったことから）「マルキョク公学校」に入学、卒業後は首都コロールまで出向き、「コロール公学校」補習科を修了した。その後の数年間の足跡については、筆者は聞きそびれた。22歳になったカトーサンは、1943年8月、南洋庁の公募する「調査隊」の「第2次募集」（後の「挺身隊」）に志願した。そして前項のウバルと同様、ニューギニアに向かい、そこで体をこわし、船で各地をめぐっては任務を継続。結局台湾で日本の敗戦を迎えた。カトーサンは、敗戦の知らせに、「日本人ノ心ニ　ナッテ　泣イタ！」と語った。

第 3 節　挺身隊員となって

♪ 名簿を携え、補償を願って日本へ ♪

　カトーサンが筆者に手渡してくれた名簿において、その作成年は、明記されていないが、1989 年以降であることが分かる。それというのも、名簿中の一人、ギラケル・エピソン (Ngiratkel Etpison, 402 頁の名簿において、第 3 グループ No.1 の人物) が 1989 年から大統領職に就いたことが記されているからである。この手渡された名簿は、「第 1 グループ」として 62 人 (「調査隊」)、「第 2 グループ」として 29 人 (「挺身隊」)、「第 3 グループ」として 23 人 (「海員養成所」)、計 114 人を記している。また、おそらくはその前段階のものだろう、第 1 グループ 28 人、第 2 グループ 15 人、第 3 グループ 12 人、計 55 人のみを記した名簿も付いている。

　桜井均 (1981: p.59) によれば、彼がパラオで聞き取り調査をした 1979 年の時点において、「挺身隊の名簿」はすでにあり、それは計 42 人分であった。

　また荒川俊児 (1995: p.25, 30) によれば、パラオ議会下院は 1989 年に特別委員会を設置し、その聞き取り調査によって、第 1 グループ 62 人、第 2 グループ 29 人、第 3 グループ 23 人、さらに第 4 グループ 14 人、計 128 人がリストアップされているという。

　以上から、筆者自身は聞きそびれたが、名簿作成過程について次のように考えられる。戦場に派遣されたパラオ人の間で、名簿作成の動きがあった。1979 年時点で 42 人、1989 年頃 114 人、1995 年までに 128 人のリストとなった。カトーサンは、この名簿の作成過程に深く関わった。1989 年は、アメリカによる信託統治の終了 (アメリカからの独立) を前提に、非核憲法などをめぐって住民投票が繰り返される最中であった。同年 1 月 1 日、ギラケル・エピソンが、信託統治下の自治政府「パラオ共和国」の第 5 代大統領に就任した。同年、パラオ議会下院に「旧植民地に関する賠償請求と貿易関係特別委員会」が設置され (荒川 1995: p.25, 30)、同委員会が聞き取り調査および名簿整備作業 (第 4 グループの追加を含む) を継続した、という具合である。

　筆者がカトーサンから聞いたことを軸にして記述しよう。

第6章　戦争――軍属として、民間人として

　カトーサンは、第1、第2、第3のグループを、いずれも「『第二の日本』建設のために、気概を持って献身したパラオ人の代表である」と捉えていた。彼は2001年当時、語気を強め、こう語った。
　「僕ラワ、日本ノ　タメニ　ニューギニア　マデ　行ッタンダ。僕ラワ　義務ヲ　果タシタガ、日本政府ワ　義務ヲ　果タシテ　イナイ」。
　普段、優しく温厚な人柄であるだけに、筆者は、事態のただならぬ重さを感じた。
　カトーサンが「日本政府の義務」と捉えるのは、戦後の補償・賠償のことである。これに関連する日本側の対応としては、1969年、日米間で結ばれた「ミクロネシア協定」がひとまず挙げられる。これは、日米の戦闘下でミクロネシア地域の人びとが受けた苦痛を顧みて、日米が与えることに決めた財やサービスについての取り決めである。この協定の締結過程、内容、立ち位置について、すでに多くの批判がある（桜井均 1981: p.73-79、荒川俊児 1993: p.48-51, 1995: p.22-25, 30、矢崎幸生 1999: p.170-175、松島泰勝 2007: p.120-123、井上亮 2015: p.223-225など）。井上（2015: p.224）の忌憚なき表現を借りるならば、「［日米政府は］謝ることも賠償するつもりもないが、同情はしているので資金は提供する。払わなくてもいいのだが、あえて自発的に出すものだ。これですべての問題は解決したので、今後何を請求しようとも応じない。こういうことがミクロネシアの人々が関与しないところで決められ通告された」という次第である。しかも、カトーサンらについて言えば、この手薄く、欺瞞的な「ミクロネシア協定」の対象にさえ、含まれない。彼らは、なんと日米戦闘における日本側の「当事者＝主体」と見なされて、「戦闘下で苦痛を受けた人々＝客体」には含まれず、財やサービスの受け取り手として見なされないのである。
　この状況に対して、あまりにもひどいという認識がカトーサンら当事者の間に芽生え、1970年代、自分たち、戦場に派遣されたパラオ人についての名簿作成の作業が開始されたようである。桜井は、1979年、元挺身隊員5人の発言として、次のような言葉を聞き取っている（桜井 1981: p.58-60）。

第 3 節　挺身隊員となって

　（a）「日本はニューギニアに第二日本をつくると言っていた。［中略］私たちもいっしょに働いた」。

　（b）「私たちは義務を果たしたが、日本政府は義務を果たしていません。［中略］せめて［挺身隊員として働いた］三年間の日当だけ払ってくれれば喜びます」[17]。

　（c）「僕らはパラオのためにニューギニアまで行ったんじゃない。日本のために行ったんだ」。

　これらは、筆者がカトーサンから直接聞いたのと同様の語り口である。なお、（a）（b）の言葉は、トシオ・キョータ（本節（1）の人物）が語ったと桜井は記している。

　カトーサンは、こうした問題認識を共有する仲間と共に名簿作成に尽力した様子である。彼は筆者に対して、この名簿を完成させたこと、これを携え、4 人で、補償を願って日本へと渡ったこと、補償と記念碑設置を訴えたことなどを話した。

　筆者は、この渡日の年月や詳細について聞きそびれたのだが、それは次の機会であったと考えられる。1991 年 8 月、日本の民間団体が開催した「アジア・太平洋地域 戦後補償国際フォーラム」である。このフォーラムでは、中国、韓国、マレーシアなどから来た 16 人が、被害と対日要求について発言しており、パラオからは「元挺身隊員」のマリウル・ヤノさんが発言したことが記録に残っている（「アジア・太平洋地域 戦後補償を考える国際フォーラム」実行委員会編 1992）。マリウル自身、カトーサンと同様、第 1、第 2、第 3 のグループ（調査隊、挺身隊、海員養成所）を念頭に置いて発言している。そして、当時の労働分の報酬を支払うこと、記念碑を建てることなどを日本政府と交渉

---

[17] 挺身隊員らへの給料の支払いについては、より詳細に確認する必要がある。樋口（2003b: p.381）は、マリウル・ヤノからの聞き取りとして、終戦後の引き揚げに際して給料 50 円をもらったと記している。これは、1 カ月分ならともかく、3 年分の給料としては少なすぎる額である。なお、マリウル・ヤノは、本書 400～403 頁の隊員名簿において第 2 グループ No.23 の人物（Kebekol Yano）と同一人物であると思われるが、未確認である。

第6章　戦争——軍属として、民間人として

する運動を行っていることを示している(ヤノ，マリウル 1992: p.24)。

　ここで、各グループについて、簡単に解説しておきたい。
　「第1グループ」(調査隊)は、樋口(2003b: p.379-381)によれば、南洋庁パラオ支庁が 1942 年暮れに募集した約 60 人である。日本から派遣された、総勢 2,100 人を越えたニューギニア調査団への協力を任務とした(地形をめぐる標識の設置など)。荒川(1995: p.30)によれば、1943 年 2 月 3 日出発、同年 6 月 7 日、任務を終えてパラオに帰還した。
　「第2グループ」(挺身隊)は、南洋庁パラオ支庁が、「第1グループ」帰還後の 1943 年 8 月に募集した約 30 人である(樋口 2003b: p.381)。同年 9 月 12 日に出発(荒川 1995: p.30)。こちらは、ニューギニアにおける連合軍から日本軍への攻勢が強まった時期であり、調査ではなく、食糧生産や戦闘補助を主務とすることになった。隊は小隊に分かれ、滞在地も滞在期間も戦況に呼応して流動的となり、隊員は太平洋の各地で終戦を迎えた(樋口 2003b: p.381)。キョータ、ウバル、カトーサン、さらにマリウル・ヤノ (ケベコル・ヤノ) は、これに当たる。なお、後掲のカトーサンら作成の名簿によれば、第1グループ隊員として帰還後、引き続き第2グループ隊員となった人物も数人いる (第1グループ No.5 のメリル・ウドゥイ、No.13 のアントニオ・ブロダック、No.17 のメルス・マルソル、No.34 のレケメシック・レンギール、No.40 のエリボサン・エウゲル、No.44 のブリスなど)。
　「第3グループ」(海員養成所)は、1943 〜 1944 年の 6 カ月間(荒川 1995: p.30)、セレベス島マカッサルの海員養成所に送られた 23 人である。海員養成所は、1939 年以降、児島(岡山県)・小樽(北海道)などに設置されたことが知られているが、セレベス島にも設置されたようである。訓練終了後、6 人は現地に残り、17 人はパラオへ帰還する船に乗った(荒川 1995: p.30)。カトーサンの話によれば、その帰還の途上、パラオ南部アンガウル島沖で「3月の空襲」(1944 年 3 月 30 〜 31 日)に遭った。陸まであと 7 マイル (約 11 キロ

メートル)という地点であった。船は沈没、養成所のメンバーは自力で陸まで泳いだ。1人が撃たれて負傷、まもなく死亡。メンバーは、彼を泳ぎながら運び、アンガウル島に埋葬した。その後メンバーは、「第2グループ」(挺身隊)と同様に、セレベス島・ジャワ島などにおいて、日本のために働いたという。

この第1、第2、第3のグループに加え、パラオ議会下院特別委員会のもとで調査が進められた「第4グループ」とは、個別に派遣された人びとである(荒川1995: p.30)。

マリウルやカトーサンらの認識によれば、これらのグループはいずれも、日本のために、慣れぬ土地で、命の危険を冒しつつ、懸命に働いたということになる。しかもそれが、なんと「ただ働き」となってしまった。つまり、給料は未払いである。慰謝料はない。見舞い金さえもない。その状況に、がく然としているのである。

ここに、カトーサンから手渡された名簿を掲載する(表6-1)。それというのも、気概をもって臨み、結局辛酸をなめるに至った人びとの「生」のありようは、決して、人数で示し切れるものではないからである。この名簿は、名前をもつ固有の人びとの、思い入れ、痛み、無念さの、せめてもの証しである。

筆者に名簿を託したカトーサンの胸の内とは

マリウルやカトーサンらの運動は、その後どのように展開したのか。カトーサンは、なぜ、大切な名簿を筆者に託すことになったのか。以下、及ばずながら、考えをめぐらしたい。

マリウル・ヤノは、1991年訪日時の国際フォーラムで、感激と意欲に満ちた様子で次のように話している(ヤノ,マリウル1992: p.29)。自分が「被害者代表」を務める「旧植民地支配補償特別委員会」は、パラオ議会の中に作られていること。自分はこの国際フォーラムにおいて多くを学んだこと。フォーラムを終えて帰国したら、パラオ議会を通じて、日本政府への働きかけにいっそう

第6章 戦争——軍属として、民間人として

表6-1 戦場に派遣されたパラオ青年の名簿[1]
　　　　①第1グループ ②第2グループ ③第3グループ——カトーサン・リミルウ提供

①第1グループ（調査隊）

No.	氏名	パラオ支庁内の出身村	状態[2]	備考[3]
1	Thomas Tellei（トマス・テレイ）	マルキョク	生存	＊
2	Ngirailab（ギライラブ）	アルコロン	パラオで死亡	
3	Siakang（シアカン）	マルキョク		
4	Mesubed（メスブッド）	カイシャル	生存	
5	Mellil Udui（メリル・ウドゥイ）	マルキョク	生存	＊　＃
6	Ludebangel（ルデバングル）	カイシャル	生存	
7	Sebalt Elechuus（セバルト・エレウース）	マルキョク	パラオで死亡	
8	Daniel（ダニエル）	マルキョク	パラオで死亡	
9	Sebangiol（セバンギオル）	カヤンゲル	パラオで死亡	
10	Utemei（ウテメイ）	カイシャル	パラオで死亡	
11	Oderiong（オデリヨン）	マルキョク	死亡	
12	Olebuu（オレブー）	アルコロン		
13	Antonio Blodak（アントニオ・ブロダック）	マルキョク		＊
14	Blesoch（ブレソウ）	ペリリュー	南太平洋で死亡	
15	Idelbong（イデルボン）	ペリリュー	パラオで死亡	
16	Demei Elechuus (Leader)（デメイ・エレウース、リーダー）	マルキョク	パラオで死亡	
17	Mers Malsol（メルス・マルソル）	アルモノグイ	南太平洋で死亡	＊
18	Sikyang（シーキャン）	マルキョク	パラオで死亡	
19	Rendilau（レンデラウ）	カイシャル	生存	
20	Besong（ベソン）	カイシャル	生存	
21	Deklei（デクレイ）	アイライ	生存	
22	Baris（バリス）	アイミリーキ	生存	
23	Ililau（イリラウ）	ガラルド	生存	
24	Batutii（バトテイ）	マルキョク	死亡	
25	Oilouch（オイロウ）	カイシャル	生存	
26	Mongami Uluall（モガミ・ウルアル）	カイシャル	パラオで死亡	
27	Eduaudo（エドワルド）	ペリリュー	生存	
28	Ucherbelau（ウェルベラウ）	カイシャル	生存	
29	Orukei（オルケイ）	カイシャル	生存	
30	Meschol（メスオル）	アイミリーキ	パラオで死亡	
31	Salii（サリー）	アイライ	パラオで死亡	
32	Ngiraitungelbai（ギライトグルバイ）	アイライ	パラオで死亡	
33	Meluches（メルエス）	ペリリュー	パラオで死亡	

第3節 挺身隊員となって

No.	氏名	パラオ支庁内の出身村	状態[2]	備考[3]
34	Rekemesik Rengiil（レケメシック・レンギール）	アイライ	生存	*　　#
35	Bemoch（ベモ）	ペリリュー	生存	
36	Siliang（シリアン）	アルコロン	生存	
37	Ngirachemoi（ギラエモイ）	アルコロン	パラオで死亡	
38	Smanderang（スマンデラン）	ペリリュー	生存	
39	Katsumi Inabo（カツミ・イナボー）	マルキョク	生存	
40	Elibosang Eungel（エリボサン・エウゲル）	アイライ	生存	*　　#
41	Rechelulk（レエルルク）	アルコロン	生存	
42	Oseked（オセケド）	アイライ	パラオで死亡	
43	Etitl（エティテル）	マルキョク	パラオで死亡	
44	Bulis（ブリス）	マルキョク	チュックで死亡	*　　#
45	Ngiraitei（ギライテイ）	アイライ	パラオで死亡	
46	Mios（ミオシ）	マルキョク	生存	
47	Oisouang（オイソワン）	カヤンゲル	生存	
48	Elibosang（エリボサン）	アルモノグイ	パラオで死亡	
49	Rdialul（レディアルル）	コロール	パラオで死亡	
50	Iderrech（イデレウ）	ガラルド	パラオで死亡	
51	Ngiraibuuch Skedong（ギライブ・スケドン）	アイライ	生存	
52	Oseked（オセケド）	マルキョク	パラオで死亡	
53	Madlutk（マデルック）	アルモノグイ	パラオで死亡	
54	Becheselchad Tabi（ベエスラアド・タビ）	アルモノグイ	パラオで死亡	
55	Kikuharu Erbai（キクハル・エルバイ）	マルキョク	生存	
56	Ngirengkoi Ngirakoranges（ギレンコイ・ギラコランゲス）	アルモノグイ	生存	
57	Oiterong（オイテロン）	ペリリュー	生存	
58	Ucharm（ウアルム）	ガラルド	パラオで死亡	
59	Dela Cruz（デラ・クルス）	サイパン支庁	不明	
60	Mariano（マリアノ）	サイパン支庁	不明	
61	氏名不明	ヤップ支庁	不明	
62	氏名不明	ヤップ支庁	不明	

第6章　戦争——軍属として、民間人として

②第2グループ（挺身隊）

No.	氏名	パラオ支庁内の出身村	状態[2]	備考[3]	
1	Ongilong (Saitaicho)（オンギロング、隊長）	マルキョク	南太平洋で死亡		
2	Ikeda（イケダ）	アイミリーキ	南太平洋で死亡		
3	Mers Malsol（メルス・マルソル）	アルモノグイ	南太平洋で死亡	*	
4	Kotelrodch（コテルロド）	マルキョク	南太平洋で死亡		
5	Mellil Udui（メリル・ウドゥイ）	マルキョク	生存	*	#
6	Yada（ヤダ）	マルキョク	南太平洋で死亡	*	
7	Baumert（バウメルト）	アルコロン	南太平洋で死亡		
8	Katosang Rimirch（カトーサン・リミルウ）	マルキョク	生存	*	
9	Johanes Ngirakesau（ヨハネス・ギラケサウ）	マルキョク	生存	*	
10	Ubal Tellei（ウバル・テレイ）	マルキョク	生存	*	
11	Simon Ramarui（シモン・ラマルイ）	カイシャル	生存	*	
12	Temol Theo（テモル・テオ）	オギワル	生存		#
13	Kambalang Olebuu（カンバラン・オレブー）	カヤンゲル	生存		#
14	Rimirch Siabang（リミルウ・シアバン）	アルコロン	生存		
15	Tosiuo Kyota（トシオ・キョータ）	アルモノグイ	生存	*	#
16	Ngiraklang Madraisau（ギラクラン・マダライサウ）	カイシャル	南太平洋に残留		
17	Meresbang（メレスバング・オイテロン）	アイミリーキ	南太平洋に残留	*	
18	Antonio Blodak（アントニオ・ブロダック）	マルキョク	南太平洋に残留	*	
19	Otei（オテイ）	カヤンゲル	パラオで死亡		#
20	Bulis（ブリス）	マルキョク	チュックで死亡	*	#
21	Orukei Bukringang（オルケイ・ブクリンガン）	カイシャル	生存		#
22	Rekemesik Rengiil（レケメシック・レンギール）	アイライ	生存	*	#
23	Kebekol Yano（ケベコル・ヤノ）	コロール	生存	*	#
24	Ambai Iyar（アンバイ・イヤール）	コロール	パラオで死亡		#
25	Karmelong Rechelulk（カルメロン・レエルルク）	コロール	生存		#
26	Elibosang Eungel（エリボサン・エウゲル）	アイライ	生存	*	#
27	Sikiyang（シキャン）	ガラルド	パラオで死亡		
28	Iramek Tkebui（イラメク・ケブイ）	アルモノグイ	生存		
29	Rudimch（ルディム）	アルモノグイ	南太平洋で死亡		

③第3グループ（海員養成所）

No.	氏名	パラオ支庁内の出身村	状態[2]	備考[3]
1	Ngiratkel Etpison（ギラケル・エピソン）<1>	アイライ	生存	*
2	Roduk Tem（ロヅク・テム）	カイシャル	生存	
3	Remoket Tarimel（レモコット・タリメル）	アルコロン	生存	
4	Decherong Idechiil（デエロング・イデイール）	カイシャル	パラオで死亡	

第3節　挺身隊員となって

5	Bukurrou Recheyungel（ブクロウ・レユングル）	ガラルド	生存	
6	Marino Debesol（マリノ・デベソル）	カイシャル	生存	
7	Kikuo Remeskang（キクオ・レメスカング）	コロール	生存	
8	Kerai Megreos（ケライ・メグレオス）	カイシャル	南太平洋で死亡	
9	Olebuu Ngotel（オレブー・ゴテル）	アルコロン	ジャカルタに残留	
10	Ililau Remoket（イリラウ・レモコト）	アルコロン	ジャカルタに残留	
11	Yosino Pablo Skilang（ヨシノ・パブロ・スキラング）	アイミリーキ	生存	
12	Hatsuichi Ngiraingas（ハツイチ・ギライガス）	ペリリュー	南太平洋で死亡	
13	Sadang Silmai（サダン・シルマイ）	ガラスマオ	生存	
14	Mad Sibetang（マヅ・シベタン）	ガラルド	生存	
15	Bate Demek（バテ・デメ）	ガラルド	船上で死亡	
16	West Ngirailild（ウェス・ギライリルド）	アルコロン	アンガウル沖の船上で死亡	
17	Ngiraingas Elod（ギライガス・エロ）	マルキョク	生存	
18	Mers（メルス）	コロール	船上で死亡	
19	Ichiro Blesam（イチロー・ブレサム）	ペリリュー	生存	
20	Mongami Elechuus（モガミ・エレウース）	マルキョク	生存	
21	Albert Ngirasechedui（アルベルト・ギラスエドイ）	アイライ	パラオで死亡	
22	Marcellus（マルセルス）	カイシャル	第二次大戦で死亡	
23	Francisco Ngirdimau（フランシスコ・ギルデマウ）	マルキョク	後年ヤップで死亡	

原注<1> Ngiratkel Etpison（第3グループ No.1）は、パラオ共和国大統領（1989－）。

訳注［1］原版は英語である。名簿①～③の表題の記載は、直訳すると次のとおりである。
①第1グループ「日本時代に南太平洋に向かったパラオ青年の名簿　調査隊──ニューギニア」
②第2グループ「日本時代に村落を出て南太平洋の任務に就いたパラオ青年の名簿（1943-1947）
　　挺身隊──ニューギニア」
③第3グループ「日本統治下の1943-1944に海員養成所に在籍したパラオ青年の名簿
　　海員養成所──ニューギニア」

訳注［2］名簿①～③における「状態」の記載は、原版の英語を次のように訳した。
　'dec./on ship'　船上で死亡、'dec./South Pacific'　南太平洋で死亡、'dec./during WWII'　第二次大戦で死亡。これらは、戦中の死亡であると考えられる。
　'dec./Palau'　パラオで死亡、'dec./Truk'　チュック（諸島）で死亡、'dec./later in Yap'　後年ヤップで死亡、'dec.'　死亡。これらは、戦後の死亡であると考えられる。
　'remained in Jakarta'　ジャカルタに残留。これは、カトーサンの話にもあったが、後年インドネシア独立運動に参加した者だと考えられる。
　'remained in South Pacif.'　南太平洋に残留。これは、荒川の論稿（1995: p.30）で「行方不明」と記された者だと考えられる。
　'living'　生存。名簿作成の時点（おそらく1989年）のことである。
　'not known'　不明。

訳注［3］備考欄は、訳者が付加した。
　＊印は、本書で言及がある人物である。
　#印は、トシオ・キョータの証言に基づく。キョータと共に（カトーサンらとは別に）、日本敗戦までニューギニアにとどまり、1946年5月、パラオに帰還した13人である。

第6章　戦争——軍属として、民間人として

力を入れるつもりであること、などである。さらにマリウルは、次のように発言している。自分はこれまで、補償の問題を、パラオの挺身隊を中心に何百人という規模で考えてきたが、フォーラムに参加して、考えが変わった。今後は、「戦地で見たインドネシア人やパプア人の犠牲者」への補償に対しても、さらにフォーラムが対象とするアジア・太平洋地域全体の件に対しても、自分たちの力を注いでいきたい、との発言である。

本節(1)のトシオ・キョータの語りで、パプア住民への距離感と共感といった微妙な感覚があったことが思い起こされる。自分たちは、当時は日本人の側に立ち、パプア住民を取り締まる面があった。しかし自分たちもパプア住民たちも、共に犠牲者ではないか。こうしたより広い観点から、改めて補償を求めようとする認識は、意義深い。

しかしながら、マリウルが語った熱い思いは、その後の補償運動の推進の困難のもとで、収縮せざるを得なくなったと考えられる。パラオ議会上院は、1992年、米国を介して日本政府に補償を働きかけることの決議（米国国務省に支援を求める決議）を採択した（樋口 2003b: p.387）。これ自体はマリウルやカトーサンらの活動の1つの成果と言えるだろう。また前述のパラオ議会下院の特別委員会は、1993年頃、グアム日本国領事館への働きかけを始めた（荒川 1993: p.50）。1994年9月ペリリュー戦50周年の際には、トシオ・キョータ（Toshiwo Kyota）がグアム日本国領事宛てに、また Ucheliei Malsol が村山富市首相宛てに、戦後補償を求める書簡を送った[18]。しかし、日本政府は、前述のミクロネシア協定（1969年締結）で解決済み、という態度を変えない。日本政府がパラオの補償問題を取り上げるという兆しは、一向に見えないまま、年月が過ぎ去った（樋口 2003b: p.388）。

---

18)　樋口 2003b: p.387-388。キョータの書簡は本書382頁の注のとおり。Ucheliei Malsol は、前掲の隊員名簿において第1グループ No.17、かつ第2グループ No.3 の人物（Mers Malsol）と同一人物であると思われるが、未確認である。
　　Ucheliei Malsol to Tomiichi Murayama, Prime Minister, Japan, 22 Sept. 1994, Koror, Republic of Palau, Olbiil Era Kelulau, 96940.

第3節　挺身隊員となって

　カトーサン自身、筆者のインタビュー時点（2001〜2002年）で、補償運動の困難を思い知り、失望している様子であった。自分たちの多大な努力の一方で、まったく、動く気配を見せない日本政府への失望。そして、次第にあきらめ、運動を離れていく仲間たちを目の当たりにしての失望。カトーサンの見るところでは、パラオにおいて有力者となった人びと、すなわち地位や名誉を得たり、日本からの援助に配慮すべき立場となったりした人びとは、運動に対して参加しにくくなったとのことである。筆者がカトーサンと話して感じ取ったことは、カトーサン自身が、補償運動を今なお重要と見なし、こだわり続ける、最後の1人らしい、ということであった。おそらくは、作成してきた名簿の存在が、その思いを最後までとどめさせたのではないか。カトーサンは、その名簿を筆者に手渡した。そして半年後、あの世へと旅立った。臨終の床で、筆者に日本語で話までしてくれた上で……。

　カトーサンは、パラオを訪れる若い日本人に対して、援助を惜しまず交流を深める人物であった。その一方で、日本政府に対して戦後補償を求める思いを、最後まで強く抱き続けた。「僕ラワ、日本ノ　タメニ　ニューギニア　マデ　行ッタンダ」。命を賭して、共に目的を果たそうとしたのに、その一体感の相手が、フワリと消え、素知らぬ顔をしているということなのだろう。カトーサンは、いかんともしがたいもどかしさ、悲しさを、いつも胸の内に抱いていたのだと思われる。

　名簿を受け取った筆者は、どのようにしたらいいのだろうか。ただ大切に思い出としてとっておくというわけにはいかないだろう。まずは、より多くの人びとに伝えなければならない。カトーサンのことを。元挺身隊員のことを。青年時代、日本のためにと思って生き抜いた人びとのことを。戦時下、言いようのない苦痛に直面した人びとのことを。そして、共に考えていかねばならないだろう。今、何を、なすべきかということを。

　カトーサンから受け取った名簿は、筆者が、本書をなんとかして世に出したいと願ってきた動機の、大きな1つである。

第6章　戦争——軍属として、民間人として

　本章では、自分の青春時代を戦争と共に思い出す運命となったパラオの人びととして、特に9人を取り上げて、その声を聞いた。

　第1節で取り上げたのは、日本人男性を父とし、現地住民として育った「二世」の男子3人である。1944年の時点で、15歳、各村選抜の軍属となったコウイチロウ。23歳、疎開地で召集されて軍属となったシゲオ。さらに、15歳、疎開できずに地上戦の展開するアンガウル島に取り残され潜んだ住民の一人、マチアス。彼らの場合、仮に日本人として生きたならば得られたものを、遠ざけられたという場面があった。コウイチロウの場合は、さしずめ、米・イモなどの食物。シゲオの場合は、防空壕・「たこつぼ」などの安全のよりどころ。マチアスの場合は、早期の疎開という、やはり安全性の確保から、遠ざけられた。その上で戦時下の彼らは、おおむね、日本兵の指示どおりに力を尽くした。そうすることが正しいことだ、という認識が染みついていたことがうかがえる。

　第2節に登場したのは、戦時下に日本兵との交流の機会をもった女性たちである。看護婦チヨコは、どんな場面にも動じない態度で、前線の日本兵の傷病場面に関わった。憲兵隊傭人ラモナは、歌と踊りという特技をもって、日本兵たちの束の間のくつろぎ場面の花となった。トキエの場合は戦争前夜に、やはり歌を通じて「兵隊さん」との心踊る思い出を紡いだが、やがて自らも過酷な戦火にさらされるとともに、骨と皮だけになった兵隊の姿を目撃することになった。3人は実のところ、戦争、性、植民地支配に関わって人間社会の闇の部分に触れ、うちひしがれる思いを抱いたと思われる。それでもなお、自分にできることを見据え、力強く生き抜いてきた姿をかいま見た。

　第3節で取り上げたのは、南洋庁の公募した「調査隊」の「第2次募集」（後の「挺身隊」）に属し、パラオを離れて日本兵に同行し、ニューギニアなどで任務に就いた青年男子たち、そのうちの3人である。キョータ、ウバル、

カトーサン。いずれも、穏やかで親切な方である。その彼らが、筆者に対して、手元に保管してきた行程の記録を示したり（ウバル）、収集してきた隊員名簿を手渡したり（カトーサン）、さらに語気強く、日本の果たすべき責任（戦後補償）について言及したりした（カトーサン、キョータ）。中でも「二世」のキョータの場合、〈父は、パラオに受け入れられた。他方、自分は、日本に受け入れられなかった〉という悲痛さが、にじんでいた。

　本章を通して、考えたい。

　第1節の男子3人は、日本兵、日本人に対する好意や愛着を、今なお保持しているように見える。私たちは、彼らからの好意に対して、具体的にどのように応えることができるのだろうか。

　第2節の女子3人は、私たちに「心せよ！」と諭しているかのようである。さしあたりの心地よさと実際の苦しさとのギャップに生きてきた彼女たち。そのギャップのありようは、現代社会にも通じる。私たち一人ひとりは、彼女たちに倣うなら、どのような歩みを進めることができるのだろうか。

　第3節の男子3人は、日本兵、日本人によって「使い捨てられた」「見捨てられた」という認識を抱かずにはいられない。彼らが当時抱いた希望は、どのようなものだったろうか。その希望は、現代において部分的にでも置き換えるとしたら、どのような方法によってだろうか。

　改めて、彼らの思いに寄り添いつつ、本章を振り返りたい。

結びに代えて──パラオからの「呼び声(よごえ)」

　本書の冒頭でも述べたように、筆者がJLMM（カトリック信徒宣教者会）の信徒宣教者としてパラオに着任したのは、2000年の暮れのことである。それから15年余りの月日が流れた。人なつっこく話しかけてくれたパラオのおじいちゃん、おばあちゃんたち。その多くは、すでに故人である。彼ら、彼女らの思いに、パラオの心に、果たしてどれほど寄り添うことができただろうか。
　パラオの人びとの表情は、実のところ、多様であった。場面に応じて変化することもあった。たとえば、「それはちょっと……」と言葉を濁し、それ以上話したくない様子であったこと。それどころか、親しくなりたい、教えを乞おうと思っても、接触を避けるかの様子であったこと。しかし、さまざまな関わりの末に、機が熟すかのように、「実はね……」というお話をしていただけることが多かった。時として、涙をため、または無念さに語気を荒げ、あるいは感情を抑えるかのように極めて淡々と、語ってくださったお一人おひとりの方。そのおじいちゃん、おばあちゃんたちの、思い出の中の「日本」の姿に、本書はどれほど迫ることができただろうか。その複雑さに少しでも迫れた部分があるとすれば、それは、イバウおばあちゃんの導きによるもの、とも思われる。
　イバウおばあちゃんと親しくなり、彼女の含蓄あるまなざしを通して物事を見るようになると、パラオと日本との関わりが、より立体的なものとして浮かび上がってきた。
　イバウおばあちゃんは、物事の細部を知り尽くしながら、決して自慢せず、人を悪く言わず、また助力を惜しまない。彼女の親族は、内地観光団の一員として日本へと渡っている。自身も、内地への留学の内定を受けていた。青春時代、慶大野球部のパラオ訪問をきっかけとして、その応援歌を声高に

歌っていたことがある。夫は、当時のパラオ人にとってのエリート職「ジュンケイ（巡警）」であった。イバウ自身、戦時下、盲目の義父と自らの2人の幼児（おさなご）と共に、ジャングルを逃げまどった。巡警長オイカワサンの「逃亡」「寝返り」、そして立ち回りのうまさをめぐって、苦い思いを抱いている。2000年代に入り、孫娘がアメリカ兵となってイラクに駐留した。

　筆者は、こうした経験をもつイバウと、JLMMの任期終了後の2年間、ゆったりと語り合う時間を持つことができた。そして、徐々に問題意識を定めることができた。日本帰国後も、彼女の「オモイデ」ノートを手がかりに、パラオへの短期訪問を重ねた。インタビュー事項を絞り込み、聞き取りに出向く。帰国後、整理し、疑問をもち、また聞き取りに出向く。この連続であった。あたかも謎解きのように、オイカワサンの話、慶大野球部のパラオ訪問の話などにおいて、少しずつ真相めいたものが見え始めた。すでにまとめていた内容についても、改めて検討を行った。そうした過程の中で徐々に見えてきたのが、本書で示した、たとえば次のような内容である。

　現地のエリート（第2章）——南洋庁パラオ支庁警務課に属する「ジュンケイ（巡警）」という職。しかし、周囲の羨望を受けたとしても、仮にオイカワサンのように20年近く日本人の助力者として精勤し功労を重ねたとしても、到達できる地点は高くなかった。日本人の巡査に及ぶことなく、まして警部のような地位は望みえない。退職金もわずかなものであった。オイカワサンを尊敬していたというダニエルの戦後の発言は、幾重もの意味を帯びて、響く。「ツマラナイ。希望ワ消エタ」。

　現地の子どもたち（第3章）——向学心にあふれたパラオの子どもたちの一部は、支庁内で唯一コロールに併設された補習科（2年制）に進んだが、そこでは理科や地理・歴史を教わることはできなかった。「農業」のような実習科目を体験するほか、「練習生」として日本人家庭の手伝いをするという慣行があった。その補習科の先には、わずかに木工学校やミシン講習がある

結びに代えて——パラオからの「呼び声」

だけであった。憧れとしての日本留学（内地留学）が例外的に認められた者の場合ですら、その後、日本で学んだ知識や技術を生かせるポストに就くことはできなかった。当時の児童の中で、一方には、「［日本人の］オカゲサマデ」というフレーズを繰り返すトシコのような人物がいる。他方には、「日常会話ワ　デキタケド、政治ヤ　経済ニツイテノ　議論ガ　デキナイ。私ワ、ソレガ　悔シイヨ！」と言い放つアウグスタのような人物がいる。両者は、別々ではなく、一続き(ひとつづ)きの声である。

現地のスポーツ界（第4章）――パラオ人にとって「ヤキュー（野球）」は、日本統治がもたらしたものの中で最も深く、長く、歓迎されてきたものかもしれない。しかし、1920～1930年代、パラオ青年が日本人を上回る力量を示すにつれて、フェアでない事態が生じた。日本人の顔を立てるために、実力をあえて発揮しないという演技を要し、時には対戦中止を申し渡されることもあった。ウバルおじいちゃんの落ち着いた静かな口調が、かえって、パラオの人びとの無念さの重なりを感じさせる。「イイヤ、イインデス。ミンナ、ワカッテ　イマス」。

現地女性と日本人男性との関わり（第5章）――互いに真摯に思い合ったとしても、家庭を築くことは難しい。家庭を築いたとしても、正式な結婚とは認められない。官職の男性の場合、遠地へと左遷させられる。このようにして、支配者たるべき日本人と、従順な協力者たるべきパラオ人との間に、厳然たる壁が人為的に設けられた。一部には、この壁の存在に苦悩した日本人男性たちもいた。その上で全体として見れば、日本人の多くは、上司が部下に「大丈夫か？」としばしば聞くなど、この壁を、権力維持のための「守り」の壁として当然視してきた。他方でパラオの人びとは、「母ワ　トテモ　苦労シタト　思イマス」など、この壁を「痛み」の壁として感じ取ってきたと言える。

現地での戦争協力（第6章）――パラオ人は、日本人の始めた戦争に、さまざまな形で巻き込まれた。激しい空爆、あるいは地上戦の最中(さなか)で、「日本人の心」を自覚し、「皇国臣民の誓い」を唱和しつつ、耐えたパラオの人び

と。また、歌を歌うなどして日本人兵士を元気づけようとした女性たちや、前線で軍属として、文字どおり身を挺した青年たちも少なくなかった。にもかかわらず、戦後日本人は、そのことを忘却してしまった。1990年前後、パラオ議会などで日本政府への賠償要求の動きがあったが、当の日本においては、こうした動きそのものが知られておらず、記憶されてもいない。挺身隊員らの名簿の作成に尽力したカトーサンは、ほとんど無言のうちに、それを筆者に手渡した。その無念の心の底深さを、かみしめたい。

「パラオの人びとは『親日的』である」「日本人に感謝している」というようなことを日本人が日本語で書いた記事があり、書物がある。日本人の読者がそれを歓迎するという状況がある。これは、おかしいのではないか。
　確かに、一面では、日本人がパラオの人びとの「生活水準」を「引き上げた」と言える面もあるだろう。本書でも示したように、実際パラオの人びとが、日本人への感謝の思いを口にするのに出会うことがある。また日本時代の歌、遊び、街並みに「穏やかな」日々を回想するという姿に接することがある。しかし、日本時代を生きた人びととの日本のイメージは、決して一通りではない。愛着や憧憬が確かにあると同時に、違和感や、心外な思いもある。感謝や楽しさが確かに湧き起こるその傍らに、苦々しさや、寂しさも生じている。
　2015年4月、天皇・皇后両陛下のパラオ、ペリリュー島への訪問が行われ、太平洋戦争の日米激戦地としてのイメージが喚起された。両陛下訪問を記念して作成されたテレビ番組や新聞記事の中には、筆者のよく知るおじいちゃんやおばあちゃんも登場した。「あっ、○○さんが出ている！」。胸躍るような、胸騒ぐような、なんとも複雑な思いで見つめた。
　「複雑な思い」と言うのは、実のところ、旧南洋群島の日本軍の戦没者が注目される一方で、現地ミクロネシア、パラオの人びとの声は、ごく断片的な形でしか取り上げられなかったからである。この件を契機として、日本人とパラオ人との対話が、進むのではなく、むしろ後退してしまうのではないか。

日本からパラオを見るとき、「臭いものに蓋」をしていないか。ガラスの壁を作っていないか。向こう側を見るふりをして、実はガラスに映った自分の姿だけを見ていないか。向こう側からの空気を、震えを、「呼び声」を、あえて聞かないようにしてはいないか。

・・・・・・・・・・・・・・・・・・・・

筆者は、パラオのおじいちゃん、おばあちゃんたちの話を聞きながら、幾度となく、聖書の次のような箇所を思い浮かべた。

見失った羊のたとえ
「あなた方のうちに、百匹の羊を持っている者がいるとする。そのうちの一匹を見失ったなら、九十九匹を荒れ野に残して、見失った一匹を見つけ出すまで、跡をたどって行くのではないだろうか」(ルカ15:4)。
(フランシスコ会聖書研究所訳注 2011:(新約聖書) p.188)

最後の審判のたとえ
「すると王は答えて言う、『あなた方によく言っておく。これらのわたしの兄弟、しかも最も小さな者の一人にしたことは、わたしにしたのである』」(マタイ25:40)。
(フランシスコ会聖書研究所訳注 2011:(新約聖書) p.71)

いずれも、「呼び声」に関わる箇所である。

誰もが、羊飼いとして、一定のものを託されていると感じるときがある。戦前の日本は、国際連盟からパラオの統治を託されていた。比喩的には、日本人は「羊飼い」のような立場にあったとも言える。日本の敗戦の後、「羊」たちの多くは手元から解き放たれた。元の「羊飼い」から離れた「羊」は、過去と未来に関して、遠慮がちながら、声を上げている。「今度はあなたの友

人として、新たに関係を結びたい」と。「しかしそれ以前に、あなたの手元に居た時のことで、辛かったこと、頑張ったこと、かなえてほしかったこと、そして今こそかなえてもらいたいことがある」と。しかし、かつて「羊飼い」と自認していたはずの人びとは、耳に栓をする。「それは過去のこと」「もう忘れた」と。あるいは、時折、すり替えて聞く。「私は、今もなお、慕われている」と。

　私たちは、王と敬う相手に対してなら、謙遜に耳をそばだてる。「お話しください。あなたの僕(しもべ)は聞いております」(サムエル記 上 3:10、フランシスコ会聖書研究所訳注 2011：(旧約聖書) p.586)という具合に。その王は、実は「最も小さな者の一人」の形をとって、今、小さな声で呼びかけている。遠慮がちに、ほほ笑みを浮かべ、そして本当のメッセージは奥に潜ませて。

　「羊」の呼び声に、「最も小さな者の一人」の呼び声に、耳を澄ませたい。

　当然のことながら、日本統治時代の出来事をめぐっては、「功」もあれば「罪」もあった。その上で最も大きな「罪」は、実は1945年以降のことではないだろうか。つまり、日本の敗戦を境として、それまでは「日本人」を目指すように強く求めておきながら、それ以降は、そのように強いてきたこと自体をほとんど忘れ去ってしまった、ということではないだろうか。

　キリスト教の信仰では、主なる神の愛は、イエス・キリストが人間のあらゆる罪をあがなうために十字架上の死を受け入れた、という事実に凝縮されている。私たち一人ひとりは、自らの罪深さを意識しながら、自分の十字架を負って歩む時、キリストの十字架を思い起こす。その道のりは重く苦しくとも、それ故にこそ、神の愛のかけがえのなさを思い、その恵みの大きさに対して心震わせる時となる。

　「まえがき」で記したように、「私たちパラオ人は、三等国民でした」と語ったフェリックス神父は、そうした日本側の「罪」を、恐らく十分すぎるほど分かっていたのだろう。そして、たとえ不十分なりともその「罪」を償う「任務」

を、つまり呼び声に耳を澄ませる僕の「任務」を、筆者に与えてくださったのだと感じる。それはまた、フェリックス神父が筆者に対して、罪のあがないの一端というチャンスを与えてくださったことでもあると思われる。

さらに言うならば、この「任務」自体はフェリックス神父からいただいたわけだが、より大いなる存在から、常に招きがあったと思えてならない。筆者がパラオという場所に派遣されたこと自体が、否、筆者が長患いの夫の看取りの後、カトリック新聞でJLMMの広告をふと、目にしたこと自体が、その招きではなかったか。

「私ノ　一番　好キナノワ、日本語デス」

お年寄りから笑顔でこのように話しかけられたら、「ああ、本当にきれいな日本語ですね」とだけ、答えればよいのかもしれない。その上で、この会話、この関わりは、あくまでも「はじめの一歩」なのだということを、心の隅でずっと言い聞かせていたい。

「悠子サンヲ　本当ノ　娘ノ　一人ト　思ッテイマス」。

今は亡きイバウおばあちゃんの言葉が、胸に響く。

パラオからの「呼び声」を、パラオの心を、次世代の若者たちに向けて、こだまさせていきたい。それは、心地よさや気楽さに甘んじないという点で苦しい過程かもしれない。しかし、是非とも行いたいような胸高鳴る、思いの詰まった過程かもしれない。蝸牛の歩みのように緩やかであってもいい。仲間を増やしながら、歩みを、ともかく続けることが肝要であると心得よう。

パラオのおじいちゃん、おばあちゃんたちは、どんな顔で、どんな声で、このことを語ったのか。もう一度、本書を繰りながら、想像をふくらませていきたい。パラオのおじいちゃん、おばあちゃんたちと共に、私たちの心が、そして足が、手が、口が、次々と動き始めるのを願っている。

文　献

日本語文献

あ行

青柳真智子 1985『モデクゲイ―ミクロネシア・パラオの新宗教』新泉社
荒井利子 2015『日本を愛した植民地―南洋パラオの真実』新潮社
荒川俊児 1993「太平洋の島からの賠償要求―『日本人』として戦ったあるベラウ人」『地理』38（3）：pp.43-51
荒川俊児 1995「ミクロネシアと日本　終わらない戦後―行われていない戦時賠償」『季刊 戦争責任研究』10：pp.22-25, 30
荒俣宏 1991［1996］『大東亜科学綺譚』筑摩書房
飯高伸五 2005「ミクロネシア・パラオ共和国における戦闘カヌー復興の分析」『文化人類学研究』6：pp.116-131
飯高伸五 2006「日本統治下南洋群島における『島民』村吏と巡警―パラオ支庁マルキョク村の事例分析を通じて」『日本植民地研究』18：pp.1-17
飯高伸五 2007a「パラオ共和国の土地台帳―残された植民地資料の現地社会への影響に関する試論」『日本植民地研究』19：pp.34-41
飯高伸五 2007b「伝統的首長の内地観光―ミクロネシア・パラオ社会の事例」『民俗文化研究』8：pp.200-217
井上亮 2015『忘れられた島々―「南洋群島」の現代史』平凡社
今泉裕美子 1996「南洋庁の公学校教育方針と教育の実態―1930年代初頭を中心に」『沖縄文化研究』22：pp.567-618
今泉裕美子 2001「南洋群島委任統治における『島民ノ福祉』」『日本植民地研究』13：pp.38-56
今泉裕美子監修，辻原万規彦編集 2009-2012『南洋庁公報』第1巻（1922年）～第25巻（1943年）ゆまに書房
印東道子編著 2015『ミクロネシアを知るための60章』明石書店
遠藤央 2002『政治空間としてのパラオ―島嶼の近代への社会人類学的アプローチ』世界思想社
遠藤正敬 2015『近代日本の植民地統治における国籍と戸籍―満洲・朝鮮・台湾』明石書店
大宜味朝徳 1939［2004］『南洋群島案内』大空社

か行

華族会館編 1937『華族名簿 昭和十二年六月一日調』
華族会館編 1938『華族名簿 昭和十三年五月三十日調』
官幣大社南洋神社奉賛会編 1941『官幣大社南洋神社鎮座祭記念帳』
倉田洋二 2003「パラオのスパイ事件にかかわる米軍戦争裁判」倉田洋二・稲本博編『パラオ共和国』おりじん書房 pp.447-450
倉田洋二・稲本博編 2003『パラオ共和国――過去と現在そして21世紀へ』おりじん書房
慶應義塾体育会野球部史編纂委員会編 1960『慶應義塾野球部史』
公教南洋教区供給部編 1937『南洋群島とカトリック――日本神学生を募る』公教南洋教区供給部
紺屋あかり 2015「パラオ社会とキリスト教」『境界研究』5：pp.131-151

さ行

在パラオ日本国大使館 2009『パラオ共和国現況』
在パラオ日本国大使館 2015「経済協力」在パラオ日本国大使館ホームページ（2015年9月2日取得 http://www.palau.emb-japan.go.jp/ODA/index_j.htm）
坂野徹 2016「珊瑚礁・旅・島民――パラオ熱帯生物研究所研究員の『南洋』経験」坂野徹編『帝国を調べる――植民地フィールドワークの科学史』勁草書房 pp.119-164
桜井均 1981『ミクロネシア・リポート――非核宣言の島々から』日本放送出版協会
澤地久枝 1990『ベラウの生と死』講談社
千住一 2003「軍政期南洋群島における内地観光団の実態とその展開――占領開始から民生部設置まで」『太平洋学会誌』26（1）：pp.17-24
千住一 2005a「日本統治下南洋群島における内地観光団の成立」『歴史評論』661：pp.52-68
千住一 2005b「軍政期南洋群島における統治政策の初期展開と第2回内地観光団」『日本植民地研究』17：pp.34-49
曽根地之 2003「南洋群島における神社の実態とその展開」『戦争と平和』12：pp.47-59

た行

高木茂樹 2003「南洋群島のキリスト教政策――海軍とプロテスタント・カトリック両派との交渉をめぐって」『歴史学研究』775：pp.20-32
寺尾紗穂 2017『あのころのパラオをさがして――日本統治下の南洋を生きた人々』集英社
東北帝国大学編 1937『東北帝国大学一覧 昭和十二年度』

な行

南洋群島教育会 1938［1982］『南洋群島教育史』青史社
南洋神社奉賛会 1941『南洋神社鎮座祭記念帳』
南洋庁 1930『南洋群島現勢要覧』
南洋庁 1932『昭和五年南洋群島島勢調査書 第四巻 顛末』
南洋庁 1933『〔南洋庁〕職員録』
南洋庁 1943『南洋庁職員録』
南洋庁ガラルド公学校 1932『南洋庁ガラルド公学校一覧』
南洋庁コロール公学校 1933『南洋庁コロール公学校一覧』
南洋庁長官官房 1932『南洋庁施政十年史』
南洋庁長官官房調査課 1939『第七回南洋庁統計年鑑』
南洋庁長官官房秘書課 1941『南洋庁職員録』
南洋庁長官官房文書課 1937「島勢調査区設定地図」『昭和十年南洋群島島勢調査書 第二巻 顛末』
西野元章編 1935『海の生命線 我が南洋の姿―南洋群島写真帖』南洋パラオ島コロール二葉屋呉服店発行
日外アソシエーツ株式会社編 2011『明治大正人物事典 Ⅰ 政治・軍事・産業篇』日外アソシエーツ株式会社
能仲文夫著，小菅輝雄編 1934［1990］『赤道を背にして―南洋紀行』

は行

パラオ教育会 1928『パラオ島風物写真帖』
樋口和佳子 2003a「巡警長『オイカワサン』」倉田洋二・稲本博編『パラオ共和国』おりじん書房 pp.412-421
樋口和佳子 2003b「『調査隊』から『挺身隊』へ―御国に尽くしたパラオ青年達」倉田洋二・稲本博編『パラオ共和国』おりじん書房 pp.377-388
船坂弘 1981［2010］『ペリリュー島玉砕戦』光人社NF文庫
フランシスコ会聖書研究所訳注 2011『聖書―原文校訂による口語訳』サンパウロ

ま行

松島泰勝 2007『ミクロネシア―小さな島々の自立への挑戦』早稲田大学出版部
三尾裕子・遠藤央・植野弘子編 2016『帝国日本の記憶―台湾・旧南洋群島における外来政権の重層化と脱植民地化』慶應義塾大学出版会
三島昌子 1998a『バーバはガールスカウト―翼をもらって 草稿』

三島昌子 1998b『バーバはガールスカウト─翼をもらって』東誠印刷株式会社
三島通陽 1930「南洋島巡りの話」東京講演会『講演』105：pp.1-25
三田牧 2008「想起される植民地経験─『島民』と『皇民』をめぐるパラオ人の語り」『国立民族学博物館研究報告』33 (1)：pp.81-133
三田牧 2011「まなざしの呪縛─日本統治時代パラオにおける『島民』と『沖縄人』をめぐって」『コンタクト・ゾーン』4：pp.138-162
三田牧 2016「パラオの語りにみる植民地経験のリアリティ」三尾裕子・遠藤央・植野弘子編『帝国日本の記憶』慶應義塾大学出版会 pp.119-144
元田茂著，大森信編 1996『波のまにまに─元田茂随筆集』文治堂書店
森岡純子 2006「パラオにおける戦前日本語教育とその影響─戦前日本語教育を受けたパラオ人の聞きとり調査から」立命館大学法学会編『山口幸二教授退職記念論文集』pp.331-397

や行

矢崎幸生 1999『ミクロネシア信託統治の研究』御茶の水書房
矢内原忠雄 1935『南洋群島の研究』岩波書店
ヤノ，マリウル 1992「太平洋地域の犠牲者の補償問題」「アジア・太平洋地域 戦後補償を考える国際フォーラム」実行委員会編『アジアの声 第6集 戦後補償を考える』東方出版
山本悠子 2003a『日本統治下パラオに生きた人々─インタビュー調査報告』（私家版）
山本悠子 2003b「七十二年前の絆、今もなお─アルコロンの少年と三島子爵」倉田洋二・稲本博編『パラオ共和国』おりじん書房 pp.341-360
山本悠子 2003c「パラオ挺身隊員の手になる隊員名簿、記録、証言から」倉田洋二・稲本博編『パラオ共和国』おりじん書房 pp.389-411
横田武編 1938『大南洋興信録』大南洋興信録編纂会

わ行

早稲田大学野球部編 1950『早稲田大学野球部百年史』

外国語(英語・パラオ語)文献

Adams, William Hampton & Florencio Gibbons eds., 1997, *Palau Ethnography: Rechuodel: Traditional Culture and Lifeways Long Ago in Palau,* Micronesian Endowment for Historic Preservation, Republic of Palau, U.S. National Park Service.

Hezel, Francis X., 1991, *Ikelesia Katolik er a Chelsel Belau: The Catholic Church in Palau,* Catholic Mission in Palau.

Josephs, Lewis S., 1977 [1990], *New Palauan-English Dictionary: Based on the Palauan-English Dictionary by Fr. McManus, Edwin G., S.J.,* Honolulu: University of Hawaii Press.

Mita, Maki, 2005, *Experiences of Palauan Students during Japanese Administration Period: From the Interviews of 12 Palauan Elders,* Belau National Museum & Embassy of Japan in the Republic of Palau.

Mita, Maki, 2009, *Palauan Chirdren under Japanese Rule: Their Oral histories. Senri Ethnoligical Reports 87,* Osaka: National Museum of Ethnology.

Mita, Takashi & Maki Mita, 2005, *Exhibit of History and Culture during Japanese Administration Period: Project for the 50th Anniversary of Belau National Museum,* Belau National Museum & Embassy of Japan in the Republic of Palau.

Office of Court Counsel, 1995, *The Quest for Harmony: A Pictorial History of Law and Justice in the Republic of Palau,* Second Printing, Supreme Court of the Republic of Palau.

Palau Community Action Agency, 1978, *A History of Palau, Volume III: Japanese Administration,* U.S. Naval Military Government, U.S. Office of Community Services Administration.

Peattie, Mark R., 1988 [1992], *Nan'yo: The Rise and Fall of the Japanese in Micronesia, 1885-1945,* Honolulu: University of Hawaii Press.

Ramarui, Augusta & Melii K. Temael, 2001, *Kerresel A Klechibelau: Palauan Language Lexicon,* Ngesechel a Cherechar, Belau National Museum.

Rechebei, Elizabeth D. & Samuel F. McPhetres, 1997, *History of Palau: Heritage of an Emerging Nation,* Ministry of Education, Republic of Palau.

Shuster, Donald R., 2008, *Baseball in Palau: Passion for the Game, From 1925-2007,* Micronesian Area Research Center, University of Guam.

写真提供者

アデニナ・ポロイ…………写真 3-2（コロール公学校の卒業写真）
イバウ・オイテロン…………写真 2-5（横田元長官の胸像除幕式）
ウバル・テレイ………………写真 2-1（フルートソーの肖像）、写真 2-3（オイカワサンの辞令）、写真 2-4（パラオ支庁長からの弔辞）、写真 2-6（横田元長官の胸像拠金者芳名録 1 枚目）、写真 2-7（芳名録 5 枚目）、写真 2-8（土地売渡證書）
エリコ・ルディム・シゲオ………写真 1-4（少年神学生）、第 4 章表紙（「オール・パラオ」野球チーム）、写真 4-3（早大野球チームとパラオ人野球チーム）
カタリナ・カトーサン…………写真 1-7：上、下（南洋神社鎮座祭）、写真 4-1（慶大野球チームとパラオ人野球チーム）
タケオ・ヤノ…………………第 3 章表紙（コロール公学校の授業）、写真 6-2（コロールの本通り）
ミチエ・スギヤマ……………第 5 章表紙：上、下（杉山隼人の妻ロサン、杉山家の墓参り）、写真 5-1（隼人の教員時代）、写真 5-2（ミチエの小学校時代）、写真 5-3（ミチエの弟たち）
倉田洋二………………………写真 3-3（カマダ先生と内地観光）、写真 3-4（ミシン講習生）
三島昌子………………………写真 3-7（三島邸でのコウイチ）、写真 3-8（コウイチの手紙）、写真 3-9（コウイチと三島夫人）

人名索引

　ここでは、原則として、パラオ人の人名は「名・姓」の順に、日本人、欧米人の人名は「姓，名」の順に、配列した。パラオ社会では、本来個人名のみで、姓という概念は存在しなかった上に、筆者の聞き取り調査でも、主に個人名で呼び習わしていたからである（なお、パラオ人の個人名については、パラオの名前、日本人から呼び習わされた名前、クリスチャンネームなどが混在していることがある）。この索引では、筆者の聞き取り調査で多用された呼び名を冒頭に記し、別表記がある場合は（　）内に記した。

ア 行

アイスターアイノウ　100
アウグスタ・ラマルイ　64, 173-175, 178, 189-194, 236, 238-239, 411
アウグスト・センゲバウ　186, 195-206, 212, 238, 280-281
青柳真智子　29, 36, 55-56, 86, 321
アキオ　279
アサコ　315, 368
アショ　87, 222, 352
アダムズ，ウィリアム・ハンプトン　113
アデニナ・ポロイ　24-26, 118-125, 137
アデルバイ　241, 272
アドネイ　30, 42, 69
阿部襄　184
阿部宗明　184
アベヨーコ　110, 291
天岡直嘉　82
アヤオカ　110, 222
アヤコ　181
荒井利子　45, 331
荒川俊児　375, 395-399, 404

荒俣宏　306-308, 312
アリセタ，ファン　63
アルバートカペレ　100
アルフォンソ・オイテロン（新田）　43, 197, 212, 224, 367
アロンソ・キョータ　380
アントニオ・ブロダック　386
アンドルー　368
飯高伸五　66, 68, 80-83
池谷伊太郎　95
イグナチオ（ロヨラのイグナチオ）　53
石田一松　286
イチロウ・ディンギリウス・マツタロウ　21, 195-199, 202-206, 212, 224, 228, 236
イディップ（ギラティオウ・イディップ）　114, 241, 244-246, ,257-264, 267-272, 282
伊藤清七　230
伊藤博精　71
井上亮　45, 396
イバウ・ジョセファ・デメイ・オイテロン　8-9, 21, 30, 40-48, 66, 69-70, 100-101, 118, 124-125, 132, 245-247, 252-255, 409-410, 415

今泉裕美子　96, 154, 230, 252, 258-259, 269, 291, 297
インダレシオ・ルディム　➡ルディム
ヴァレンシア（アントニオ・デ・ヴァレンシア）56
ウィルヘルム・レンギール　195, 205-213, 224, 238, 383
ウェイン・トゥケル　54-55, 62
植野弘子　9
ウェル　77
ウェルベラウ　241, 243
ヴェロニカ・レメリン・カズマ　72, 74, 161-162, 173, 176, 178, 180, 183-188, 192, 236, 238, 242, 306, 308-310, 341, 353, 371
ウドゥイ　153, 168, 177
ウバル・テレイ　56, 80, 82, 115, 246, 256-257, 274-276, 282-283, 332, 366-367, 371-372, 375, 382-394, 398, 406-407, 411
江崎政行　259, 262, 269-273
エマヌエル・ヨシヲ　➡ヨシヲ
エリコ・ルディム・シゲオ　9, 61, 242, 265
エリザベス・トキエ・モレイ　➡トキエ
エリボサン・エウゲル　398
エルシー・キタロン・テレイ　10, 80, 130
エレナ・エブド　64-65
遠藤央　9, 11
遠藤正敬　289, 382
遠藤友平　267
オイカワサン（ジョセフ・テレイ）　10, 26, 57, 77-84, 87, 90-102, 110-114, 117-134, 137-138, 140, 144-150, 221-222, 382, 410
大内日出男　267
オオカヲ　100
大宜味朝徳　294

大沢重平　340
大沢春子　340
大森信　184, 306-307, 309, 311
岡晴夫　342
岡田興助　157
オケリエイ・トリビオン　➡ケイコ
小原静雄　207
オボウ　368
オマキュース　270
小美田利義　287

カ 行

カズヤ・スギヤマ　299
カタリナ・カトーサン　21, 62, 168, 181-183, 250, 266, 393
カツミ・ワタナベ　177, 237, 291-292
カトゥーナ　288, 306-312
カトーサン・リミルウ　62, 181, 366-367, 371-372, 375, 383-388, 393-399, 404-405, 407, 412
金井新吉　215
金子英三　292
鎌田専之助　153, 168, 177, 207
カムセック・エリアス・チン　22-23, 62
嘉友名山戸　100
カールヘルマン　100
木田繁雄　108
北島謙次郎　249, 273
ギボンズ，フローレンシオ　113
キョータ（トシオ・キョータ）　290, 303, 315, 366-383, 392, 397-398, 404, 406-407
清田利三郎　303, 367-371, 378-381
ギライガス　43, 77, 124, 254
ギラケサウ　264
ギラケル・エピソン　395
ギラティオウ・イディップ　➡イディップ
クニオ・ナカムラ　165, 380

クニコ　223
倉田洋二　60, 334, 354
グラナダ（ルイス・デ・グラナダ）　55-56
クラレット・ルルクッド　280
栗本又五郎　111
グレゴリオ・ラマルイ　64
ケイコ（オケリエイ・トリビオン）　165-166
ケティ　21, 27, 176
ケベコル・ヤノ　373, 397-398
コウイチ（セバスチャン・コウイチ・オイカング）　42, 110, 145, 156, 204, 213-228, 238, 274, 325, 372
コウイチロウ・ワタナベ　91, 110, 164, 170, 237, 266, 290-293, 318-324, 352, 406
高坂喜一　130
河野元治　256-259, 261, 269, 271
後藤丑雄　334, 336
コバクルソン　100
コボマル　100
ゴリヤックル　77
紺屋あかり　4

サ行

坂野徹　184, 307, 309
坂本須賀男　95
桜井一雄　267
桜井寅二　248-249, 256
桜井均　395-396
サダン　264
佐藤硯成　216, 220
ザビエル，フランシスコ　53
澤地久枝　40, 229
サンデイ　241, 272
サントス・ンギラセドゥイ　21, 78-79, 118, 124-128, 133, 137-144, 146-151, 246, 249, 255, 261, 270-274, 282-283
シゲオ・オスマウ　241, 272-273

シゲオ・テオン　21, 116, 124-125, 138, 170, 246, 251-252, 259, 261-263, 267, 273, 276, 282-283, 290, 292-293, 318, 324-327, 406
シゲル・スギヤマ　299
島津健之助　306, 310-311
島津久健　306-308, 310-312
シモン・ラマルイ　385-386
ジャスミン　46-47
シュスター，ドナルド　257-260, 262-263, 273, 278-279
庄子成光　292-293, 324-325
正力亨　248
ジョージ・スギヤマ　299
ジョセフ・イレンゲルケイ　232, 234-235
ジョセフ・テレイ　➡オイカワサン
ジョセファ　82, 119
ジョセフス，ルイス S.　63
ジョーン・マーク　25, 137-138
ジョンソン・トリビオン　165
末吉タケ子　163
杉浦清四郎　158
杉山隼人　132, 246, 285, 295-304, 312-313
ステラ　380
セバスチャン・コウイチ・オイカング　➡コウイチ
千住一　66, 69-70
曽根地之　71

タ行

高木茂樹　58
高橋進太郎　325
高橋正雄　131
タカヤ・スギヤマ　299
タケオ・テベイ　115
タケオ・ヤノ　10
武智薫明　267

竹野孫十郎　158, 164
竹久夢二　304
ダニエル・ミネル　25, 78-79, 137-149, 410
ダミアン・テレイ　279-281
チヨコ・オオサワ　339-350, 406
テオドシア　114
テマエル，メリイ K.　190, 193
寺尾紗穂　255
テルヤ・スギヤマ　285, 299-300
テンレイ　➡フルートソー・テレイ
堂本貞一　199, 202, 325
トキエ（エリザベス・トキエ・モレイ）
　21, 33, 88, 338-339, 357-365, 406
ドクター・ウエキ　➡ミノル・フランシスコ・
　ザビエル・ウエキ
トシオ・キョータ　➡キョータ
トシコ・イケヤ　178-183, 187, 238, 290, 411
トマス・テレイ　383
トミー・レメンゲサウ　38, 299
トミコ・ゲメラス・キタロン　157
トモミ・ワタナベ　21, 91, 153, 168, 177,
　237, 291-292, 318, 321, 323-324, 352

ナ行

ナオヤ・スギヤマ　299
仲上門安榮　100
中島敦　301
中村善七　303, 379-380
中村武　274
中山卓郎　292
行田（なめた）隆一　207
ナルオ・マイケル　163-164
新田　➡アルフォンソ・オイテロン
ニーナ・アントニオ　176
二宮金次郎　158, 210
乃木希典　174
野田政夫　163

ノブヤ・スギヤマ　299
野元辰美　157-158, 207

ハ行

パウリヌス・イチカワ　35, 38-39, 117-118,
　122-123, 125, 158-159, 176, 213, 228-
　236, 298, 354, 371
パウロス・スケッド　113, 156-158, 161-162,
　167, 176
バシリア　274
畑井新喜司　306-307
服部小す枝　165-168, 180, 187
羽根田弥太　307
ハルオ・レメリク　212
バルバラ　72
樋口和佳子　80, 83, 93-97, 117-118, 120,
　129, 131, 366, 375, 382, 397-398, 404
ビスカラー，ファン　63
ビスマルク・フィリップ　77, 87, 241, 264
ヒデヤ・スギヤマ　299
平井賢太郎　207
平石秀壽　267
ビラル，エミリオ　60, 354, 391
フェリックス・ヤオ　7-10, 54-55, 65, 110,
　159, 205, 223-224, 371, 414-415
フェルナンデス，エリアス　60, 354, 391
福島亀一郎　131, 133
藤井浩祐　102
藤崎供義　97
船坂弘　201
フミオ・キョータ　370-371
フラウエトシャイト　100
フランシスコ（アシジのフランシスコ）　56
フランシスコ・イチカワ　234-235
フランシスコ・モレイ　360, 363
ブランス（野球選手）　241, 273
ブランス・ポロイ（野球マネージャー、

日本留学) 42, 110, 214, 216-218, 274
ブリス (野球選手) 263-264
ブリス (挺身隊員) 398
フルートソー・テレイ (テンレイ) 56, 78, 80-84, 86, 94, 97-98, 103, 110, 114, 145, 382
ブレンゲス・メスブッド 181
ヘーゼル，フランシス X. 53, 55-61, 63-65
ホセ，マリノ 60, 354, 391
堀ヨシエ 166
堀良光 307
堀口満貞 108
本庄俊輔 216

マ行

前田進 267
マクフェトレス，サムエル F. 66-68, 277
マクマヌス，エドゥイン 63
マザー・メリー・ジョセフ 63
マサヤ・スギヤマ 299
マチアス・トシオ・アキタヤ 21, 89, 159, 169-171, 257, 277-278, 281, 290, 316, 318, 327-338, 406
松島泰勝 36, 45, 396
松田正之 108, 115, 262
松野祐裔 102, 108
マモル・ナカムラ 380
マリア・オブカル 64
マリウル・ヤノ 397-399, 404
マルガリタ・マリア・マトゥラナ 64
丸本正雄 219
三尾裕子 9
ミカエラ・ウドゥイ 74, 82, 118-122, 125, 135-136
御木本幸吉 108
三島昌子 (あきこ) 214, 217-219, 225-227
三島謹子 217-219, 225

三島純 214, 218-219, 225-226
三島通陽 213-219
三島美弥子 217
三田貴 21
三田牧 9, 21, 154-155, 164
ミチエ・スギヤマ 170, 285, 290, 295-305, 313
ミノル・フランシスコ・ザビエル・ウエキ (ドクター・ウエキ) 43, 170, 246, 256
宮崎健之介 354
宮田源八 82
宮本フク 157, 207
ミリアム 23, 62
ミンゼンティ，ジョセフ 64
向井昌治 98
メリル・ウドゥイ 398
メルス・マルソル 398, 404
メレゴエス 264
メレスバング・オイテロン 43, 386
望月昇 207
モテル 181
元田茂 184, 306-307, 309, 311
森小弁 287
森岡純子 174-176
森田勇 248-250
モロワット 264

ヤ行

ヤエコ・イトウ 180, 182
矢崎幸生 325, 396
ヤダ 373, 375
柳松喜壽郎 207
山口愛次郎 385, 388-389
山口雄三郎 230
山田徳四郎 267
山本信次郎 58
ユタカ・ギボン 235

横田郷助　82, 97, 99-116, 262
横田貞敬　101
横田武　294, 297
ヨシエ・スギヤマ　285, 299-302
ヨシコ・オイテロン・ギラトムラン　21, 43, 114, 156, 212
吉田正久　95
ヨシヲ（エマヌエル・ヨシヲ）　59, 61-62
ヨハネス・ギラケサウ　385-386
ヨハンナ・テレイ　64
ヨヘイ　163, 168, 207, 221

ラ 行

ラドフォード, マフォニー　379
ラモナ・バイエイ　168, 188, 339, 350-356, 406
リチベイ, エリザベス D.　66-68, 277
ルディム（インダレシオ・ルディム）　9-10, 55, 59-62, 353, 385, 389
レウルダク　264
レキョク・マリノ　241, 264-266
レケメシック・レンギール　373, 398
ロサン・スギヤマ　285, 288, 295, 297-303, 312-313
ロマン　353

ワ 行

渡邊（渡部）馬太郎　91, 291
ンギラドゥルメル　133

著者紹介

山本　悠子（やまもと　ゆうこ）

1940年（昭和15）、熱心なカトリックの家庭に生まれる。愛媛県松山市で育つ。大学進学時から教職を志し、小学校に勤める。結婚翌年の1967年、夫が難病に倒れる。介護に専心しつつ、わずかに中学校・高等学校の非常勤講師として勤める。夫・山本克彦との共著として、『娘への贈り物 ── 二十歳を記念して』(1990年、私家版)。
1999年、夫他界。JLMM（カトリック信徒宣教者会）に応募、研修を経て、2000年、パラオ共和国に派遣される（〜2003年）。さらに、カトリック松山教会を通して、パラオでLay Missionary（信徒宣教者）の活動を続ける（〜2005年）。その後、東京、松山、京都でカトリック教会の活動の場に学びながら、調査研究を継続、現在に至る。写真集として、『Ke Kmal Mesulang！（ありがとう）── パラオの友人たちへ』(2013年、私家版)。

パラオの心にふれて
思い出の中の「日本」

著　者 ── 山本　悠子

発行所 ── サンパウロ

〒160-0004　東京都新宿区四谷1-13　カタオカビル3階
宣教推進部(版元)　(03) 3359-0451
宣教企画編集部　(03) 3357-6498

印刷所 ── 日本ハイコム㈱

2018年3月25日　初版発行

©Yūko Yamamoto 2018 Printed in Japan
ISBN978-4-8056-7039-2　C0026　（日キ販）
落丁・乱丁はおとりかえいたします。